Almanach 2022

© Éric Durand. Coiffeuse-maquilleuse : Sarah Leroy-Terquem

Quel plaisir pour moi de vous présenter l'almanach 2022 de Notre Temps ! À l'aube de cette nouvelle année, chacun se demande ce que nous réservent les mois qui viennent. Quels qu'ils soient, avec cet ouvrage, nous vous proposons de plonger dans une bulle de douceur. Chaque jour, cet almanach vous offrira une parenthèse de quelques minutes, le temps de remplir une grille de jeux, de lire une petite information pour rester en forme, d'apprendre une astuce utile pour le jardin, la maison ou pour l'ordinateur. Il vous fera saliver en découvrant une nouvelle recette, voyager dans un coin de notre beau pays ou encore découvrir des trésors méconnus de notre patrimoine. Et que pensez-vous des illustrations qui déclinent les quatre saisons sur notre couverture ? À la rédaction nous avons été séduits par la sérénité qui se dégage des dessins de l'artiste Yukiko Noritake. Elle a réalisé ces dessins tout spécialement pour vous. Comme elle, j'espère que cet ouvrage vous accompagnera, jour après jour, mois après mois.

Je vous remercie de votre fidélité et vous souhaite une très belle année 2022.

Marie-Ève Gualbert
Rédactrice en chef adjointe
Notre Temps

Notre temps

Calendrier

janvier

1	S	Jour de l'An
2	D	
3	L	
4	M	
5	M	
6	J	
7	V	
8	S	
9	D	
10	L	
11	M	
12	M	
13	J	
14	V	
15	S	
16	D	
17	L	
18	M	
19	M	
20	J	
21	V	
22	S	
23	D	
24	L	
25	M	
26	M	
27	J	
28	V	
29	S	
30	D	
31	L	

février

1	M
2	M
3	J
4	V
5	S
6	D
7	L
8	M
9	M
10	J
11	V
12	S
13	D
14	L
15	M
16	M
17	J
18	V
19	S
20	D
21	L
22	M
23	M
24	J
25	V
26	S
27	D
28	L

mars

1	M	
2	M	
3	J	
4	V	
5	S	
6	D	
7	L	
8	M	
9	M	
10	J	
11	V	
12	S	
13	D	
14	L	
15	M	
16	M	
17	J	
18	V	
19	S	
20	D	
21	L	
22	M	
23	M	
24	J	
25	V	
26	S	
27	D	Heure d'été (+ 1 h)
28	L	
29	M	
30	M	
31	J	

Férié — Vacances scolaires Zone A — Vacances scolaires Zone B — Vacances scolaires Zone C

2022

avril

1	V	
2	S	
3	D	
4	L	
5	M	
6	M	
7	J	
8	V	
9	S	
10	D	
11	L	
12	M	
13	M	
14	J	
15	V	
16	S	
17	D	Pâques
18	L	Lundi de Pâques
19	M	
20	M	
21	J	
22	V	
23	S	
24	D	
25	L	
26	M	
27	M	
28	J	
29	V	
30	S	

mai

1	D	Fête du Travail
2	L	
3	M	
4	M	
5	J	
6	V	
7	S	
8	D	Armistice 1945
9	L	
10	M	
11	M	
12	J	
13	V	
14	S	
15	D	
16	L	
17	M	
18	M	
19	J	
20	V	
21	S	
22	D	
23	L	
24	M	
25	M	
26	J	Ascension
27	V	
28	S	
29	D	Fête des mères
30	L	
31	M	

juin

1	M	
2	J	
3	V	
4	S	
5	D	Pentecôte
6	L	Lundi de Pentecôte
7	M	
8	M	
9	J	
10	V	
11	S	
12	D	
13	L	
14	M	
15	M	
16	J	
17	V	
18	S	
19	D	Fête des pères
20	L	
21	M	
22	M	
23	J	
24	V	
25	S	
26	D	
27	L	
28	M	
29	M	
30	J	

Calendrier

juillet

1	V	
2	S	
3	D	
4	L	
5	M	
6	M	
7	J	
8	V	
9	S	
10	D	
11	L	
12	M	
13	M	
14	J	Fête nationale
15	V	
16	S	
17	D	
18	L	
19	M	
20	M	
21	J	
22	V	
23	S	
24	D	
25	L	
26	M	
27	M	
28	J	
29	V	
30	S	
31	D	

août

1	L	
2	M	
3	M	
4	J	
5	V	
6	S	
7	D	
8	L	
9	M	
10	M	
11	J	
12	V	
13	S	
14	D	
15	L	Assomption
16	M	
17	M	
18	J	
19	V	
20	S	
21	D	
22	L	
23	M	
24	M	
25	J	
26	V	
27	S	
28	D	
29	L	
30	M	
31	M	

septembre

1	J
2	V
3	S
4	D
5	L
6	M
7	M
8	J
9	V
10	S
11	D
12	L
13	M
14	M
15	J
16	V
17	S
18	D
19	L
20	M
21	M
22	J
23	V
24	S
25	D
26	L
27	M
28	M
29	J
30	V

Férié — Vacances scolaires Zone A — Vacances scolaires Zone B — Vacances scolaires Zone C

2022

octobre			novembre			décembre		
1	S		1	M	Toussaint	1	J	
2	D		2	M		2	V	
3	L		3	J		3	S	
4	M		4	V		4	D	
5	M		5	S		5	L	
6	J		6	D		6	M	
7	V		7	L		7	M	
8	S		8	M		8	J	
9	D		9	M		9	V	
10	L		10	J		10	S	
11	M		11	V	Armistice 1918	11	D	
12	M		12	S		12	L	
13	J		13	D		13	M	
14	V		14	L		14	M	
15	S		15	M		15	J	
16	D		16	M		16	V	
17	L		17	J		17	S	
18	M		18	V		18	D	
19	M		19	S		19	L	
20	J		20	D		20	M	
21	V		21	L		21	M	
22	S		22	M		22	J	
23	D		23	M		23	V	
24	L		24	J		24	S	
25	M		25	V		25	D	Noël
26	M		26	S		26	L	
27	J		27	D		27	M	
28	V		28	L		28	M	
29	S		29	M		29	J	
30	D	Heure d'été (- 1 h)	30	M		30	V	
31	L					31	S	

Au moment de l'édition de cet almanach, la date de la rentrée scolaire ainsi que celles des vacances scolaires de l'année 2022-2023 n'ont pas encore été communiquées.

notes

notes

« Labour de janvier,
donne sept pains au dîner. »
Dicton français

AU JARDIN

Une broméliacée tropicale

Excellente pour purifier l'air de nos intérieurs, cette famille de plantes tropicales semble vivre de l'air du temps. Les bractées au look de fleurs en plastique sont en forme de trompette chez le guzmania, de plumes chez le vriesia et de rosette chez l'aechmea. Leur floraison record dure jusqu'à 6 mois.

Bien la choisir Avec un feuillage coriace et des bractées colorées qui dissimulent les minuscules fleurs.

Sa place préférée Au centre d'une pièce lumineuse sans soleil direct, qui risque de la brûler.

Aux petits soins Pour l'arroser, versez l'eau directement dans l'entonnoir formé par les feuilles. Pensez à la vaporiser si l'air est trop sec. N'hésitez pas à rempoter les beaux rejets produits par le pied mère. **P.-Y. N.**

© Peakstock/stock.adobe.com

à faire

Mini-fléchés

REÇUT PAR TESTAMENT / LONG VER – CAPABLE DE BEAUX DISCOURS / LE REFUS – NIDS HAUT PERCHÉS – À PEINE ROUGI / ON PEUT Y SOUPER – UNITÉS D'AMPOULE – ELLE FAIT FACE À LA ROCHELLE

DIVISERA EN PARTS / SORTE DE CÈPE – BONNE MÈRE DISPARUE / LŒSS – DÉFAUTS PESANTS – HALA DE CON CÔTÉ / FAIRE DES VERS – COULEUR BONBON / SÉCHAS DU FOIN

Solution au lundi 3 janvier

C'EST ARRIVÉ LE...

1er JANVIER 1955

Europe n° 1 fait son entrée sur les ondes françaises. Après quelques notes de musique, les auditeurs entendent : « *Ici Europe n° 1, Hier ist Europa Nummer Eins, This is Europe n° 1.* » Créée par le journaliste Louis Merlin et l'homme d'affaires Charles Michelson, la station de radio était destinée à prendre le contre-pied de la radio populaire RTL. **S. P.**

dimanche 2 janvier

Épiphanie

Saint Basile

« La vie, c'est comme une bicyclette, il faut avancer pour ne pas perdre l'équilibre. »
Albert Einstein

à faire

QUELLE HISTOIRE !

L'Épiphanie est fêtée le 6 janvier, ainsi qu'il en fut décidé par l'Église au IVe siècle. Mais en France, où ce jour n'est pas férié, la galette de l'Épiphanie (ou galette des Rois) se déguste le dimanche suivant le 1er janvier, soit, cette année, le 2 janvier. M. Q.

© Christine Thomasson

BALADE EN FRANCE

Lac du Der-Chantecoq, au bonheur des grues

Chaque hiver, sur les digues du lac, des ornithologues guettent l'envol des grues cendrées. Le silence est presque total, quand soudain, dans les premières lueurs de l'aube, un « krourr, krourr » retentit au milieu des îlots. Bientôt, le chant de milliers d'oiseaux monte sur les rives du Der. Le soleil levé, ils s'envolent pour gagner les champs qui bordent le plus grand lac artificiel de France. À la croisée des routes de migration nord-sud, les grues trouvent sur ce vaste site de Champagne un abri idéal pour se reposer et se nourrir lors de leurs longs périples, durant lesquels elles pourront voler à près de 100 km/h, rejoignant ainsi la Gascogne en seulement 6 à 8 h. **Migrant de la Scandinavie vers l'Espagne,** 200 000 grues cendrées s'arrêtent ici chaque année, quelques heures ou quelques jours, entre la mi-octobre et la mi-mars. Désormais, elles sont entre 20 000 et 30 000 à y passer tout l'hiver selon les conditions météo et les ressources disponibles, contre seulement 3 000 en 1996. Pour les nourrir, des primes incitent les agriculteurs à ne labourer et ne semer leurs champs qu'après leur départ, les oiseaux aimant y picorer les grains de maïs. Autrefois mets des rois, la grue cendrée nichait un peu partout en Europe avant qu'on y assèche les marais. Pour favoriser son retour, le Conservatoire du littoral a d'ailleurs acquis, autour du lac, des forêts et des marais comme les étangs d'Outines. **D'autres espèces ont rejoint les grues** et le lac du Der est devenu le premier site d'hivernage en Europe pour les oies cendrées, environ 3 000, et pour les cygnes de Bewick, qui nichent vers le cercle polaire (de 250 à 300 spécimens). Si 250 espèces avaient été recensées vers l'an 2000, les membres de la LPO (Ligue de protection des oiseaux) ont identifié aujourd'hui plus de 310 espèces sur le lac dont le grèbe huppé, le martin-pêcheur d'Europe, mais aussi de nombreux canards, hérons, vanneaux et avocettes. Les observateurs patients pourront peut-être croiser le rarissime pygargue à queue blanche, avec ses 2,5 m d'envergure… Cette réussite fait du Der l'un des plus grands sites ornithologiques de France. J.-P. R.

Rentrée des zones A, B et C

Sainte Geneviève

lundi 3 janvier

« On n'est vieux que le jour où on le décide. »
Jean Anouilh

à faire

NOS EXPRESSIONS

PORTER UN TOAST

Au XIIIe siècle, en France, le mot « toste » désignait une tranche de pain grillé plongée dans un verre de vin que les hommes buvaient tour à tour en l'honneur d'une femme. Celui qui avalait le toste avec la dernière gorgée pouvait espérer voir son amour partagé. Les Anglais l'adoptèrent au XVe siècle et le toste devint « toast ». Trois siècles plus tard, l'expression telle qu'on la connaît retraversa la Manche pour célébrer homme ou femme, sans miettes de pain ni arrière-pensée.

SOLUTION DU SAMEDI 1er

	H		D	
T	E	N	I	A
	R	O	S	I
D	I	N	E	R
	T		R	E
W	A	T	T	S

	L		T	
B	O	L	E	T
	T	I	R	A
R	I	M	E	R
	R	O	S	E
F	A	N	A	S

mardi 4 janvier

Saint Odilon

« Les amis sont des compagnons de voyage, qui nous aident à avancer sur le chemin d'une vie plus heureuse. »
Pythagore

à faire

C'EST ARRIVÉ LE...

4 JANVIER 1972

L'émission *Le mot le plus long* change de formule et devient *Des chiffres et des lettres*, diffusée ce jour sur la deuxième chaîne de l'ORTF pour la toute première fois. Le programme, qui existe toujours mais sur l'antenne de France 3, est le plus ancien jeu quotidien de la télévision française.

A TABLE

Langoustines rôties à l'absinthe et au cassis

Pour 4 personnes • 4 grosses langoustines • Huile d'olive • 1 oignon • 1 gousse d'ail • 1 feuille de laurier • 1 verre de vin blanc • 250 g d'échalotes • 8 cl d'absinthe • 250 cl de crème liquide • Sel • Poivre • 1 noix de beurre • 15 g de cassonade • 80 g de baies de cassis • 1 c. à soupe de crème de cassis • 150 g de fenouil • Le jus d'un citron • Cerfeuil.

1. Ôtez les têtes des langoustines et faites-les revenir dans l'huile d'olive avec l'oignon coupé en brunoise, l'ail écrasé et la feuille de laurier. Ajoutez le vin blanc et de l'eau à hauteur. Faites cuire à petits bouillons 30 min et filtrez au chinois.

2. Faites suer les échalotes ciselées dans un peu d'huile d'olive. Ajoutez l'absinthe et flambez. Ajoutez le bouillon et la crème et laissez cuire 5 min. Filtrez, salez et poivrez. Ajoutez le beurre et émulsionnez.

3. Chauffez la cassonade avec un peu d'eau. Ajoutez 70 g de baies de cassis. Après 5 min, ajoutez la crème de cassis. Faites cuire 2 min, puis mixez, salez et poivrez. Salez et poivrez le reste des baies.

Bernhard Winkelmann/stylisme Karine Revillon

4. Tranchez le fenouil en lamelles. Raffermissez-les dans de l'eau glacée, séchez-les et assaisonnez avec le citron et l'huile d'olive. Salez et poivrez.

5. Décortiquez les langoustines, gardez la queue et le dernier anneau. Saisissez-les 1 min sur le dos dans une poêle très chaude, avec un trait d'huile d'olive. Chauffez la sauce et montez-la au mixeur.

6. Dans chaque assiette, versez 1 cuillère de coulis, 3 baies, la langoustine, la salade de fenouil et des pluches de cerfeuil. Versez un peu de sauce et servez. E. T.

Mots à mot

En regroupant et en mélangeant les lettres des deux mots de quatre et trois lettres proposés, composez un troisième mot de sept lettres.

UNIR + IDE = I _ _ _ _ _ _

BOIS + TEE = _ _ _ S _ _ _

FUEL + SUR = _ _ _ _ _ _ E

SOLUTION : Induire - Obésité - Sulfure.

Saint Édouard

« Si le serpent ne mangeait les serpents, il ne deviendrait dragon. »
Proverbe chinois

AU MARCHE

La mangue

Ce fruit offre un apport intéressant en vitamine C, boostant les défenses naturelles, et en vitamine B9, favorisant le bon fonctionnement du système nerveux. Mais son taux de sucre est très élevé. À l'achat, sa chair doit être légèrement ferme et sa peau lisse, car elle mûrit vite après la cueillette. Elle accompagne bien un rôti de porc ou du poulet. Mixée, elle apporte du velouté à tous les smoothies. Consommez-la très rapidement. **E. T.**

Info + Ajouter des dés de mangue riche en vitamine C à une salade de mâche pour mieux en assimiler le fer.

à faire

Petits fléchés

CHUTE RETENTISSANTE / IDÉAL		FILLE DU GABON OU DU TCHAD / RETAPE		REFUSE L'AVEU / EAU DE FLORENCE		MACHINES DE CLASSEMENTS
ENRICHIR D'HUMUS / ANIMAL AU CLAPIER						
					LANGUE DES ROMAINS	
ATTIRE PAR RUSE / SE PROTÉGEA						
				À LE / PÈRE DE L'ARCHE		
ENCERCLÉS / PLATINE AU LADO						
		COUVRE DE TROP D'EAU				
RELATIFS À UNE MER AU NOM DE ROI						

ACCABLANTE / HOMME DE PRAGUE		NOIX DU PACANIER / ROTOR		TIRE DU LIQUIDE / BOUTS DE PAIN		FAIT TRAÎNER EN LONGUEUR
REPASSE AU FOUR / PAROI À-PIC						
IMITER / UN JULES UN PEU SPÉCIAL						
			FILET D'EAU EN CAMPAGNE		LOUP EN VIEUX FRANÇAIS	
HUILE OU FLEUR / UN LIEN						
		TITRES EN KIOSQUE				
PLUMÉ COMME UN PIGEON			SE DONNE BEAUCOUP DE PEINE			

Solution au samedi 8 janvier

jeudi 6 janvier

Sainte Mélaine

« J'ai écrit avec chaque matin,
avec chaque nuit et avec chaque chose
qui m'est arrivée. »
Barbara

à faire

Vite, une astuce !

Une tache de gras sur un vêtement en coton ? Pour réparer les dégâts, émiettez dessus une craie blanche. Brossez, puis lavez en machine. Sur des textiles délicats, privilégiez le talc ou la terre de Sommières. Sur un tissu synthétique, versez du liquide vaisselle directement sur la tache et frottez. Laissez agir pendant une heure puis lavez en machine à 40 °C. Le savon de Marseille à sec est aussi un excellent détachant.

Méli-mélo

Produits venus d'Amérique

Nous avons mélangé entre elles les lettres de noms d'aliments d'origine américaine. Trouvez-les et placez-les au-dessus de la définition qui convient.

Lettres à replacer :

RTUOOPBMANI
ASNANA
TEAMOT
ECATECHAU
PEROMREMTEED
EMPTNI

N° 1 ....
Ce légume, originaire de la cordillère des Andes, est une plante à tubercules qui peut s'appeler Belle de Fontenay, charlotte ou ratte… Légume mal accepté au départ, sa culture se diffuse ensuite très rapidement (trois mots).

N° 2 ....
Ce légume-fruit, longtemps appelé pomme d'or ou pomme d'amour, de forme sphérique ou oblongue (rouge, mais aussi vert, jaune, marbré) se mange froid ou chaud et a acquis ses lettres de noblesse dans la cuisine méditerranéenne.

N° 3 ....
C'est le fruit de l'arachide, plante qui pousse en Amérique du Sud, et qui se trouve enterré dans le sol qui doit être léger et bien drainé. Ce fruit, une fois transformé, donne de l'huile, du beurre, est mis en sauce et peut être grillé et salé.

N° 4 ....
Cette plante à tubercules vient d'Amérique du Nord et est surnommée, entre autres, artichaut d'hiver. Champlain en rapporte l'existence dès 1605. Il avait mauvaise réputation après la Seconde Guerre mondiale.

N° 5 ....
Originaire du Paraguay et d'Argentine, son nom vient du tupi-guarani et signifie « parfum des parfums ». Plante tropicale de 1,50 m de hauteur, son fruit possède une peau dure et écailleuse, avec une chair jaune, très juteuse et parfumée.

N° 6 ....
Cette plante du genre *Capsicum*, dont il existe divers cultivars, est originaire d'Amérique centrale (Mexique). Elle est cultivée pour ses fruits (rouges, verts, jaunes, orangés, etc.) utilisés dans la cuisine très épicée.

Solution au dimanche 9 janvier

Le saviez-vous

Galette ou gâteau des Rois, à la Révolution, pas question de conserver cette dispendieuse coutume au nom honni ! En 1791, le jour des Rois est rebaptisé celui « des sans-culottes » et la galette passe aux oubliettes avant d'être rebaptisée « galette de l'égalité » et de réapparaître peu à peu sur les tables familiales sous son appellation d'origine… et avec sa couronne ! Jusqu'en 1910, elle était même offerte par les boulangers à leurs bons clients ! M. O.

« Mieux vaut être mordu d'un chien enragé que chauffer au soleil de janvier. »
Dicton normand

A TABLE

Chapon rôti et châtaignes

Pour 10 personnes • 1 chapon (3 kg) • 250 g de beurre • 2 oignons • 2 carottes • 2 brins de thym • Poivre • Sel fin • ½ tête d'ail • Fleur de sel • 1 verre de vin blanc. Pour la purée : • 500 g de châtaignes • 90 g de beurre • 1 branche de céleri • 2 gousses d'ail • 1 brin de thym • 500 ml de fond blanc + 100 ml de bouillon de poule. Pour les navets : • 2 bottes de navets noirs • 50 ml d'huile d'olive • 1 brin de thym • 100 ml de bouillon de poule • 1 gousse d'ail. Pour les coings : • 2 coings • 2 clous de girofle • 1 badiane • 1 feuille de laurier • 1 bâton de cannelle • 150 g de sucre • 100 ml de vinaigre balsamique blanc.

1. Enduisez le chapon de beurre et salez. Faites-le cuire 15 min au four préchauffé à 210 °C (th. 7) avec les oignons, les carottes, le thym et l'ail. Baissez à 120 °C (th. 4) pour 1 h 30 de cuisson, en arrosant de jus. Laissez reposer 10 min, assaisonnez avec la fleur de sel et le poivre. Déglacez au vin blanc. Faites réduire puis filtrez. Réservez le jus.

2. Pour la purée, colorez les châtaignes dans 50 g de beurre, ajoutez le céleri, l'ail et le thym. Déglacez avec le fond blanc jusqu'à cuisson complète. Mixez avec 40 g de beurre et ajoutez le bouillon.

Bernhard Winkelmann/stylisme Manuella ChantePie

3. Faites cuire les navets dans l'huile, avec le thym et l'ail, puis déglacez au bouillon.

4. Portez à ébullition les épices, le laurier, le sucre et le vinaigre dans 100 ml d'eau. Coupez les coings en quartiers et pochez-les dans le sirop. Sortez-les et taillez-les en morceaux.

5. Disposez une quenelle de purée dans une assiette, ajoutez les navets et les coings. Disposez un morceau de chapon et servez. **M.-A. D.**

à faire

Mots à mot

En regroupant et en mélangeant les lettres des deux mots de trois lettres proposés, composez un troisième mot de six lettres.

S O U + D I T = S _ _ _ _ _

U N E + A N A = _ _ N _ _ _

E T C + C I E = _ _ _ _ T _

SOLUTION : Studio - Anneau - Cécité.

C'EST ARRIVÉ LE...

7 JANVIER 1971

Pour la première fois, la France se dote d'un ministère chargé de l'Écologie, piloté par Robert Poujade sous le nom de ministère de la Protection de la nature et de l'environnement. Le député UDR de la Côte-d'Or dénoncera rapidement le manque de moyens et les blocages administratifs qui entravent sa mission. **F. M.**

samedi 8 janvier

Saint Lucien

« Il faut commencer par
se corriger soi-même avant
de vouloir corriger les autres. »
Proverbe chinois

à faire

Sudokus

			9			3		2
		9	6		3		1	5
5	1		4	2				
7		1		4		8		3
4					1		2	9
9		5		8		1		7
3	7		8	9				
		4	3		2		7	8
			1			6		4

		8		6		4		
		7	9		5	6		
	9	6	3	4	8	5	1	
	4		1		3		9	
	2	3				7	8	
			7		9			
8	6	9	5		2	1	4	3
3	5						7	2
			8		4			

3				6	8		9	
4					1			
8	9					6		
	1		2		9	7		
	6			7			8	
		7	6		4		3	
		8					6	3
			7					9
	2		8	5				1

9				6		7		
	5		1	7				
	6		5					
4						6		7
6			3	1	7			5
5		2						3
					8		4	
				3	9		6	
		3		4				9

Solution au mercredi 12 janvier

SOLUTION DU MERCREDI 5

■	C	■	A	■	N	■
P	A	R	F	A	I	T
■	T	E	R	R	E	R
L	A	P	I	N	■	I
■	R	A	C	O	L	E
P	A	R	A	■	A	U
■	C	E	I	N	T	S
P	T	■	N	O	I	E
■	E	G	E	E	N	S

■	E	■	P	■	P	■
T	C	H	E	Q	U	E
■	R	E	C	U	I	T
F	A	L	A	I	S	E
■	S	I	N	G	E	R
M	A	C	■	N	■	N
■	N	E	R	O	L	I
E	T	■	U	N	E	S
■	E	U	■	S	U	E

EN FORME

J'ai un torticolis

Le conseil homéo Prenez Arnica Montana 9CH + Lachnanthes tinctoria 9CH + Magnesia phosphorica 9CH. Glissez 10 granules de chaque dans une bouteille d'un litre d'eau à boire au long de la journée.

La solution aroma Dans un flacon de 5 ml, versez 10 gouttes d'huile essentielle (HE) de gaulthérie couchée + 10 d'HE de lavandin super + 10 d'HE d'eucalyptus citronné + 10 d'HE de laurier noble. Complétez avec de l'huile d'arnica. Massez les zones douloureuses avec 10 gouttes, 3 fois par jour. Ne pas utiliser chez les enfants en bas âge et la femme enceinte.

L'option phyto Prenez des gélules de passiflore (3 fois 300 mg par jour). Buvez 3 tisanes de reine-des-prés par jour pour ses vertus antalgiques. Dans un bol, déposez 1 c. à soupe de plantes. Versez de l'eau frémissante. Laissez infuser 10 min, puis filtrez. Évitez si vous prenez des fluidifiants sanguins. **C. A.**

Sainte Alix

dimanche 9 janvier

« Garde un écu entier,
pour ce méchant mois de janvier. »
Dicton ardéchois

© X.Cailhol/Go-Production.com/stock.adobe.com

BALADE EN FRANCE

Saint-Guilhem-le-Désert, joyau spirituel

Depuis mille ans, les pèlerins en chemin vers Compostelle s'arrêtent dans ce hameau niché aux confins des gorges de l'Hérault et du Verdus. C'est au milieu de ces pics déchiquetés que Guillaume de Gellone fonde une abbaye en 804. Charlemagne, son cousin, lui offrira même un morceau de la Vraie Croix. Guilhem se retire dans l'abbaye à la disparition de son épouse. Après sa canonisation en 1066, les chevaliers en route vers Jérusalem font halte à Saint-Guilhem pour se ressourcer et vénérer la sainte relique. D'une sobriété toute bénédictine, l'abbaye, inscrite au patrimoine mondial de l'UNESCO, conserve son autel en marbre noir et blanc ainsi qu'un gigantesque orgue.
C'est à pied qu'il faut découvrir le charme de ce village où des fontaines gargouillent au gré des ruelles. De-ci de-là, des croix érigées sur les solides maisons coiffées de tuiles rappellent que les villageois les ont apposées pour se protéger des dragons de Louis XIV qui pourchassaient les protestants. En 1855, un immense platane, labellisé Arbre remarquable qui ombrage toujours les terrasses de la place principale, est planté pour célébrer la naissance de la Deuxième République.
Peuplé de 250 âmes, Saint-Guilhem-le-Désert a résisté aux effets dévastateurs du tourisme de masse grâce à son label Grand Site de France, qui a permis de préserver les paysages environnants. Durant la belle saison, les baigneurs affluent sous le pont du Diable édifié au XIe siècle pour permettre aux pèlerins de franchir l'Hérault. Les gorges de cette rivière tumultueuse sont également prisées des amateurs de canoë et de paddle. Quant aux randonneurs, ils peuvent tout simplement emprunter la rue du Bout-du-monde au départ de l'abbaye pour gagner la garrigue et les oliviers entourant le château millénaire de Verdun, probablement élevé par les Wisigoths... **J.-P. R.**

à faire

SOLUTION DU JEUDI 6

1. Pomme de terre **2.** Tomate **3.** Cacahuète **4.** Topinambour **5.** Ananas **6.** Piment

lundi 10 janvier

Saint Guillaume

« La grande plaie de l'humanité, c'est le conformisme. »
Auguste Lumière

à faire

A TABLE

Parmentier de confit de canard et chantilly

Pour 6 personnes • 600 g de pommes de terre à purée • Huile d'olive • Sel • Poivre • 2 cuisses de confit de canard • 15 cl de crème liquide • 1 tranche de jambon cru • Quelques brins de ciboulette.

1. Lavez les pommes de terre. Faites-les cuire 25 min dans de l'eau bouillante salée. Égouttez-les, épluchez-les et écrasez-les à la fourchette avec un filet d'huile. Salez, poivrez et mélangez. Réservez au chaud.

2. Faites fondre la graisse des cuisses de canard dans une poêle, puis ôtez-leur la peau, désossez-les et effilochez la chair.

3. Fouettez la crème bien froide en chantilly avec une pincée de sel et un peu de poivre. Détaillez le jambon cru en bâtonnets.

4. Répartissez le canard effiloché au fond des verrines. Recouvrez d'une couche d'écrasé de pommes de terre, puis ajoutez une belle cuillère de chantilly. Parsemez de jambon et de brins de ciboulette. Servez sans attendre.

© Marielle/Photocuisine/sucré-salé

Le plus santé Supprimez la chantilly et ajoutez quelques bâtonnets de truffe pour une recette festive et allégée.

C'EST ARRIVÉ LE...

10 JANVIER 1971

Coco Chanel s'éteint à 87 ans dans sa suite du Ritz, le luxueux hôtel parisien. Née dans la pauvreté, elle est devenue le symbole de l'élégance française en inventant la mode moderne : ses tailleurs ou sa petite robe noire ont fait le tour du monde. F. M.

Tout compte fait

Dans chacune des trois lignes, placez les nombres 1 2 5 6 9 de façon à obtenir, en réalisant quatre opérations successives, le total indiqué.

	-		:		x		+		=	21
	x		-		+		:		=	3
	+		x		-		:		=	22

SOLUTION : 5 - 1 : 2 x 6 + 9 = 21 / 2 x 5 - 1 + 9 : 6 = 3 / 1 + 9 x 5 - 6 : 2 = 22

« Quand on prend tout d'un cœur léger, il paraît qu'on vit sans danger. »
Jean Ferrat

EN BEAUTÉ

Le sérum, hyper soin

© zinkevych/stock.adobe.com

Le sérum est un produit de soin ultra concentré en principes actifs. Sa texture fondante, légère et fluide est rapidement absorbée et diffusée au cœur de l'épiderme. Idéalement, sérum et crème s'utilisent en duo au quotidien.

À quoi sert-il ? Il stimule le fonctionnement des cellules et favorise la pénétration des actifs de votre crème de soin.

Où s'applique-t-il ? Sur tout le visage, contour des yeux compris, sauf pour les sérums à base d'AHA et de rétinol, qui risqueraient de provoquer des irritations.

Quand l'utiliser ? En hiver, on appliquera plutôt un sérum nourrissant, et en été, une version hydratante.

Comment doit-on l'appliquer ? Matin et soir, sur une peau propre et sèche. Prélevez une noisette de produit, chauffez-la entre vos doigts et déposez-la par tapotements de l'intérieur vers l'extérieur de votre visage. Inutile de laisser agir. Le sérum s'utilise seul dans 2 cas : si vous avez la peau très grasse et, en été, si vous utilisez une crème solaire. Les sérums hydratants, apaisants ou anti-âge peuvent s'utiliser toute l'année. Quand ils sont antitaches et éclat, ils s'emploient en cure de 1 à 3 mois, 1 à 2 fois dans l'année.

Info + Évitez de mélanger les sérums. Mieux vaut en choisir un pour le matin, hydratant par exemple, et un pour le soir, tel qu'un anti-âge. **E.L.**

à faire

Super croisés

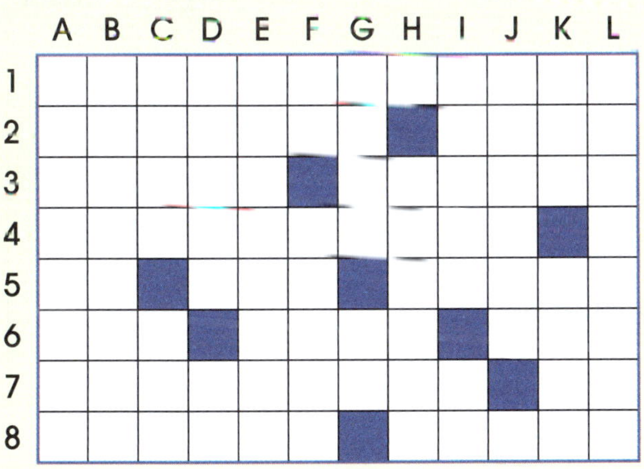

Horizontalement

1. Une allure trop modeste pour de grands cracks. **2.** Fait perdre du temps. Il est ennuyeux, mais elle a l'air agréable. **3.** Primate aux longs bras. Aurons une réaction bien humaine. **4.** Ne se font pas sur rendez-vous. **5.** Possessif. Poisson du Midi. Se met vite en boule. **6.** Auteur du *Nom de la rose*. Déclenché par un réchauffement anormal de l'océan. Peut précéder une naissance. **7.** Pas pour rien. Le titane. **8.** Rechercher des coquilles ou des perles. Eau potable.

Verticalement

A. Avec lui, c'est du tout cuit ! **B.** Replié sur lui-même. **C.** Faire place nette. C'était une réponse de Normand. **D.** Au bord du chemin. Mao en parcourut plus d'un. **E.** Ouvrir une précieuse boîte. **F.** Le même en plus court. N'a pas la tâche facile. **G.** Fondateur de la congrégation de l'Oratoire. Devenu un homme du monde. **H.** Cétone à odeur de violette, employée en parfumerie. **I.** Arrose Meaux. Réduction de poste. **J.** Qui peut user certaines dents. **K.** Anaïs en littérature. Donna de la bande. **L.** Pour les œnologues.

Solution au jeudi 13 janvier

mercredi 12 janvier

Sainte Tatiana

« Nous sommes peu à penser trop,
trop à penser peu. »
Françoise Sagan

à faire

AU JARDIN

Un cyclamen d'intérieur

© pil76/stock.adobe.com

Ses fleurs abondantes, aux coloris doux ou éclatants, émergent d'un feuillage sain souvent orné d'un graphisme gris argenté. Elles poussent le cœur tourné vers le sol. Les variétés à pétales très ronds, frisés ou bicolores comptent parmi les plus originales.

Bien le choisir Déjà fleuri avec de nombreux boutons et un feuillage sain, indemne de moisissures au cœur de la plante.

Sa place préférée Dans une pièce lumineuse, mais à distance d'une source de chaleur puisqu'il apprécie la fraîcheur.

Aux petits soins Pour garder le terreau humide, abreuvez le cyclamen dans une soucoupe. Après absorption, videz l'eau restante. Retirez les fleurs fanées et nourrissez à l'engrais toutes les 3 semaines. **P.-Y. N.**

Mini-fléchés

DU CÔTÉ DE L'OCCIDENT
GAMINS
BIEN EMBARRASSÉ
OCÉAN
QUI SE MONTRE RAISONNABLE
SEIN FAMILIER
LÉZARD D'ASIE
OBSERVATION SCIENTIFIQUE
ILS SONT ASSOCIÉS AUX COUTUMES

POLI
BORNÉ
DANS LES PARAGES
JEU DE CARTES
PLEURNICHEUR AU BORD DE L'EAU
LOUPA
IL EST MI-HOMME MI-LOUP
GRIS
IL DONNE DES FAINES

Solution au dimanche 16 janvier

SOLUTION DU SAMEDI 8

6	4	7	9	1	5	3	8	2
2	8	9	6	7	3	4	1	5
5	1	3	4	2	8	7	9	6
7	2	1	5	4	9	8	6	3
4	6	8	7	3	1	5	2	9
9	3	5	2	8	6	1	4	7
3	7	6	8	9	4	2	5	1
1	5	4	3	6	2	9	7	8
8	9	2	1	5	7	6	3	4

5	1	8	2	6	7	4	3	9
4	3	7	9	1	5	6	2	8
2	9	6	3	4	8	5	1	7
7	4	5	1	8	3	2	9	6
9	2	3	4	5	6	7	8	1
6	8	1	7	2	9	3	5	4
8	6	9	5	7	2	1	4	3
3	5	4	6	9	1	8	7	2
1	7	2	8	3	4	9	6	5

3	5	1	4	6	8	2	9	7
4	7	6	9	2	1	3	5	8
8	9	2	5	3	7	6	1	4
5	1	3	2	8	9	7	4	6
9	6	4	3	7	5	1	8	2
2	8	7	6	1	4	9	3	5
7	4	8	1	9	2	5	6	3
1	3	5	7	4	6	8	2	9
6	2	9	8	5	3	4	7	1

9	1	4	8	6	3	7	5	2
2	5	8	1	7	4	9	3	6
3	6	7	5	9	2	8	1	4
4	3	1	9	2	5	6	8	7
6	8	9	3	1	7	4	2	5
5	7	2	4	8	6	1	9	3
7	9	6	2	5	8	3	4	1
1	4	5	7	3	9	2	6	8
8	2	3	6	4	1	5	7	9

Sainte Yvette

jeudi 13 janvier

« Le meilleur moyen de réaliser l'impossible est de croire que c'est possible. »
Lewis Carroll

EN FORME

Bon moral avec le millepertuis

Véritable anti-déprime, l'herbe de Saint-Jean réconforte un moral en berne et soulage les maux du corps. Anti-inflammatoire, cicatrisant, antalgique, apaisant et stimulant, le millepertuis est aussi l'allié des douleurs cutanées.

En cas de dépression légère Faites infuser 2 cuillères à café de fleurs de millepertuis dans 25 cl d'eau frémissante pendant 10 min. Filtrez. Vous pouvez consommer jusqu'à 2 tasses par jour.

Pour soulager arthrose et rhumatismes Dans un bocal, placez jusqu'à mi-hauteur des fleurs de millepertuis fraîches ou séchées, puis ajoutez une eau-de-vie de fruit à 40°. Bouchez, agitez et laissez macérer 1 mois dans un lieu chaud. Transvasez le liquide devenu rouge dans une bouteille en verre teinté. Frictionnez 1 à 2 fois par jour les articulations douloureuses après un bain chaud.

© panosud360/stock.adobe.com

Pour lutter contre les peaux atones et les ridules Faites infuser 5 g de fleurs fraîches ou séchées dans 25 cl d'eau frémissante, pendant 7 min. Filtrez, laissez tiédir, puis appliquez sur la peau du visage nettoyée. À conserver au réfrigérateur 48 h maximum. À prendre, avec avis médical, 1 h au moins après tout autre prise de médicament. F. O.

à faire

Le bon signe

Entre chaque nombre, placez l'un des quatre signes + x : et – afin d'obtenir le total indiqué. Chaque signe n'apparaît qu'une seule fois par opération.

6 3 9 4 2 = 42

4 8 5 9 3 = 6

9 7 10 4 3 = 16

SOLUTION : 6 : 3 + 9 x 4 - 2 = 42 / 4 x 8 - 5 : 9 + 3 = 6 / 9 - 7 + 10 x 4 : 3 = 16

SOLUTION DU MARDI 11

T	R	O	T	T	I	N	E	M	E	N	T
R	E	T	A	R	D	E	■	A	R	I	A
A	T	E	L	E	■	R	I	R	O	N	S
I	R	R	U	P	T	I	O	N	S	■	T
T	A	■	S	A	R	■	N	E	I	G	E
E	C	O	■	N	I	N	O	■	F	I	V
U	T	I	L	E	M	E	N	T	■	T	I
R	E	L	I	R	E	■	E	V	I	A	N

vendredi 14 janvier

Sainte Nina

« On ferait mieux de donner des Oscars aux gens qui font des métiers pas marrants. »
Jean-Louis Trintignant

à faire

Dessiner de mémoire

Les paniers

Observez ces quatre paniers pendant 30 secondes, puis cachez-les.

Redessinez les paniers dans le bon ordre.

Figures manquantes

Observez cette chaîne pendant 30 secondes, puis cachez-la.

Reproduisez de mémoire les trois formes manquantes dans la chaîne ci-dessous.

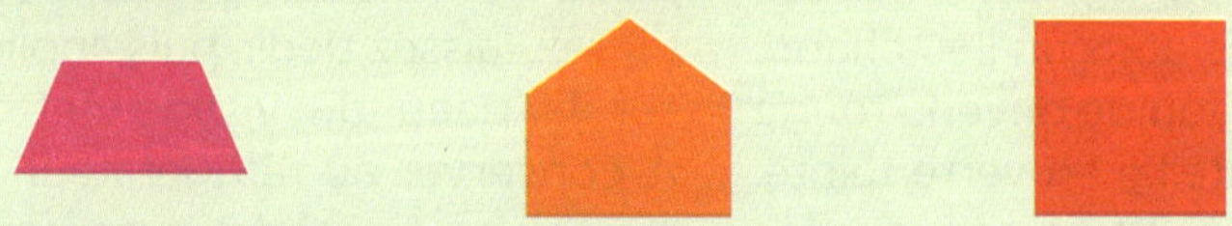

Clin d'œil

À la sortie de l'école, le copain d'Ila, six ans, lui demande qui est sa grand-mère. « C'est ma Nanou ! » répond-il fièrement. « C'est même pas vrai, elle n'est pas vieille ! » Heureuse, la mamie !

QUELLE HISTOIRE !

La France se met au café

C'est en 1669 que le café, alors très peu prisé des Français, fera une entrée fracassante au pays du Roi-Soleil. Dans l'attente d'une audience, Soliman Aga, ambassadeur turc venu à Paris apaiser les relations diplomatiques entre les deux pays, organise des réceptions dignes des *Mille et Une nuits* où se pressent aristocrates et intellectuels et où le café coule à flots. Louis XIV, qui boude à Versailles, finit par accepter d'y recevoir l'émissaire et de goûter la boisson… qu'il apprécie, contrairement à l'attitude de Soliman, jugée hautaine, qu'il demandera à Molière de brocarder dans *Le Bourgeois gentilhomme*. Qu'importe, pour plaire à son roi qui passera vite à une autre tocade, la cour s'efforce aussi d'aimer l'amertume du café. La mode est officiellement lancée ! M. Q.

Saint Rémi

samedi 15 janvier

« Celui qui a planté un arbre avant de mourir n'a pas vécu inutilement. »
Proverbe africain

Mini-fléchés

ENRACINER / PRODIGIEUX		SE SAUVENT / DÉCORATIONS		ANCIENS HABITANTS DE CUZCO
POIL CHEVALIN / PLAN URGENT				
PAS RAFFINÉS		VILAIN MOT DE VILAIN MÔME		

CLOSE / TRÈS DÉVOUÉE		MIGNON COMME TOUT / POÈME		REND PLUS AGRÉABLE
ÉCHELON / PRIT LE MÊME AIR				
PERSONNE MÉRITANTE		CHIFFRES ROMAINS		

ELLE EST ROYALE EN MER / REPLÈTE		GARNIR LE TOIT / COMPTE DÛ		NETTOYÉ PAR LE TISSERAND
ORGANE / NERUDA ET CASALS				
ÉTERNEL, IL EST / RÈGLE				

IL EST FÂCHEUX / DES MOUTONS		D'UN RANG IMPRÉCIS / COLLERA		LE PALUDIER Y TRAVAILLE
PETIT AIR / FAMEUSE MADAME (DE)				
PARTISAN D'UNE ANCIENNE HÉRÉSIE		DIMINUE TOUT CE QUI SUIT		

Solution au mardi 18 janvier

à faire

EN FORME

Le quinoa

Originaire d'Amérique du Sud, il est commercialisé par des filières équitables.
Ses vertus Il contient plus de protéines que les céréales courantes. Il est riche en glucides et en minéraux : magnésium, manganèse, cuivre, fer et zinc, dont il fournit 21 à 38 % de l'apport conseillé pour 150 g cuits.
En cuisine Il se prépare comme le riz, se glisse dans des salades, sert à confectionner des galettes de légumes… **F. D.**

Le saviez-vous

Le premier journal télévisé est lancé le 29 juin 1949 par Pierre Sabbagh. Jusqu'en 1952, il dure 15 minutes et est diffusé cinq fois par semaine, sauf pendant les congés d'été, de juillet à octobre ! M. G.

dimanche 16 janvier

Saint Marcel

« Je ne te demande pas de m'aimer toujours à ce point-là. Mais je te demande de t'en souvenir. »
Francis Scott Fitzgerald

à faire

SOLUTION DU MERCREDI 12

	P		P	
M	O	M	E	S
	N	E	N	E
V	A	R	A	N
	N		U	S
E	T	U	D	E

	A		A	
O	B	T	U	S
	R	A	T	A
G	A	R	O	U
	S	O	U	L
H	E	T	R	E

EN CHANSON

1965 Michel Delpech « Chez Laurette »

© MP/Portfolio/Leemage

La chanson, Michel Delpech l'a dans le sang. Admirateur de Luis Mariano, Bécaud et Aznavour, il monte son premier orchestre à 17 ans. Il renonce à passer le bac pour vivre de la musique. Une audition chez Vogue lui permet d'enregistrer un premier titre, « Anatole », qui ne passera pas la postérité. C'est une deuxième chanson, à la veille de ses 19 ans, qui lui ouvrira les portes du succès.

Le jeune homme fait la connaissance d'un compositeur prometteur, Roland Vincent. Tandis qu'il se rend chez lui à Saint-Cloud, Michel replonge dans ses souvenirs. Il repense à ses années lycée, à ce bistrot de Courbevoie, au-dessous de l'appartement familial, où il refaisait le monde avec ses copains. Il n'a jamais oublié Christiane Vauquelin, la patronne, qui l'a vu naître et s'est beaucoup occupée de lui quand il était enfant. Le temps de ce court voyage en train, le jeune poète rédige un texte qu'il présente à Roland Vincent. Enthousiaste, celui-ci s'installe au piano et imagine une mélodie.

« Chez Laurette » sort dans les bacs le 1er mai 1965, en pleine vague yéyé. Les radios diffusent largement la chanson, ce qui accroît la notoriété du jeune artiste. D'autant que le titre est bientôt intégré à la comédie musicale *Copain Clopant*, dont Delpech rejoint l'affiche. Depuis 56 ans, « Chez Laurette » reste le chef-d'œuvre du répertoire de l'artiste disparu le 2 janvier 2016. **P. Da.**

« Après les cours, on allait boire un verre / Quand on entrait Laurette souriait / Et d'un seul coup, nos leçons, nos problèmes / Disparaissaient quand elle nous embrassait / C'était bien, chez Laurette / Quand on faisait la fête / Elle venait vers nous, Laurette »

Auteur : Michel Delpech. Compositeur : Roland Vincent. Producteurs : Roland Vincent, Naps Lamarche. Label Barclay, 1965.

« Beaux jours de janvier
trompent l'homme en février. »
Dicton provençal

Mots codés

Dans la grille ci-dessous, les lettres ont été remplacées par des nombres, un même nombre représentant toujours la même lettre. Pour commencer le jeu, utilisez les lettres du mot dont le code est déjà indiqué. Les cases ci-dessous servent d'aide-mémoire ; vous pouvez y inscrire les lettres au fur et à mesure que vous les trouvez.

1 M	2 E	3 S	4 A	5 N	6 G	7	8	9	10	11	12	13
14	15	16	17	18	19	20	21	22	23	24	25	26

1 M	2 E	3 S	4 A	5 N	6 G	2 E	■	19	7	11	9	21	4	9	7	2
4	■	10	■	10	■	1	■	18	■	4	■	2	■	8	■	14
12	2	7	2	1	9	4	8	2	■	7	2	22	4	23	2	7
10	■	8	■	1	■	19	■	7	■	9	■	9	■	22	■	9
7	19	9	5	2	19	20	■	9	5	13	10	14	19	22	22	2
2	■	8	■	1	■	■	■	3	■	■	■	4	■	9	■	11
11	7	2	15	2	■	3	11	2	4	17	■	11	9	24	19	2
11	■	■	■	5	■	16	■	7	■	7	■	■	■	19	■	■
2	1	18	2	11	7	2	7	■	18	4	19	15	7	2	11	2
■	■	2	■	■	■	4	■	16	■	13	■	4	■	■	■	5
6	2	7	1	2	■	11	7	4	21	11	■	3	2	9	5	6
10	■	9	■	8	■	■	■	6	■	■	■	3	■	1	■	2
8	9	3	11	9	5	6	19	10	■	21	25	4	11	4	9	5
9	■	21	■	11	■	23	■	5	■	10	■	22	■	6	■	8
21	25	10	7	9	26	10	■	22	19	14	7	9	13	9	2	7
25	■	18	■	10	■	26	■	9	■	7	■	11	■	2	■	2
2	7	2	9	5	11	4	5	11	■	4	16	2	10	7	2	7

Solution vendredi 21 janvier

à faire

QUELLE HISTOIRE !

Le fort Boyard

Le 4 octobre 1961, le ministère des Armées cède aux Domaines le fort Boyard, avant qu'il ne soit mis aux enchères l'année suivante au prix de 7 500 francs. André Aerts, chirurgien-dentiste et restaurateur, l'emporte pour 28 000 francs. Finalement, en novembre 1988, il le revend pour 1,5 million de francs à la société de production de Jacques Antoine, en vue d'un jeu télévisé. Celui-ci le revend aussitôt pour un franc symbolique au Conseil général de Charente-Maritime qui, en échange, assure ses travaux. **P. Da.**

Clin d'œil

Capucine, six ans, essaie de voir ce que cuisine sa grand-mère, mais elle est trop petite. Sa grand-mère lui dit : « Monte là-dessus et tu verras Montmartre ! » « Mamée, c'est où ton martre ? »

mardi 18 janvier

Sainte Prisca

« Il ne sait rien et croit tout savoir. Cela présage indubitablement une carrière politique. »
George Bernard Shaw

à faire

AU JARDIN

Le perce-neige réchauffe l'hiver

© ANATOLII/stock.adobe.com

Modeste mais rassurante, la première fleur de l'année pointe le bout de ses clochettes quand l'hiver touche à sa fin. Plus rare dans la nature, le perce-neige trouve refuge dans nos parcs et jardins. Première fleur à braver le froid dès le mois de janvier et à pointer à travers le manteau neigeux, le perce-neige nous livre un message d'espoir et augure d'un bel avenir.

Cette jolie plante à clochettes, de 10 à 20 cm de haut, pousse à l'état sauvage dans les sous-bois de feuillus de presque toute l'Europe. Elle se fait de plus en plus rare mais se veut très prolifique dans nos jardins, les fourmis se chargeant de disperser ses petites capsules contenant des graines. Ainsi, le perce-neige forme d'importantes colonies dont les bulbes toxiques sont délaissés par les rongeurs.

Seuls les 3 grands pétales extérieurs sont immaculés, les autres exhibant une tache verdâtre. La plante bulbeuse, de la famille des amaryllidacées, fleurit entre janvier et mars. Elle produit assez d'énergie pour percer et faire fondre la neige. Ses fleurs au parfum de miel s'ouvrent le matin et se referment en fin d'après-midi. Leur pollen, apprécié des abeilles, peut altérer le miel. Dans le langage des fleurs, un modeste bouquet réconforterait les âmes blessées. Ce n'est pas par hasard que la fondation créée en 1966 par Lino Ventura, pour défendre la cause des enfants «pas comme les autres», s'appelle Perce-neige. **P.-Y. N.**

Info + Son nom botanique, Galanthus, vient du grec *gala* signifiant lait et de *anthos*, fleur.

SOLUTION DU SAMEDI 15

■	A	■	F	■
I	N	O	U	I
■	C	R	I	N
O	R	S	E	C
■	E	■	N	A
B	R	U	T	S

■	F	■	G	■
Z	E	L	E	E
■	R	A	N	G
I	M	I	T	A
■	E	■	I	I
P	E	R	L	E

■	D	■	T	■
D	O	D	U	E
■	R	E	I	N
P	A	B	L	O
■	D	I	E	U
M	E	T	R	E

■	A	■	E	■
O	V	I	N	S
■	A	R	I	A
S	T	A	E	L
■	A	■	M	I
A	R	I	E	N

QUELLE HISTOIRE !

La Maison royale de Saint-Louis

Avant 1870, les filles étaient exclues de l'école. Pourtant, dès 1686, madame de Maintenon, maîtresse de Louis XIV et femme insoumise, encourage la création de la Maison royale de Saint-Louis, à Saint-Cyr (actuelle Saint-Cyr-l'École). Dans ce pensionnat, 250 jeunes filles issues d'une noblesse désargentée reçoivent une instruction très poussée, incluant Histoire, Philosophie, Mathématiques, Français... **P. Da.**

Saint Marius

« Rien ne va de soi. Rien n'est donné. Tout est construit. »
Gaston Bachelard

EN BEAUTÉ

Chouchoutez votre peau

© fizkes/stock.adobe.com

L'hydrater Optez pour un sérum contenant de l'acide hyaluronique, idéalement de bas poids moléculaire : celui-ci pénètre les couches profondes de l'épiderme et favorise une hydratation intense. Associé à de l'eau thermale, il restaure la quantité d'eau dans nos cellules. Autre actif star : la glycérine, qui prévient également le dessèchement de la peau.

La nourrir Priorité à un sérum à base d'huiles riches en acides gras oméga-3 et 6 et en céramides : il apportera les nutriments qui font défaut et réduira les sensations de sécheresse. Il restaurera aussi le film hydrolipidique cutané. **E. L.**

Info + Vous avez la peau sensible ? Utilisez un sérum contenant du lotus, de l'avoine, de la camomille, de la Neurosensine ou de l'aloe vera.

à faire

Petits fléchés

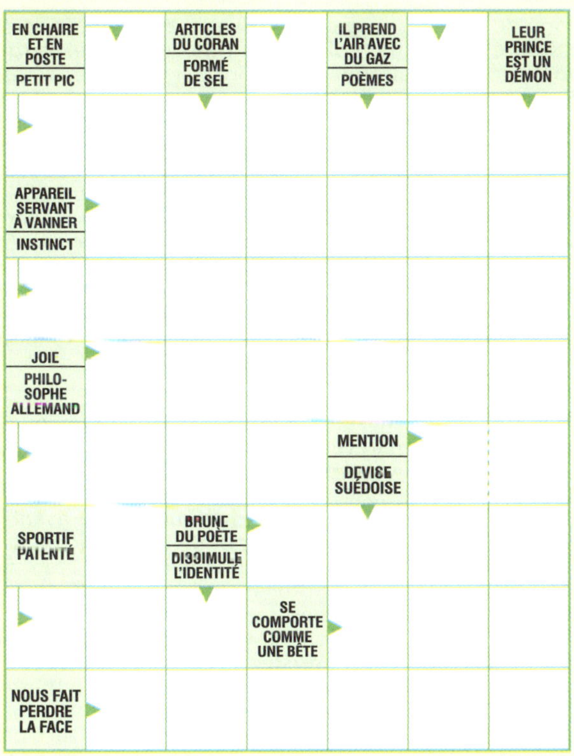

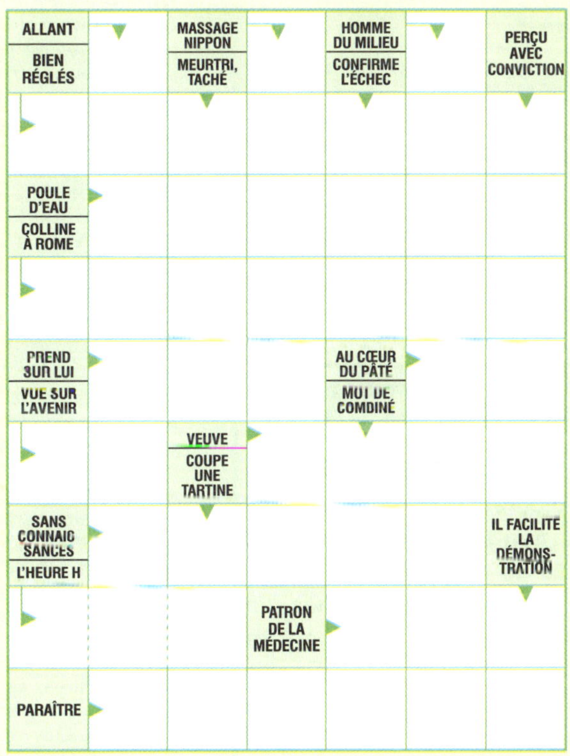

Solution au samedi 22 janvier

jeudi 20 janvier

Saint Sébastien

« Là où il y a des rêves, de l'amour et de l'inspiration, vous ne pourrez pas vous tromper. »
Ella Fitzgerald

à faire

C'EST ARRIVÉ LE...

20 JANVIER 1971

Révolution au Vatican : le corps des gendarmes pontificaux, fondé au début du XIXe siècle, est officiellement dissous. La suppression de cette petite armée, décidée par le pape Paul VI, ne concerne pas la Garde suisse pontificale, dont l'origine remonte, elle, à 1506. F. M.

Mots croisés

	A	B	C	D	E	F	G	H	I	J	K	L	M	N	O	P	Q	R	S	T	U
1									■											■	
2							■					■					■				
3					■					■				■							■
4						■										■					
5								■											■		
6			■						■			■								■	
7					■										■						
8							■							■			■				
9		■				■					■							■			
10				■				■					■								■
11	■									■						■			■		
12					■							■						■			
13								■							■						
14			■								■					■				■	
15					■								■								

Solution au dimanche 23 janvier

Horizontalement

1. Fait suite à une période de crise. Arrivée d'un auxiliaire. **2.** Objectifs de casse-pieds... Met de l'ordre. Cadre de marine. Brille. **3.** État hallucinatoire. Marque de professionnalisme. Rude sentence. Suffoquées. **4.** Sont parfois noires. Il reste en orbite. Faire bâiller. **5.** Prétentieux et bébêtes. Ouvertures donnant accès aux cales. Terme de choix. **6.** Exprime la manière. Brune alcoolisée. Haut lieu de l'archéologie. Comme les volcans d'Auvergne. **7.** Amateur de jeux de maux. Contour de tour. Administrées. **8.** Cause de dégâts des eaux. Acte stupide. Espèce d'arriéré. Type de prune. **9.** Rio du Sahara. Il donne du jus. Démosthène et d'autres. Équerres. **10.** Accessoire de toilette. Île de l'Atlantique. Une façon d'aller dans le futur. Verres pleins à ras bord. **11.** Comme des heures très précises. Relatif à la marine militaire. Distance chinoise. Ustensile de cave. **12.** Porte parole. Il a beaucoup à apprendre. Affluent du Rhône. Une pincée. **13.** On ne peut mieux. Défaites. Objets en métal. **14.** Terme de négation. Un marchand de tissus. Fils de Jacob. Produit interdit pour se hausser du col. **15.** Manches de tennis. Bien construites. Cordages marins.

Verticalement

A. Manière d'être affublé. Tirés d'une musette. **B.** Sa voix part en fumée... Chose qu'on ne verra jamais. **C.** Marché de mareyeurs. Méprisant. **D.** Goupillon servant à jeter de l'eau bénite. Sont encore victimes du coupe-chou. **E.** Pan de jupe. Spécialiste des perles. Engloutit. Possessif. **F.** Organisation apportant une aide humanitaire. Croquis. Os. **G.** Moyen de s'en sortir. Se termine juste avant Noël. **H.** Cracheur de feu italien. Cloue sur les planches. Pour un court parcours. Dans le coup. **I.** Règle pour officier. Tranchantes comme des dents. **J.** Il reste accroché à sa branche. Prenait souvent le bateau. Rivière d'Auvergne. **K.** Ne pas se réjouir. Ils sont ferrés, mais ils ne sont pas calés. **L.** Matériau de batterie. Il n'est pas à l'abri d'un croc-en-jambe. Accumulation. **M.** Qui se présente avec un cachet. Donnent des signes d'animation. **N.** N'insistez pas ! Canonisé du Ier siècle. Bien dodues. **O.** Fignolé. Double. Dieu chaud. **P.** Unité de mesure thermique. Défendent des intérêts. A sa place entre deux pertuis. **Q.** Iconolâtre notoire. Bassesses. **R.** Olivier sauvage. Préfixe pour dupliquer. Pomme rouge. **S.** Qui n'ont pas mis les voiles. On y chemine. Un homme collant. **T.** Lac italien. Un certain vent. **U.** Note. Femmes de Moscou. Pars vite.

vendredi 21 janvier

Sainte Agnès

« Quand en janvier sort la charrue, bonne récolte est attendue. »
Dicton français

A TABLE

Lentilles aux œufs de saumon

© Marielle/Photocuisine/sucré-salé

Pour 4 personnes • 130 g de lentilles vertes • Sel • 1 échalote • Quelques brins d'aneth • 2 tranches de pain de mie • 2 c. à soupe de vinaigre de cidre • 1 c. à café de moutarde forte • Poivre • 4 c. à soupe d'huile d'olive • 120 g d'œufs de saumon.

1. Versez les lentilles dans une casserole, recouvrez-les largement d'eau froide. Portez à ébullition. Couvrez et laissez frémir 20 min. Salez en fin de cuisson. Pelez et hachez finement l'échalote. Ciselez la moitié de l'aneth.

2. Toastez les tranches de pain de mie. Détaillez-y des étoiles à l'aide d'un emporte-pièce. Dans un saladier, mélangez le vinaigre, la moutarde, un peu de sel et de poivre. Versez peu à peu l'huile et mélangez. Ajoutez l'échalote et l'aneth ciselé.

3. Égouttez les lentilles. Assaisonnez-les encore chaudes avec la vinaigrette. Laissez-les tiédir puis incorporez délicatement les œufs de saumon bien froids. Répartissez le mélange dans des verrines. Décorez du reste d'aneth et d'étoiles de pain de mie. Servez aussitôt.

Le plus santé Mélangez lentilles vertes et lentilles noires Beluga pour bénéficier d'un bon apport en protéines.

D'un mot à l'autre

En regroupant et en mélangeant les lettres de chaque mot, donné avec la lettre qui le suit, trouvez un second mot composé de sept lettres.

1	MECANO	+ H	=	
2	COYOTE	+ V	=	
3	AGACER	+ D	=	
4	EMBOUT	+ R	=	
5	TIMORE	+ V	=	

SOLUTION : 1/ Hameçon. 2/ Ovocyte. 3/ Cadrage. 4/ Tombeur. 5/ Motiver.

à faire

SOLUTION DU LUNDI 17

1	2	3	4	5	6	7	8	9	10	11	12	13
M	E	S	A	N	G	R	D	I	O	T	J	F
14	15	16	17	18	19	20	21	22	23	24	25	26
B	V	W	K	P	U	X	C	L	Y	Q	H	Z

samedi 22 janvier

Saint Vincent

« Quel est donc l'homme à notre époque qui pourrait vivre sans féerie, sans un peu de rêve ? »
Georges Méliès

à faire

Sudokus

					1		9	4
4	2							7
				9	2			
2		5				7		
1			6			8		
3		7				1		
				2	9			
5	1							3
					8		7	5

9	6	7						
				8				3
					6	9		1
1		2	8		4			
	7	8					1	
6		4	3		9			
					3	2		8
				4				5
5	4	9						

						7	6	5
1			5	8				
		4						
	7				2		4	
	5				6		8	9
	3				9		7	
		3						
9			6	4				
						4	2	8

4	2			6				
			8		1		2	
	5							3
				4		2		
7		9		3				4
				1		6		
	3							9
			3		2		4	
1	4			8				

Solution au lundi 24 janvier

SOLUTION DU MERCREDI 19

■	T	■	V	■	A	■
O	I	S	E	L	E	T
■	T	A	R	A	R	E
P	U	L	S	I	O	N
■	L	I	E	S	S	E
K	A	N	T	■	T	B
■	I	■	S	O	I	R
P	R	O	■	R	E	E
■	E	N	V	E	R	S

■	D	■	S	■	M	■
R	Y	T	H	M	E	S
■	N	A	I	A	D	E
P	A	L	A	T	I	N
■	M	E	T	■	A	T
S	I	■	S	A	T	I
■	S	E	U	L	E	■
G	M	T	■	L	U	C
■	E	C	L	O	R	E

EN FORME

Le germe de blé

Ses vertus Enrichi en micronutriments par la germination, il constitue un cocktail naturel de vitamines, surtout B1, B6, B9, E, et de minéraux bien assimilables. Une cuillère à soupe (20 g) représente plus de 100 % de l'apport journalier conseillé en manganèse et 33 % en zinc. Il contient aussi des oméga-6. Préférez le germe de blé bio. Comptez 1 cuillère à soupe quotidienne et alternez avec de la levure de bière, également riche en vitamine B.

En cuisine En paillettes, il se saupoudre sur les salades, les céréales, les laitages et les compotes. Il remplace avantageusement la chapelure pour confectionner une panure. F. D.

« Je ne cherche pas à connaître les réponses, je cherche à comprendre les questions. »
Confucius

© Charente tourisme

BALADE EN FRANCE

La Rochefoucauld, mille ans de noblesse

En 980, Fucaldus, frère du comte de Limoges, construit un camp fortifié sur la roche qui surplombe la Tardoire, sous-affluent de la Charente. Il l'appelle *Fucaldus in rupe* (La Roche à Foucauld). En 1019, Foucauld y bâtit le premier donjon, que Jean de La Rochefoucauld métamorphose en château Renaissance au xve siècle. Parrain de François Ier, il imagine un escalier à vis orné de salamandres et une cour bordée de 3 loggias, seul exemple en France de cette architecture inspirée du palais Farnèse, à Rome.

« Presque personne n'avait vécu ici depuis cinq siècles », raconte Sonia Matossian. Veuve du quatorzième duc de La Rochefoucauld, elle est la mère de François de La Rochefoucauld, l'actuel propriétaire. « Il n'y avait plus de toit. Des cheminées avaient été volées. Une partie du donjon s'était écroulée. Mais André Malraux et le général de Gaulle ont été extraordinairement généreux. »

Le château s'est enrichi des meubles de Montmirail et des 20 000 volumes de la bibliothèque du château de Liancourt, deux propriétés familiales vendues récemment. Dès le premier salon, les photos des La Rochefoucauld reposent sur le piano. Dans le délicieux boudoir, Marguerite d'Angoulême écrivait ses poèmes. François de La Rochefoucauld, lui, a laissé le manuscrit de ses *Maximes* dans la bibliothèque, près de l'*Encyclopédie* et de l'inventaire des bijoux de Marie-Antoinette et Louis XVI.

La demeure pourrait connaître une nouvelle heure de gloire. Bien avant que l'architecte Ieoh Ming Pei ne bâtisse la Pyramide du Louvre, Sonia Matossian lui avait déjà demandé de métamorphoser le donjon écroulé en une œuvre d'art contemporaine. « Chaque génération a toujours regardé vers l'avant. Je veux suivre leur exemple. Pei est le plus grand architecte du monde et son projet est prêt », déclarait-elle en 2018. Le célèbre architecte étant décédé en 2019, il reste à espérer que des mécènes le financent, s'appropriant la devise des La Rochefoucauld : « C'est mon plaisir »... **J.-P. R.**

à faire

SOLUTION DU JEUDI 20

A	C	C	A	L	M	I	E	■	A	D	J	O	N	C	T	I	O	N	■	U
T	A	R	S	E	S	■	T	R	I	E	■	B	A	I	E	■	L	U	I	T
T	R	I	P	■	F	I	N	I	■	P	A	L	■	S	C	I	E	E	S	■
I	D	E	E	S	■	S	A	T	E	L	L	I	T	E	■	R	A	S	E	R
F	I	E	R	O	T	S	■	E	C	O	U	T	I	L	L	E	S	■	O	U
E	N	■	S	T	O	U	T	■	U	R	■	E	T	E	I	N	T	S	■	S
M	A	S	O	■	P	E	R	I	M	E	T	R	E	■	G	E	R	E	E	S
E	L	N	I	N	O	■	A	N	E	R	I	E	■	D	U	■	E	N	T	E
N	■	O	R	O	■	A	C	C	U	■	B	E	G	U	E	S	■	T	E	S
T	U	B	■	Y	E	U	■	I	R	A	I	■	R	A	S	A	D	E	S	■
■	T	A	P	A	N	T	E	S	■	N	A	V	A	L	■	L	I	■	I	F
S	O	N	O	■	N	O	V	I	C	E	■	I	S	E	R	E	■	P	E	U
O	P	T	I	M	U	M	■	V	E	S	T	E	S	■	E	T	A	I	N	S
N	I	■	L	A	I	N	I	E	R	■	A	S	E	R	■	E	P	O	■	E
S	E	T	S	■	S	E	N	S	E	E	S	■	S	A	I	S	I	N	E	S

lundi 24 janvier

Saint François de Sales

« Qui trop écoute la météo,
passe sa vie au bistrot. »
Proverbe breton

à faire

A TABLE

Canette rôtie aux betteraves acidulées

Pour 4 personnes • 1 canette (1,5 kg) • 50 g de graisse de canard • Thym • 1 gousse d'ail • Laurier. Pour les betteraves : • 2 bottes de mini-betteraves de couleurs différentes • Sel • Thym • 1 gousse d'ail • 1 filet d'huile d'olive • 500 ml de bouillon de poule • 50 g de beurre • Fleur de sel • Piment d'Espelette. Pour la purée de betteraves : • 250 g de betteraves rouges pelées • 10 ml d'huile de tournesol • 9 ml de vinaigre de Xérès • 3 clous de girofles • Coriandre • ½ gousse d'ail • Thym • Queues de persil • Laurier • 7 g de sel • 40 g de sucre • 60 g de beurre.

1. Séparez les cuisses du coffre de la canette. Dans une cocotte, faites confire les cuisses avec la graisse, le thym, l'ail et le laurier (environ 2 h). Salez le coffre, enfournez-le 15 min à 150 °C (th. 5). Laissez reposer 10 min. Levez les filets. Dans une poêle, colorez les cuisses et les filets côté peau. Assaisonnez de fleur de sel et de poivre.

2. Enfournez les mini-betteraves à 180 °C (th. 6) en papillote avec le sel, le thym, l'ail, l'huile d'olive. Pelez-les puis coupez-les en deux. Réchauffez-les avec le bouillon de poule, le beurre, la fleur de sel et le piment d'Espelette.

3. Pour faire la purée, faites frémir les ingrédients (sauf le beurre) dans 300 ml d'eau jusqu'à cuisson des betteraves. Égouttez et ôtez les queues de persil, le thym et le laurier. Mixez avec le beurre. Évaporez le jus de cuisson.

4. Disposez la purée et les morceaux de betterave. Ajoutez les oignons, les pousses de betterave et la canette nappée, si vous le souhaitez, d'un jus de volaille maison. **M.-A. D.**

© Bernhard Winkelmann/stylisme Manuella ChantePie

SOLUTION DU SAMEDI 22

8	5	6	3	7	1	2	9	4
4	2	9	8	6	5	3	1	7
7	3	1	4	9	2	5	6	8
2	8	5	9	1	3	7	4	6
1	9	4	6	5	7	8	3	2
3	6	7	2	8	4	1	5	9
6	7	3	5	2	9	4	8	1
5	1	8	7	4	6	9	2	3
9	4	2	1	3	8	6	7	5

9	6	7	1	3	5	8	2	4
4	2	1	9	8	7	5	6	3
8	3	5	4	2	6	9	7	1
1	9	2	8	7	4	3	5	6
3	7	8	6	5	2	4	1	9
6	5	4	3	1	9	7	8	2
7	1	6	5	9	3	2	4	8
2	8	3	7	4	1	6	9	5
5	4	9	2	6	8	1	3	7

3	8	2	9	1	4	7	6	5
1	6	7	5	8	3	2	9	4
5	9	4	2	6	7	8	1	3
6	7	9	8	3	2	5	4	1
2	5	1	4	7	6	3	8	9
4	3	8	1	5	9	6	7	2
8	4	3	7	2	1	9	5	6
9	2	5	6	4	8	1	3	7
7	1	6	3	9	5	4	2	8

4	2	8	5	6	3	9	7	1
3	7	6	8	9	1	4	2	5
9	5	1	4	2	7	8	6	3
5	1	3	7	4	6	2	9	8
7	6	9	2	3	8	5	1	4
2	8	4	9	1	5	6	3	7
6	3	2	1	5	4	7	8	9
8	9	5	3	7	2	1	4	6
1	4	7	6	8	9	3	5	2

Le saviez-vous

Le 17 août 1861, à Lyon, Julie-Victoire Daubié a 37 ans lorsqu'elle obtient son bac. Journaliste et militante des droits des femmes, cette pionnière sera, dix ans plus tard, la première licenciée ès lettres quand la Sorbonne est encore interdite aux femmes. Elle obtient une reconnaissance en Europe et aux États-Unis, décrochant aussi une médaille à l'Exposition universelle de 1867. P. Da.

Conversion de Paul

« Le peu de morale que je sais, je l'ai appris sur les terrains de football et les scènes de théâtre [...]. »
Albert Camus

EN FORME

La vitamine D, rayon de soleil

© anetlanda/stock.adobe.com

Contrairement aux idées reçues, la vitamine D n'est pas véritablement une vitamine, elle agit comme une hormone et est produite majoritairement par la peau sous l'effet des rayons ultraviolets du Soleil. Elle agit grâce à des récepteurs spécifiques sur de très nombreux tissus ou organes, en permettant leur régénération. Son rôle sur la minéralisation osseuse, en régulant l'absorption du calcium et du phosphore issus de l'alimentation, est bien connu. Elle intervient également en prévention de certains cancers, du diabète, de la fonte musculaire et de l'artériosclérose. Ses apports se font de deux manières : grâce aux rayons du Soleil et par l'alimentation, avec le jaune d'œuf, l'huile de foie de morue ou ses équivalents dans les poissons gras (hareng, maquereau, anchois, saumon...).

Chez les seniors, les apports de vitamine D sont presque toujours insuffisants, le nombre d'aliments riches en vitamine D étant limité et les rayonnements solaires faisant souvent défaut. Au printemps et en été, 20 min d'exposition au soleil produisent suffisamment de vitamine D. Mais l'hiver, il faudra plus de 2 h car les rayonnements UV sont plus faibles. Il est pertinent d'évaluer régulièrement son statut et, si besoin, de s'exposer davantage au soleil et de recourir à une supplémentation. La dose habituelle est de 100 000 UI tous les 3 mois. **O.d.L.**

à faire

Super croisés

	A	B	C	D	E	F	G	H	I	J	K	L
1												
2				■							■	
3							■					
4					■				■			
5			■					■				■
6					■							
7										■		
8				■								

Horizontalement

1. On compte sur lui pour faire passer le courant. **2.** Joli mois fleuri. S'exprime à la façon de certains coureurs. **3.** On le trouve sur un parasol. Fait le mur. **4.** Une partie du globe. Victime du coup de foudre. Tel que l'on ne laisse presque rien paraître. **5.** Libéré d'une attache. Agent de sûreté. Versés à Bucarest. **6.** C'est également dans les campagnes. Passés. **7.** Une échelle pour monter et descendre. Roulé dans la farine. **8.** Région de Colmar. Regardera de trop près.

Verticalement

A. Prouve qu'on n'a pas eu de peine. **B.** Des simplicités naturelles. **C.** Elle élève la pensée. Force du passé. **D.** Roi africain. **E.** Lettre grecque. Pour la troisième personne. **F.** Elle n'est pas une femme des plus fidèles. **G.** Il ne fait jamais un grand numéro. Ils sont composés pour la table. **H.** Il est préférable qu'il ne manque pas d'air. Parfois jeté pour protester. **I.** Peut se faire sur le champ. Suite logique. **J.** Éprouvée dans sa ductilité. **K.** Mettre sous enveloppe. **L.** Se rencontrent à un croisement. Procéda par élimination.

Solution au mercredi 26 janvier

mercredi 26 janvier

Sainte Paule

« Pour chasser le lion, pensez en termes de lion, pas de souris. »
Thomas Drier

à faire

DANS LA NATURE

Le renne, paré pour le froid

© Andreas Gradin/stock.adobe.com

Le *Rangifer tarandus* est, pour les Européens, le renne, et pour les Américains du Nord, le caribou. Il s'agit pourtant de la même espèce vivant dans les régions arctiques et subarctiques d'Europe, d'Amérique du Nord et d'Asie. Le nom renne vient du suédois *ren*. Le nom caribou vient du terme indien *xalibu* qui signifie « celui qui utilise ses sabots comme une pelle pour soulever la neige ». Contrairement au caribou, légèrement plus grand et avec des bois plus imposants, le renne a pu être domestiqué et sert d'animal de trait, de bât ou de course.

Cet animal mythique, qui a côtoyé le mammouth et nourri nos ancêtres, s'est adapté à tous les bouleversements climatiques. Équipé pour survivre aux grands froids, il est élevé par les Lapons et fait toujours autant rêver les enfants. Qu'il soit dans la forêt boréale ou dans la toundra, notre herbivore varie son menu : herbes, mousses, écorces, rameaux, champignons. Mais c'est le lichen, riche en sucres, qui lui est indispensable pour résister aux grands froids. En fermentant dans une poche de son estomac, le végétal maintient notre ruminant à 37 °C. **Pour survivre à des températures hivernales de - 40 °C,** il peut compter sur son épais pelage fait de longs poils creux qui gardent la chaleur et d'une sous-couche épaisse de duvet de laine. **P.-Y. N.**

SOLUTION DU MARDI 25

I	N	T	E	R	R	U	P	T	E	U	R
M	A	I	■	H	E	N	N	I	T	■	U
P	I	G	N	O	N	■	E	R	I	G	E
U	V	E	E	■	E	M	U	■	R	A	S
N	E	■	G	A	G	E	■	L	E	I	■
I	T	O	U	■	A	N	C	I	E	N	S
T	E	S	S	I	T	U	R	E	■	E	U
E	S	T	■	L	E	S	I	N	E	R	A

Au parfum

Choisissez trois coupes glacées pour avoir au total trois boules de chaque parfum.

SOLUTION : A - C - D.

« Le futur appartient à ceux qui croient en la beauté de leurs rêves. »
Eleanor Roosevelt

© Sea Wave/stock.adobe.com

À TABLE

3 astuces anti-gaspi autour du chou-fleur

En taboulé Pour 2 personnes : râpez 200 g de chou-fleur. Détaillez 8 tomates cerises en dés, ciselez quelques brins de persil plat et de coriandre. Mélangez dans un saladier avec le jus d'un citron, 2 cuillères à soupe d'huile d'olive, salez et poivrez.

En chips Pour 2 personnes : coupez des tranches de chou-fleur de 2 mm d'épaisseur. Étalez-les sur du papier cuisson et badigeonnez-les d'huile d'olive et d'épices. Enfournez 20 min à 210 °C (th. 7), puis retournez à mi-cuisson. Salez.

En flan Pour 4 personnes : mixez 200 g de chou-fleur cuit et mélangez avec 20 cl de crème liquide, 2 cuillères à soupe de farine, 2 œufs et 20 g de parmesan. Salez et poivrez. Versez dans des ramequins et enfournez 20 min à 180 °C (th. 6). **E. T.**

Sudokus

				7				2
1	3							9
			4		6	8		
		4				1	8	
				3				
	7	2				4		
		1	9		7			
2							1	7
7				5				

	6	9			4			
			6		8			
						2	5	
6			7		1			9
5				4			1	
9			5		3			8
						1	4	
			8		9			
	1	5			2			

Solution au samedi 29 janvier

à faire

C'EST ARRIVÉ LE...

27 JANVIER 1971

La SNCF devient autonome : fondée en 1937, elle obtient, entre autres, de fixer librement ses tarifs et de supprimer les services non rentables. Garant du service public, c'est l'État qui devra désormais financer, par exemple, le maintien des petites lignes même si elles sont déficitaires. **F. M.**

vendredi 28 janvier

Saint Thomas d'Aquin

« Neige de janvier enrichit le fermier. »
Dicton ardéchois

à faire

Jackpot

Dans chaque jeu, trouvez trois mots de quatre, cinq, six ou sept lettres en ne prenant qu'une lettre par colonne. Chaque lettre ne sert qu'une fois. Un exemple vous est déjà donné.

① **Mots de 4 lettres**

P	R	T	T
M	A	O	O
W	E	M	F

MÉMO

② **Mots de 5 lettres**

E	O	I	Z	R
D	U	U	K	Y
S	T	L	E	E

③ **Mots de 6 lettres**

O	E	U	I	R	R
B	A	G	T	I	E
S	C	C	U	E	N

④ **Mots de 7 lettres**

R	N	E	C	T	U	L
F	O	N	D	E	A	T
I	R	A	X	A	C	R

Solution au dimanche 30 janvier

Clin d'œil

Une femme promène son jeune bouledogue lorsqu'elle croise Alexis, quatre ans. Le garçon lui demande comment s'appelle le chien. « Gertrude ? Mais c'est pas un nom de chien, ça ! », remarque l'enfant. Il regarde encore l'animal, puis demande : « Et il est de quelle marque ? »

EN FORME

L'huile d'olive contre la constipation

L'huile d'olive contient 70 % d'oléine aux vertus légèrement purgatives qui ramollit le bol fécal, facilitant l'évacuation des selles. Mais ce n'est pas tout, elle accélère les contractions de la vésicule biliaire, stimulant la sécrétion de sels biliaires, laxatifs naturels. La plupart du temps, dès le lendemain matin, la constipation n'est plus qu'un mauvais souvenir.

Mon remède L'un des remèdes phares de la constipation est de prendre, à jeun, 1 cuillère à soupe d'huile d'olive. **I. H.**

« Qui manie le miel
s'en lèche les doigts. »
Proverbe français

Mini-fléchés

PARIS DE JADIS
ROBES DE MOINES
DÉPASSÉ
ÉPOUSES DE RAJAHS
DONNER DU GOÛT AU METS
PESA LA BOÎTE
GRENIER À FOIN
AIGUILLE OU ARÊTE
CAUSER DU TORT

AVIATEUR
PETITE POINTE
AMATEUR DE POKER
FAUSSE NOTE
N'ARRIVE PAS À L'HEURE
PRIT À BAIL
PASSER À TABAC
ABRI DE TOILE
PAUSE À L'ÉCOLE

ENNUYÉ
ATHÉE
SAPENT LE MORAL
ANCIEN SUPPLICE
DONNE DE LA VOIX (S')
LONG SIÈGE
CHEVROTER
PEAU DE CITRON
NÉGATION TOUJOURS DOUBLÉE

CASSE L'ANGLE
MOUTONNA
DAME DE CŒUR
ÉTATS GROUPÉS
ARRIVER EN RENFORT
ME PERMIS
HUIT À LA FOIRE
BLESSER, HUMILIER
IL DIRIGE UNE POINTE À TRACER

Solution au lundi 31 janvier

à faire

AU MARCHE

Le brocciu

Ce fromage frais corse (AOC) est élaboré à partir de lactosérum de lait de chèvre ou de brebis. Riche en calcium, essentiel à la bonne qualité osseuse, et en protéines, prévenant la fonte musculaire, il est peu calorique. Dégustez-le avec de la confiture de myrtille ou du miel, dans une omelette ou une tarte salée. Il ne se conserve que quelques jours au réfrigérateur, bien emballé.
Info + Tartinez du brocciu mélangé à des herbes fraîches ciselées sur du pain complet toasté pour l'apéritif. E. T.

SOLUTION DU JEUDI 27

4	9	8	1	7	3	6	5	2
1	3	6	5	8	2	7	4	9
5	2	7	4	9	6	8	3	1
3	6	4	7	2	9	1	8	5
9	1	5	8	3	4	2	7	6
8	7	2	6	1	5	4	9	3
6	5	1	9	4	7	3	2	8
2	4	9	3	6	8	5	1	7
7	8	3	2	5	1	9	6	4

7	6	9	2	5	4	3	8	1
1	5	2	6	3	8	9	7	4
4	8	3	1	9	7	2	5	6
6	3	4	7	8	1	5	2	9
5	2	8	9	4	6	7	1	3
9	7	1	5	2	3	4	6	8
8	9	6	3	7	5	1	4	2
2	4	7	8	1	9	6	3	5
3	1	5	4	6	2	8	9	7

dimanche 30 janvier

Sainte Martine

« J'ai été étonné du plaisir qu'on éprouve en faisant le bien. »
Pierre Choderlos de Laclos

à faire

SOLUTION DU VENDREDI 28

1. mémo / watt / prof.
2. étier / sulky / douze.
3. béguin / occire / sauter.
4. inexact / rondeur / fractal.

QUELLE HISTOIRE !

Les dessous du verre

La technique du verre soufflé, permettant d'obtenir des contenants creux, a beau dater d'un siècle avant J.-C., le verre de table est longtemps resté l'apanage des plus riches. Les autres se contentaient de coupes et gobelets en terre cuite ou en métal, qui dénaturaient le goût. Les services pléthoriques de verres n'ont investi les foyers qu'au XIXe siècle. Auparavant, les plus nantis devaient en louer auprès de marchands verriers pour les grands événements. C'est ce que firent Catherine de Médicis lors des funérailles de son époux Henri II, en 1559, et Marie Tudor pour ses fiançailles.

Le verre de luxe prend son essor au XIIIe siècle en république de Venise, sur l'île de Murano où fut délocalisée la production afin de protéger la cité des Doges des flammes des fonderies… et entraver la fuite des verriers et de leur savoir-faire ! Ces verres de Murano, introduits par Catherine de Médicis en France – fins, transparents et gravés à la pointe de diamant – seront pourtant détrônés à la fin du XVIe par le verre de Bohême, plus épais et permettant une gravure plus profonde.

L'usage du verre à pied s'est développé en France au cours du XVIe siècle et au XVIIe siècle pour des raisons de… sécurité ! Après « l'affaire des poisons », cette série noire qui secoua le règne de Louis XIV de 1672 à 1682, impliquant de nombreux courtisans, le verre à pied devint une sorte d'assurance-vie. Les domestiques, sommés de le tenir par la base pour le remplir, ne pouvaient plus approcher la main du ballon pour y glisser subrepticement du poison…

© Laurent Parrault

Seul roi de France à être né et mort au château de Versailles, Louis XV était très sensible aux arts de la table et particulièrement irrité par le monopole britannique sur la cristallerie ! C'est sur son impulsion, et après avoir débauché quelques verriers anglais, que la verrerie de Baccarat vit le jour en 1764 puis, en 1767, la Verrerie royale de Saint-Louis, qui donnera naissance au premier cristal français en 1785. M. Q.

Sainte Marcelle

« S'il ne pleut pas en janvier,
tu peux étayer ton grenier. »
Dicton français

© Radvaner/Photocuisine/sucré-salé

À TABLE

Tarte aux oignons rouges

Pour 4 personnes • 190 g de farine de petit épeautre ou de blé • 90 g de beurre (+ 1 noisette pour le moule) • Sel • 5 cl d'eau froide. Pour la garniture : • 6 oignons rouges • 25 g de beurre • 3 pincées de piment d'Espelette • 1 c. à soupe de miel de montagne • 2 œufs • 20 cl de crème liquide entière • Poivre du moulin.

1. Travaillez la farine avec le beurre en parcelles jusqu'à obtenir un sablage. Incorporez 1 pincée de sel et l'eau puis pétrissez jusqu'à l'obtention d'une boule de pâte homogène. Enveloppez-la et réservez 30 min au frais.
2. Pelez et émincez les oignons. Faites-les suer avec le beurre, assaisonnez, ajoutez le piment. Faites cuire 10 min sur feu moyen, tout en mélangeant. Incorporez le miel et laissez évaporer l'eau de cuisson. Laissez refroidir.
3. Fouettez les œufs avec la crème puis assaisonnez.
4. Préchauffez le four à 180 °C (th. 6).
5. Étalez la pâte. Garnissez un moule beurré puis piquez le fond avec une fourchette. Déposez les oignons, versez le mélange précédent et enfin, enfournez 35 à 40 min.

Info + Servez avec une salade fraîche agrémentée de quelques noix. M.-A. D.

à faire

Le saviez-vous

Le sanglier rôti en plat du jour ? Pour Obélix, oui ! Mais en réalité, les Gaulois étaient davantage éleveurs (et pêcheurs) que chasseurs. Seuls quelques-uns de leurs plats carnés provenaient de la chasse et le sanglier n'en représentait qu'une très petite quantité. Volaille, cochon, vache, mouton... ce sont surtout les animaux de la ferme, cuits à la broche, qui nourrissaient les troupes. Mais aussi, selon les archéozoologues, le cheval et... le chien, très prisé à l'époque. M. O

SOLUTION DU SAMEDI 29

■	L	■	P	■
B	U	R	E	S
■	T	A	R	A
F	E	N	I	L
■	C	I	M	E
L	E	S	E	R

■	P	■	J	■
P	I	C	O	I
■	L	O	U	A
R	O	U	E	R
■	T	A	U	D
R	E	C	R	E

■	E	■	M	■
I	M	P	I	E
■	B	A	N	C
B	E	L	E	R
■	T	■	N	I
Z	E	S	T	E

■	E	■	A	■
E	C	U	M	A
■	O	S	A	I
G	R	A	N	D
■	N	■	T	E
V	E	X	E	R

mardi 1er février

Sainte Ella

« Entre l'arbre et l'écorce, il ne faut pas mettre le doigt. »
Proverbe français

à faire

EN FORME

Le chou kale

© karaidel/stock.adobe.com

Ce chou, déjà prisé par les Romains, n'a pas encore été très étudié mais il posséderait de nombreuses vertus, dont une teneur exceptionnelle en vitamine C, antioxydante. En effet, il couvrirait, pour seulement 100 g consommés, 150 % des besoins quotidiens.

Pour en faire un velouté stimulant, faites revenir 1 échalote, 1 gousse d'ail pressée et 1 petit morceau de gingembre émincé dans 2 cuillères à soupe d'huile. Ajoutez 2 pommes de terre coupées en cubes et le même poids en feuilles de chou kale coupées. Versez 50 cl d'eau, laissez bouillonner 30 min. Salez, poivrez, mixez et servez. **D. L.**

Le plus santé Consommez aussi le chou kale pour sa grande teneur en bêta-carotène, essentiel à notre système immunitaire.

Petits fléchés

TENIR CONSEIL
VEINE DE FEUILLE
RAPPEL
COMÉDIEN FRANÇAIS
L'IRLANDE DU POÈTE
PAGES DE TITRES
ENFOUIR DANS LE SOL
LIÉ AU LION
PRÉNOM DE VAN GOGH
LONGS SERPENTS
NOTE OU ÎLE
APPUIE SUR LA GÂCHETTE
ESPRIT DE L'ÊTRE HUMAIN
MESURE ANGULAIRE
PREND LA PAROLE
TENDRE
LE SIÈGE DES SOUVENIRS
DONNER UN REVENU RÉGULIER

ABEILLE EN VISITE
ON-DIT
DÉESSE DU MARIAGE
PRENDRE EN MAIN
BEL OISEAU
EMPLOYER
TRISTE BRUIT
PLAID ÉCOSSAIS
JARDINAI
PERSONNE GARDÉE
NÉGATION
NOMME DE NOUVEAU
CÔTÉ AU VENT
JUSQU'AU NIVEAU DU BORD (À)
CÉLÈBRES FOUILLES
COUTUMES
VOISIN DE LA DORADE
BOUGÉ
GROS PRÉFIXE
DESSINS À GRANDE ÉCHELLE

Solution au jeudi 3 février

« La vie ? Un rien l'amène,
un rien l'anime, un rien la mine,
un rien l'emmène. »
Raymond Queneau

© sdp-DR

AU JARDIN

Un cactus sans épines

Cette espèce de succulente, baptisée schlumbergera ou cactus de Noël, est originaire des forêts tropicales brésiliennes. En début d'hiver, les extrémités de ses feuilles plates portent des fleurs rouges, blanches, jaunes ou roses selon les variétés. Son caractère robuste, ses beaux coloris et sa longévité de plus de 30 ans font son succès à la période des fêtes.

Bien le choisir Achetez-le en boutons ou tout juste fleuri. Contrôlez le feuillage qui doit être d'un vert uniforme et sans taches.

Sa place préférée Une pièce lumineuse, sans soleil direct, à environ 20 °C. Une fois bien installé, le cactus de Noël déteste changer de place et pourrait même en perdre ses boutons.

Aux petits soins Arrosez 1 fois par semaine pendant toute la floraison. Après, laissez la plante au repos, au sec, dans une pièce peu éclairée. Arrosez à nouveau dès l'arrivée d'une nouvelle floraison. L'été, sortez-le à l'ombre. P.-Y. N.

à faire

Bagages perdus

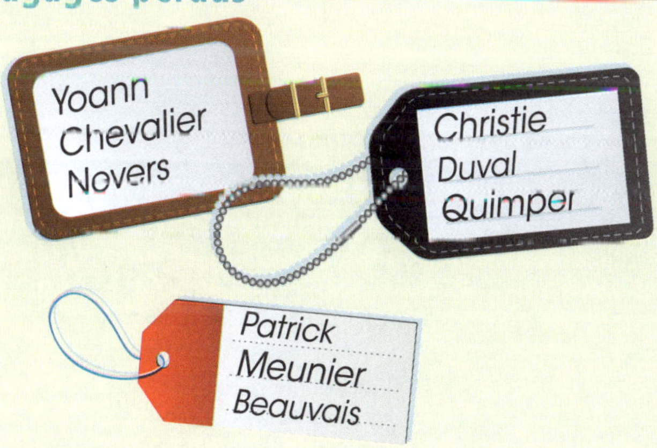

Observez ces étiquettes pendant 30 secondes, puis cachez-les.

Écrivez le nom et le prénom de chaque personne en vous aidant des lieux de résidence.

Beauvais : ....

Nevers : ....

Quimper : ....

jeudi 3 février

Saint Blaise

« Le bonheur a les yeux fermés. »
Paul Valéry

à faire

D'un mot à l'autre

En regroupant et en mélangeant les lettres de chaque mot donné avec la lettre qui le suit, vous devez trouver un second mot composé, selon le cas, de quatre, cinq, six ou sept lettres. Aucun mot au pluriel n'est admis ni aucun verbe conjugué.

Mots de 4 lettres

1 N I E + L = ☐☐☐☐

2 O S E + L = ☐☐☐☐

3 I R E + B = ☐☐☐☐

Mots de 5 lettres

4 C O L T + A = ☐☐☐☐☐

5 P I E U + Q = ☐☐☐☐☐

6 F E R A + X = ☐☐☐☐☐

7 R O B E + X = ☐☐☐☐☐

Mots de 6 lettres

8 P E T E R + M = ☐☐☐☐☐☐

9 V E R R E + C = ☐☐☐☐☐☐

10 A S T R E + Y = ☐☐☐☐☐☐

Mots de 7 lettres

11 M O R T E L + O = ☐☐☐☐☐☐☐

12 B A T E A U + L = ☐☐☐☐☐☐☐

13 P O E S I E + D = ☐☐☐☐☐☐☐

14 S A U T E R + X = ☐☐☐☐☐☐☐

Solution au samedi 5 février

SOLUTION DU MARDI 1ER

■	D	■	E	■	E	■
N	E	R	V	U	R	E
■	L	E	O	N	I	N
V	I	N	C	E	N	T
■	B	O	A	S	■	E
R	E	■	T	■	T	R
■	R	A	I	D	I	R
M	E	M	O	I	R	E
■	R	E	N	T	E	R

■	B	■	H	■	A	■
R	U	M	E	U	R	S
■	T	A	R	T	A	N
B	I	N	A	I	■	I
■	N	I	■	L	O	F
R	E	E	L	I	T	■
■	U	R	■	S	A	R
U	S	■	M	E	G	A
■	E	P	U	R	E	S

Le saviez-vous

Durant toute une vie, les poumons inhalent en moyenne 300 millions de litres d'air. La « consommation » journalière étant d'environ 12 000 litres, composés de 78 % d'azote, 21 % d'oxygène et seulement de 0,03 % de dioxyde de carbone (CO_2). En revanche, quand l'air est expiré, il contient 4 % de CO_2 et plus que 17 % d'oxygène. Les poumons, via les alvéoles pulmonaires, transmettent l'oxygène au sang, qui le distribue dans tout le corps. Une fois l'oxygène brûlé par les muscles, du dioxyde de carbone est rejeté, devenant ainsi un produit résiduaire. S. V.-V.

vendredi 4 février

Sainte Véronique

« Le bonheur c'est lorsque vos actes sont en accord avec vos paroles. »
Indira Gandhi

EN BEAUTÉ

Des soins naturels pour apaiser

© goodluz/stock.adobe.com

Une crème pour hydrater Optez pour une crème de jour pour le visage et le corps (type cold cream) et appliquez un masque hydratant 1 fois par semaine. Les soins à base de cuivre ou de zinc (vendus en pharmacie) permettent de juguler l'inflammation.

Un gel d'aloe vera pour apaiser L'aloe vera a des vertus anti-infectieuses, apaisantes et cicatrisantes. En gel ou en crème, il s'applique sur les zones squameuses. Attention, il se révèle parfois irritant.

L'huile d'onagre pour réparer L'acide gamma-linolénique (GLA) lui confère de remarquables propriétés émollientes. L'huile de bourrache est une bonne alternative. Appliquez 2 à 3 gouttes sur la dartre plusieurs fois par jour.

Le beurre de karité pour nourrir et protéger Riche en vitamine A, il aide la peau à retrouver son élasticité. Faites-en fondre un morceau dans la paume, puis appliquez en massages circulaires. C. D.

à faire

La bonne place

Observez cet étal de marché pendant 30 secondes, puis cachez-le.

Inscrivez au bon endroit le numéro de chaque fruit ou légume enlevé de l'étal précédent.

samedi 5 février

Début des vacances de la zone B

Sainte Agathe

« L'homme devrait mettre autant d'ardeur à simplifier sa vie qu'il en met à la compliquer. »
Henri Bergson

à faire

Sudokus

	8		6	2		9		1
9				7	3	4		8
7		1		8				3
	2				8			6
	5		4	1	7		9	
3			9				8	
8				4		5		9
2		6	7	3				4
4		5		9	1		6	

		6	4	3	1	2		5
4	3				5	9	8	
	7			9				
1	6	5		4				7
			3		6			
8				5		1	6	2
				8			4	
	2	8	1				3	9
3		4	5	7	9	6		

				8				
	4			5			9	
2								4
		7				3		
			1		3			
		9	8		6	1		
	9		4		1		5	
6	8		9		5		4	1
	5			2			6	

		9						2
	5	7		4				
	4			6		3	8	5
					5	2		7
			7		4			
5		3	1					
3	6	2		1			4	
				8		1	6	
4						5		

Solution au mercredi 9 février

SOLUTION DU JEUDI 3

4 lettres : 1/ lien - 2/ sole - 3/ brie. **5 lettres :** 4/ calot - 5/ pique - 6/ faxer - 7/ boxer. **6 lettres :** 8/ trempe - 9/ crever - 10/ satyre. **7 lettres :** 11/ trémolo - 12/ tableau - 13/ épisode - 14/ surtaxe.

EN FORME

Bien s'hydrater en hiver

En été comme en hiver, bien s'hydrater est essentiel. Une légère déshydratation de l'ordre de 1 à 2 % du poids corporel (par exemple, une perte d'eau comprise entre 0,6 et 1,2 litre pour une personne de 60 kg) suffit à expliquer une sensation de fatigue.
Pour atteindre 1,5 litre quotidien, il faut répartir de 8 à 10 verres de boisson sur la journée. Pensez aux soupes de légumes, dont un bon bol équivaut à 2 verres d'eau et qui fournissent en plus des fibres bénéfiques pour le microbiote. L'apport de caféine ou théine impose de se limiter à 3 tasses de thé ou café. En cas de rhume, optez pour une infusion aux vertus antiseptiques : thym, sureau ou eucalyptus, en cure de 7 à 10 jours. **F. D.**

Saint Gaston

dimanche 6 février

« Il n'y a que deux conduites avec la vie : ou on la rêve ou on l'accomplit. »
René Char

© OT-Brigitte Beaudesson

BALADE EN FRANCE

Autour de Brive

De taille moyenne et chargée d'histoire, Brive-la-Gaillarde est une ville vivante et commerçante. Pour la découvrir, démarrez place de la Guierle, avec ses sympathiques cafés, puis flânez dans les petites ruelles pour remonter vers la collégiale Saint-Martin. Datant de la fin du XIe siècle, ce manifeste d'architecture romane recèle des sarcophages carolingiens et mérovingiens. Ne manquez pas d'admirer le patrimoine bâti typique du centre historique : la Tour des échevins, la maison Treilhard, qui arbore une tour polygonale flanquée d'une tourelle, ou l'hôtel Labenche, qui abrite le musée d'Art et d'Histoire. Impossible aussi de ne pas passer sous la halle Georges-Brassens, immortalisée par le chanteur dans « Hécatombe ». Outre le marché où trouver les délices locaux (confit de canard, fromages de chèvre, huile de noix, moutarde au moût de raisin…), c'est là que se tiennent les foires grasses, bonheur des amateurs de foie gras et de truffes, ainsi que la Foire du livre de Brive.

Quittez la ville en direction du Lot voisin, paradis terrestre pour marcher et profiter des paysages. Sur le causse de Martel, le sentier de grande randonnée 46 est idéal pour se promener. Ville aux sept tours, Martel, la magnifique cité médiévale, aurait été créée, selon la légende, par Charles Martel. Ne ratez pas non plus Creysse et son ancien port sur la Dordogne, où accostaient jadis les gabarres, bateaux traditionnels dédiés au transport fluvial des marchandises au XIXe siècle. À Lacave, admirez le château de Belcastel avant d'aller visiter les grottes avec leurs sculptures naturelles et leurs peintures rupestres. Vivez aussi une incroyable aventure souterraine au gouffre de Padirac. Enfin, profitez de la splendeur de la fabuleuse Rocamadour en empruntant l'ancien chemin des pénitents.

De Brive, vous pouvez aussi mettre le cap vers la Haute-Corrèze. Cité de caractère au patrimoine médiéval, Tulle vous enchantera avec sa magnifique cathédrale et son dédale de ruelles pittoresques. Poursuivez en altitude jusqu'à Ussel, aux portes du parc naturel régional de Millevaches, la montagne limousine. Avec ses lacs, ses tourbières et les nombreux cours d'eau qui y prennent source, dont la Corrèze, la Vézère et la Vienne, cette région est surnommée le pays des Mille Sources ou encore le château d'eau de la France. Sauvage et puissant, granitique et rempli de sapins, c'est le Canada dans le Sud de la France. Une source d'inspiration de toute beauté. **F. O.**

à faire

C'EST ARRIVÉ LE…

6 FÉVRIER 1626

Sur demande du cardinal de Richelieu, Louis XIII fait interdire les duels. La pratique provoquait des ravages dans les rangs de la noblesse française. Elle est interdite par édit. Quiconque s'y livrait pouvait être condamné à la peine de mort. **S. P.**

lundi 7 février

Sainte Eugénie

« Au mois de février,
chaque herbe fait son pied. »
Dicton français

à faire

C'EST ARRIVÉ LE...

7 FÉVRIER 1971

65 ans après la Finlande et 27 ans après la France, la Suisse accorde le droit de vote et l'éligibilité aux femmes. Les électeurs masculins ont accepté cette égalité civique par référendum, avec un score de 65,7 % de « oui ». F. M.

NOS EXPRESSIONS

PENSER, PENDRE, PESER ET PAYER

Ces verbes sont issus de la racine latine *pen*, signifiant « être suspendu ». Ainsi naît le verbe *pendere*, c'est-à-dire peser, les balances romaines fonctionnant à l'aide de plateaux suspendus. Parce que la monnaie se pèse, le latin *pendere* en vient à recouvrir le sens de payer. D'où l'adjectif « dispendieux » : ce que l'on soupèse devient ce qui est cher. Mais on peut aussi peser les avantages et les inconvénients d'une situation, ou le vrai du faux. La balance est alors celle de l'esprit, ce qui revient à... penser. De payer à penser, il n'y a qu'un pas que la langue française franchit : les mots « dépense », « dépenser », « dépensier » nous le prouvent... P. Da.

« Ne tonds pas deux moutons à la fois, le second pourrait te mordre. »
Proverbe africain

A TABLE

Panna cotta de poivrons au sésame

© Schmitt/Photocuisine/sucré-salé

Pour 2 personnes • 100 g de poivrons rouges grillés en bocal • 1 feuille de gélatine • 15 cl de crème liquide • 5 cl de lait • 20 g de parmesan fraîchement râpé • Poivre • Huile d'olive • Sel • 1 c. à soupe de graines de sésame • 1 c. à soupe de baies roses.

1. Égouttez les poivrons et coupez-les en dés. Faites ramollir la gélatine dans un bol d'eau froide pendant 10 min.

2. Dans une casserole, portez à ébullition la crème et le lait. Hors du feu, ajoutez le parmesan et la gélatine essorée. Poivrez et mélangez. Versez le mélange dans des verrines, puis réservez 2 h au frais.

3. Assaisonnez les poivrons d'un filet d'huile, salez et poivrez. Répartissez les dés de poivron dans les verrines. Parsemez de graines de sésame et de baies roses. Réservez au frais jusqu'au moment de servir.

Le plus santé Remplacez les baies roses par des baies de goji bio pour profiter de leur vertu anti-oxydante.

à faire

Super croisés

	A	B	C	D	E	F	G	H	I	J	K	L
1												
2							■					
3											■	
4				■						■		
5						■		■				
6			■		■				■			
7												
8						■						

Horizontalement

1. Elle est pleine de pellicules. **2.** Bat le rappel. Des peintres pourtant pas crédules. **3.** Il lui faut des rames pour marcher. **4.** Transport de banlieusards. Les lamas n'y crachent pas. Passe d'un endroit à un autre. **5.** Avance. Fait partie de la campagne de Hollande. **6.** Mesure au pied de la Grande Muraille. On y faisait ses ablutions. Nourrice de Dionysos. **7.** La curiosité le fait grossir. **8.** Les guitaristes en herbe lui doivent *Jeux interdits*. Percée.

Verticalement

A. On le remarque davantage chez le perdant. **B.** Où règne le fait du prince. **C.** Maladie due au bacille de Hansen. Mise en application. **D.** Prêt à être cueilli. Un gros défaut. **E.** Chauffe l'enclume. Léger incident. **F.** A émis une plainte. Mot des parents. **G.** Sans nuances. **H.** Reine de Bretagne. Charpente maritime. **I.** Habileté de l'artiste. Molybdène. **J.** Demoiselle sur le pavé. Il a plusieurs maisons. **K.** Porte-bouteilles. Moquerie. **L.** Fait disparaître.

Solution au jeudi 10 février

mercredi 9 février

Sainte Apolline

« Quand on fera danser les couillons,
tu ne seras pas à l'orchestre. »
Marcel Pagnol

à faire

AU JARDIN

Le poinsettia, un festival de couleurs

Cette euphorbe mexicaine apporte de la joie dans la maison. Son feuillage étoilé traditionnellement rouge se décline désormais dans les tons de rose, d'orange ou de blanc. Les feuilles gaufrées ou panachées, tout comme les formes miniatures, sont très tendance.

Bien la choisir Privilégiez une plante avec un cœur de fleurs jaunes à peine ouvertes, sans feuilles sèches et avec une motte humide.

Sa place préférée Elle se plaira dans une pièce lumineuse à une température 20 °C. Épargnez-lui les courants d'air et les atmosphères trop sèches.

Aux petits soins Arrosez au pied pour garder la motte toujours humide. Tous les 15 jours, proposez-lui de l'engrais liquide. Une fois défleuri, votre poinsettia appréciera une pièce plus fraîche. Son latex étant corrosif, mettez des gants pour le manipuler ou le tailler. P.-Y. N.

SOLUTION DU SAMEDI 5

5	8	3	6	2	4	9	7	1
9	6	2	1	7	3	4	5	8
7	4	1	5	8	9	6	2	3
1	2	9	3	5	8	7	4	6
6	5	8	4	1	7	3	9	2
3	7	4	9	6	2	1	8	5
8	1	7	2	4	6	5	3	9
2	9	6	7	3	5	8	1	4
4	3	5	8	9	1	2	6	7

9	8	6	4	3	1	2	7	5
4	3	1	7	2	5	9	8	6
5	7	2	6	9	8	4	1	3
1	6	5	8	4	2	3	9	7
2	9	7	3	1	6	8	5	4
8	4	3	9	5	7	1	6	2
6	5	9	2	8	3	7	4	1
7	2	8	1	6	4	5	3	9
3	1	4	5	7	9	6	2	8

9	3	6	2	8	4	5	1	7
8	4	1	3	5	7	6	9	2
2	7	5	6	1	9	8	3	4
4	1	7	5	9	2	3	8	6
5	6	8	1	7	3	4	2	9
3	2	9	8	4	6	1	7	5
7	9	3	4	6	1	2	5	8
6	8	2	9	3	5	7	4	1
1	5	4	7	2	8	9	6	3

6	3	9	8	5	1	4	7	2
8	5	7	2	4	3	9	1	6
2	4	1	9	6	7	3	8	5
1	8	4	6	9	5	2	3	7
9	2	6	7	3	4	8	5	1
5	7	3	1	2	8	6	9	4
3	6	2	5	1	9	7	4	8
7	9	5	4	8	2	1	6	3
4	1	8	3	7	6	5	2	9

Sudokus

			8		9			
	3			5			6	
	4						7	
		4				1		
		8		3		4		
			6	9	4			
1	6						5	3
7								1
			2		5			

3				6				9
			7		1			
		4	9		3	7		
8		9				3		5
			8		6			
	3			9			5	
	6		1	3	4		7	
	2						1	

Solution au samedi 12 février

« Après le verbe "aimer", "aider" est le plus beau verbe du monde. »
Bertha von Suttner

EN FORME

Attachante bardane

Antiseptique, assainissante, anti-inflammatoire, la bardane n'a pas son pareil pour nous débarrasser de bon nombre d'impuretés et embellir peau et cheveux.

Pour une action dépurative sur la peau et l'organisme Prenez 1 gélule de poudre de bardane 3 fois par jour ou 1 cuillère à café de suspension intégrale de plante fraîche de bardane, 1 fois par jour. Il est aussi possible de diluer 25 gouttes de teinture mère dans de l'eau 1 fois par jour, en cure de 3 semaines.

En cas d'irritation, de boutons, de peau et de cheveux gras Faites infuser 10 g de feuilles fraîches ou séchées dans 25 cl d'eau frémissante pendant 7 min. Filtrez et buvez. En décoction, plongez 5 g de racine de bardane fraîche ou sèche dans 30 cl d'eau froide, portez à ébullition puis maintenez un léger frémissement durant 7 min. Filtrez et buvez 3 tasses par jour pendant

© Manfred Ruckszio/stock.adobe.com

3 semaines. La même décoction en compresse tiède ou froide soulage les irritations cutanées, l'eczéma et l'acné : tamponnez au moins 5 min de temps en temps, 3 ou 4 fois par jour. À conserver entre 24 et 48 h au réfrigérateur.

Pour assainir et tonifier la chevelure Faites infuser de 5 à 10 min 15 g de feuilles de bardane fraîches ou séchées dans 20 cl d'eau frémissante. Filtrez, laissez tiédir puis frictionnez cuir chevelu et cheveux essorés pendant 4 min, puis séchez. À conserver au réfrigérateur 24 h au maximum. **F. O.**

à faire

Mots à mot

En regroupant et en mélangeant les lettres des deux mots de quatre et trois lettres proposés, composez un troisième mot de sept lettres.

PESO + PAR = A _ _ _ _ _ _

GALE + TON = _ _ _ E _ _ _

REPU + RUT = _ _ _ _ _ _ E

SOLUTION : Apposer - Angelot - Rupture.

SOLUTION DU MARDI 8

F	I	L	M	O	G	R	A	P	H	I	E
A	M	E	U	T	E	■	N	A	I	F	S
I	M	P	R	I	M	A	N	T	E	■	C
R	E	R	■	T	I	B	E	T	■	V	A
P	R	E	T	E	■	R	■	E	D	A	M
L	I	■	A	■	T	U	B	■	I	N	O
A	T	T	R	O	U	P	E	M	E	N	T
Y	E	P	E	S	■	T	R	O	U	E	E

vendredi 11 février

Notre-Dame de Lourdes

« Le pardon de l'amitié est le plus sain
et le plus doux des bienfaits. »
George Sand

à faire

SUR INTERNET

Comment affiner votre recherche

("...") Placer votre recherche entre guillemets permet d'obtenir les résultats comportant exactement tous les mots indiqués, dans le même ordre.

(-) Le signe - (moins) placé devant un mot – et après un espace – permet d'exclure de la recherche ce qui s'attache à ce mot. Par exemple, si vous écrivez « Johnny Hallyday -Laeticia », vous n'obtiendrez des réponses que sur le chanteur.

(*) S'il vous manque un mot dans le titre d'un livre, d'une chanson… remplacez-le par un astérisque, le moteur le retrouvera pour vous.

© Drobot Dean/stock.adobe.com

(ET) Le mot « ET » placé entre deux éléments de votre recherche permet de n'obtenir que les pages contenant absolument les deux termes de la recherche.

(OR) En ajoutant le mot « OR » (« OU » en anglais) en majuscules entre deux termes de recherche, le moteur vous présentera les résultats contenant au moins un des termes recherchés. C. D.

C'EST ARRIVÉ LE…

LE 11 FÉVRIER 1971

Les États-Unis, le Royaume-Uni et l'Union soviétique signent un traité sur la dénucléarisation des fonds marins. Ils reconnaissent ainsi « que l'humanité a un intérêt commun aux progrès de l'exploration du fond des mers à des fins pacifiques ». Une étape cruciale vers le désarmement… F. M.

Mini-croisés

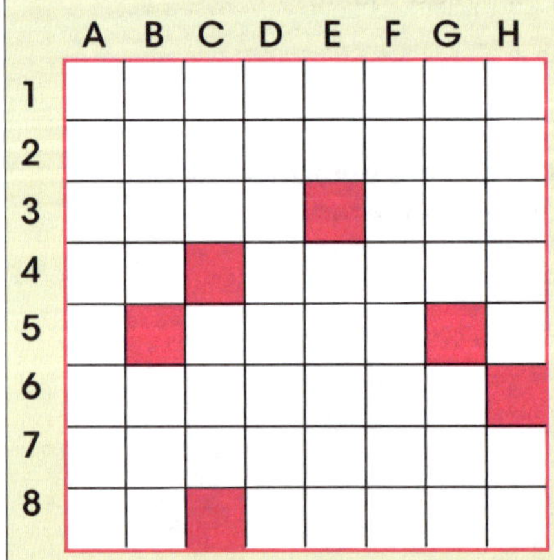

Solution au dimanche 13 février

Horizontalement

1. Une moitié avec un tiers. **2.** Qui supporte bien le froid de canard. **3.** Le prestidigitateur ne risque pas de le dévoiler. Pianiste ou actrice. **4.** C'est-à-dire. Mieux vaut la boire au bar de la plage que dans l'eau. **5.** Revolver dans le Far West. **6.** Au bord de la ruine. **7.** Pour qui il est impossible de faire un pas. **8.** Il fait l'article à Madrid. Complément de la mortaise.

Verticalement

A. Énerve. **B.** Ne pas garder pour soi. Beau avant l'été, l'automne ou l'hiver seulement. **C.** Roi de Jarry. Désigne un enfant, mais pas un gamin. **D.** Public de la presse. **E.** Petit tour. Ustensile pour percer le cuir. **F.** Homme à la physique de qualité. **G.** Roues de poulies. Direction. **H.** Écussonnes. Fait de.

« La vie est une aventure audacieuse ou elle n'est rien. »
Helen Keller

Mini-fléchés

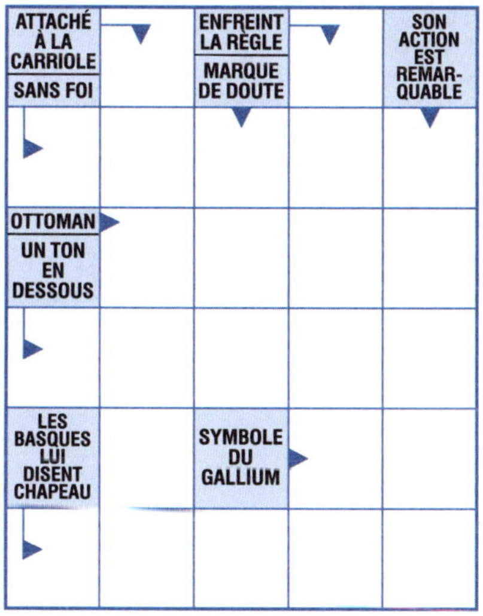

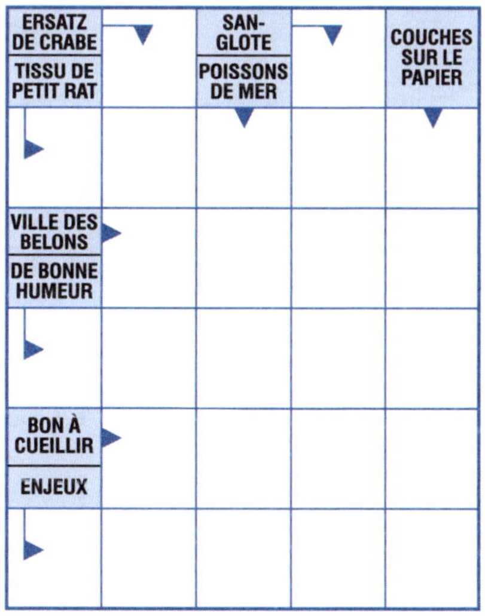

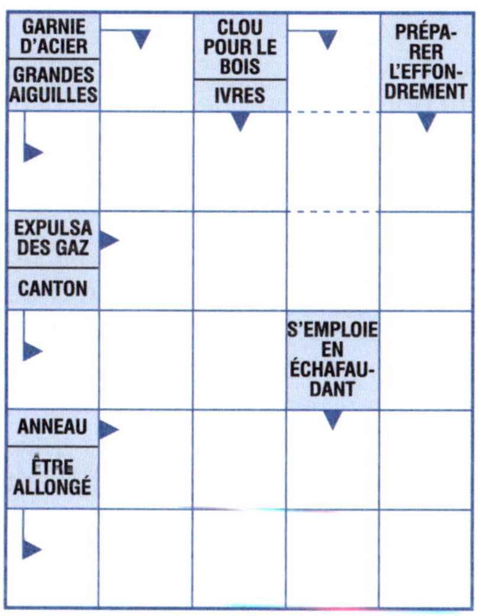

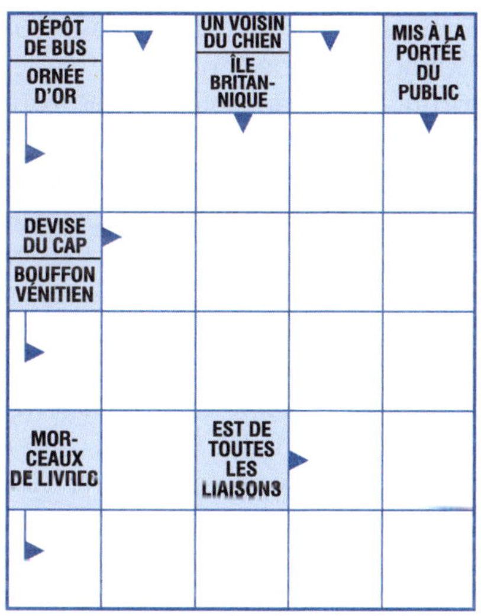

Solution au lundi 14 février

à faire

AU MARCHE

Le rutabaga

D'octobre à mars, c'est la pleine saison de ce légume-racine. Préférez-le petit ou moyen, il sera plus savoureux. Il possède de nombreux atouts : des fibres, des vitamines C et B, du potassium, du manganèse et des glucosinolates, des composés soufrés, étudiés pour leurs vertus anticancer. Le rutabaga se conserve jusqu'à 7 jours au réfrigérateur. Si vous avez les intestins sensibles, limitez-vous à 100 g par jour et mélangez-le à des légumes doux. **M.-A. D.**

SOLUTION DU MERCREDI 9

2	5	0	0	7	0	3	1	4
8	3	7	4	5	1	9	6	2
9	4	1	3	2	6	5	7	8
6	7	4	5	8	2	1	3	9
5	9	8	1	3	7	4	2	6
3	1	2	6	9	4	7	8	5
1	6	9	7	4	8	2	5	3
7	2	5	9	6	3	8	4	1
4	8	3	2	1	5	6	9	7

3	8	7	5	6	2	1	4	9
5	9	2	7	4	1	8	3	6
1	4	6	3	8	9	5	2	7
6	5	4	9	1	3	7	8	2
8	1	9	4	2	7	3	6	5
2	7	3	8	5	6	4	9	1
7	3	1	2	9	8	6	5	4
9	6	5	1	3	4	2	7	8
4	2	8	6	7	5	9	1	3

dimanche 13 février

Sainte Béatrice

« Je ne sais où va mon chemin
mais je marche mieux quand
ma main serre la tienne. »
Alfred de Musset

à faire

SOLUTION DU VENDREDI 11

A	D	U	L	T	E	R	E
S	I	B	E	R	I	E	N
T	R	U	C	■	N	A	T
I	E	■	T	A	S	S	E
C	■	C	O	L	T	■	S
O	B	E	R	E	E	S	■
T	E	T	A	N	I	S	E
E	L	■	T	E	N	O	N

© bbsferrari/stock.adobe.com

BALADE EN FRANCE

Le charme discret de Quimper

En breton, *kemper* signifie confluent. De fait, bâtie à la confluence de l'Odet et du Steïr, la ville a vu le jour lorsque les Romains ont créé, sur la rive gauche de l'Odet, le port de Locmaria pour exporter la céramique. Ensuite, elle s'est développée sur l'autre rive. Un bon moyen de visiter Quimper est de longer ce fleuve côtier en passant près des anciennes fortifications du boulevard Kerguelen qui bordent l'évêché. Jean Moulin, sous-préfet du Finistère dans les années 1930, s'est souvent attablé au *Café l'Épée* où il rencontrait Max Jacob, natif de la ville et précurseur du surréalisme, qui l'initia à la peinture.

Tout est à portée de main dans cette cité de 63 000 habitants. En face de la préfecture néogothique, l'ancien Palais des évêques de Cornouaille abrite le Musée breton. Une toile de Bernard Buffet représentant une Fouesnantaise y est exposée près d'une coiffe de Quimper (la borledenn). En sortant, la cathédrale Saint-Corentin s'affiche couronnée de dentelle. À l'intérieur, la statue de Santig Du (le petit saint noir) attire les fidèles qui déposent à ses pieds du pain pour les pauvres. En traversant la place, il faut passer devant la statue de Laennec pour arriver au musée des Beaux-Arts, qui accueille une très belle collection de nabis. Le musée présente aussi des dessins de Jean Moulin, qui peignait sous le nom de Romanin, et des portraits de Max Jacob réalisés par Modigliani, Pierre de Belay et tant d'autres.

Dans les ruelles alentour, Claude Chabrol a tourné *Les Fantômes du chapelier*. Ici, la maison du Sénéchal ; là, celles à encorbellements bâties au-dessus du Steïr, rivière se jetant dans l'Odet et où les navires livraient leur vin aux débits de boisson. Dans la rue Kéréon, artère la plus commerçante, de magnifiques maisons à pans de bois subsistent. En 10 min, voici le quartier de Locmaria, là où tout a commencé. L'ancien quartier des céramistes est devenu un peu bourgeois bohème avec son jardin médiéval, son musée de la céramique et l'école de broderie de Pascal Jaouen. De là, l'envie prend d'embarquer dans une navette qui descend l'Odet et file jusqu'à la mer… **J.-P. R.**

lundi 14 février

Saint Valentin

« Ne l'oublions pas : souris au monde et le monde te sourira. »
Sœur Emmanuelle

A TABLE

Gaufres à la courgette et au chèvre

Pour 2 personnes • 1 petite courgette râpée • 20 cl de lait • 150 g de farine • ½ sachet de levure chimique • 1 œuf • 30 g de beurre fondu • ½ bûche de chèvre • 1 c. à soupe de thym frais • Sel • Poivre.

1. Placez la courgette râpée dans une passoire et saupoudrez-la de sel. Laissez-la dégorger pendant 20 min puis rincez-la. Ôtez l'eau en la pressant et déposez-la sur du papier absorbant.

2. Versez le lait dans un saladier, ajoutez la farine tamisée, la levure et 1 pincée de sel. Mélangez jusqu'à l'obtention d'une pâte homogène. Puis ajoutez l'œuf et le beurre fondu.

3. Détaillez le chèvre en petits dés que vous ajoutez à la pâte avec la courgette râpée. Poivrez, saupoudrez de thym et mélangez de nouveau. Laissez reposer la préparation 1 h au réfrigérateur.

4. Faites chauffer votre gaufrier, versez-y la pâte et laissez cuire jusqu'à ce que les gaufres soient bien dorées.

Info + Remplacez le beurre par du fromage blanc pour un apport moindre en matières grasses.

© Chavroux

à faire

SOLUTION DU SAMEDI 12

■	A	■	D	■
A	T	H	E	E
■	T	U	R	C
B	E	M	O	L
■	L	■	G	A
B	E	R	E	T

■	S	■	P	■
T	U	L	L	E
■	R	I	E	Ç
R	I	E	U	R
■	M	U	R	I
M	I	S	E	S

■	F	■	V	■
D	E	N	T	S
■	R	O	T	A
U	R	I	■	P
■	E	R	S	E
G	E	S	I	R

■	G	■	F	■
L	A	M	E	E
■	R	A	N	D
Z	A	N	N	I
■	G	■	E	T
P	E	N	C	E

C'EST ARRIVÉ LE…

14 FÉVRIER 1879

La chambre des députés fait de *La Marseillaise* l'hymne national de la République. Le chant est composé en 1792 par Claude Rouget de Lisle, officier, à la suite de la déclaration de guerre de la France à l'Autriche. Il doit son nom aux révolutionnaires marseillais qui le reprennent lors de leur marche vers Paris. S. P.

mardi 15 février

Saint Claude

« Février avec neige
nous garantit un bel été. »
Dicton français

à faire

EN FORME

4 huiles vraiment essentielles

Pour une trentaine d'euros, il est possible se constituer une mini-pharmacie d'huiles essentielles qui viendront à bout de nombreux maux du quotidien.

Tea tree C'est un anti-infectieux doux, non toxique pour le foie. 2 gouttes dans 1 cuillère à café de miel, 3 fois par jour, soigneront maux de gorge, enrouements et extinctions de voix. Sur les aphtes, boutons de fièvre ou d'acné, appliquez 2 gouttes sur un coton-tige 3 fois par jour. 1 goutte pure dans une plaie propre la désinfecte.

Citron En antibactérien atmosphérique, il s'utilise en diffusion. 2 gouttes pures sur la brosse à dents réduit la plaque dentaire et blanchit les dents. C'est aussi un excellent draineur hépatique : prenez 2 gouttes 3 fois par jour dans 1 cuillère à soupe d'huile de lin, 5 jours sur 7, en cure de 2 semaines.

© Patrice Lucenet/stock.adobe.com

Lavande fine ou vraie Elle régule stress, tristesse, chagrins, problèmes de sommeil. Utilisez-la en diffusion dans la maison ou disposez 2 gouttes à respirer au creux du poignet. En massage, diluée dans une huile végétale, appliquez le long de la colonne pour favoriser le sommeil. Contre les maux de tête : utilisez 2 gouttes pures en massage des tempes vers les cheveux.

Basilic tropical Pour les soucis digestifs, reflux acides ou de côlon irritable, déposez 1 goutte sous la langue. En massage, mélangé à une huile végétale, il apaise les règles douloureuses. **I. G.**

C'EST ARRIVÉ LE...

15 FÉVRIER 1971

Révolution au Royaume-Uni avec l'entrée en vigueur de la décimalisation de sa monnaie, presque 200 ans après celle du franc français. Désormais, la livre sterling ne vaudra plus 20 shillings, divisés eux-mêmes en 12 pence (soit au total 240 pence), mais simplement 100 pence. **F. M.**

Les quilles

Trouvez les trois quilles voisines qu'il faut faire tomber pour marquer un total de 19 points.

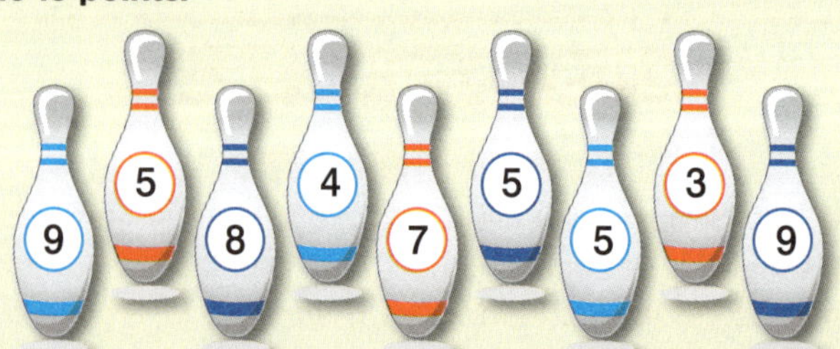

SOLUTION : Les quilles 8, 4, 7.

« Celui qui ne croit pas aux miracles n'est pas réaliste. »
Audrey Hepburn

AU JARDIN

Évitez la casse

© Pierre-Yves Nédélec

Repérez les branches mortes des arbres et arbustes caducs, celles qui risquent de se casser ou qui sont dangereusement inclinées. Les plus petites à portée de main seront coupées avec un coupe-branches. Les plus hautes avec un échenilloir télescopique à tête inclinable, qui facilite les coupes en biais. Pour les grosses sections, il faudra sortir la scie, la tronçonneuse ou même faire appel à un élagueur. Taillez en plusieurs portions jusqu'à atteindre une partie saine d'où repartiront vite de nouvelles pousses. Contrairement aux coupes droites, les coupes inclinées permettent à l'eau de pluie de ne pas stagner sur la plaie et donc à celle-ci de cicatriser plus vite. Prenez toujours soin d'affûter les lames, pour éviter les hachures de l'écorce, et de désinfecter vos outils à l'alcool à 90° pour lutter contre la propagation des maladies et des champignons parasites. **P.-Y. N.**

à faire

Petits fléchés

SERMONNÉE – IL BAT LE PAVÉ... – MISE EN PAGE – UN TYPE DE VOILE – NID DE RATS – FÉTIDE EN OFFICINE – TRÈS ATTACHÉ À SA TERRE – CE N'EST PAS LA FOLIE – FOUET – FAIT L'INNOCENT – BRÛLANTE – TANTALE – FOUGUE AMOUREUSE – FÊTE RELIGIEUSE – L'EUROPE EN BREF – MARQUE LE PAS – ŒUVRE DE MARIE DE FRANCE – LE COBALT – IL TUA LE QUART DE L'HUMANITÉ – ÉLAGUE

FILLE DE L'ARRIÈRE – ABUSER – POSTE DE PLANQUE – AFFLUENT DE LA SEINE – FERMA LE CERCLE – ÉCRIVAIN AMÉRICAIN – SA CAISSE N'A PAS QUATRE ROUES – AFFICHE – ANCIEN LINIMENT – PISTARDS – LARGEUR DE PELLICULE – EN MARS – DANS LA GUEULE DU LOUP – ENTRE I ET M – RESTE COUCHÉ – LIBÉRÉ DE L'ÉCROU – BRAQUE À GAUCHE – EST EN DEMEURE – REMERCIE VIVEMENT

Solution au samedi 19 février

jeudi 17 février

Saint Alexis

« Dans chaque vieux, il y a un jeune qui se demande ce qui s'est passé. »
Terry Pratchett

à faire

Mots croisés

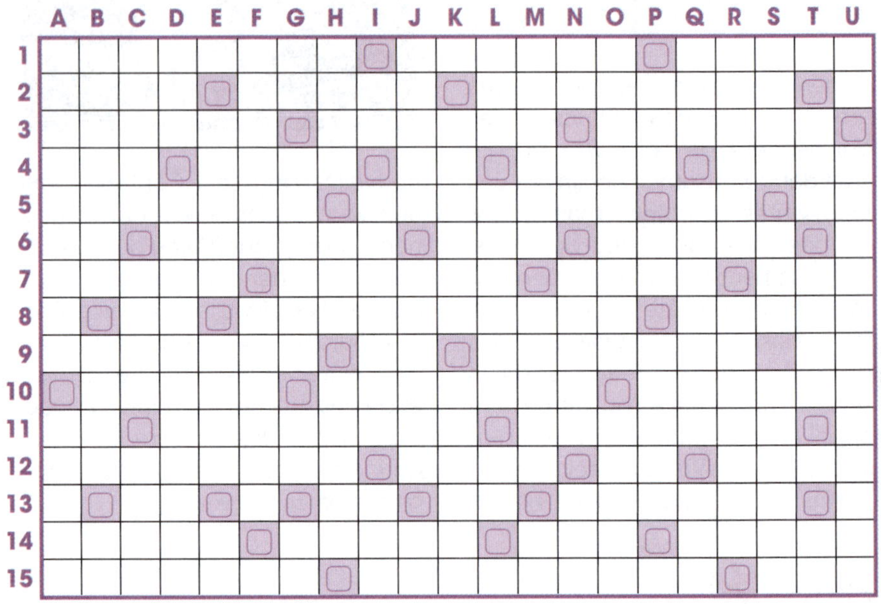

Solution au dimanche 20 février

Horizontalement

1. Provoquer une hausse de la température dans l'alimentation. Et tout le reste. Il se déclare et se donne dans le même temps. **2.** Signe reconnu. Version personnelle. Fruits du travail. **3.** Tiré. Marin à la dent longue. Elles peuvent être condamnées sans jugement. **4.** Mot d'ordre du maître. Grand lac américain. Drame japonais. Est très pressé. Classa. **5.** Possessif. Entrer dans les détails. Un chemin au bord de l'eau. Galette musicale. **6.** Atome d'éternité. Commencement. Ouvre boîte. Avancée. **7.** Examens des facultés. Voiture à loupiote. Produit pour faire la peau. Qui peut être dur à cuire. **8.** Un as de l'économie d'énergie. Qui dure plus d'un lustre. Il est à éviter en symphonie. **9.** Récitatif. Cité bourguignonne sur la Tille. Agent de police de quartier. Texan ou Californien armé. **10.** Tête d'affiche. Une chose à se casser. Levées de fers. **11.** Un petit bout de fromage pour l'apéritif. En littérature, c'est vraiment un âne ! Plante potagère. **12.** Signal optique. Lames de charrue. Habitudes. Destroy. **13.** A montré les dents. Le lumen au laboratoire. Cité sumérienne. Prénom féminin. **14.** Privé de chef. Rivière de Romans. Fait étalage de ses titres. Ouvrir la tabatière. **15.** Soc. Petits papillons. Ordre de bataille.

Verticalement

A. Des mots avant des actes. C'est excitant de le faire. **B.** Qui permet de saucissonner. Instrument de combat. Ton féminin. **C.** Fait diversion. Souillé. Vieux pétards. **D.** Grand résistant. Acquise par le droit du sol ou du sang. **E.** Vraiment pas gros. A un col à son sommet. Un lien. **F.** Déterminer un volume. Coloraient les vieilles photos. **G.** Marque de surprise. Sortie de son contexte. Le petit monde des bulles. C'est-à-dire. **H.** Le premier fut le Bon. Causerie rythmée. Chants d'hiver. **I.** Firme. Inactif qui a des actifs. Place. **J.** Point expressif. Poète français (Robert). Recto. **K.** Pyromane souvent conique. Épinceter. **L.** Groupe d'étoiles. Se pose loin d'ici. Chrome. **M.** Tel un mur qui présente une obliquité. Les violons, parfois. Lettres d'Union. **N.** Personnel. Note. Son suc est amer. Elle siège à New York. **O.** Pour qui du rab ne serait pas superflu. Roi de France de la dynastie des Robertiens. **P.** Baie du Japon. Grecque. Qui laisse voir des couleurs. **Q.** Cité rétaise. Le drap du dernier voyage. Comme une pile. **R.** Adversaires des ragots. Caractère d'une tradition. **S.** Prendre le risque. Bouclier. Relèvement de virage. **T.** Comme je le cite. Elle accompagne le désespoir dans une célèbre tirade. Pris. **U.** Ruisselet. Évitent les entartrages.

QUELLE HISTOIRE !

Pendant la Seconde Guerre mondiale, la communauté italienne de la région lyonnaise se désole de ne plus trouver de gorgonzola. Des laiteries bressanes créent alors le saingorlon, qui donnera naissance au bleu de Bresse.

J.-P. R.

vendredi 18 février

Sainte Bernadette

« La vie est infiniment plus belle et plus grande que je n'avais cru, même en rêve. »
Georges Bernanos

à faire

© Diana Taliun/stock.adobe.com

EN FORME

La betterave

Cette jolie boule violacée a retrouvé ses lettres de noblesse depuis que des chefs la servent crue. Elle est riche en vitamine B9, les folates essentiels en début de grossesse. En dehors de cette période, l'acide folique joue un rôle dans la formation normale du sang, le fonctionnement du système immunitaire, et il aide à réduire la fatigue...

Le plus santé La betterave contient du manganèse et du potassium, bons pour les os et les muscles.

Pour réaliser un carpaccio revigorant, détaillez 1 betterave à la mandoline. Disposez les tranches dans un grand plat. Arrosez d'une vinaigrette composée d'huile d'olive et de vinaigre balsamique. Laissez mariner quelques heures, puis parsemez de copeaux de parmesan et de feuilles de basilic froissées. **D. L.**

Tout compte fait

Dans chacune des trois lignes, placez les nombres 3 6 7 8 9 de façon à obtenir, en réalisant quatre opérations successives, le total indiqué.

	:		+		x		-		=	69
	:		+		x		-		=	59
	x		-		:		+		=	10

SOLUTION : 6 : 3 + 9 x 7 - 8 = 69 / 9 : 3 + 8 x 6 - 7 = 59 / 3 x 7 - 9 : 6 + 8 = 10

C'EST ARRIVÉ LE...

18 FÉVRIER 1921

Étienne Œhmichen réussit pour la première fois à faire décoller un prototype d'hélicoptère. Pendant une minute, l'objet s'élève de dix mètres à la verticale. Modeste, le Français refuse le titre d'inventeur de l'hélicoptère, rendant tout le mérite à Léonard de Vinci, le premier, selon lui, qui « dessina sa machine volante à aile tournante en 1486 ». **S. P.**

samedi 19 février

Début des vacances de la zone C

Saint Gabin

« Sans te chercher, je te trouve de tous les côtés, principalement quand je ferme les yeux... »
Julio Cortazar

Mini-fléchés

PEU DENSE / CHAÎNE D'EUROPE		TRANSVASÉE / ESTIMER LE POIDS		QUI ONT TROP BU
PRÉFIXE TOUT LÉGER / DRAP				
AUTHENTIQUE, CONCRET / PAPAS				

BAISSE LE PRIX / ESTAMPE		ENDIVE DE BELGIQUE / T GREC		MISES À UN AUTRE ENDROIT
ARRIVE / AGRÉABLE AU TOUCHER				
PANTALONS DE TOILE		AXE DE BREST À STRASBOURG		

GONFLER / FACILE À TENIR		ÉGARÉE / CUIT À LA COCOTTE		EXISTAIS
ENDUIT DE SKI / FUIT LA QUESTION				
BOÎTE À JUMELLES / FONDES				

REND AMER / PRIS LA FUITE		FLÈCHE DE PÊCHE / ATTACHÉ		VOCALISE COMME UN TYROLIEN
LE TOUR D'ITALIE / TRÈS FRISÉ				
QUI MANQUE DE DYNAMISME		CLUB DE FOOTBALL		

Solution au lundi 21 février

à faire

SOLUTION DU MERCREDI 16

■	H	■	A	■	E	■
D	A	L	L	A	G	E
■	R	A	I	S	O	N
B	A	T	T	E	U	R
■	N	I	E	■	T	A
I	G	N	E	E	■	C
■	U	E	■	L	A	I
N	E	■	C	A	I	N
■	E	M	O	N	D	E

■	G	■	E	■	C	■
T	R	O	M	P	E	R
■	A	R	B	O	R	E
O	N	G	U	E	N	T
■	D	E	S	■	A	R
M	M	■	C	C	■	A
■	E	L	A	R	G	I
B	R	■	D	O	I	T
■	E	J	E	C	T	E

Le saviez-vous

En 1881, sous la Troisième République, les lois Jules Ferry rendent l'école obligatoire et gratuite pour les enfants de 6 à 13 ans. Cinq ans plus tard, la loi Goblet confie l'enseignement public à des professeurs exclusivement laïques. Ces lois sont la conséquence de la guerre de 1870, perdue contre la Prusse, après que l'on eut constaté combien les soldats allemands étaient mieux éduqués que les Français. À noter que l'enseignement sera désormais délivré en français : toute pratique des patois et langues locales sera interdite dans l'enceinte de l'école. P. Da.

« Les yeux dans les yeux,
il prit son sourire et le lui rendit. »
Paul Claudel

© Yann Audino-Centre des monuments nationaux

QUELLE HISTOIRE !

Rambouillet, villégiature du pouvoir

Édifié aux XIVe et XVe siècles par les comtes de Montfort, au cœur d'une forêt giboyeuse, le château de Rambouillet a attiré les grands de ce monde tout au long de son histoire. Ainsi, dès la première salle, est dressée la table où Gerald Ford, Helmut Schmidt, Aldo Moro et 3 autres dirigeants ont dîné en 1975 à l'invitation de Valéry Giscard d'Estaing, organisateur du premier sommet du G6. Le Président français, grand amateur de chasse, venait à Rambouillet tous les week-ends.

Louis XVI en avait fait l'une de ses résidences préférées. Puis Napoléon Ier avait remodelé le domaine, y installant une salle de bains somptueuse dans un style inspiré de l'Antiquité, où 14 médaillons évoquent les membres de sa famille. Avec le retour de la République, le château devient la villégiature des présidents. Si Félix Faure inaugure cette tradition en 1896, Nicolas Sarkozy, qui préfère la Lanterne, à Versailles, laisse Rambouillet à son Premier ministre, François Fillon. Celui-ci y reçoit Vladimir Poutine, en 2009, lors d'un séminaire intergouvernemental franco-russe.

C'est le Centre des monuments nationaux qui gère aujourd'hui le lieu. Les pièces du rez-de-chaussée et du premier étage sont dévolues à l'apparat avec, notamment, les magnifiques boiseries du cabinet de travail. Quant au deuxième étage, il a été entièrement réaménagé à partir de 1948 par Jean Pascaud, décorateur du paquebot *Normandie*. Derrière une petite ouverture, se dévoile la partie « hôtel », avec son long couloir et ses portes anonymes ouvrant sur les chambres destinées aux délégations. Au-delà, il faut pénétrer dans la suite présidentielle pour découvrir un salon et la chambre un peu médiévale où ont dormi Boris Eltsine, Hosni Moubarak ou encore Nelson Mandela. Comme la République n'est pas avare de symboles, ces hôtes ont trouvé le repos là même où François Ier aurait poussé son dernier soupir… **J.-P. R.**

à faire

SOLUTION DU JEUDI 17

U	P	E	R	I	S	E	R		T	O	U	T	I	M		A	M	O	U	R
L	O	G	O		T	H	E	S	E		S	A	L	A	I	R	E	S		U
T	R	A	C	T	E		N	A	R	V	A	L		I	S	S	U	E	S	
I	C	I		E	R	I	E		N	O		U	R	G	E		T	R	I	A
M	I	E	N	N	E	S		R	E	L	A	T	E	R		L	E		C	D
A	N		A	U	R	O	R	E		C	I	F		E	M	I	S	E		O
T	E	S	T	S		L	A	N	D	A	U		A	L	U	N		C	R	U
U		A	I		S	E	P	T	E	N	N	A	L	E		C	O	U	A	C
M	E	L	O	P	E	E		I	S		I	L	O	T	I	E	R		G	I
	P	I	N	U	P		N	E	N	E	T	T	E		R	U	A	D	E	S
D	E		A	L	I	B	O	R	O	N		O	S	E	I	L	L	E		S
O	E	I	L	L	A	D	E		S	O	C	S		U	S		I	V	R	E
P		R	I		S		L	M		U	R		O	D	E	T	T	E		U
E	T	E	T	E		I	S	E	R	E		U	N	E		A	E	R	E	R
R	A	S	E	T	T	E		T	O	R	D	E	U	S	E	S		S	U	S

lundi 21 février

Rentrée de la zone B

Saint Damien

« Le bruit du fleuve n'empêche pas le poisson de dormir. »
Proverbe africain

à faire

SOLUTION DU SAMEDI 19

	C		V	
A	L	P	E	S
	A	E	R	O
T	I	S	S	U
	R	E	E	L
P	E	R	E	S

	M		C	
L	I	T	H	O
	N	A	I	T
D	O	U	C	E
	R		O	E
J	E	A	N	S

	E		P	
A	N	S	E	E
	F	A	R	T
E	L	U	D	A
	E	T	U	I
C	R	E	E	S

	A		H	
F	I	L	A	I
	G	I	R	O
C	R	E	P	U
	I		O	L
A	T	O	N	E

A TABLE

Poitrine de dinde rôtie à la courge butternut

Pour 10 personnes • 1 poitrine de dinde (2 kg) • 1 courge butternut • ½ oignon blanc • 200 ml de bouillon de volaille • 10 choux de Bruxelles • 200 g de trompettes-de-la-mort • 1 botte de cresson • 200 g de beurre • 3 gousses d'ail • 3 brins de thym • 1 feuille de laurier • Sel • Piment d'Espelette.

1. Assaisonnez la poitrine avec le sel et le piment d'Espelette. Badigeonnez de beurre. Faites cuire 1 h 30 à 90 °C (th. 3) avec 1 brin de thym, 1 gousse d'ail et 1 feuille de laurier. Colorez à la poêle, côté peau.

2. Émincez les oignons, faites-les suer avec la partie basse de la courge épluchée et coupée en morceaux. Faites revenir jusqu'à coloration, mouillez avec la moitié du bouillon, ajoutez du thym et 1 gousse d'ail. Faites cuire à couvert jusqu'à ce que les morceaux soient bien tendres puis mixez avec le beurre.

3. Détaillez des disques dans la partie haute de la courge. Laissez cuire quelques minutes à couvert avec le reste de bouillon de volaille, du thym, de l'ail et du beurre.

© Bernhard Winkelmann/stylisme Manuella ChantePie

4. Retirez les premières feuilles des choux de Bruxelles. Coupez-les en deux et faites-les blanchir à l'eau salée jusqu'à ce qu'ils soient *al dente*.

5. Lavez les champignons, faites-les tomber au beurre dans une sauteuse avec un couvercle.

6. Disposez un morceau de dinde, une quenelle de purée de butternut, les disques de courge, les choux, les champignons et le cresson dans une assiette et servez. **M.-A. D.**

AU MARCHE

La courge butternut

Également appelée « doubeurre », cette courge fondante à la saveur musquée nous régale jusqu'en mars. Au marché, vérifiez qu'elle est lourde et ferme, avec un pédoncule vert. Peu calorique (moins de 45 kcal/100 g), elle possède des fibres, de la vitamine A et du bêta-carotène, bénéfique pour la santé visuelle et le système immunitaire. Savourez-la rôtie avec un peu d'huile d'olive et du thym, ou en velouté avec une pointe de noix de muscade. Dans un endroit frais, la courge butternut se conserve jusqu'à 6 mois. Dégustez-la aussi en version sucrée : tarte, gâteau, flan, cake... **M.-A. D.**

Sainte Isabelle

« Février est de tous les mois,
le plus court et le plus mâtois. »
Dicton français

AU JARDIN

Top départ au potager

© Pierre-Yves Nédélec

Préparez le terrain Dès que la météo le permet, commencez à préparer la terre. Utilisez de préférence une fourche à bêcher écologique pour extirper pissenlits et mauvaises herbes. Incorporez des matières organiques, compost ou, mieux encore, fumier de cheval bien décomposé. Un apport de sable allégera les terres lourdes et la chaux rééquilibrera les sols trop acides.

Commencez vos semis Profitez de la chaleur de votre maison pour semer vos légumes à l'intérieur. Dans une barquette ou une mini-serre d'intérieur, commencez à semer à chaud la tomate, l'aubergine, la laitue et nombre de plantes aromatiques. Il vous faudra repiquer les plantules en godets en attendant de les transplanter au potager une fois les dernières gelées passées.

Semez en pleine terre Dans le potager, semez l'échalote grise en rangs distants de 30 cm. Dès début février, le poireau, le chou pommé et la carotte peuvent être semés sous châssis. Jusqu'à fin mars, plantez dans la terre fertile et légère les petits bulbes d'oignons à 10 cm d'écart. C'est facile et sans entretien. Pensez aussi à faire un rang de fèves en distançant les graines de 15 cm. Mais pour un semis d'épinard ou d'oseille en terrain frais et meuble, mieux vaut attendre fin février. Tandis que sous un climat doux, les petits pois et les pois chiches pourront être semés sans plus tarder. P.-Y. N.

à faire

Super croisés

	A	B	C	D	E	F	G	H	I	J	K	L
1												
2							■					
3						■				■		
4				■					■			
5		■										■
6							■					
7												
8				■								

Horizontalement

1. Sans laisser de temps au temps. **2.** Modèle de douceur. Descendant d'une même souche masculine. **3.** Demander quelque chose à un patron. Égalise d'entrée. Qu'on n'attend plus. **4.** Se font larguer au large. Poussa le dernier cri. Ensemble de mesures. **5.** Ne laissai pas dans le besoin, loin s'en faut ! **6.** Mieux vaut la manger plutôt que d'y tomber. Devenu incapable de réflexion. **7.** Dont le jugement est sain. **8.** Souvent marquée par un grand évènement. Pour l'atteindre, il suffit d'arriver.

Verticalement

A. Qui ne convient pas. **B.** Perroquet aux couleurs vives. A des Suisses pour riverains. **C.** Manifestement, qui n'est pas sans éclat. **D.** Clôt la cérémonie. Poème ancien. **E.** Lieu de passage. **F.** Personnes sans distinction. D'un commerce agréable. **G.** Terre d'accueil pour Robinson. Qui a retiré sa mise. **H.** Ennuyeuses. **I.** Se prend pour moi. Restent sans changement. **J.** Symbole de vieux pots. Tour de plat. **K.** Un pas grand-chose. **L.** Toujours en retrait évidemment. Site sacré du Japon.

Solution au jeudi 24 février

mercredi 23 février

Saint Lazare

« Si vous n'êtes pas capable d'un peu de sorcellerie, ce n'est pas la peine de vous mêler de cuisine. »
Colette

à faire

EN BEAUTÉ

Aux petits soins pour votre peau

J'ai des taches brunes Les sérums sont très efficaces pour traiter ces défauts pigmentaires, en particulier ceux à base de vitamine C, d'AHA et d'acide azélaïque. Comme ils peuvent aussi être irritants, utilisez une crème apaisante après leur application ainsi qu'un soin solaire SPF 50.

Je veux de l'éclat Cap sur les sérums à base d'AHA et de vitamine C : ce duo débarrasse la peau des cellules mortes qui étouffent son teint, lisse son grain et lui apporte un toucher velouté. En prime, en améliorant la circulation sanguine, la vitamine C apporte un regain d'oxygène.

© deagreez/stock.adobe.com

Je veux me protéger de la pollution Les particules de pollution génèrent des radicaux libres responsables du vieillissement prématuré, des taches pigmentaires et de la sensibilité cutanée. Un sérum ne sera pas de trop pour soutenir votre peau. Optez pour un soin à base d'antioxydants, comme les vitamines C et E, le resvératrol ou encore l'acide férulique : ces substances surpuissantes renforcent les défenses naturelles de la peau contre les radicaux libres. À appliquer toute l'année. E. L.

QUELLE HISTOIRE !

Princesse germanique, Radegonde est née vers 520 en Thuringe. Clotaire Ier l'enlève et l'épouse vers 538. Humble et dévote, elle fuit et se réfugie à Poitiers. Devenue l'objet d'un véritable culte, elle y repose en l'église Sainte-Radegonde depuis 587.

J.-P. R.

Sudokus

7		5			6			
			4	8				
							9	1
	2				7	5		
	5		1		2	7		6
	3				5	4		
							4	7
			3	2				
6		4			8			

		3	1				8	
	6	4		9				
					3	1		
	2							8
3			8	5	1			
	5							6
					4	5		
	4	8		1				
		2	5				6	

Solution au samedi 26 février

Saint Modeste

jeudi 24 février

« C'est joli la Bretagne,
et puis c'est pas loin de la France. »
Coluche

EN FORME

Sacré houx !

Le houx favorise la transpiration et abaisse la fièvre. Il est aussi expectorant, tonique, antioxydant, antibactérien et diurétique.

En cas de toux grasse avec fièvre Laissez infuser 10 min 1 cuillère à soupe rase de feuilles fraîches ou sèches pour 1 tasse d'eau bouillante et filtrez. Buvez 2 à 3 tasses par jour quelques jours, jusqu'à amélioration des symptômes.

Pour le confort respiratoire Mélangez dans un bocal 15 g de fleurs de tilleul, 10 g de feuilles de mauve, 10 g de feuilles de houx, 25 g de thym ou de serpolet, 15 g de racines de guimauve, 10 g de racines de réglisse. Préparez 1 cuillère à soupe rase de ce mélange en décoction (faites bouillir 30 cl d'eau froide, laissez frémir 15 min, laissez refroidir et filtrez). Ajoutez 1 cuillère à café de miel. Buvez 1 à 2 tasses par jour durant quelques jours contre un début de rhume ou une gêne respiratoire modérée.

© Dagmar Gärtner/stock.adobe.com

En cas de rhumatismes ou de crise de goutte Laissez infuser 10 min 1 cuillère à soupe rase de feuilles fraîches ou sèches, coupées en morceaux, pour 1 tasse d'eau bouillante. Filtrez et buvez 2 à 3 tasses par jour quelques jours, jusqu'à amélioration des symptômes.

Contre les sentiments de colère, de jalousie, de peur de perdre le contrôle de soi... Sur la langue, placez 3 à 4 gouttes d'élixir oral, ou fleurs de Bach Holly/Houx (n° 15), jusqu'à 6 fois par jour. F. O.

à faire

Mots à mot

En regroupant et en mélangeant les lettres des deux mots de trois lettres proposés, composez un troisième mot de six lettres.

MIR + PEU = I _ _ _ _ _

HAN + MEC = _ _ N _ _ _

GIC + ASE = _ _ _ _ G _

SOLUTION : Impure - Manche - Sciage.

SOLUTION DU MARDI 22

I	L	L	I	C	O	P	R	E	S	T	O
M	O	U	I	O	N	■	A	G	N	A	T
P	R	I	E	R	■	I	S	O	■	N	E
R	I	S	■	R	A	L	A	■	M	T	S
O	■	A	L	I	M	E	N	T	A	I	■
P	A	N	A	D	E	■	T	E	R	N	I
R	A	T	I	O	N	N	E	L	L	E	S
E	R	E	■	R	E	U	S	S	I	T	E

vendredi 25 février

Saint Roméo

« Le plus lent à promettre
est toujours le plus fidèle à tenir. »
Duc de Lévis

à faire

Mots mélangés

Tous les mots de la liste figurent dans cette grille et peuvent se lire dans toutes les directions. Chaque lettre peut être utilisée une ou plusieurs fois, sauf celles formant l'énigme répondant à la définition suivante :
Passage à vide.

ACTIVITÉ
BEAGLE
BÊTISE
BIÈRE
BOURRU
CALICOT
CERBÈRE
DÉGUERPIR
DÉTENU
DÉTOURNE
ÉCLAIREUR
EXAUCER
GAIETÉ
GUINÉEN
HAMAC
HARPISTE
IMPÉRISSABLE
INÉGALITÉ
INHALER
INTELLECTUEL
ISOLEMENT
LANOLINE
LÉSINE
LISERON
MAGISTÈRE
MEETING
MÉTÉO
MICMAC
OBSCURCI
OCARINA
ORATORIO
PAILLOTE
PALMERAIE
PARIEUR
PÉNALISER
PERCHOIR
PLUSIEURS
POLAROID
PRÊTRISE
PRUNUS
RAVINER
REJETER
RÉSIDUEL
SCOLARITÉ
SCRIBE
TOHU-BOHU
TRANCHOIR
TRIPOUS
TUNIQUE
VERGUE

S	R	U	E	I	S	U	L	P	E	L	G	A	E	B
I	C	R	U	C	S	B	O	E	B	I	R	C	S	E
D	I	O	R	A	L	O	P	C	A	M	A	H	S	V
E	N	I	L	O	N	A	L	N	E	E	N	I	U	G
G	E	R	I	A	T	E	I	E	U	R	R	U	O	B
U	G	O	S	H	R	R	T	R	M	T	B	L	P	I
E	A	T	E	G	A	I	E	T	E	E	E	E	I	M
R	L	A	R	C	N	R	T	R	S	U	N	U	R	P
P	I	R	O	G	C	O	P	E	D	A	R	T	T	E
I	T	O	N	R	H	T	E	I	L	T	U	C	R	R
R	E	E	H	U	O	N	S	I	S	N	O	E	E	I
E	I	T	B	C	I	E	S	R	I	T	T	L	J	S
X	N	O	I	S	R	E	U	Q	A	S	E	L	E	S
A	H	L	E	V	R	E	U	N	I	V	D	E	T	A
U	A	L	R	T	I	E	P	G	E	S	I	T	E	B
C	L	I	E	R	E	T	A	I	R	T	G	N	R	L
E	E	A	A	C	A	M	C	I	M	E	E	I	E	E
R	R	P	A	L	M	E	R	A	I	E	V	D	E	R

SOLUTION : le mot à trouver est : Vertige.

C'EST ARRIVÉ LE…

25 FÉVRIER 1922

Henri-Désiré Landru, surnommé le Barbe-Bleue de Gambais, est guillotiné à Versailles. Accusé du meurtre de dix femmes, il n'avouera jamais ses crimes. Landru séduisait de riches veuves pour les voler. Il retrouvait ensuite sa propre femme et ses enfants, qui le pensaient brocanteur. S. P.

Vite, une astuce !

Voici trois trucs écolos pour nettoyer les joints de carrelage. Appliquez de la pierre d'argile sur une éponge humide et frottez les joints pour les raviver. Costauds, dégraissants (portez des gants), les cristaux de soude sont efficaces autour de la cuisinière : mélangez 12 g à 60 cl d'eau et frottez les joints avec une vieille brosse à dents. Laissez agir 10 minutes, puis rincez. En usage plus fréquent, 30 cl de vinaigre blanc mélangés à une cuillère à soupe de liquide vaisselle sont parfaits pour l'entretien des joints avec une vieille brosse à dents.

Saint Nestor

« La vie est un mystère qu'il faut vivre, et non un problème à résoudre. »
Gandhi

Mini-croisés

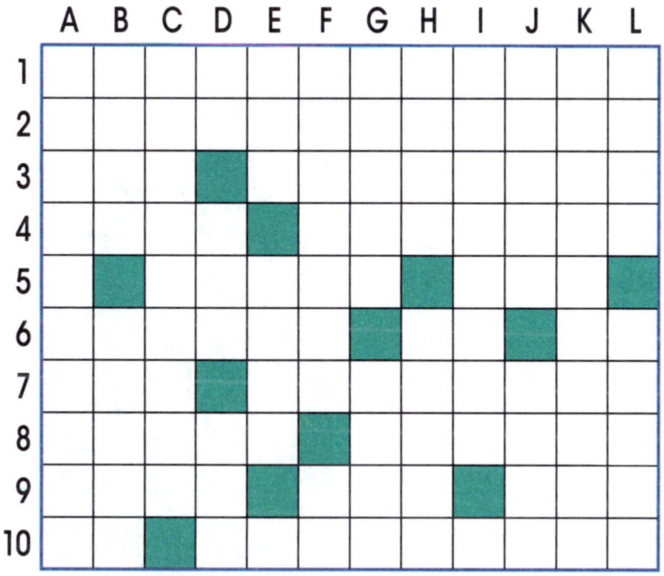

Solution au lundi 28 février

Horizontalement
1. Circuit aquatique. **2.** Lavage de cerveau. **3.** Réserve de porcelaines. Mettre en vitrine. **4.** Paré pour le décollage. On la prête avec intérêt. **5.** Mollusques à trompette. Il s'est rendu en Virginie. **6.** Fondateur de l'Oratoire. Symbole de bon conducteur. Morceau de gâteau. **7.** Organisme de recherches. De l'ancien temps. **8.** Donne du liquide à Sully. Élément de l'huile végétale. **9.** Il est imprudent de s'y aventurer. Terre colorée des Anciens. Fait un signe aux Grecs. **10.** Comme parfois. Fraises sans saveurs.

Verticalement
A. Village voisin de Saint-Tropez. **B.** Suivre les préceptes. On le prend avec attention. **C.** Il a longtemps rêvé de faire le mur. **D.** À l'origine de l'Italie. A souvent le cœur sec. Il est promis à la corde. **E.** Refuse de composer. Se reconnaît à la loupe. **F.** Elle fut gouvernée par les chevaliers Porte-Glaive. Entrée de service. **G.** Boris, Ivan et les autres. Es en demeure. **H.** On est pendu à ses chaînes. Met la tête dans l'épaule. **I.** Constellée. **J.** La loi de l'ordre. Elles se coupent en tranches. **K.** Nulle en classe. **L.** Sartre l'opposait au néant. Font partie des impondérables.

à faire

C'EST ARRIVÉ LE...

26 FÉVRIER 1971

Fernandel, l'interprète de Don Camillo, disparaît à 67 ans, emporté par un cancer du poumon. Il avait fait ses débuts sur scène à cinq ans avec son père, comédien amateur, avant de devenir l'acteur fétiche du cinéaste et écrivain Marcel Pagnol. F. M.

SOLUTION DU MERCREDI 23

7	1	5	2	9	6	8	3	4
9	6	3	4	8	1	2	7	5
2	4	8	5	7	3	6	9	1
8	2	6	9	4	7	5	1	3
4	5	9	1	3	2	7	8	6
1	3	7	8	6	5	4	2	9
3	8	2	6	5	9	1	4	7
5	7	1	3	2	4	9	6	8
6	9	4	7	1	8	3	5	2

2	9	3	1	4	5	6	8	7
1	6	4	7	9	8	2	3	5
7	8	5	6	2	3	1	4	9
4	2	1	3	6	9	7	5	8
3	7	6	8	5	1	4	9	2
8	5	9	4	7	2	3	1	6
6	3	7	9	8	4	5	2	1
5	4	8	2	1	6	9	7	3
9	1	2	5	3	7	8	6	4

dimanche 27 février

Sainte Honorine

« Je suis plein du silence assourdissant d'aimer. »
Louis Aragon

à faire

EN CHANSON

2000 Hélène Ségara « Elle, tu l'aimes »

Après le succès, en 1997, de « *Vivo per lei* (Je vis pour elle) », duo partagé avec Andrea Bocelli et écoulé à 1 million d'exemplaires, Hélène Ségara rejoint la troupe de la comédie musicale *Notre-Dame de Paris* dans le rôle d'Esmeralda. Un succès considérable qui survient au moment où elle enregistre *Au nom d'une femme*, son deuxième album. Ce sera bientôt un chapelet de tubes dont « Il y a trop de gens qui t'aiment », « Parlez-moi de nous », « Tu vas me quitter » et le très spécial « Elle, tu l'aimes ». Cette chanson, Orlando, le frère de Dalida devenu producteur d'Hélène Ségara, l'a en tête depuis quelques années, lorsqu'il l'avait découverte dans le film *Peur primale*, avec Richard Gere.

Il s'agit d'une reprise d'un fado des années 1950, « *Canção do mar* », interprété par la diva portugaise Amalia Rodrigues. Orlando appelle Michel Jourdan, qui a déjà écrit les paroles françaises de « *Vivo per lei* » et quantité de succès pour Dalida, Nana Mouskouri, Julio Iglesias, Mike Brant ou encore Marie Laforêt. Jourdan, alors en vacances, rentre à Paris et livre en

© Alain BENAINOUS/GAMMA

24 h un texte inédit pour ce standard portugais. Cet hymne à la mer, dans sa version originale, devient la plainte d'une femme aimant un homme qui lui préfère une autre.

Deuxième extrait de l'album *Au nom d'une femme*, porté par un clip tourné au Portugal, « Elle, tu l'aimes » fait un tabac dès sa sortie en avril 2000. Dans la foulée, un sondage Ifop consacre Hélène Ségara « chanteuse française préférée des Français » et 2 ans plus tard, elle rejoint la prestigieuse galerie du musée Grévin. **P. Da.**

“ Elle, tu l'aimes / si fort, si fort / Au point je sais / Que tu serais perdu sans elle / Elle, tu l'aimes / Autant je crois / Que j'ai besoin / De toi / Moi j'enferme / Ma vie dans ton silence / Elle, tu l'aimes / C'est toute la différence »

Paroles : Frederico de Brito, Michel Jourdan. Musique : Ferrer Trindade. Producteurs : Sandro Abaldonato, Michel Cœuriot. Label BG Productions, East West, 2000.

Clin d'œil

Jeanne, cinq ans, se promène avec sa grand-mère et son frère, Pierre, âgé d'un an, quand elle dit en soupirant : « Il en a de la chance, Pierre, d'être encore jeune ! »

Rentrée de la zone A

Saint Romain

lundi 28 février

« Crapaud qui chante en février
a l'hiver derrière lui. »
Dicton français

La ronde des mots

Trouvez dix-neuf mots et notez chacun d'eux dans le sens des aiguilles d'une montre autour de la case de définition correspondante. La première lettre de chaque mot est indiquée par le triangle noir. Le premier mot est donné en exemple.

Solution au mardi 1er mars

à faire

EN FORME

L'orange douce

Ce fruit est connu pour sa richesse en vitamine C. Celle-ci pourrait améliorer la résistance aux infections respiratoires, au psoriasis et à certaines allergies. De préférence, il faut la choisir biologique pour éviter les pesticides.
Pour une salade tonique, râpez 2 carottes, pelez 2 oranges à vif et détaillez-les. Mettez oranges et carottes dans un plat, arrosez de 2 cuillères à soupe d'huile d'olive et de 1 cuillère à soupe de jus de citron et mélangez. **D.L.**

SOLUTION DU SAMEDI 26

R	O	B	I	N	E	T	T	E	R	I	E
A	B	E	T	I	S	S	E	M	E	N	T
M	E	R	■	E	T	A	L	A	G	E	R
A	I	L	E	■	O	R	F	I	L	L	E
T	R	I	T	O	N	S	■	L	E	E	■
U	■	N	E	R	I	■	A	L	■	G	A
E	S	O	■	M	E	D	I	E	V	A	L
L	O	I	R	E	■	O	L	E	I	N	E
L	I	S	E	■	S	I	L	■	E	T	A
E	N	■	A	L	E	S	E	U	S	E	S

mardi 1er mars

Mardi gras

Saint Aubin

« Le sage ne cherche point à régler ce qui n'appartient point à son office. »
Proverbe chinois

à faire

SOLUTION DU LUNDI 28

Ligne 1 : frelon, snober, Pluton, consul. **Ligne 2 :** leurre, berlue, timbre, salami. **Ligne 3 :** relaxé, légale, bagage, alpaga. **Ligne 4 :** aniser, Aladin, atonal, aligot. **Ligne 5 :** sétons, dilaté, néroli, goitre.

A TABLE

Nouilles sautées à l'arrabbiata

© Clémence Catz/Éd. Solar

Pour 4 personnes • 200 g de tofu lacto-fermenté (bio) ou 200 g de champignons cuits • 2 gousses d'ail • 1 piment rouge • 5 tomates entières (en bocal) • 350 g de nouilles asiatiques (riz, blé) • 3 c. à soupe d'huile d'olive • 1 pincée de sucre blond en poudre • 2 c. à soupe de persil ciselé.

1. Portez un grand volume d'eau à ébullition. Pendant ce temps, découpez le tofu (ou les champignons) en petits dés, réservez.

2. Épluchez, dégermez et hachez très finement l'ail, puis coupez le piment en fines rondelles et les tomates en petits cubes.

3. Lorsque l'eau bout, faites cuire les pâtes 3 à 5 min.

4. Faites chauffer l'huile dans une poêle ou dans un wok, jetez l'ail et le piment et laissez cuire quelques instants. Ajoutez les tomates, le sucre et faites sauter 5 min environ.

5. Lorsque les pâtes sont cuites, égouttez-les et reversez-les sur le mélange aux tomates. Ajoutez le persil et le tofu (ou les champignons), mélangez délicatement et laissez cuire encore 1 min. Dégustez immédiatement.

Le plus santé Le piment est une bonne source d'antioxydants et de vitamines (A, C, E…). Si vous y êtes sensible, remplacez-le par du piment d'Espelette, plus doux, ou par du paprika.

Recette extraite de *Pasta vegan*, Clémence Catz éd. Solar.

Le bon signe

Entre chaque nombre, placez l'un des quatre signes + x : et - afin d'obtenir le total indiqué. Chaque signe n'apparaît qu'une seule fois par opération.

8		13		5		17		2	=	58
16		13		7		15		18	=	2
14		16		6		13		9	=	56

SOLUTION : 8 x 13 - 5 + 17 : 2 = 58 / 16 - 13 x 7 + 15 : 18 = 2 / 14 + 16 : 6 x 13 - 9 = 56.

mercredi 2 mars

« Fais de ta vie un rêve,
et d'un rêve, une réalité. »
Antoine de Saint-Exupéry

AU JARDIN

Redynamisez vos arbres

© Pierre-Yves Nédélec

Certains arbustes, dont nombre de saules, d'osiers et de cornouillers à bois décoratif, ont une incroyable capacité à se régénérer. Ils produisent dans l'année de nouvelles pousses qui peuvent vite dépasser 2 m de long. Alors, n'hésitez pas à opérer une taille drastique. Coupez à ras de terre le bois mort et les rameaux qui dépérissent. Rabattez toutes les tiges au-dessus du troisième ou du quatrième œil. La remontée de sève stimulera d'ici peu la repousse. Gardez les tiges coupées, elles serviront plus tard de tuteurs pour pois et haricots. Un arbre assez rustique, le paulownia, supporte aussi cette taille sévère appelée recépage, qui incite les jeunes sujets à produire quelques rejets aux feuilles beaucoup plus grandes. **P.-Y. N.**

à faire

Petits fléchés

ÊTRE BIEN EN TÊTE / HOMME DE TOILES / ATTRIBUTS DE ROSES / LIEU D'UNIONS / OU SI PEU / MUR DE CHÂTEAU FORT / TENTE UNE NOUVELLE FOIS / CREUSÉE / BATTRE / CONÇUES / COUVERT DE CHAMPIGNONS / OVATION POUR LE VAINQUEUR / CHEMIN SUR BERGE / PRONOM / LIGUE DE BASKET / CLUB PHOCÉEN / ENLEVAI DE SA PLACE / FAIT REVENIR AU BERCAIL

TELLE LA FAMILLE D'UN TSAR / GLABRE / RONGEURS / IL EST COLLANT / HANTER L'ESPRIT / RÉVISÉ / PÉRIODES DE VACANCES / PÈRE OU MÈRE / TRÈS DÉTERMINÉE / BATTUS EN UN CLIN D'ŒIL / LARGES CUVETTES / FAVORISER L'UNION / INTERJECTION POUR APPELER / BEAU PARLEUR HAUT EN COULEUR / DÉTIENS / POSER DES JALONS / RÉACTION DE FOULE / CHROME AU LABO / VAGABONDERA

Solution au samedi 5 mars

jeudi 3 mars

Saint Guénolé

« Le silence est comme le vent :
il attise les grands malentendus
et n'éteint que les petits. »
Elsa Triolet

à faire

Jackpot

Dans chaque jeu, trouvez trois mots de quatre, cinq, six ou sept lettres en ne prenant qu'une lettre par colonne. Chaque lettre ne sert qu'une fois. Un exemple vous est déjà donné.

① Mots de 4 lettres

G	L	U	F
I	A	A	A
S	N	C	S

SAUF
....
....

② Mots de 5 lettres

S	E	E	I	E
D	L	P	S	H
B	I	U	G	T

....
....
....

③ Mots de 6 lettres

S	E	P	R	I	N
P	I	N	L	U	S
B	O	U	A	A	D

....
....
....

④ Mots de 7 lettres

O	E	L	P	I	U	E
S	C	C	I	P	D	N
P	T	U	E	R	I	T

....
....
....

Solution au dimanche 6 mars

Le saviez-vous

On l'appelle communément fouet ou mixeur plongeant mais, pour les pros des fourneaux, il s'agit d'une girafe. Cet accessoire au grand cou permet de réduire les légumes en purée ou en soupe et d'émulsionner directement dans le récipient de cuisson. P. Da.

SUR INTERNET

Achat d'occasion : évitez les arnaques

Même si la plupart des transactions entre particuliers se passent bien, restez vigilant, car la moindre opération financière peut attirer les escrocs.

1. Ne communiquez jamais vos coordonnées bancaires.
2. N'acceptez pas les chèques, ni les mandats ou virements internationaux.
3. N'envoyez jamais d'argent liquide par la poste.
4. Préférez les transactions financières opérées par les sites eux-mêmes.
5. Consultez les avis laissés par les acheteurs sur les vendeurs. C. D.

Saint Casimir

« La vie pour qui tente de vivre droit, c'est chose sucrée et salée, douce et amère, convulsive et sereine. »
Jean Lurçat

© yarbeer/stock.adobe.com

DANS LA NATURE

L'écorce fait peau neuve

Protection indispensable aux arbres, l'écorce se révèle quand les arbres ont perdu leurs feuilles. En constante croissance, certaines se renouvellent même entièrement chaque année.

Bien que d'apparence fragile, l'écorce du bouleau, riche en tanins, accuse une extraordinaire résistance à la pourriture. Dans les pays nordiques, elle servait à faire des toitures, des nattes, des paniers et divers objets de la vie courante. Les Amérindiens s'en servaient pour construire leurs canoës et les Scandinaves la consommaient mélangée à des œufs de poisson en période de disette. Elle servait aussi de support d'écriture, à tanner les peaux, à teindre la laine, à faire des torches et des instruments à vent nommés cornes de berger.

Pour retirer mousses, algues vertes et faire briller l'écorce de vos bouleaux et autres prunus, nettoyez-les à la brosse souple. Frottez délicatement avec de l'eau additionnée de quelques gouttes de savon noir. Ensuite, rincez au jet. **P.-Y. N.**

à faire

Mots à mot

En regroupant et en mélangeant les lettres des deux mots de trois lettres proposés, composez un troisième mot de six lettres.

C H U + A V E = _ _ _ _ V _

E G O + C R U = _ _ _ R _ _

E A U + I N A = _ _ _ _ _ E

SOLUTION : Chauve - Courge - Aunaie.

Clin d'œil

Amandine, six ans, revient d'une visite d'exposition de reptiles en cage. « C'était bien ? » demande son grand-père. « Oh oui, alors ! On a vu plein de serpents clous ! » Elle voulait parler des pythons, bien sûr.

samedi 5 mars

Saint Olive

« Chaque minute loin de l'être aimé est une minute cédée au néant. »
François Bégaudeau

à faire

Mini-fléchés

Grille 1
- INTRIGUE D'UN FILM
- MOYEN D'ENTRER
- PIQUÉ EN DOUCE
- VIEUX CABRIOLET
- FUMÉS COMME DES HARENGS
- PESA LA BOÎTE
- DUC À AIGRETTE
- SANS MOTIFS
- SYMBOLE DU BROME

Grille 2
- FORMIDABLE
- EMPRESSÉS
- REVIENT EN FORME
- PART
- L'INSTRUMENT DE PANORAMIX
- HEURE DE PRIÈRE
- GUITARE EN INDE
- COUCHÉ POUR CAUSE DE MALADIE
- ADRESSE INFORMATIQUE

Grille 3
- ARBRE À CEYLAN
- ÉTAPE DE LA LUNE
- DEVANT *OMÉGA*
- SARMENT DE VIGNE
- S'ACCROCHENT À DES HAMEÇONS
- COMPLICE DE RAMZY
- POINTE À ENCRE
- DONNÉ AVANT UNE EXÉCUTION
- AUTEUR DE RISÉES
- ENGUIRLANDAS

Grille 4
- COL-BLEU
- DESSIN À L'ENCRE
- FEMME GENDARME
- ABJECT
- MATIÈRE À NUISETTES
- SERA HILARE
- PORT D'ISRAËL
- PÊCHEUR DES BORDS DE L'EAU
- AMÉRICAIN DE LA CAMPAGNE

Solution au mercredi 9 mars

SOLUTION DU MERCREDI 2

■	C	■	E	■	G	■
C	A	M	P	E	U	R
■	R	A	I	N	E	E
V	A	I	N	C	R	E
■	C	R	E	E	E	S
M	O	I	S	I	■	S
■	L	E	■	N	B	A
M	E	■	O	T	A	I
■	R	A	M	E	N	E

■	I	■	L	■	O	■
I	M	B	E	R	B	E
■	P	A	R	E	N	T
R	E	S	O	L	U	E
■	R	■	T	U	B	S
C	I	L	S	■	I	■
■	A	I	■	O	L	A
F	L	E	C	H	E	R
■	E	R	R	E	R	A

Le saviez-vous

Le sel ne se passe pas, il se pose. Il est parfois encore très mal vu de se passer la salière de la main à la main. Il faut la poser sur la table, au plus près du demandeur. Car, de l'Empire romain au XIXe siècle, le sel était rare et cher. Pas question de risquer d'en perdre un grain ! Cela équivalait à une perte de salaire, du latin *salarium* signifiant ration de sel, celle versée en guise de paiement aux soldats romains. Poser la salière et non la passer permettait donc, en cas de dégâts, de savoir qui était responsable et devait rembourser. M. O.

« J'ai tant rêvé de toi
que tu perds ta réalité. »
Robert Desnos

© ilolab/stock.adobe.com

BALADE EN FRANCE

La Sarthe secrète

Dans le cœur historique du Vieux Mans, préservé par une enceinte gallo-romaine, déambulez dans les ruelles pavées et admirez, entre autres, des hôtels particuliers et des maisons médiévales à colombages. Spectaculaire, construite en plusieurs étapes, la cathédrale Saint-Julien est un joyau où s'harmonisent architectures romane et gothique. Vous pourrez y contempler de magnifiques anges musiciens peints sur la voûte, d'exceptionnels vitraux et tapisseries, ainsi qu'un menhir sculpté en grès rose, la Pierre Saint-Julien ou caillou de Gargantua, datant de l'époque préhistorique. Au pied de la cathédrale, sur le marché des Jacobins, vous trouverez les fleurons de la gastronomie sarthoise : rillettes, poulets de Loué... ainsi que des produits maraîchers locaux d'exception. Ce n'est pas un hasard si le chef étoilé Alain Passard a installé l'un de ses potagers dans la Sarthe !
Le Mans est aussi la capitale du sport automobile. Ne manquez pas la visite au circuit des 24 Heures du Mans. Vous pourrez y faire un tour de piste, découvrir la fascinante histoire de l'automobile et admirer des bolides : Bugatti, Porsche, Ferrari... Vous remonterez ensuite à nouveau le temps en gagnant Malicorne-sur-Sarthe, labellisée Ville et Métiers d'art pour sa faïencerie. Vous y apprécierez les corbeilles et les assiettes ajourées d'un blanc laiteux, ainsi que les fruits et les animaux en faïence colorée.
En découvrant la magnifique vallée du Loir, vous comprendrez pourquoi elle a inspiré Ronsard. À Poncé-sur-le-Loir, visitez le château, son magnifique escalier Renaissance et son parc classé Jardin remarquable. La Chartre-sur-le-Loir passionnera les amateurs de brocante et de sport automobile. Puis, posez-vous à l'Hôtel de France pour déguster une tartine de rillettes maison devant les murs couverts de photos de champions automobiles. Avant de quitter la région, rendez-vous aux domaines de Cézin et de Bellivière pour découvrir les nectars du Coteaux-du-Loir et du Jasnières. F. O.

à faire

SOLUTION DU JEUDI 3

1. sauf / inca / glas.
2. siège / blush / dépit.
3. penaud / souris / biplan.
4. pèlerin / occiput / stupide.

lundi 7 mars

Rentrée de la zone C

Sainte Félicité

« La vigne dit : En mars me lie, en mars me taille, en mars il faut qu'on me travaille. »
Dicton

à faire

C'EST ARRIVÉ LE...

7 MARS 1884

Le préfet de la Seine, Eugène Poubelle, rend obligatoire le fait de placer ses ordures ménagères dans des récipients de fer-blanc et de bois. Ces installations prennent très vite le nom de « boîtes poubelles ». Grâce à cette invention, le nombre d'épidémies diminue dans la capitale. Le système est bientôt étendu à la province. S.P.

EN FORME

L'eau de Javel : 3 raisons de s'en méfier

Produit culte depuis des générations, l'eau de Javel ne doit être utilisée que pour lutter contre les moisissures et dans certains cas d'infections.

1. C'est un acide dont le contact direct peut provoquer des brûlures de la peau, des yeux, du système digestif et dont les émanations donnent des maux de tête et des nausées.

2. Associée à un autre produit détergent, elle entraîne la formation d'un gaz très toxique (le dichlore), qui provoque des lésions du système respiratoire.

3. En détruisant les bactéries de la maison, y compris les bonnes, constituées en partie de nos propres germes, elle altère le microbiote de la maison... M.Q.

Saint Jean de Dieu

« Un savant peut songer à devenir philosophe, jamais un philosophe ne songera à devenir savant. »
Proverbe chinois

A TABLE

Espuma aux crevettes et courgette confite

Pour 4 personnes • 8 crevettes roses cuites • 15 cl de crème liquide • Sel • Poivre • 1 courgette • 2 c. à soupe d'huile d'olive • Piment d'Espelette en poudre.

1. Décortiquez les crevettes en laissant la queue. Mettez les têtes et les carapaces dans une casserole avec la crème. Salez, poivrez et laissez cuire 10 min à feu doux. Laissez refroidir, puis filtrez la crème dans un tamis et réservez-la 1 h au réfrigérateur.

2. Lavez la courgette et détaillez-la en dés. Faites revenir les dés à feu doux dans une sauteuse avec l'huile, salez et poivrez. Une fois que les dés sont tendres, laissez refroidir.

3. Montez la crème en chantilly. Répartissez les dés de courgette dans les verrines, ajoutez les crevettes et recouvrez de chantilly. Saupoudrez de piment et servez frais.

© Schmitt/Photocuisine/sucré-salé

Le plus santé Remplacez la chantilly par une sauce au yaourt, citron et fines herbes.

à faire

Super croisés

	A	B	C	D	E	F	G	H	I	J	K	L
1												
2							■					
3				■					■			
4						■					■	
5										■		
6			■								■	
7								■				
8		■					■					

Horizontalement

1. Œuvre pour des concerts. **2.** Part comme une fusée. S'assure la plus haute marche du podium. **3.** Panier percé. Produit du Péloponnèse. Côté de lever. **4.** Roman de Chateaubriand. Élément d'une panoplie. **5.** Frein au déplacement de certaines espèces. Soleil antique. **6.** Amené à la ramener. Pas large. **7.** Prolongement d'un bassinet. Offert à Diane. **8.** Mal traité. Ramasse sur le champ.

Verticalement

A. Tombe en courant. **B.** Fréquente les tribunes. **C.** Sa robe part en fumée. Article castillan. **D.** Se dit pour cela. Grossit au fur et à mesure qu'on la dresse. **E.** Filles de roi. **F.** A gagné des batailles, mais a perdu la guerre. N'a donc pas le pas assuré. **G.** Victime de la sécheresse. **H.** Ne sort pas sans son chapeau. **I.** Possessif. Ses feuilles sont brillantes. **J.** Un homme à la mer. Regroupe des lumières. **K.** Passent avant les autres. Préposition. **L.** Touchée après avoir été prise.

Solution au vendredi 11 mars

mercredi 9 mars

Sainte Françoise

« Le propre du génie est de fournir des idées aux crétins une vingtaine d'années plus tard. »
Louis Aragon

à faire

AU JARDIN

Assurez-vous de belles récoltes

© L.Bouvier/stock.adobe.com

Si le noisetier, le châtaignier, le noyer et le prunier se dispensent d'une intervention annuelle, la majorité des fruitiers réclament une taille adaptée pour bien fructifier. Les plus petits, comme le groseillier à grappes, doivent être allégés de leurs branches âgées de plus de 3 ans. Ne gardez qu'une dizaine de jeunes rameaux par pied. Rasez les tiges des framboisiers non remontants ayant fructifié l'an passé. Ne gardez que les tiges bien vertes du mûrier sans épines et raccourcissez les pousses latérales au-dessus du troisième œil.

Pour renouveler les rameaux fructifères de la vigne, coupez net au-dessus du cinquième œil, ou du troisième pour limiter la végétation. Plus délicate, la taille du pêcher se fait en coupant à 2 yeux les rameaux qui ont fructifié l'an dernier. Les autres, dits de remplacement, seront raccourcis, tout en veillant à ne pas endommager les bourgeons floraux. Toujours hors période de gel, taillez le poirier et le pommier en réduisant les rameaux qui partent des branches charpentières afin de favoriser les bourgeons à fruits. **P.-Y. N.**

SOLUTION DU SAMEDI 5

	A		D	
A	C	C	E	S
	T	A	R	A
H	I	B	O	U
	O		B	R
U	N	I	E	S

	G		R	
Z	E	L	E	S
	N	O	N	E
S	I	T	A	R
	A		I	P
A	L	I	T	E

	T		P	
P	H	A	S	E
	E	R	I	C
B	I	C		H
	E	O	L	E
O	R	N	A	S

	M		V	
L	A	V	I	S
	R	I	R	A
E	I	L	A	T
	N		G	I
H	E	R	O	N

Sudokus

						1		5
	1	6	8	7	4			
2	8	3			5		6	7
7				3			1	9
9			4		7		3	8
8				9			5	4
1	4	8			6		2	3
	9	5	2	4	3			
						5		6

6				1	9		3	8
						4		5
		2					9	
1		5		2	7		4	
2								7
	6		4	8		5		9
	3					9		
5		6						
9	2		5	4				6

Solution au lundi 14 mars

« J'ai voulu la faire rire, car lorsqu'on rit de quelque chose c'est moins sérieux. »
Romain Gary

QUELLE HISTOIRE !

La mode, symbole de liberté

Longtemps, les hommes se sont octroyés des vêtements pratiques et confortables. À l'inverse, les femmes étaient entravées par la longueur de leurs jupes et la rigidité de leurs corsets. Le 4 mai 1897, sur les 116 victimes de l'incendie du Bazar de la Charité à Paris, 110 sont des femmes. Cette catastrophe donne soudain à réfléchir sur la liberté de bouger de ces dames. Un mouvement féministe s'élève alors contre la jupe longue, le corset et les talons hauts.

Avec la Première Guerre mondiale, parce qu'elles doivent exécuter les tâches de leurs maris mobilisés, les femmes raccourcissent leurs jupes. Pendant les Années folles, en signe de liberté, l'ourlet est même remonté au genou avant qu'il ne redescende sous le régime de Vichy, qui voit en la femme garçonne l'image de la décadence. Au début des années 1960, la mini-jupe, imaginée par l'Anglaise Mary Quant, devient le symbole de la libération des femmes. Le bas disparaît tandis qu'explose la mode des collants. **P. Da.**

© Roger-Viollet

à faire

La bonne place

Observez cet étal de marché pendant 30 secondes, puis cachez-le.

Inscrivez au bon endroit le numéro de chaque fruit ou légume enlevé de l'étal précédent.

vendredi 11 mars

Sainte Rosine

« Aller sur la Lune, ce n'est pas si loin.
Le voyage le plus lointain,
c'est à l'intérieur de soi-même. »
Anaïs Nin

à faire

Méli-mélo

Le rire et l'humour dans l'Histoire

Nous avons mélangé entre elles les lettres de noms ou expressions liés au rire et à l'humour. Trouvez-les et placez-les au-dessus de la définition qui convient.

Lettres à replacer :

CRUALOBME
CETOMRAMELDAILED
EPDANATNNOLA
UFUDIORO
CENOIRETRTPEE
TOISE

N° 1 ....
Ce terme (né au XIIe siècle) désigne une farce de caractère satirique jouée par des acteurs déguisés en bouffons, représentants d'un peuple imaginaire, grands personnages ou autres. Ce spectacle fut présent jusqu'au XVIe siècle.

N° 2 ....
Ce personnage comique avait pour rôle de faire rire les gens, notamment les grands et la cour, et plus particulièrement le souverain en place, se permettant des privautés et des insolences. François Ier en eut un qui s'appelait Triboulet (trois mots).

N° 3 ....
À l'origine du nom de cette farce burlesque et souvent outrancière, il y a un célèbre personnage qui se comporte de façon ridicule et qui porte un collant de couleur rouge. Cet attribut est passé dans le langage courant comme vêtement.

N° 4 ....
Rabelais passe pour être l'inventeur de ce procédé qu'il nommait antistrophe, et l'écrivain ne s'en est pas privé dans toute son œuvre. Ensuite, de nombreux auteurs s'y sont adonnés (Prévert, Desnos, Allais), ainsi que *Le Canard enchaîné*.

N° 5 ....
Ce genre de théâtre populaire italien est né au XVIe siècle. Les acteurs masqués improvisent des comédies marquées par l'ingéniosité, la naïveté, la ruse. Les personnages sont Pantalon, Arlequin, Polichinelle, Colombine (trois mots).

N° 6 ....
Ce jeu de mots, dont l'étymologie est inconnue, est fondé sur la différence de sens entre des mots qui se prononcent de manière identique ou très proche. Il déclenche le sourire principalement à l'oral, provoquant le quiproquo.

Solution au dimanche 13 mars

SOLUTION DU MARDI 8

C	O	N	C	I	L	I	A	T	E	U	R
A	R	I	A	N	E	■	G	A	G	N	E
V	A	N	■	F	E	T	A	■	E	S	T
A	T	A	L	A	■	A	R	M	E	■	R
L	E	S	I	N	E	R	I	E	■	R	A
E	U	■	S	T	R	I	C	T	E	■	I
U	R	E	T	E	R	E	■	A	N	E	T
R	■	L	E	S	E	■	G	L	A	N	E

NOS EXPRESSIONS

TREIZE À LA DOUZAINE

Au Moyen Âge, pour compter les huîtres, les marchands utilisaient leurs doigts. Avec leur pouce, ils comptaient les phalanges des doigts de la même main. À l'instar des œufs, les huîtres étaient ainsi vendues à la douzaine. Aujourd'hui les producteurs en donnent treize à la douzaine au cas où l'une d'elles est gâtée. Dans les supermarchés, les huîtres au détail sont désormais vendues au poids. P.-Y. N.

samedi 12 mars

Sainte Justine

« La courbe de tes yeux
fait le tour de mon cœur. »
Paul Éluard

Sudokus

1				5	6			4
8	6			1				
						6		9
		7	6			8	2	
		4	8				7	6
		1	2			4	3	
						2		3
9	5			2				
2				7	9			8

							9	
4		8			6	3		
9				8	4		2	
6		2	4		1			3
		1		9		2		
7			2		8	1		9
	2		1	6				5
		7	8			4		2
	3							

	1		3					
	7		6				2	
						6		7
8		1		4		7		
		6		2		5		
		5		3		1		4
4		8						
	6				5		7	
					1		9	

5					2			3
	6	2	3					
							9	5
				5		8		
7	9	4		1				
				9		6		
							7	4
	5	1	6					
3					1			6

Solution au mardi 15 mars

SUR INTERNET

5 conseils simples pour limiter la pub

1. Faites le vide régulièrement dans vos cookies sur votre navigateur.
2. Utilisez des moteurs de recherche qui préservent la vie privée, comme Qwant®, ou naviguez en mode privé sur les autres.
3. Refusez la géolocalisation lorsqu'un site vous la propose.
4. Installez un logiciel de blocage. Adblock® s'installe dans le navigateur et bloque l'apparition de fenêtres publicitaires. Bitdefender AntiTracker® bloque les collecteurs de données lors de la navigation.
5. Utilisez un VPN. Ce logiciel crée un réseau privé virtuel (VPN) sécurisé entre votre appareil et Internet, vous permettant de naviguer de façon anonyme. L'adresse IP de votre ordinateur ne peut plus être tracée. Un VPN s'achète sur Internet pour quelques euros par mois. Par exemple NordVPN®, ExpressVPN™, CyberGhost™... **C. D.**

à faire

C'EST ARRIVÉ LE...

12 MARS 1894

Coca-Cola® met en vente ses premières bouteilles sur le marché américain. Jusque-là, le soda, créé par le pharmacien John Pemberton en 1886, était vendu au verre dans les officines. Composé d'extrait de feuilles de coca et de noix de kola, le breuvage était apprécié pour ses qualités énergisantes. C'est l'une des boissons les plus vendues au monde. **S. P.**

dimanche 13 mars

Saint Rodrigue

« Il y a plus de volonté
qu'on ne croit dans le bonheur. »
Alain

à faire

© aterrom /stock.adobe.com

BALADE EN FRANCE

Cap sur Brest !

Détruite par les bombardements, la cité du Ponant est injustement mal-aimée. Malgré ses détracteurs, la ville reconstruite fait la part belle au ciel et aux oiseaux. Surplombant la rade, la gare est idéale pour apprivoiser l'âme brestoise. Ce manifeste Art déco au campanile sculpté de pêcheurs offre un balcon sur l'océan, l'horizon et… les États-Unis, invisibles mais que l'on imagine. L'église Saint-Louis, rebâtie après la Seconde Guerre mondiale, divise. Allez-vous faire votre propre avis sur cette audace architecturale. Installé dans un magnifique château, le musée national de la Marine vous fera voyager à travers des siècles d'histoire navale et profiter d'une vue spectaculaire sur la rade.

Ne manquez pas Océanopolis, lieu de pédagogie indispensable prodiguant une vision globale sur la mer, ses habitants et les enjeux écologiques de sa préservation. Faites une halte au *Crabe Marteau* pour déguster, muni d'un bavoir géant et d'un maillet, tourteau ou araignée de mer, mais aussi des ormeaux, coquillages au goût exceptionnel. Traversez la rivière Penfeld pour gagner Recouvrance, où subsistent quelques estaminets rappelant le temps où les marins venaient, aux escales, prendre du bon temps ! À l'arsenal, découvrez les quartiers de la Marine nationale.

À quelques encablures de la rade de Brest, les Abers, estuaires de vallées fluviales soumis aux fluctuations des marées, brodent une délicate dentelle dans la campagne. À l'Aber-Benoît, allez savourer les délicieuses huîtres d'Yvon Madec. À l'Aber-Ildut, laissez-vous envahir par l'odeur iodée des laminaires et par l'énergie puissante du lieu. À Lanildut, ne manquez pas l'église au merveilleux clocher ajouré, ainsi que son enclos paroissial avant de filer au Conquet, pour mettre le cap sur Molène. Figurant au chapelet des îles de l'archipel du même nom dans la mer d'Iroise, l'île principale offre une vision magique. Pas de voiture, quelques habitations, des phoques, des dauphins… Et toutefois un musée consacré au naufrage du *Drummond Castle* en 1896, ainsi qu'un monument aux morts dédié aux péris en terre et en mer. Mais le mieux à faire ici, c'est de vous laisser saisir par la beauté de ce paysage en perpétuel changement et de vous soumettre à la puissance des éléments. Un spectacle inouï ! **F. O.**

SOLUTION DU VENDREDI 11

1. Sotie **2.** Fou du roi **3.** Pantalonnade **4.** Contrepèterie **5.** Commedia dell'arte **6.** Calembour

Sainte Mathilde

« J'ai appris qu'un homme n'a le droit d'en regarder un autre de haut que pour l'aider à se lever. »
Gabriel García Márquez

A TABLE

Linguines au pesto de chou kale et graines de courge

Pour 4 personnes • 200 g de feuilles de chou kale (bio) • 50 g de graines de courge • 50 g d'amandes • 1 gousse d'ail • 2 c. à soupe de jus de citron • 1 ou 2 c. à soupe de levure maltée • 1 c. à café de sel • 4 cl d'huile d'olive • 4 cl d'huile de colza • 500 g de linguines (ou autres pâtes au choix).

1. Lavez les feuilles de chou kale, détachez-les des tiges et séchez-les dans un torchon propre.

2. Toastez les graines de courge quelques minutes dans une poêle à sec, jusqu'à ce qu'elles éclatent (elles ne doivent pas brûler).

3. Réservez une poignée de graines de courge, mettez le reste dans le bol d'un mixeur avec le chou kale, les amandes, la gousse d'ail épluchée et dégermée, le jus de citron, la levure et le sel. Mixez, puis ajoutez les huiles tout en mixant. Réservez.

4. Faites cuire les pâtes (environ 10 min), mélangez avec la moitié du pesto de chou kale (conservez le reste dans un bocal pour une autre utilisation) et servez immédiatement avec quelques graines de courge toastées.

Le plus santé Cette recette offre un équilibre parfait en acides gras essentiels.

Recette extraite de *Pasta vegan*, Clémence Catz éd. Solar.

à faire

EN FORME

Le kiwi

Ces petites bombes vitaminées nous viennent tout droit de Chine. Elles concentrent, entre autres, vitamine C, vitamine E, caroténoïde, lutéine, chlorophylle... Ce qui explique leurs actions antioxydante et anti inflammatoire qui participeraient à la prévention des maladies cardio-vasculaires et de certains cancers. **D. L.**

Le plus santé Il contient de l'actinidine, une enzyme qui facilite la digestion.

Pour réaliser un smoothie réconfortant, mixez 2 bananes, 2 kiwis, 1 yaourt végétal, 3 feuilles de menthe et 1 poignée de glaçons puis servez aussitôt ! Pour un peu plus de douceur, accordez-vous 1 cuillère à soupe de miel. **M. Q.**

SOLUTION DU MERCREDI 9

4	7	0	3	6	2	1	8	5
5	1	6	8	7	4	3	9	2
2	8	3	9	1	5	4	6	7
7	6	4	5	3	8	2	1	9
9	5	1	4	2	7	6	3	8
8	3	2	6	9	1	7	5	4
1	4	8	7	5	6	9	2	3
6	9	5	2	4	3	8	7	1
3	2	7	1	8	9	5	4	6

6	5	4	7	1	9	2	3	8
8	1	9	2	3	6	4	7	5
3	7	2	8	5	4	6	9	1
1	9	5	6	2	7	8	4	3
2	4	8	3	9	5	1	6	7
7	6	3	4	8	1	5	2	9
4	3	7	1	6	8	9	5	2
5	8	6	9	7	2	3	1	4
9	2	1	5	4	3	7	8	6

HIVER

mardi 15 mars

Sainte Louise

« En mars, quand le merle a sifflé,
l'hiver s'en est allé. »
Dicton

à faire

AU JARDIN

Boostez les floraisons

© Digitalpress/stock.adobe.com

Il n'y a pas de secret : sans taille, pas de belles floraisons. En effet, le plus souvent, ce sont les nouvelles pousses qui génèrent le plus de fleurs. Sous climat doux, commencez dès la mi-février à tailler les rosiers à floraison remontante, que vous aviez déjà raccourcis d'un bon tiers à l'automne dernier. Ailleurs, attendez la mi-mars, voire avril dans les régions aux hivers les plus rudes. Éliminez d'abord le bois mort, puis coupez les branches juste au-dessus du troisième œil, en partant de la base.

Chez les rosiers grimpants, raccourcissez à 15 cm les rameaux qui ont fleuri l'année passée. Pour les clématites à floraison estivale, n'hésitez pas à couper une branche sur deux, à 50 cm du sol. Cela aura pour effet d'allonger la période de floraison. Dès que les bourgeons de la pivoine arbustive semblent gonfler, taillez-la en douceur. Éliminez le bois mort, abritant souvent des parasites, ainsi que les fines tiges à la base du pied. Terminez en raccourcissant l'extrémité des branches principales.

Soyez plus sévère avec votre buddleia, en coupant à la scie les branches de forte section. Les autres seront rabattues à 5 cm au-dessus de leur départ, sur le tronc principal. Idem pour l'althéa, auquel vous couperez toutes les tiges secondaires au-dessus du troisième, voire du deuxième bourgeon. Mais attendez la fin de l'hiver pour raccourcir à 4 ou 5 yeux les rameaux secondaires de votre glycine. **P.-Y. N.**

SOLUTION DU SAMEDI 12

1	7	2	9	5	6	3	8	4
8	6	9	4	1	3	7	5	2
4	3	5	7	8	2	6	1	9
3	9	7	6	4	5	8	2	1
5	2	4	8	3	1	9	7	6
6	8	1	2	9	7	4	3	5
7	1	8	5	6	4	2	9	3
9	5	6	3	2	8	1	4	7
2	4	3	1	7	9	5	6	8

2	5	6	3	1	7	8	9	4
4	7	8	9	2	6	3	5	1
9	1	3	5	8	4	7	2	6
6	9	2	4	7	1	5	8	3
3	8	1	6	9	5	2	4	7
7	4	5	2	3	8	1	6	9
8	2	4	1	6	3	9	7	5
1	6	7	8	5	9	4	3	2
5	3	9	7	4	2	6	1	8

6	1	2	3	7	4	9	5	8
9	7	4	6	5	8	3	2	1
5	8	3	9	1	2	6	4	7
8	9	1	5	4	6	7	3	2
3	4	6	1	2	7	5	8	9
7	2	5	8	3	9	1	6	4
4	5	8	7	9	3	2	1	6
1	6	9	2	8	5	4	7	3
2	3	7	4	6	1	8	9	5

5	1	7	9	8	2	4	6	3
9	6	2	3	4	5	7	8	1
8	4	3	1	6	7	2	9	5
2	3	6	7	5	4	8	1	9
7	9	4	8	1	6	5	3	2
1	8	5	2	9	3	6	4	7
6	2	9	5	3	8	1	7	4
4	5	1	6	7	9	3	2	8
3	7	8	4	2	1	9	5	6

Tout compte fait

Dans chacune des trois lignes, placez les nombres 2 3 5 7 9 de façon à obtenir, en réalisant quatre opérations successives, le total indiqué.

	+		x		-		:		=	1
	:		+		x		-		=	15
	x		-		:		+		=	11

SOLUTION : 3 + 5 x 2 - 7 : 9 = 1 / 9 : 3 + 7 x 2 - 5 = 15 / 3 x 7 - 9 : 2 + 5 = 11

« Ne repousse pas du pied la pirogue qui t'a déposé sur la berge. »
Proverbe africain

AU MARCHE

Le saint-félicien

© L.Bouvier/stock.adobe.com

De janvier à septembre, profitez de ce fromage au lait de vache à pâte molle originaire du Dauphiné. Sa croûte ivoire, presque jaune, doit être couverte d'un léger duvet, son odeur, être puissante mais agréable. Il est riche en lipides (30 g pour 100 g) et contient des acides gras saturés, du sodium, des protéines de bonne qualité, ainsi que du calcium, du fer, des vitamines B et A. Emballé et au frais, il se garde 1 mois environ. Cuisinez des bricks au fromage, avec des herbes fraîches et une pointe de miel. Lorsque le saint-félicien devient plus fort, cuisinez-le en sauce, en gratin, en quiche… **M.-A. D.**

à faire

Petits fléchés

DEVENANT MOINS DENSE
EN SON SEIN
ESPRIT DE CORPS
IL PREND LA TÊTE
CROQUE-MITAINE
AU DIABLE VAUVERT !
ARBRE AFRICAIN UTILISÉ EN MÉDECINE
RÉTABLIT DES LIENS
CHEMIN EN BOIS
DÉCENTE
FOND DE PARC À HUÎTRES
N'EST PAS VRAIMENT AU PARFUM
FACILITE L'ACTIVITÉ D'UN CLUB
SYMBOLE DE L'ERBIUM
LE ZINC
CONSTAT D'ÉCHECS
UN PEU DE CHLORE
CELUI D'ARS FUT BIEN CONNU
CAPITALE DES ROIS CASTILLANS

PLONGÉE À L'AIR LIBRE
BOURRICHE
PROCHE D'INFANTE
PRODUIT
ROI DE MYCÈNES
PIÈCE D'ARMURE
S'ÉTENDENT SUR LES LITS
AMATEUR DE POULES
COLORER UN VIN
ELLE EST EN TÊTE
UTILISÉE AU MIEUX
IL A DES SUISSES POUR RIVERAINS
ÇA VA AU PAS
ESPERLUETTE
LOINTAIN PRINCIPE
STOKES
LAUREL, MAIS PAS HARDY
SONT MIS AU PARFUM

Solution au vendredi 18 mars

jeudi 17 mars

Saint Patrice

« Pour mes obsèques, je ne veux que le strict nécessaire, c'est-à-dire moi. »
Georges Clemenceau

à faire

Mots codés

Dans la grille ci-dessous, les lettres ont été remplacées par des nombres, un même nombre représentant toujours la même lettre. Pour commencer le jeu, utilisez les lettres du mot dont le code est déjà indiqué. Les cases ci-dessous servent d'aide-mémoire ; vous pouvez y inscrire les lettres au fur et à mesure que vous les trouvez.

1 P	2 A	3 U	4 T	5 E	6	7	8	9	10	11	12	13
14	15	16	17	18	19	20	21	22	23	24	25	26

1 P	2 A	1 P	2 A	3 U	4 T	5 E		14	17	21	2	24	12	23	3	5
11		11		1		4		5		3		12		3		6
5	14	5	8	15	5	12	6	6		2	14	25	19	12	21	4
6		10		5		5		12		22		19		21		7
16	11	12	8	8	5	11		6	1	5	9	4	2	9	8	5
17		13		8				4				5		19		4
4	12	5	14	12		9	7	5	12	18		11	19	21	14	5
12				21		19		11		11				9		
5	26	2	21	22	12	8	5		6	12	10	10	8	5	3	11
		17				20		20		8		2				5
10	8	2	6	7		2	13	12	2	8		26	12	6	19	21
8		4		5				16				19		1		14
2	24	19	3	11	5	4	4	5		4	2	11	4	2	11	5
22		8		12		2		8		2		12		4		24
2	1	8	2	4	12	11		12	24	1	19	6	4	3	11	5
14		2		5		12		21		2		5		8		21
2	14	7	5	11	5	21	9	5		6	2	11	24	5	21	4

Solution au samedi 19 mars

C'EST ARRIVÉ LE...

17 MARS 1915

Le gouvernement français interdit la consommation des liqueurs anisées extraites de l'absinthe. La « fée verte », qui inspira tant d'artistes, disparaît des bistrots. La boisson contenait en effet de la thuyone, un puissant excitant et un poison pour le système nerveux. S. P.

Le saviez-vous

Quand, en 3 300 av. J.-C., à Sumer et en Égypte, sont inventées les premières formes d'écriture, naît l'idée de l'école afin de les transmettre. Au pays des pharaons, les grands prêtres enseignent l'écriture, l'arithmétique et la religion aux garçons des riches familles. La salle de classe n'existe pas, on étudie à l'extérieur, en tailleur. Les filles se contentent d'apprendre le chant, la danse et la musique. P. Da.

vendredi 18 mars

Saint Cyrille

« L'amitié sans confiance,
c'est une fleur sans parfum. »
Laure Conan

© Art_Photo /stock.adobe.com

EN FORME

Mémoire : le régime idéal

Plusieurs études montrent que le régime méditerranéen aide à conserver de bonnes performances intellectuelles. Rien d'étonnant : ce régime riche en végétaux a fait ses preuves en prévention cardio-vasculaire.

1. Prévoyez, à chaque repas, des crudités, un potage ou des légumes cuits et au moins 5 portions de fruits et légumes par jour.

2. Troquez le beurre ou la crème pour de l'huile d'olive, de noix, ou de colza (à consommer chaque jour). Les bonnes graisses viennent aussi des poissons gras, conseillés 2 fois par semaine.

3. Mettez au menu plus de plats associant légumes secs et céréales, cela aide à modérer la consommation de viande. Comptez 1 aliment céréalier complet par jour, et des légumes secs au moins 2 à 3 fois par semaine.

4. Misez sur les fruits frais ou à coque aux repas et en collation.

5. Pensez à cuisiner vos plats vous-même. **F. D.**

à faire

Le boulier

Trouvez la valeur d'une boule rouge, d'une verte, d'une rose et d'une bleue sachant que le total des points des boules d'une ligne est toujours égal à 20.

Solution au lundi 21 mars

SOLUTION DU MERCREDI 16

■	R	■	M	■	F	■
M	A	M	E	L	O	N
■	R	E	N	O	U	E
S	E	N	T	I	E	R
■	S	E	A	N	T	E
A	C	U	L	■	T	■
■	E	R	■	P	A	T
Z	N	■	C	U	R	E
■	T	O	L	E	D	E

■	P	■	M	■	A	■
C	A	G	E	T	T	E
■	R	E	N	A	R	D
T	A	N	I	S	E	R
■	P	E	N	S	E	E
G	E	R	E	E	■	D
■	N	E	■	T	A	O
E	T	■	S	T	A	N
■	E	S	T	E	R	S

samedi 19 mars

Saint Joseph

« Avant d'aller chercher le sens de la vie, aime la vie. Si tu aimes la vie, tu deviens un vivant. »
Fedor Dostoïevski

à faire

Mini-fléchés

TELLE UNE FRESQUE
MALOTRU
COMPATIT
ELLE FAIT LA NOUBA
NÉ DANS LE NID
RÉTROGRADE
PETIT TONNEAU
TAPIS DE CUISINE
BIENHEUREUX

NIVELAI
SUPPLIAS DIEU
DÉLICE BRETON
IMAGE PIEUSE
PATIEMMENT DÉTRUITE
BEIGNET ANTILLAIS
PRESQUE AU SUD
ARRIVÉ AUX OREILLES
POIGNÉE DE SAC
ANCIENNE DISTANCE

DÉTENDU
LAISSAI À BONNE DISTANCE
OVATION
GAMIN
TROUS DES CAUSSES
ESTRADE DE BOXE
AVANT L'AISNE
RAPPORT POUR UN CERCLE FERMÉ
DROGUÉ
EURASIEN, PAR EXEMPLE

JOLIMENT DORÉE
TAXE À PAYER
COMME UNE CIGARETTE
PAS
ÉCRANS DE SALON
VASE DES BASSINS
PLANCTON
PRINCE TROYEN
BOÎTES À IDÉES

Solution au mercredi 23 mars

EN BEAUTE

Je veux atténuer mes rides

Un sérum à base de rétinol, dérivé de la vitamine A, sera des plus efficaces : en surface, cet actif exfolie légèrement la couche cornée, tandis qu'en profondeur, il stimule la production de collagène et d'élastine, fibres indispensables à la fermeté du visage. Appliquez-le le soir. Attention, il peut provoquer des irritations. Dans ce cas, réduisez son utilisation. La vitamine C et l'acide hyaluronique, quant à eux, remédient à la perte de fermeté et d'élasticité de la peau tout en comblant les rides. **E. L.**

SOLUTION DU JEUDI 17

1	2	3	4	5	6	7	8	9	10	11	12	13
P	A	U	T	E	S	H	L	C	F	R	I	X
14	15	16	17	18	19	20	21	22	23	24	25	26
D	W	B	Y	K	O	Z	N	G	Q	M	J	V

printemps

dimanche 20 mars

Saint Herbert

« À mars poudreux, avril pluvieux. »
Dicton

à faire

© Photo Vilac

QUELLE HISTOIRE !

Vilac, la magie du bois

Tout commence dans le village de Moirans-en-Montagne, capitale française du jouet en bois. Narcisse Villet est un artisan en tournerie du début du XIXe siècle. Au cœur des forêts jurassiennes, il travaille les différents types de bois qui l'entourent – aulne, buis, hêtre et charme – pour fabriquer des jouets innovants pour l'époque. À sa création, en 1911, la Maison Villet propose exclusivement des jeux de plein air, notamment les quilles laquées et rubanées en différents coloris, les crécelles, les cordes à sauter, les jeux de boules, le bilboquet, le jokari et, bien sûr, le Yo-Yo, le jeu favori des enfants dans les années 1920.

En 1951, ses fils reprennent l'affaire et la rebaptisent Établissements Villet Frères. Ce n'est qu'en 1979 qu'elle deviendra Vilac, la contraction de Villet et de laque, le matériau utilisé pour colorer les jouets de la marque. Pussy la pieuvre, Mimi la fourmi, Louise la chenille ou Roxy le teckel sont de véritables vedettes chez Vilac. Tout comme les Mécanimaux du designer Raoul Philip dans les années 1980 ! Outre le règne animal sans cesse exploré depuis les années 1940, Vilac crée toutes sortes de véhicules : camions de pompier, de police, vélos, avions, trains, taxis, grues… imaginant au passage la ligne Tacot pour redonner vie aux Bugatti, à la Ferrari Testa Rossa de 1951 et à la Cadillac 911.

En 1985, Hervé Halgand redynamise la marque. Les jouets Vilac s'exportent dans le monde entier. Une boutique ouvre même au Japon en 2001 ! Le patron de l'époque s'offre aussi la collaboration des plus illustres artistes, dont le Français Jean-Charles de Castelbajac et le New-Yorkais Keith Haring. C'est ainsi qu'en 2007, Vilac obtient le label Entreprise du patrimoine vivant. « Fabriquer des jouets en bois reste de l'artisanat industriel », déclarait Hervé Halgand. Une belle association entre savoir-faire manuel et manufacture. **P. Da.**

C'EST ARRIVÉ LE…

20 MARS 1971

Love Story, le film d'Arthur Hiller, sort en France, le 20 mars. Raz de marée avec cinq millions de spectateurs pour cette histoire d'amour tragique entre un riche héritier (Ryan O'Neal) et une étudiante (Ali MacGraw), atteinte d'une maladie incurable. **F. M.**

lundi 21 mars

Sainte Clémence

« Il n'y a pas d'efforts inutiles.
Sisyphe se faisait des muscles. »
Roger Caillois

Mini-croisés

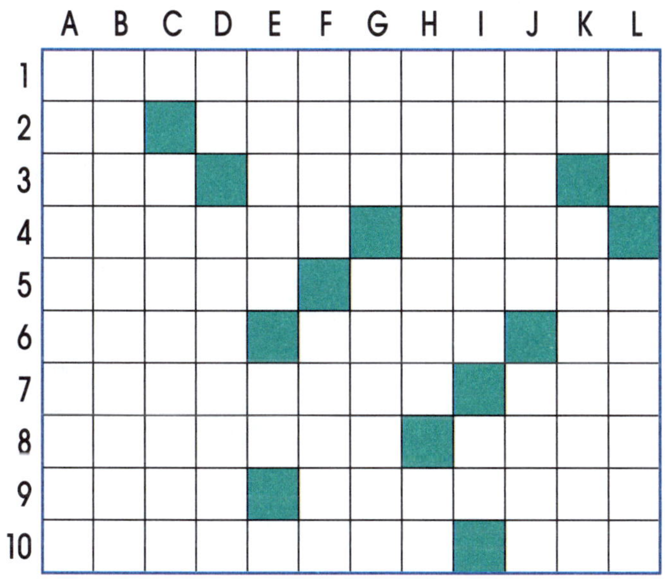

Solution au jeudi 24 mars

Horizontalement
1. Changer d'avis. **2.** Abréviation de l'astate. Remise à niveau. **3.** Il fait la fermeture. Rendez-vous des aficionados. **4.** Application brillante. Coules sous l'effort. **5.** Il a trouvé son maître. Chapeaux de cheminées. **6.** Fusionna. Temps marqué. Vaut cela mais rien d'autre. **7.** Elle reste en travers de la gorge. Point de saignée du cheval. **8.** Connaître la renaissance. Leur pont est facile d'accès. **9.** Il endossa une paternité. Manifeste. **10.** Fait gagner du temps. Résine fétide venant de la férule.

Verticalement
A. Grand bouleversement. **B.** Privation de lumière. **C.** Prise en compte. **D.** Obtenu tambour battant. Gâter la consommation. **E.** Violente averse. Lucarne ouverte sur le monde. **F.** Ambroise, le chirurgien. Bien trempé. **G.** Direction générale. Commune de la Sarthe. **H.** Rapport de masses. Raccourci avant l'explication. **I.** Crie au scandale. Premier cours de géographie. **J.** Blesser. Prénom cher à Tolstoï. **K.** Petit mot pour une entrée en matière. Ils s'éventent dès qu'ils transpirent. **L.** Radio active. Qui a connu le blutoir.

Vite, une astuce !

Réfrigérateur, les bons gestes : un lavage minimum tous les mois et une élimination régulière des produits périmés, car même à basse température, les aliments défraîchis provoquent une prolifération de bactéries. Profitez du lavage pour faire le tri hebdomadaire – pensez à toujours emballer les aliments frigorifiés. Baissez la puissance au minimum durant le lavage. Pour l'effectuer au naturel, une dilution à 50 % de vinaigre blanc et d'eau tiède suffit. Nettoyez du haut vers le bas et essuyez avec un chiffon doux. Pour les parties encrassées : utilisez une éponge douce ou une vieille brosse à vaisselle, mais jamais de grattoir. Profitez du lavage pour dégivrer les parois si besoin.

à faire

SOLUTION DU VENDREDI 18

mardi 22 mars

Sainte Léa

« Ce n'est pas parce qu'un problème n'a pas été résolu qu'il est impossible à résoudre. »
Agatha Christie

à faire

A TABLE

Soupe à l'oignon rouge et tartines de brie au miel

Pour 2 personnes • 3 oignons rouges • 2 c. à soupe d'huile de pépins de raisin • Sel • Poivre du moulin • 1 pincée de piment d'Espelette • 2 c. à soupe de miel de fleurs • 12,5 cl de vin rouge léger (type gamay) • 63 cl de bouillon de volaille dégraissé • ½ baguette de pain • 125 g de brie crayeux • Quelques brins de thym.

© Swalens/Photocuisine/sucré-salé

1. Pelez et émincez les oignons. Faites-les suer 10 min avec l'huile sur feu moyen, jusqu'à ce qu'ils deviennent translucides.

2. Assaisonnez-les, ajoutez le piment et 1 cuillère à soupe de miel. Déglacez avec le vin puis faites légèrement réduire.

3. Versez le bouillon sur les oignons, couvrez et portez à ébullition. Baissez le feu, laissez mijoter à couvert pendant 20 min. Terminez la cuisson sur feu vif, sans couvercle pendant 10 min.

4. Préchauffez le gril du four. Puis, tranchez la baguette. Déposez des tranches de brie, nappez de miel et parsemez de thym émietté. Placez les tartines sur une plaque puis enfournez 3 min.

5. Servez la soupe à l'oignon chaude, avec les tartines de brie. **M.-A. D.**

Info + Remplacez le bouillon de volaille par un bouillon de légumes.

Super croisés

	A	B	C	D	E	F	G	H	I	J	K	L
1												
2						■						
3												
4			■				■					
5				■					■			
6						■				■		
7			■				■					
8					■							

Horizontalement

1. N'a rien de commun avec un boudin créole. **2.** Doit manier la carotte et le bâton. Élément de l'huile végétale. **3.** Celui à qui on s'adresse en cas d'accroc. **4.** Quasiment du zéro défaut. Sans motifs. Génisse à l'Ouest. **5.** Faisait fureur. Vient de la pression. Pièce japonaise. **6.** Divine auréole. Partie de charrue. Condition. **7.** Agent de liaison. Épuisé. Relation du passé. **8.** Vérification du niveau. Qui se passe des détails.

Verticalement

A. Oiseau qui fouette. **B.** Exposé aux intempéries. **C.** Textuel. Réunit les têtes pensantes. **D.** Son trou est très cher. Cage ouverte. **E.** Hirondelles d'il y a plusieurs printemps. **F.** Cœur tendre. L'erbium pour le chimiste. **G.** Un homme bien casé. Unité de vitesse. **H.** Ils tiennent le pâté à l'œil. **I.** Zeus lui envoya un cygne. Un nuage. **J.** Des colins. Courte distance. **K.** Mouille les pages. **L.** La « zen attitude »...

Solution au samedi 26 mars

mercredi 23 mars

Saint Victorien

« En mars, autant de gelées,
en avril autant de poussées. »
Dicton

© daumy/stock.adobe.com

AU JARDIN

Le poireau monte la garde

Il trouverait son origine en Mésopotamie. Les Égyptiens et les Hébreux raffolaient de ce légume aux vertus diurétiques qui faisait partie des plantes potagères du Capitulaire de Villis, acte législatif édicté par Charlemagne à la fin du VIIIe siècle.

Plus ses feuilles sont foncées, comme chez les variétés rustiques bleu de Solaise, bleu d'hiver et long de Gennevilliers, mieux le poireau résistera aux gelées hivernales. Pour une récolte entre l'automne et le printemps, semez entre février et mai. Les plants seront buttés 2 fois, en remontant de la terre au pied pour obtenir des poireaux bien blancs. Les maraîchers n'ont cessé de l'améliorer afin d'obtenir des fûts plus imposants, comme ceux du très gros de Rouen, du monstrueux d'Elbeuf, du long de Mézières ou encore du gros jaune du Poitou.

Les jardiniers paresseux misent sur le poireau perpétuel ou poireau des vignes. Cette vivace très rustique, aux bulbes renflés, produit des fûts courts et très fins. L'été, le feuillage disparaît, puis le légume repousse de plus belle. Chez lui, tout se mange : les bulbes au goût d'ail, les feuilles à la saveur douce et les fûts si tendres. **P.-Y. N.**

à faire

Sudokus

6	2						9	4
			2		6			
	9	8				2	1	
3								5
			6		4			
4			9		5			3
		2				6		
		4				1		
			7	1	3			

5			7			2		
2				4				
			3			5	1	
					6			
8	2						3	9
			5					
	9	7			2			
				1				5
		1			3			4

Solution au dimanche 27 mars

SOLUTION DU SAMEDI 19

■	M	■	P	■
M	U	F	L	E
■	R	E	A	C
B	A	R	I	L
■	L	I	N	O
B	E	A	T	S

■	A	■	F	■
P	R	I	A	S
■	A	C	R	A
S	S	O	■	P
■	A	N	S	E
L	I	E	U	E

■	D	■	B	■
S	E	M	A	I
■	R	I	N	G
A	I	N	■	U
■	D	O	P	E
M	E	T	I	S

■	A	■	R	■
I	M	P	O	T
■	B	O	U	E
K	R	I	L	L
■	E	N	E	E
T	E	T	E	S

jeudi 24 mars

Sainte Catherine de Suède

« Pour faire un mot drôle, je tuerais père et mère. Heureusement que je suis orphelin. »
Marcel Achard

à faire

Mots croisés

	A	B	C	D	E	F	G	H	I	J	K	L	M	N	O	P	Q	R	S	T	U
1									■				■								
2							■				■									■	
3								■								■					
4		■				■								■					■		
5				■					■			■					■				
6			■				■								■						
7										■								■		■	
8					■			■								■					
9			■			■							■								■
10	■									■					■						
11				■								■									
12							■										■		■		
13					■			■					■					■			
14			■			■					■					■					
15									■					■						■	

Solution au lundi 28 mars

Horizontalement

1. Loupiotes en série. Susceptible de faire faire la grimace. Il est preneur. **2.** Reviens à la vie. Compositeur franco-vietnamien. Ont partie liée avec la flotte. **3.** Point cardinal. Fine. Ville de Suisse. **4.** Il défend les consommateurs. Déformées par les ans. Donne de sa poche. Note. **5.** La base d'un art. Suivi comme souhaité. Forme d'être. Une panne de secteur peut le paralyser. Est à la noix chez le boucher. **6.** Répété, cela devient une marotte. Elle précise une position. Comme un steak qui n'a pas connu la poêle. Souffler sous l'effort. **7.** Rendues moins solides. Impose la culture de Moscou. **8.** Alcools canadiens. Temps qui court. Toute une légende chez Hugo. Avalées. **9.** Il prend sa source en Mongolie. Brésilien lent. Impôt de l'Ancien Régime. Pompés par des ouvrières. **10.** Invitation cavalière. Fit sortir du gîte. Border. **11.** Nom d'un père. Pâte plate. Gênera le passage. **12.** Simuler en informatique. Sauces bourguignonnes au vin. À la mode de Londres. **13.** Servit mal. Unité pour du bruit. On lui dit Mars, et elle repart… Périodes géologiques. Jamais vieux. **14.** Article. Observé. Préfixe qui fait entrer dans l'opposition. Château ligérien. Tractée. **15.** Qui émane d'une utopie. Distingue l'homme de la femme. Cube en scierie.

Verticalement

A. A sa place à Paris. Temps compté. **B.** Réseau parisien. Le produit de rapports après 1945. **C.** Donneur. Note. Bouleversés. **D.** Peut être perdu ou noir. Mis en place. Liquide au tempérament volcanique. **E.** Un « grand » barbu. Vilaine est sa voisine. Sigle d'Union. **F.** On y est tourné vers l'espace. Prit un ton larmoyant. Sa tête a mauvais caractère. **G.** Signa sa reddition à Appomattox. Essayas de mélanger les essences. Premiers pas dans le monde. **H.** Sans date. On n'y change rien. Bien connu pour sa pomme. Négation. **I.** Volcan japonais. Privent de sortie. **J.** Jouer du chalumeau. Troisième homme. Assortissais les couleurs. **K.** Finissent souvent en poche. **L.** Nous fait le coup de la panne. Poète admirateur de Sappho. Grandes à Versailles. **M.** Ébouriffe les gens du Sud. Couvre. Direction. **N.** Tête de cuisinier. Spectres. **O.** Boucla. Site de Nagoya. Diriges. **P.** Aire limitée. Il est difficile de s'y retrouver. Comme une maison de tolérance. **Q.** Fit des affaires en or. Ennemi intime d'Achille. Pour la patronne. **R.** Véhicule mené par Strogoff. Font éventuellement la manche. Iridium. **S.** Côté du lever. Un homme qui se soulève. Monnaie nordique. **T.** Langue finno-ougrienne. Alcaloïde toxique. **U.** Ne tiendras pas parole. Mauvais au goût.

SOLUTION DU LUNDI 21

R	E	T	R	O	P	E	D	A	L	E	R
A	T	■	A	R	A	S	E	M	E	N	T
Z	I	P	■	A	R	E	N	E	S	■	L
D	O	R	A	G	E	■	S	U	E	S	■
E	L	E	V	E	■	M	I	T	R	E	S
M	E	L	A	■	D	A	T	E	■	C	A
A	M	E	R	T	U	M	E	■	A	R	S
R	E	V	I	V	R	E	■	A	N	E	S
E	N	E	E	■	C	R	I	A	N	T	E
E	T	E	R	N	I	S	E	■	A	S	E

« Aimes-tu la vie ? Alors ne gaspille pas ton temps, car il est l'essence de la vie. »
Benjamin Franklin

Dessiner de mémoire

Les accessoires de sport

Observez ces quatre accessoires de sport pendant 30 secondes, puis cachez-les.

Redessinez les accessoires dans le bon ordre.

Figures manquantes

Observez cette chaîne pendant 30 secondes, puis cachez-la.

Reproduisez de mémoire les trois formes manquantes dans la chaîne ci-dessous.

à faire

A TABLE

3 astuces anti-gaspi avec des crêpes

Avec des épinards Pour 2 personnes : faites revenir 1 gousse d'ail dans de l'huile d'olive, ajoutez 350 g d'épinards défraîchis. Salez, poivrez et laissez cuire quelques minutes. Égouttez puis, hors du feu, ajoutez 150 g de fromage frais. Garnissez les crêpes et déposez un filet de miel.
Avec des pommes Pour 4 personnes : coupez 3 pommes un peu abîmées en morceaux, saupoudrez avec 3 cuillères à café de sucre et 1 cuillère à café de cannelle. Faites dorer les pommes avec un peu de beurre. Garnissez les crêpes, refermez et servez avec une boule de glace à la vanille.
Avec du chocolat Pour 4 personnes : faites fondre 100 g de chocolat noir au bain-marie, garnissez les crêpes avec et ajoutez des fines lamelles de poires abîmées. Refermez et saupoudrez d'amandes effilées. **M.-A. D.**

NOS EXPRESSIONS

À VOTRE SANTÉ !

Apparue au XVIe siècle, où il était de bon ton de boire à la santé de quelqu'un, la formule date d'une époque où l'on pensait que les nausées et le lourd sommeil consécutifs à l'ébriété permettaient de purifier le corps et de le requinquer... Bien sûr, il n'en est rien. Mais souhaiter une bonne santé est resté la meilleure preuve d'amitié ! **M.O.**

samedi 26 mars

Sainte Larissa

« Ne laissez personne venir à vous
et repartir sans être plus heureux. »
Mère Teresa

à faire

Mini-fléchés

COMPRIMER FORT / EST EN KIOSQUE / IL SÉCURISE LES SALARIÉS / VAINCU / PATRONNE DE L'ALSACE / ACTION MUSCLÉE / BELLE ADRESSE / LE MATIN SUR L'HORLOGE / ÉVENTAIRE / VOILE OPAQUE

SIGNA LE PAPIER / GRANDE RAIE / SUPERPOSÉE / SEINS FAMILIERS / TRAVAILLE LA PIÈCE AU TOUR / CLUB MADRILÈNE / FLEUVE INDIEN / FEMMES CHARMANTES / TONDUE

PORTEUR DE FRUITS NOIRS / GOBELET / PÈRE DE *LA MER* / FORCE ET SOUFFLE / TOUCHÉE DU BOUT DES DOIGTS / FILLE DE GAÏA / DÉSAVOUANT / PRINCE EN FUITE / CHAIR DE POULE

OPÉRATION VITICOLE / RÉCIPIENT / SUPPRIMÉE / CHAÎNE RUSSE / SONT SUR LES MARCHÉS PUBLICS / ABSENCE DE LUMIÈRE / TRAÎNA / PRÉNOM BRETON / COMBINES

Solution au mardi 29 mars

SOLUTION DU MARDI 22

M	I	S	S	A	N	T	I	L	L	E	S
A	N	I	E	R	■	O	L	E	I	N	E
R	A	C	C	O	M	M	O	D	E	U	R
T	B	■	U	N	I	■	T	A	U	R	E
I	R	E	■	D	E	M	I	■	S	E	N
N	I	M	B	E	■	S	E	P	■	S	I
E	T	■	U	S	E	■	R	E	C	I	T
T	E	S	T	■	R	E	S	U	M	E	E

EN FORME

Le haricot blanc

C'est un légume sec très concentré en fer. Il est riche en zinc, en magnésium et en protéines. Mogette de Vendée, Coco de Paimpol, haricot tarbais, Lingot du Nord… certaines variétés bénéficient d'une appellation d'origine protégée. Pour éviter les ballonnements, il faut s'assurer que le haricot a été récolté dans l'année, le faire tremper 12 h, puis le rincer avant de le cuire. Démarrez la cuisson dans de l'eau froide non salée et laissez sur le feu 1 h 30 (40 min en cocotte-minute). **F. D.**

Passage à l'heure d'été (+ 1 h)

Saint Habib

dimanche 27 mars

« Le bonheur est une bulle de savon qui change de couleur comme l'iris et qui éclate quand on la touche. »
Honoré de Balzac

© synto/stock.adobe.com

BALADE EN FRANCE

Fouesnantais, la Riviera bretonne

D'abord, commencez par Bénodet, la seule véritable station balnéaire du Finistère, avec son casino, ses cabines de bain et sa longue promenade qui mène de l'embouchure de l'Odet jusqu'à sa plage en demi-lune. Fou de yachting, le peintre Gustave Caillebotte y régatait, tandis que Sarah Bernhardt et Guillaume Apollinaire y séjournaient dans l'un de ces beaux manoirs de granit ombragés de palmiers. Le maréchal Foch, lui, fréquentait la villa Art déco Ker-Magdalena, aussi appelée l'Alhambra ou le Minaret, qui appartenait à son ami le Docteur Maurice Heitz-Boyer. Ce dernier y a également reçu son patient le plus célèbre, le pacha de Marrakech, qui, pour le remercier de sa guérison, lui avait offert ses meilleurs artisans pour la décorer.

Aujourd'hui encore, de grandes familles, comme les Michelin et les Taittinger, ont des villégiatures dans le Fouesnantais, qui commence aux portes de Bénodet, vers la mer Blanche. Séparée de la plage de Kerler par les dunes de Mousterlin, cette mer intérieure change au gré des marées, abritant, selon les saisons, hérons, aigrettes, gravelots et oies bernaches. Vers la pointe de Mousterlin, les pêcheurs à pied ramassent coques et palourdes, tandis que les randonneurs suivent le sentier des douaniers (sentier de grande randonnée 34) jusqu'à la pointe de Beg-Meil.

Dans l'arrière-pays, des pommiers à cidre donnent leurs fruits au milieu des chaumières et des nombreux campings. À Fouesnant, une dizaine de jardiniers entretient les ronds-points. Fleurs et arbustes forment des requins, des vaches, des pandas... Une vraie réussite ! Enfin, il ne faut pas passer à côté du Cap-Coz et de ses criques bordées de plages face à Concarneau. Il est temps de faire comme les habitants du cru et de « partir en riboul par les ribines », autrement dit, de partir faire la fête par les petits chemins... **J.-P. R.**

à faire

SOLUTION DU MERCREDI 23

6	2	7	5	8	1	3	9	4
1	4	3	2	9	6	5	7	8
5	9	8	3	4	7	2	1	6
3	6	9	1	7	8	4	2	5
2	7	5	6	3	4	9	8	1
4	8	1	9	2	5	7	6	3
8	1	2	4	5	9	6	3	7
7	3	4	8	6	2	1	5	9
9	5	6	7	1	3	8	4	2

5	3	9	7	6	1	2	4	8
2	1	6	8	4	5	3	9	7
7	4	8	3	2	9	5	1	6
9	7	4	2	3	6	8	5	1
8	2	5	1	7	4	6	3	9
1	6	3	5	9	8	4	7	2
4	9	7	6	5	2	1	8	3
3	8	2	4	1	7	9	6	5
6	5	1	9	8	3	7	2	4

lundi 28 mars

Saint Gontran

« En mars, manteau de neige dans les prés, manteau de foin prochain été. »
Dicton

à faire

SOLUTION DU JEUDI 24

T	R	I	P	L	E	E	S		S	U	R		A	C	H	E	T	E	U	R
R	E	N	A	I	S		D	A	O		A	M	I	R	A	L	E	S		E
O	R	D	I	N	A	L		S	U	B	T	I	L	E		O	L	T	E	N
C		I	N	C		E	R	O	D	E	E	S		P	A	I	E		S	I
A	B	C		O	B	E	I		E	S		T	R	A	M		G	I	T	E
D	A		C	L	E		T	A	R	T	A	R	E		A	H	A	N	E	R
E	B	R	A	N	L	E	E	S		S	L	A	V	I	S	E		S		A
R	Y	E	S		A	N		S	I	E	C	L	E	S		C	R	U	E	S
O	B		A	I		T	A	I	L	L	E		N	E	C	T	A	R	S	
	O	E	I	L	L	A	D	E		L	E	V	A		L	O	N	G	E	R
D	O	M		L	A	S	A	G	N	E		E	N	G	O	R	G	E	R	A
E	M	U	L	E	R		M	E	U	R	E	T	T	E	S		S		I	N
L	E	S	A		D	B		N	A	S	A		E	R	E	S		O	N	C
A	U		V	U		A	N	T	I		U	S	S	E		T	I	R	E	E
I	R	R	E	E	L	L	E		S	E	X	E		S	T	E	R	E		S

A TABLE

Ravioles aux butternut, lentilles corail et curcuma

Pour 2 personnes Pour la pâte : • 220 g de farine de blé T65 • 50 g d'arrow-root (bio) • ½ c. à café de sel • 1 cl d'huile d'olive + 15 cl d'eau. Pour la farce : • 300 g de chair de courge butternut • 2 c. à café d'huile de coco • 1 c. à café de graines de cumin • 150 g de lentilles corail • 20 cl d'eau • 1 c. à café de gingembre en poudre (ou frais râpé) • 1 c. à café de curcuma en poudre (ou frais râpé) • Sel • Poivre.

1. Mélangez la farine, l'arrow-root et le sel. Creusez un puits, versez l'huile et 5 cl d'eau. Mélangez, puis ajoutez 10 cl d'eau tout en pétrissant, jusqu'à l'obtention d'une pâte souple. Couvrez et laissez reposer 30 min.

2. Coupez la courge en cubes de 1,5 cm environ. Faites chauffer l'huile de coco, ajoutez le cumin. Laissez chauffer 1 min puis versez la butternut. Faites revenir 5 min en remuant. Ajoutez les lentilles et 20 cl d'eau, couvrez et laissez cuire 20 min à feu très doux. Ajoutez le gingembre et le curcuma, salez, poivrez et mixez jusqu'à l'obtention d'une crème lisse.

3. Divisez la pâte en 3 boules. Étalez finement la première, découpez des cercles à l'emporte-pièce.

© Clémence Catz/Éd. Solar

Humidifiez le contour, ajoutez 1 cuillère à café de crème de butternut au centre et repliez les bords. Faites de même avec les 2 autres boules de pâte pour obtenir une quinzaine de pièces. Faites cuire les ravioles 2 min, en plusieurs fois, dans un grand volume d'eau frémissante.

Recette extraite de *Pasta vegan*, Clémence Catz éd. Solar.

EN FORME

La banane

Elle fournit des fibres prébiotiques, bénéfiques au microbiote intestinal. Bonne source de magnésium, de manganèse et de vitamine B9, riche en glucides (sucres), elle est énergétique et aide à recharger les réserves en cours ou fin d'effort. Elle épaissit les milk-shakes et les smoothies et sucre naturellement les compotes. L'associer en salade de fruits à des agrumes ou du kiwi (très riches en vitamine C) augmente ses qualités antioxydantes. Mangez-la bien mûre en cas d'intestin sensible : verte, elle contient de l'amidon, un glucide qui peut ballonner en l'absence de cuisson. **F. D.**

Sainte Gwladys

« Le fou en sait plus en sa maison que le sage en celle d'autrui. »
Proverbe basque

AU JARDIN

Rééquilibrez les contours de vos arbustes

© Pierre-Yves Nédélec

Les silhouettes dénudées des arbres et des arbustes se révèlent en hiver. C'est donc plus facile de repérer les branches chétives, trop longues ou mal placées, qui se croisent ou empiètent sur les plantes voisines. Profitez que ces végétaux soient au repos pour effectuer les tailles requises sans risque de coulée de sève. Commencez toujours par éliminer les brindilles en fin de vie et le bois mort, d'une couleur différente des parties saines. Les arbustes mériteront de voir leur cœur aéré pour y laisser pénétrer la lumière du Soleil. Ils y gagneront ainsi en floraison et en fructification.

C'est aussi le moment de redonner la hauteur et l'épaisseur voulues à une haie de charmes ou de hêtres. Une taille pour le moins sévère, qui ne s'opère que tous les 3 ou 5 ans. Les topiaires en forme de cônes ou de colonne seront reprises de la même manière, en raccourcissant les rameaux secondaires. Cependant, il est plus prudent d'attendre que les arbustes à floraison hivernale, tels l'hamamélis, la viorne, le jasmin et le chèvrefeuille d'hiver, soient totalement défleuris pour raccourcir leurs rameaux.

L'hortensia, le caryoptéris, la potentille et le pérovskia ne pourront être taillés qu'au sortir de de la saison hivernale. Un conseil : ne jetez pas vos précieux déchets de taille, mais broyez-les pour pailler vos massifs ou votre potager. P.-Y. N.

à faire

Mots à mot

En regroupant et en mélangeant les lettres des deux mots de quatre et trois lettres proposés, composez un troisième mot de sept lettres.

E T R E + M A L = M _ _ _ _ _ _

A G I R + R U E = _ _ _ R _ _ _

H O R S + C I E = _ _ _ _ _ _ R

SOLUTION : Martelé - Aigreur - Séchoir.

SOLUTION DU SAMEDI 26

■	S	■	C	■
H	E	B	D	O
■	R	A	I	D
A	R	T	■	I
■	E	T	A	L
B	R	U	M	E

■	P	■	E	■
M	A	N	T	A
■	R	E	A	L
G	A	N	G	E
■	F	E	E	S
R	A	S	E	E

■	M	■	T	■
Q	U	A	R	T
■	R	H	E	A
N	I	A	N	T
■	E	N	E	E
C	R	E	T	E

■	V	■	E	■
F	I	O	L	E
■	N	U	I	T
T	A	R	D	A
■	G	A	E	L
M	E	L	E	S

mercredi 30 mars

Saint Amédée

« Le ridicule ne tue pas toujours, parfois il fait peur. »
Frédéric Dard

à faire

AU MARCHE

La granny smith

Juteuse et acidulée, cette pomme d'un beau vert vif se déguste jusque fin mai. Préférez-la bio ou cultivée sans pesticides afin de consommer sa peau, qui regorge de vitamines. C'est une des variétés les plus intéressantes, car elle est particulièrement riche en fibres et en polyphénols. Elle est savoureuse en carpaccio avec de la betterave, de la roquette et un filet de citron. Elle se conserve 1 semaine dans une corbeille de fruits ou jusqu'à 1 mois au frais. M.-A. D

© mates/stock.adobe.com

Info + Croquez une granny smith avant un repas copieux, car elle a un effet rassasiant.

Petits fléchés

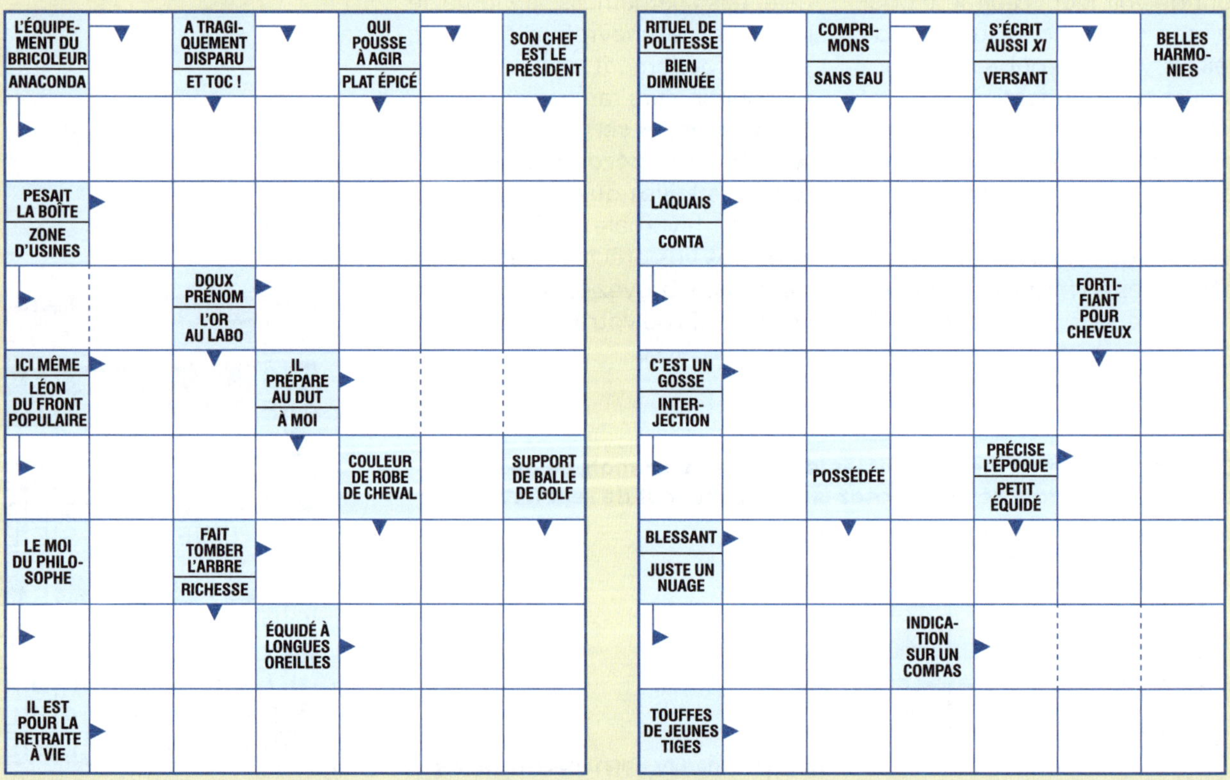

Solution au samedi 2 avril

Saint Benjamin

jeudi 31 mars

« Il y a souvent plus d'angoisse à attendre un plaisir qu'à subir une peine. »
Colette

Mots mélangés

Tous les mots de la liste figurent dans cette grille et peuvent se lire dans toutes les directions. Chaque lettre peut être utilisée une ou plusieurs fois, sauf celles formant l'énigme répondant à la définition suivante : l'art de faire son lit au carré.

ABERRATION
AFFABULATEUR
AFFRONT
AIGRELET
ALIAS
ARBORETUM
ASSOUPLIR
ATTENDRI
AURIFÈRE
AVERSE
BRÈME
CORRIDA
COTILLONS
CRITÈRE
DIOXYDE
DOMINO
ÉCARLATE
EFFARER
ENTONNÉ
ENTRETIEN
ESPACE
ESSENTIEL
FABLE
FAN-CLUB
FEINT
GÉHENNE
GÊNEUR
IMITER
INDUIRE
INSTANT
INTACTE
MASTICATOIRE
MÉMENTO
MIMER
MONSIEUR
NABATÉEN
NAUTIQUE
NERVURE
RAGLAN
RANCE
RÉELLEMENT
SPADASSIN
STÉRÉO
STRUCTURE
SUAVITÉ
SUBITEMENT
TAÏGA
TALOCHE
TANIÈRE
TANNE
XÉRÈS

N	I	S	S	A	D	A	P	S	E	S	R	E	V	A
A	D	I	R	R	O	C	C	B	U	L	C	N	A	F
O	E	M	U	T	E	R	O	B	R	A	R	E	U	E
A	T	T	E	N	D	R	I	E	R	U	V	R	E	N
E	C	N	N	R	B	T	E	L	E	R	G	I	A	T
R	A	A	E	E	E	L	A	T	E	I	E	O	T	R
U	T	B	G	M	L	T	A	M	T	F	H	T	X	E
T	N	I	E	E	E	L	I	N	S	E	E	A	E	T
C	I	N	M	R	U	M	O	R	D	R	N	C	R	I
U	T	E	A	B	R	R	M	Y	C	E	N	I	E	E
R	N	F	A	U	F	A	X	O	E	R	E	T	S	N
T	R	F	T	F	T	O	T	T	N	A	T	S	N	I
S	F	A	A	A	I	I	A	I	A	S	E	A	I	N
A	A	R	G	D	L	B	Q	G	O	N	I	M	O	D
I	B	E	M	L	A	O	I	U	T	N	I	E	F	U
L	L	R	O	N	A	A	C	I	E	T	E	E	U	I
A	E	N	N	O	T	N	E	H	E	C	N	A	R	R
A	S	S	O	U	P	L	I	R	E	C	A	P	S	E

SOLUTION : le mot à trouver est : Cubisme.

à faire

Le saviez-vous

Au XVIIIe siècle, la faïencerie Henriot-Quimper crée un bol en céramique qui s'enrichit de deux anses. Popularisé par l'essor des congés payés, ce bol trouve son aspect final en 1950, lorsque le chef d'atelier de la Faïencerie de Pornic, Raymond Cordier, définit ses couleurs, blanc et bleu, ainsi que son motif folklorique et l'inscription du prénom. Aujourd'hui, seule la faïencerie quimpéroise, labellisée Entreprise du patrimoine vivant, les fabrique encore à la main. J.-P. R.

QUELLE HISTOIRE !

La tulipe à la cote !

Lorsque Charles de L'Écluse découvre la tulipe à Constantinople et l'introduit aux Pays-Bas, au XVIe siècle, le botaniste flamand ne prévoyait pas un tel succès. En trois ans, les prix augmentent de… 5 900 % ! À tel point que sa tulipe provoquera, en 1637, le premier krach boursier de l'histoire. **S. P.**

vendredi 1er avril

Saint Hugues

« Les hommes d'une humanité supérieure la pratiquent sans y songer. »
Lao-Tseu

à faire

EN FORME

La primevère souffle un air de printemps

© Madeleine Steinbach/ stock.adobe.com

Expectorante, anti-inflammatoire, antitussive, calmante nerveuse et cutanée, elle agit aussi sur la circulation sanguine.

En cas de rhume, toux, mal de tête, troubles du sommeil Laissez infuser 5 fleurs pendant 7 min dans 25 cl d'eau bouillante. Filtrez et buvez jusqu'à 3 tasses par jour entre les repas, quelques jours.

En cas de bronchite ou grippe Plongez 2 cuillères à café rases de racines dans 25 cl d'eau froide. Portez à ébullition 5 min. Filtrez et buvez jusqu'à 3 tasses par jour entre les repas, quelques jours.

En cas d'insomnie Préparez une tisane avec 1 cuillère à café de fleurs de primevère et 1 cuillère à café de fleurs d'achillée séchées infusées pendant 7 min dans 25 cl d'eau bouillante. Filtrez, ajoutez 1 cuillère à café de fleur d'oranger bio et buvez 1 tasse le soir.

Contre les douleurs d'arthrose Recouvrez 20 g de racines avec 10 cl d'alcool à 45°. Laissez macérer 10 jours en remuant 1 fois par jour. Filtrez et placez dans un flacon en verre teinté. Prenez 15 gouttes 3 fois par jour dans un demi-verre d'eau, quelques jours. À conserver durant 3 ans.

En cas de contusion, écorchure Plongez 8 g de racines dans 25 cl d'eau froide. Portez à ébullition sans couvrir jusqu'à réduction du tiers du volume d'eau. Filtrez et appliquez une compresse imprégnée de la décoction tiède du jour. Laissez en place pendant 10 min. **F. O.**

C'EST ARRIVÉ LE...

1ER AVRIL 1976

Il y a tout juste 45 ans, les Américains Steve Wozniak et Steve Jobs, âgés de 21 ans et 25 ans, fondent la société d'informatique Apple™. Leur premier local est le garage de la famille Jobs dans lequel ils fabriquent leur premier ordinateur. La firme à la pomme est aujourd'hui l'une des entreprises les plus puissantes de la planète. **S. P.**

Tout compte fait

Dans chacune des trois lignes, placez les nombres 2 3 5 6 7 de façon à obtenir, en réalisant quatre opérations successives, le total indiqué.

	-		:		+		x		=	42
	+		:		-		x		=	18
	+		-		x		:		=	7

SOLUTION : 7 - 3 : 2 + 5 x 6 = 42 / 5 + 7 : 2 - 3 x 6 = 18 / 2 + 6 - 5 x 7 : 3 = 7

Sainte Sandrine

samedi 2 avril

« Vous ne pouvez pas attendre
de la vie d'avoir un sens,
vous devez lui en donner un. »
Romain Gary

Sudokus

	3	5	7		8		2	
9						7	3	
6		7	4	9			8	
8		3	1			2		
2			5		4			8
		4			6	3		7
	8			2	5	4		6
	4	2						3
	9		3		1	8	5	

		8		7	6			4
7		4				2	9	
	5				2	6	8	
	7	3	2	5				9
6	2				3	4		5
	8	5	1	6				2
	9				8	3	7	
3		6				9	4	
		7		9	1			6

		8	5	2	3			
			8			5		1
3	5							8
					9	1	5	
	9	4						
					2	4	9	
1	7							4
			9			2		3
		6	4	7	8			

	1	3	9		4	2	7	
				6				
		2				6		
5	2		3		6		8	1
8			5		1			3
9								6
	7			8			6	
			7	4	9			
	9						3	

Solution au lundi 4 avril

à faire

Le saviez-vous

Il est impoli de dire « bon appétit ». Dans les milieux très chics, cette formule de politesse a toujours le don de faire avaler de travers. Et pour cause : lorsqu'elle est apparue au Moyen Âge, la formule ne faisait pas référence au goût mais aux fonctions digestives... Peu charmante, cette proposition fit tiquer les nobles anglais invités aux franchouillards banquets. Eux qui ne pipaient mot avant de se sustenter et entendaient de surcroît la formule « bon courage pour le repas à suivre », en avaient l'appétit coupé ! Résultat : les seigneurs français décrétèrent le « bon appétit » impoli, le laissant aux classes populaires. Du moins jusqu'au XIXe siècle, où l'expression formée du mot *appetitus* (instinct, désir, en latin) prit officiellement le sens d'inviter au plaisir de manger... Cependant, pour certains puristes, la formule ne passe toujours pas. M. G.

SOLUTION DU MERCREDI 30

■	O	■	P	■	S	■
L	U	N	E	C	I	E
■	T	A	R	A	I	T
Z	I	■	I	R	M	A
■	L	A	■	I	U	T
B	L	U	M	■	L	■
■	A	■	A	B	A	T
E	G	O	■	A	N	E
■	E	R	M	I	T	E

■	S	■	S	■	K	■
G	A	T	E	U	3	L
■	L	A	R	B	I	N
N	A	R	R	A	■	T
■	M	I	O	C	H	E
H	A	■	N	■	E	N
■	L	E	S	A	N	T
P	E	U	■	N	N	E
■	C	E	P	E	E	S

dimanche 3 avril

Saint Richard

« Ce sont les questions qui sont le sel de la vie. Les réponses, il faut s'en garder : elles peuvent tuer. »
Benoîte Groult

à faire

EN CHANSON

2009 Benjamin Biolay « Ton héritage »

© Eric CATARINA/GAMMA

C'est à son père clarinettiste que le jeune Benjamin Biolay doit de rencontrer la musique dès son plus jeune âge. Il apprend le violon et le tuba, puis entre au conservatoire de Lyon où il décrochera 2 premiers prix. Trombone, guitare, piano… aucun instrument ne lui résiste ! Mais Benjamin n'est pas la première célébrité de sa famille : son arrière-grand-père était Joseph Opinel, le fondateur de la célèbre marque de couteaux.

Si Benjamin Biolay enregistre son premier titre en 1996, c'est 4 ans plus tard qu'il est remarqué, grâce à Henri Salvador et son album *Chambre avec vue*, dont il a notamment signé « Jardin d'hiver ». En tant qu'interprète, malgré de belles critiques, Biolay voit son travail boudé par le public. Il se retrouve même sans maison de disques ! Loin de se décourager, il finance lui-même un nouvel album et c'est dans ce contexte que naît « Ton héritage », une chanson qui va changer sa vie…

Ce soir-là, après avoir parlé au téléphone avec Anna, la fille qu'il a eue avec Chiara Mastroianni, lui vient un texte d'une infinie tendresse, l'ode d'un père à sa fille. Il l'habille d'une mélodie dans la tradition de la grande chanson française. Une pièce finalement trop classique à son goût, qu'il décide de ne pas faire figurer dans son album. Son équipe n'est pas d'accord, tous l'adorent et l'imposent. Ce cinquième disque baptisé *La Superbe* sera celui du succès et Benjamin Biolay lui devra 2 Victoires de la musique. **P. Da.**

« Si tu aimes les soirs de pluie / Mon enfant, mon enfant / Les ruelles de l'Italie / Et les pas des passants / L'éternelle litanie / Des feuilles mortes dans le vent / Qui poussent un dernier cri / Crie, mon enfant »

Auteur, compositeur et interprète : Benjamin Biolay. Label Naïve, 2009.

C'EST ARRIVÉ LE…

3 AVRIL 2007

Le TGV bat un record du monde de vitesse sur rails en atteignant 574,8 km/h sur la future ligne à grande vitesse de l'Est de la France. Le train, depuis Prény (Meurthe-et-Moselle), a parcouru 150 km en 30 minutes. **S. P.**

Saint Isidore

« L'effort qu'on fait pour être heureux n'est jamais perdu. »
Alain

à faire

EN FORME

L'œuf

Ses protéines ont une composition en acides aminés indispensables idéale pour le renouvellement des cellules musculaires. Il est riche en vitamines A, D et du groupe B. En cas d'hypercholestérolémie, limitez-vous à 2 ou 3 par semaine. Sinon, il est possible d'en manger 1 par jour. Il est plus digeste cuisiné avec peu de matière grasse : mollet, à la coque ou en omelette avec un filet d'huile. Lorsque sa consommation doit être modérée, n'oubliez pas qu'il se cache dans la plupart des desserts : flans, crêpes, chouquettes... **Les œufs crus ou peu cuits** (mayonnaise ou mousse au chocolat maison, œuf à la coque...) peuvent véhiculer des microbes dangereux tels que la salmonelle ou la listeria. Leur consommation est déconseillée lorsque les défenses immunitaires sont affaiblies. **F. D.**

SOLUTION DU SAMEDI 2

4	3	5	7	1	8	6	2	9
9	1	8	6	5	2	7	3	4
6	2	7	4	9	3	5	8	1
8	6	3	1	7	9	2	4	5
2	7	9	5	3	4	1	6	8
1	5	4	2	8	6	3	9	7
3	8	1	9	2	5	4	7	6
5	4	2	8	6	7	9	1	3
7	9	6	3	4	1	0	5	2

2	3	8	9	7	6	1	5	4
7	6	4	8	1	5	2	9	3
9	5	1	4	3	2	6	8	7
1	7	3	2	5	4	8	6	9
6	2	9	7	8	3	4	1	5
4	8	5	1	6	9	7	3	2
5	9	2	6	4	8	3	7	1
3	1	6	5	2	7	9	4	8
8	4	7	3	9	1	5	2	6

0	1	0	5	2	3	7	4	9
9	4	2	8	6	7	5	3	1
3	5	7	1	9	4	6	2	8
8	2	3	7	4	9	1	5	6
7	9	4	6	5	1	3	8	2
5	6	1	3	8	2	4	9	7
1	7	9	2	3	5	8	6	4
4	8	5	9	1	6	2	7	3
2	3	6	4	7	8	9	1	5

6	1	3	9	5	4	2	7	8
7	8	9	1	6	2	3	4	5
4	5	2	8	3	7	6	1	9
5	2	7	3	9	6	4	8	1
8	4	6	5	2	1	7	9	3
9	3	1	4	7	8	5	2	6
1	7	5	2	8	3	9	6	4
3	6	8	7	4	9	1	5	2
2	9	4	6	1	5	8	3	7

mardi 5 avril

Sainte Irène

« La vraie politesse n'est que la confiance et l'espérance dans les hommes. »
Henry David Thoreau

à faire

A TABLE

Maquereaux farcis

Pour 4 personnes • 1 citron bio • 1 c. à soupe d'amandes entières • 1 gousse d'ail • 1 c. à soupe de basilic (haché et déshydraté) • 1 bouquet de thym • 12 cl d'huile d'olive + 2 c. à soupe • 1 petit oignon doux des Cévennes • 10 cl de vermouth (vin aromatisé, facultatif) • 4 maquereaux vidés (par votre poissonnier) • 1 c. à soupe de baies roses • Sel • Poivre du moulin • Ficelle de cuisine.

1. Préchauffez le four à 180 °C (th. 6).

2. Râpez la moitié du zeste de citron. Concassez grossièrement les amandes. Pelez et écrasez l'ail au presse-ail. Ajoutez le basilic et les ⅔ du thym. Mélangez le tout avec assez d'huile d'olive pour obtenir une sorte de pâte.

3. Pelez, ciselez l'oignon et faites-le suer 3-4 min dans une poêle avec 2 cuillères à soupe d'huile d'olive. Assaisonnez. Déglacez avec le vermouth, faites réduire. Mélangez avec la préparation précédente.

© Ploton/Photocuisine/sucré-salé

4. Farcissez les maquereaux et ficelez-les en y intercalant des rondelles de citron.

5. Placez les maquereaux dans un plat à four, arrosez-les d'un filet d'huile d'olive, parsemez-les de baies roses, assaisonnez. Dispersez le reste de thym dessus, puis enfournez 20 min. Dégustez le plat bien chaud. **M.-A. D.**

Info + À savourer aussi avec des filets de truite ou de dorade.

Super croisés

	A	B	C	D	E	F	G	H	I	J	K	L
1												
2						■						
3				■							■	
4			■					■				
5									■			
6							■					
7										■		
8						■						

Horizontalement

1. Rapproche les points de vue. **2.** Il en est une dont on a plein le dos. Ancienne contrée d'Asie Mineure. **3.** Faisait bouillir les soupes au lait. Base aérienne. **4.** Théâtre d'Asie. Petit home, en Belgique. La vahiné y est à demeure. **5.** Apportent un soutien aux mineurs. Qui ne laisse pas de place au doute. **6.** De telles cures devraient porter leurs fruits. Il faut avoir du flair pour la détecter. **7.** Qui pourra donc être enlevé. À déclarer. **8.** Écarte le champ d'opération. Reste sans valeur.

Verticalement

A. Elle est à envisager quand on se fait des cheveux blancs. **B.** Ressentir. **C.** Le mauvais fond. Mon oncle Jacques. **D.** Fait de. Il a des allures de minet. **E.** Empêche le cheval de voir ce qui se passe à côté. **F.** Elle a le rythme afro-cubain. **G.** Ne conserve donc pas. On s'y exprime en faisant des bulles. **H.** Futur gradé. La bonne meunière. **I.** Prise sportive. Elle fait ses premiers pas dans le monde. **J.** Bonne à prendre, mais pas à recevoir. **K.** Le même en bref. Plus tout seul. **L.** Donnent le jour.

Solution au vendredi 8 avril

Saint Marcelin

« Vivre est une chanson
dont mourir est le refrain. »
Victor Hugo

© korkeng/stock.adobe.com

AU JARDIN

Tailler un figuier

Le figuier se passe volontiers de toute intervention de taille. Livré à lui-même, il adoptera un port buissonnant. Mais à partir d'un jeune plant, vous pourrez former un arbre sur tige très apprécié pour son ombrage. Vous devrez alors supprimer tous les rejets qui partent du pied pour ne garder qu'un tronc. Ensuite, prenez soin d'éclaircir l'intérieur de l'arbre pour que le soleil pénètre partout.

Chez les variétés qui ne donnent que des figues d'automne, la taille peut s'opérer sur tous les rameaux. Quant à celles qui donnent aussi des figues-fleurs, vous conserverez intacts quelques rameaux de l'année précédente. Attendez toujours le début de la montée de sève au printemps pour intervenir. La cicatrisation des plaies n'en sera que meilleure. Coupez systématiquement au-dessus d'un bourgeon. **P.-Y. N.**

à faire

Sudokus

			2			7	8	
	3				1			
1			5					
4				8			2	9
	6	8				1	7	
2	9			6				3
					8			4
			7				5	
	1	3			9			

					3	8		5
			5		6		3	
	4	3						
3			4	7				
	5					2	4	1
8			6	1				
	8	2						
			7		8		5	
					4	1		7

Solution au samedi 9 avril

C'EST ARRIVÉ LE...

6 AVRIL 1896

Les premiers Jeux olympiques de l'ère moderne s'ouvrent à Athènes, en Grèce. Organisés à l'initiative du baron Pierre de Coubertin, ils voient 14 nations s'affronter autour de ces disciplines : athlétisme, cyclisme, tir, tennis, escrime, gymnastique, lutte, haltérophilie et natation.

jeudi 7 avril

Saint Jean-Baptiste de la Salle

« L'homme vraiment libre ne veut que ce qu'il peut et fait ce qu'il lui plaît. »
Jean-Jacques Rousseau

à faire

© LANAK/stock.adobe.com

EN BEAUTÉ

Des parfums au naturel

Un parfum naturel doit être composé au minimum de 95 % de matières premières d'origine naturelle. Les phtalates, les fixateurs et les colorants de synthèse ne sont pas admis dans la formule. La tenue des parfums naturels est un peu moins bonne que celle des parfums classiques, notamment parce que les ingrédients de la formule assurant la fixation des essences ne sont pas des produits de synthèse.
Dépourvus de substances chimiques, ils n'agressent pas la peau. Ces notes parfumées peuvent aussi nous faire du bien en jouant un rôle sur nos émotions, grâce à la présence d'huiles essentielles ou de fleurs de Bach spécifiques. Ces parfums sont également bons pour la planète car ils n'utilisent que des matières premières obtenues selon des procédés non polluants.
Comment les choisir ? Tout d'abord, cherchez le label (Cosmos Organic, Cosmébio, Ecocert) ! C'est l'assurance que le parfum répond à des normes saines. Ensuite, fiez-vous à votre ressenti car son odeur doit vous interpeller. Vaporisez-en un peu sur votre poignet et laissez évoluer le parfum 1 journée entière, afin que ses différentes notes de tête, de cœur et de fond s'exhalent parfaitement. **E. L.**

La bonne place

Observez cet étal de marché pendant 30 secondes, puis cachez-le.

Inscrivez au bon endroit le numéro de chaque fruit ou légume enlevé de l'étal précédent.

« Je peindrai des êtres qui respirent, sentent, souffrent et aiment. »
Edvard Munch

Mots codés

Dans la grille ci-dessous, les lettres ont été remplacées par des nombres, un même nombre représentant toujours la même lettre. Pour commencer le jeu, utilisez les lettres du mot dont le code est déjà indiqué. Les cases ci-dessous servent d'aide-mémoire ; vous pouvez y inscrire les lettres au fur et à mesure que vous les trouvez.

1 P	2 I	3 Q	4 U	5 A	6 N	7 T	8	9	10	11	12	13
14	15	16	17	18	19	20	21	22	23	24	25	26

1 P	2 I	3 Q	4 U	5 A	6 N	7 T	■	8	14	1	13	4	6	7	8	13
13	■	4	■	9	■	8	■	10	■	5	■	15	■	13	■	8
8	7	2	3	4	8	7	7	8	■	12	9	4	1	5	10	5
21	■	6	■	7	■	8	■	1	■	8	■	13	■	16	■	20
4	7	2	10	2	7	8	■	11	5	13	17	2	14	8	6	7
17	■	6	■	8	■	■	■	5	■	■	■	8	■	15	■	2
2	10	8	9	6	■	18	5	6	5	18	■	13	8	7	2	19
20	■	■	■	6	■	12	■	7	■	13	■	■	■	2	■	■
8	22	1	13	8	15	15	9	■	1	2	24	24	8	13	2	5
■	■	5	■	■	■	7	■	21	■	10	■	2	■	■	■	6
15	4	20	13	8	■	8	14	5	2	10	■	23	4	8	4	22
25	■	18	■	16	■	■	■	20	■	■	■	24	■	15	■	2
8	7	5	2	8	14	8	6	7	■	26	13	5	15	8	13	9
5	■	23	■	6	■	1	■	5	■	8	■	23	■	13	■	23
7	25	2	15	7	8	13	■	6	5	13	3	4	9	2	15	8
8	■	6	■	8	■	2	■	20	■	23	■	8	■	6	■	6
13	2	23	9	13	2	15	7	8	■	8	26	13	2	8	7	8

Solution au dimanche 10 avril

à faire

Vite, une astuce !

Cette recette simplissime de poudre pour lave-vaisselle vous évitera le coût des produits industriels aux composants souvent peu écologiques. Prenez 450 g de bicarbonate de soude, 450 g de cristaux de soude, 20 à 25 gouttes d'huile essentielle de citron (ou, selon votre préférence, de lavande ou de pamplemousse). Dans un récipient hermétique, mélangez bien les ingrédients. Utilisez de 2 à 3 cuillères à soupe de poudre dans le bac à détergent du lave-vaisselle, selon la charge et la saleté de son contenu.

SOLUTION DU MARDI 5

T	E	L	E	O	B	J	E	C	T	I	F
E	P	I	N	E	■	E	O	L	I	D	E
I	R	E	■	I	S	T	R	E	S	■	N
N	O	■	F	L	A	T	■	F	A	R	E
T	U	T	E	L	L	E	S	■	N	E	T
U	V	A	L	E	S	■	O	D	E	U	R
R	E	T	I	R	A	B	L	E	■	N	E
E	R	I	N	E	■	D	E	B	R	I	S

samedi 9 avril

Début des vacances de la zone B

Saint Gautier

« Aussi longtemps qu'on s'entend, qu'on partage, on vit ensemble. »
Simone Veil

à faire

Mini-fléchés

RAME LÉGÈRE
COMME UN ŒUF
DEVENUE INSENSIBLE
LOPIN
PÉNÈTRE DANS LA PIÈCE
ÉTAT DE SHAH
PORT BRETON
LA NOUVELLE DÉBUTE EN HIVER
FIN DE VERBE DU PREMIER GROUPE

BOX EN ÉCURIE
LIVRE DE CARTES
ENFANT FAMILIER
ATTACHÉES
SOUS LES PONTS DE PARIS
BASE DE DÉPART
A PÂLI
FILM DE LUC BESSON
GROGNE

TROU EN FACE
AUTREFOIS
SARCLERA
CHASSE DU POSTE
ESCLAVES DE LA TERRE
BARJAVEL OU MAGRITTE
CHÉRIR
ÉNERGIE PHYSIQUE
CÉLÉBRAS

DONT ON A LE PRIX
COMBAT TRUQUÉ
BRUNISSANT
IL CORSE LE VIN
GRILLE D'UNE FORTERESSE
PAS COURANT
CIRCULE À ALGER
TÉNUS
PASSAGE ÉTROIT

Solution au lundi 11 avril

NOS EXPRESSIONS

DRESSER LA TABLE OU METTRE LE COUVERT ?

Dresser la table signifiait réellement l'ériger : sortir les tréteaux et y poser des planches pour accueillir les nombreux invités des banquets seigneuriaux, avant de tout remballer. Mettre à couvert consistait à couvrir les aliments d'une cloche avant de servir. Les cuisines étant très éloignées, il fallait éviter que les plats ne refroidissent et qu'une main malintentionnée n'y verse du poison. Le terme couvert s'est ensuite étendu à tous les ustensiles. C'est pourquoi, aujourd'hui, on met le couvert. M. Q.

SOLUTION DU MERCREDI 6

6	5	4	2	9	3	7	8	1
7	3	2	8	4	1	5	9	6
1	8	9	5	7	6	4	3	2
4	7	1	3	8	5	6	2	9
3	6	8	9	2	4	1	7	5
2	9	5	1	6	7	8	4	3
5	2	7	6	3	8	9	1	4
9	4	6	7	1	2	3	5	8
8	1	3	4	5	9	2	6	7

2	7	6	9	4	3	8	1	5
1	9	8	5	2	6	7	3	4
5	4	3	1	8	7	6	2	9
3	1	9	4	7	2	5	6	8
6	5	7	8	3	9	2	4	1
8	2	4	6	1	5	9	7	3
7	8	2	3	5	1	4	9	6
4	6	1	7	9	8	3	5	2
9	3	5	2	6	4	1	8	7

Saint Fulbert

dimanche 10 avril

« Aimer, c'est n'avoir plus droit au soleil de tout le monde. On a le sien. »
Marcel Jouhandeau

© TT-CRTNA-Place de l'Hôtel de Ville

BALADE EN FRANCE

Poitiers, la belle Aquitaine

Fière de son passé, Poitiers a maintes histoires à raconter. Si la ville est aujourd'hui connue pour son Futuroscope, elle a longtemps été, comme capitale de l'Aquitaine, l'une des plus grandes villes de l'Hexagone. En 1569, l'amiral de Coligny, à la tête d'une coalition protestante, veut la conquérir, l'assiégeant et la bombardant. Par chance, l'un de ses boulets s'est figé sur la cathédrale, à quelques centimètres du vitrail du chœur dont un médaillon représente Henri Plantagenêt et Aliénor d'Aquitaine, portrait précieux car il est le seul réalisé du vivant de la reine. Si la cathédrale, construite dans le style gothique Plantagenêt, s'avère sobre, elle abrite de remarquables fragments des peintures qui l'ornaient au XIIIe siècle.
L'âge d'or de la ville s'est achevé après la disparition d'Aliénor et le rattachement de l'Aquitaine à la France. La cité n'en demeure pas moins une grande ville étudiante, comme à l'époque où Rabelais, du Bellay, Ronsard et Descartes y arpentaient la rue des Grandes-Écoles. Aujourd'hui encore, 21 % de sa population est étudiante et 1 habitant sur 3 a moins de 30 ans, à l'image de sa nouvelle maire écologiste. Cette atmosphère dynamique est palpable autour de la belle façade romane de Notre-Dame-la-Grande. Envahie par les terrasses de cafés, sa place s'anime le matin grâce à ses halles.
Enfin, voici le palais des ducs d'Aquitaine. Lieu de pouvoir, il accueille le palais de justice jusqu'en 2019 avant d'être rendu aux habitants. En contrebas de la tour Maubergeon, des pierres romaines ont servi à édifier la muraille qui protégeait ce vaste palais où Aliénor tenait sa cour. Au Moyen Âge, la gigantesque salle des plaids, appelée plus tard salle des pas-perdus, a vu défiler les théologiens qui ont interrogé Jeanne d'Arc avant qu'elle ne rencontre le roi, et a abrité les conciliabules entre le pape Clément V et Philippe le Bel pour régler le sort des Templiers. Alors pourquoi ne pas profiter de son accès libre pour s'asseoir à l'une des tables et admirer ce lieu chargé d'histoire… **J.-P. R.**

à faire

SOLUTION DU VENDREDI 8

1	2	3	4	5	6	7	8	9	10	11	12	13
P	I	Q	U	A	N	T	E	O	L	H	Y	R
14	**15**	**16**	**17**	**18**	**19**	**20**	**21**	**22**	**23**	**24**	**25**	**26**
M	S	V	D	K	F	C	J	X	G	Z	W	B

lundi 11 avril

Saint Stanislas

« Avril à tes ruisseaux,
rend le cours de leurs eaux. »
Dicton français

à faire

Dessiner de mémoire

Les feuilles

Observez ces quatre feuilles pendant 30 secondes, puis cachez-les.

Redessinez les feuilles dans le bon ordre.

Figures manquantes

Observez cette chaîne pendant 30 secondes, puis cachez-la.

Reproduisez de mémoire les trois formes manquantes dans la chaîne ci-dessous.

SOLUTION DU SAMEDI 9

■	A	■	B	■
O	V	A	L	E
■	I	R	A	N
B	R	E	S	T
■	O	■	E	R
A	N	N	E	E

■	S	■	M	■
A	T	L	A	S
■	A	I	R	E
B	L	E	M	I
■	L	E	O	N
P	E	S	T	E

■	N	■	B	■
J	A	D	I	S
■	R	E	N	E
A	I	M	E	R
■	N	E	R	F
F	E	T	A	S

■	T	■	O	■
C	A	T	C	H
■	R	A	R	E
D	I	N	A	R
■	F	I	N	S
F	E	N	T	E

QUELLE HISTOIRE !

À bicyclette !

Dans les années 1960, un publicitaire propose au parolier Pierre Barouh d'écrire un texte pour faire la promotion d'une bicyclette. Ce dernier refuse, mais un petit vélo se met en marche dans sa tête et la chanson se compose toute seule : des garçons pédalent avec l'infatigable fille du facteur. Tous sont amoureux d'elle. En mai 1966, il fredonne « La bicyclette » à Yves Montand, qui l'adopte aussitôt, à un détail près : le chanteur ne veut pas raconter les retrouvailles avec Paulette 30 ans après, mais le déroulement d'une journée avec le regret, chaque soir, de ne pas avoir pris « furtivement sa main » : « On se disait c'est pour demain / J'oserai, j'oserai demain / Quand on ira sur les chemins / À bicyclette. » **C. R.-N.**

Saint Jules

« Plus j'y pense, plus je réalise qu'il n'y a pas de réponse. La vie doit être vécue. »
Marilyn Monroe

AU JARDIN

La clématite, reine des acrobates

Tout naturellement, la clématite nous vient à l'esprit quand il s'agit de fleurir un treillage. Mais les plus exubérantes, à l'instar des *montana* et des *armandii*, sont de véritables lianes qui peuvent courir sur plus de 6 m. Cette plante grimpante est idéale pour habiller une clôture, une palissade, un mur ou même une pergola sans jamais causer de dégâts par étranglement, contrairement à la glycine. Vous pourrez l'associer à un jasmin étoilé, une passiflore ou un chèvrefeuille.

Une clématite se met en terre, de préférence au printemps ou à l'automne, les pieds à l'ombre et la tête au soleil. Creusez un trou de 50 cm de profondeur pour 30 cm de côté. N'hésitez pas à mélanger à la terre d'origine du terreau enrichi en engrais. Retirez les tuteurs et couchez de biais la motte humide en enterrant sa base sous 8 cm de terre.

© Johannes Burchardt/stock.adobe.com

Arrosez copieusement, puis paillez avec des feuilles mortes. Enfin, placez une tuile autour du pied ou repiquez un géranium vivace qui fera office de pare-soleil. **P.-Y. N.**

à faire

Mots à mot

En regroupant et en mélangeant les lettres des deux mots de trois lettres proposés, composez un troisième mot de six lettres.

D E S + B A I = A _ _ _ _ _

D E A + C A F = _ _ _ A _ _

F A R + B O N = _ _ _ _ A _

SOLUTION : Abside - Façade - Forban.

Clin d'œil

Zoé, six ans, s'écrie : « Mamie, Mamie, regarde l'oiseau, il a mis son gilet jaune ! »

mercredi 13 avril

Sainte Ida

« Lorsque le rideau se lève, la seule chose qui parle est le courage. »
Maria Callas

à faire

AU MARCHE

L'asperge

© Dionisvera/stock.adobe.com

Dès le mois d'avril, l'asperge pointe le bout de sa tige dans les marchés. Blanche, verte ou violette, profitez de toutes ses variétés. Savoureuse et peu calorique, c'est une excellente source de folate (vitamine B9). Elle contient aussi des vitamines K, A, C et E, du potassium, des antioxydants et des petites fibres (prébiotiques) qui renforcent le microbiote naturel. Elle favorise le drainage et l'élimination rénale. Contrairement à la croyance populaire, les asperges fines sont moins tendres que les grosses, du fait qu'elles sont proportionnellement plus riches en fibres ligneuses. Choisissez celles dont les pointes sont bien fermées et compactes. Dégustez-les simplement avec une mousseline à base de beurre et de citron. Conservez-les enveloppées dans un linge, 3 jours au réfrigérateur. **M.-A. D.**

Info + Cuisez-les à la vapeur, cela permet de préserver les vitamines.

Petits fléchés

Grille 1 :
- AU TIMBRE UNIQUE
- POMMES JAUNES
- CHÉRIT
- MONNAIE ROUMAINE
- ENCORE INTACTE
- POSANT LE PROBLÈME
- ARRIVÉ AUX OREILLES
- NIAIS
- IL TIENT LA VIS
- SE CROISENT EN ESCRIME
- COMME UN PIED DÉFORMÉ
- PILIER
- PRONOM PERSONNEL
- POINTE DE TERRE
- SOCLE DE GOLF
- ÉPUISÉ
- TRAVAUX DIRIGÉS
- PRINCE TROYEN, HÉROS DE VIRGILE
- RACCOURCIS PAR L'ÉLAGUEUR

Grille 2 :
- SPÉCIALITÉ DU DIÉTÉTICIEN
- BIEN QUE
- ILS ALTÈRENT LES NOTES
- VERBAL
- PEAU DE BÊTE
- MOMENTS DE DONS
- L'ORFÈVRE DU BON ROI DAGOBERT
- APPAREIL DE LEVAGE
- FEU DE TERRASSE
- PETITE TERRE AUX ANTILLES
- PLUS
- PARTIE DU SQUELETTE HUMAIN
- TEL L'ŒIL SANS PITIÉ
- CITÉ DES DIOIS
- LANCEMENT PARFOIS BRUYANT
- AUSSI, ABRÉGÉ
- ESPACE AMÉNAGÉ
- INEPTE
- NICKEL
- SYMBOLE CHIMIQUE DU TITANE
- TOMBER PAR UN TEMPS D'HIVER

Solution au samedi 16 avril

« Si l'herbe est plus verte dans le jardin de ton voisin, laisse-le s'emmerder à la tondre. »
Fred Allen

à faire

Méli-mélo

Histoire de la médecine

Nous avons mélangé entre elles les lettres de noms d'inventions ou d'inventeurs ayant joué un rôle dans la médecine. Trouvez-les et placez-les au-dessus de la définition qui convient.

Lettres à replacer :

EPENILLIINC
AAAADRIIRHCTSNNRB
EARMBAPREOSI
ANNOITAVCIC
EEEAADNRLSV
EHTIAPCROP

N° 1 ....
Né en 460 et mort vers 377 av. J.-C., ce médecin grec du siècle de Périclès fut aussi philosophe. Il est considéré traditionnellement comme le « père de la médecine ». Les règles éthiques des médecins reposent sur son *Serment*.

N° 2 ....
On peut considérer ce Flamand, né à Bruxelles en 1514, qui étudia la médecine à Louvain et surtout à Montpellier, comme le fondateur de l'étude de l'anatomie du corps humain. Il fut médecin de Charles Quint (prénom et nom).

N° 3 ....
Ce chirurgien français (1509-1590) fut le médecin de quatre rois de France. Il mit au point la ligature des artères, remplaçant la cautérisation, lors d'une amputation. Auteur de plusieurs traités, il est considéré comme le père de la chirurgie moderne (prénom et nom).

N° 4 ....
Edward Jenner, médecin anglais du XVIIIe siècle, découvre, après plusieurs années d'observation, le moyen d'immuniser l'homme contre la variole par inoculation du *cow-pox*. Le procédé mis au point ouvre la voie de la prévention des maladies.

N° 5 ....
Alexander Fleming reçoit le prix Nobel de médecine en 1945 pour cette découverte. De façon un peu fortuite, en 1928, il constate, après un temps d'absence de son laboratoire, que des moisissures ont fait disparaître des bactéries…

N° 6 ....
Ce chirurgien sud-africain devint célèbre pour avoir réussi la première transplantation cardiaque en 1967, opération suivie d'une médiatisation importante, mais aussi de recherches et de réussites dans beaucoup de pays (prénom et nom).

Solution au dimanche 17 avril

QUELLE HISTOIRE !

René Laennec est né en 1791 à Quimper. Nommé médecin chef de l'hôpital Necker, à Paris, il invente le pectoriloque, qu'il appelle ensuite stéthoscope. Selon la légende, il l'aurait conçu pour éviter d'avoir à poser son oreille sur le corps des femmes.

J.-P. R.

SUR INTERNET

Molotov : la télé et la VOD sans box

Le site Molotov diffuse plus de 30 000 contenus renouvelés quotidiennement, issus de plus de 170 éditeurs et chaînes. Il permet de regarder gratuitement 34 chaînes, dont celles de la TNT, en direct ou en replay, de vous abonner à 96 chaînes et bouquets supplémentaires ou de visionner des vidéos à la demande.

Les tarifs De 3,99 € par mois pour 58 chaînes à 9,99 € par mois pour 96 chaînes, avec premier mois offert et sans engagement. **C. D.**

vendredi 15 avril

Vendredi saint

Saint Paterne

« Boire du café empêche de dormir. Par contre, dormir empêche de boire du café. »
Philippe Geluck

à faire

A TABLE

Oignons farcis au quinoa

Pour 4 personnes • 8 oignons doux • 20 g de beurre • 1 branche de romarin • Sel • Poivre du moulin • 10 cl de vin blanc sec • 100 g de quinoa blond • 20 g de quinoa rouge • 1 à 2 c. à café de persil • 3 c. à soupe d'huile d'olive.

1. Pelez et coupez les oignons à ras du pédoncule. De l'autre côté, coupez-les pour former un chapeau. Évidez l'intérieur en laissant 2-3 couches en bas.

2. Hachez les cœurs finement, faites-les suer dans une poêle avec 10 g de beurre et le romarin haché. Assaisonnez. Déglacez avec le vin blanc et faites-les fondre pendant 10 min à feu doux.

3. Faites cuire les 2 variétés de quinoa en les plongeant 11 min dans une casserole d'eau bouillante salée. Égouttez-les puis mélangez-les avec la fondue d'oignons en ajoutant le reste de beurre et le persil. Poivrez ensuite.

© Hussenot/Photocuisine/sucré-salé

4. Préchauffez le four à 180 °C (th. 6). Farcissez les oignons de la préparation, arrosez-les d'huile d'olive, puis enfournez 30 min. M.-A. D.

Info + Cette recette est délicieuse avec une farce réalisée à base de champignons.

EN FORME

Ma libido est en berne

La solution homéo Si le manque de désir est en rapport avec une fatigue physique ou un surmenage, prenez Kalium phosphoricum 9 CH : 5 granules le soir au coucher. S'il est lié à une fatigue psychique et des coups de blues, misez sur Sepia 15 CH : 5 granules 1 fois par jour.

L'option aroma Dans le creux de votre main, versez 1 goutte d'huile essentielle (HE) de fragonia + 1 d'HE d'ylang-ylang + 8 d'huile végétale d'amande douce. Chaque soir, faites-vous masser le bas du dos avec quelques gouttes de ce mélange. Par ailleurs, versez dans un diffuseur 2 gouttes d'HE de gingembre + 2 d'HE de santal + 2 d'HE d'ylang-ylang. À diffuser un quart d'heure le soir, avant d'aller au lit.

Le conseil gemmo Choisissez les bourgeons de framboisier et de pommier, cependant contre-indiqués en cas d'antécédents de cancers hormonaux. Prenez 5 gouttes de chaque le matin, en cure de 21 jours, tous les 3 mois.

Ça marche aussi Suivez une cure de gelée royale fraîche pendant 3 semaines. Même contre-indication que ci-dessus. C. A.

Le saviez-vous

Cet accessoire de cuisine que les cuisiniers appellent la salamandre n'a pas grand-chose à voir avec l'amphibien de nos campagnes. Il s'agit en réalité d'un appareil électrique ou à gaz, situé entre le petit four et le toaster, utilisé par les professionnels. La chaleur, diffusée en partie supérieure, permet de griller ou de gratiner un grand nombre de plats. P. Da.

samedi 16 avril

« Pourquoi essayer de faire semblant d'avoir l'air de travailler ? C'est de la fatigue inutile ! »
Pierre Dac

Mini-fléchés

JEÛNE
POTS AUX ROSES
CUPIDE
LE ROI DES FORÊTS
GRANDS RÉSERVOIRS
L'ÉPOUSE DU RAJAH
PAYS D'ASIE
ÎLE DE LA *VÉNUS*
GUIDES

BON THON
LIMITES
QUI A EU LIEU
COMPTE RENDU
FAIT PASSER LE CHALAND
ELLE COULE EN RUSSIE
PÉCHÉS
BÉQUILLES AU PORT
BORNÉE

VALUT LA PEINE
MORTEL
ONT LA TROUILLE
TERRAIN PENTU
ENCAQUÉE
ELLE A PRIS MARI EN SARI
PIÈGE
UNE PIÈCE POPULAIRE
CLAN

PREND DU VOLUME
PORT GREC (LE)
IRANIEN
JOUR QUI PASSE
L'HOMME DE L'HÔTEL DE VILLE
BOUT DE GRAS
CONFISQUÉ
MARQUE DE BOMBE
SYMBOLE DE BON CONDUCTEUR

Solution au lundi 18 avril

à faire

SOLUTION DU MERCREDI 13

■	M	■	A	■	I	■
G	O	L	D	E	N	S
■	N	E	U	N	E	U
D	O	U	L	O	N	■
■	C	■	A	N	T	E
B	O	T	■	C	A	P
■	R	E	T	A	M	E
T	D	■	E	N	E	E
■	E	T	E	T	E	S

■	N	■	D	■	C	■
Q	U	O	I	Q	U	E
■	T	R	E	U	I	L
B	R	A	S	E	R	O
■	I	L	E	T	■	I
E	T	■	S	E	C	■
■	I	D	■	S	O	T
C	O	I	N	■	T	I
■	N	E	I	G	E	R

QUELLE HISTOIRE !

L'idole de Balzac

C'est avec Guez de Balzac, en 1631, que le mot « idole » prend le sens d'une personne célèbre faisant l'objet d'un véritable culte. Auparavant, elle désigne une statue représentant une divinité suscitant l'adoration. Le mot est emprunté au grec *eidôlon*, signifiant spectre. **J.-P. R.**

dimanche 17 avril

Pâques

Saint Anicet

« Qu'est-ce qu'un adulte ?
Un enfant gonflé d'âge. »
Simone de Beauvoir

à faire

SOLUTION DU JEUDI 14

1. Hippocrate **2.** André Vésale **3.** Ambroise Paré **4.** Vaccination **5.** Pénicilline **6.** Christiaan Barnard

QUELLE HISTOIRE !

Des brosses à dents 100 % made in France

Il y a 100 ans, la Brosserie française, créée en 1845 à Beauvais, était la plus grande brosserie de France. Aujourd'hui, elle est la dernière et compte bien, grâce à sa production locale et responsable, se faire une place au milieu des multinationales qui dominent le marché. Pourtant, il n'y a pas si longtemps, l'horizon était bien sombre. En 2007, lorsqu'Olivier Remoissonnet arrive à la tête de la brosserie de Beauvais, l'entreprise n'est pas florissante. Pour enrayer cette chute, les dirigeants délocalisent leur production en Asie. « Mais devenir importateur ne s'improvise pas, souligne son directeur. Quand notre dossier a été accepté, il restait 24 salariés et quelques clients. »

Après un passage dans l'industrie automobile, Olivier Remoissonnet réussit à bâtir un nouveau modèle fondé sur l'écocitoyenneté et le made in France. Désormais, la transformation des plastiques se fait dans le Perche alors que l'empoilage, l'assemblage et le conditionnement se font sur le site historique de Beauvais. Huit ans plus tard, La Brosserie française a ainsi renoué avec la rentabilité, proposant des tarifs compétitifs et une démarche environnementale qui séduit les réseaux et consommateurs bio. Les manches sont fabriqués dans des plastiques recyclés à partir de résidus de lin, de liège ou de coquilles Saint-Jacques.

© DUPONT

Pour les emballages, le carton a remplacé le blister. « À la demande des clients, nous avons créé une boucle de recyclage qui leur permet de renvoyer leurs brosses usagées, sachant que ces déchets représentent 5 000 tonnes de plastique par an... », poursuit Olivier Remoissonnet.

Aujourd'hui, une trentaine de salariés produit chaque année plus de 8 millions d'unités. Ici, un bras vient chercher le manche. En 10 secondes, un robot y perce des centaines de trous. Puis le bras le reprend et le place devant un autre robot qui installe à toute vitesse mille lames et agrafes. Enfin, les poils sont tondus et arrondis. En 2016, la Brosserie française a relancé la production de brosses à cheveux. Tous les espoirs sont permis ! J.-P. R.

Lundi de Pâques

Saint Parfait

lundi 18 avril

« Notre vie est
ce qu'en font nos pensées. »
Marc Aurèle

EN BEAUTÉ

Je prends soin de mes lèvres

Je les gomme en douceur Réalisé 1 fois par semaine, ce geste débarrasse la peau des cellules mortes, embellit l'aspect des lèvres et favorise le passage des actifs des soins. Parce que l'épiderme y est particulièrement fin, optez pour des produits dédiés à cette zone fragile du visage. Pas d'exfoliant sous la main ? En système D, vous pouvez le réaliser maison en appliquant généreusement un baume sur vos lèvres avant de rajouter un peu de sucre fin. Faites de légers mouvements circulaires avant de rincer et d'appliquer de nouveau une fine couche de baume nourrissant. **Je fais un masque** Grâce à une composition riche en beurre de karité ou en huiles végétales nourrissantes, en acide hyaluronique hydratant ainsi qu'en extrait d'aloe vera ou de camomille apaisants, il permet tout à la fois d'adoucir et de repulper les lèvres et leur contour. Présenté sous forme de crème ou de patch, il s'applique le matin, avant le maquillage, pour adoucir les lèvres et faciliter la tenue du rouge à lèvres, ou le soir pour une réparation en profondeur. Également indispensable pour de jolies lèvres : un soin contour des lèvres. Liftant ou non, il protège et hydrate cette zone parfois sèche, qui marque avec le temps. **E. L**

EN FORME

Le cacao

Il regorge de polyphénols, de fer, de cuivre, de magnésium et de manganèse : 1 cuillère à soupe de 20 g contient jusqu'à 80 % de l'apport conseillé ! Le chocolat noir à plus de 70 % de cacao est le plus riche, le chocolat au lait en contient 2 fois moins. La poudre de cacao non sucrée permet de confectionner des chocolats chauds, des entremets à base de lait, des cakes ou gâteaux marbrés... Testez le chocolat cru, à base de fèves non torréfiées, qui contient davantage de polyphénols. Les chocolats équitables bénéficient d'un mode de production respectueux de l'environnement qui garantit des revenus fixes aux producteurs. **F. D.**

à faire

SOLUTION DU SAMEDI 16

	C		V	
V	A	S	E	S
	R	A	N	I
N	E	P	A	L
	M	I	L	O
R	E	N	E	S

	B		A	
B	O	R	D	S
	N	E	V	A
V	I	C	E	S
	T	I	N	S
T	E	T	U	E

	M		C	
L	E	T	A	L
	R	A	N	I
F	I	L	E	T
	T	U	N	E
C	A	S	T	E

	D		P	
P	I	R	E	E
	L	A	R	D
S	A	I	S	I
	T		A	L
C	E	R	N	E

mardi 19 avril

Sainte Emma

« Les raisons d'aimer et de vivre
varient comme font les saisons. »
Louis Aragon

à faire

AU JARDIN

Radis : les bons gestes

© ldprod/stock.adobe.com

Issus de la famille des brassicacées, les premiers radis se sèment traditionnellement avec les graines de laitue qui leur procurent un ombrage bénéfique. Ils peuvent se glisser entre les rangs de persil, de carottes, de pois, de tomates et de chicorée. Les radis d'hiver apprécieront de succéder à une culture d'épinard, d'ail ou d'échalote.

Soignez la culture Certes l'arrosage est indispensable après le semis, mais il faudra poursuivre par temps sec, surtout en été, sous peine de récolter des légumes très piquants. Binez toujours entre les rangs. Un anti-limaces sera le bienvenu contre les limaçons et les escargots. Contre le parasite de l'altise, rien ne vaut un filet anti-insectes qui recouvrira toute la culture.

Cueillez-les au fur et à mesure de leur grossissement, avant qu'ils n'éclatent ou ne se creusent. Entre le semis et la récolte, comptez entre 3 et 4 semaines pour les variétés de tous les mois, même avec le « radis de 18 jours ». Les radis d'été, plus lents, se récoltent après 2 mois. Il vous faudra patienter 3 mois jusqu'à fin octobre, pour vos radis d'hiver, même si vers la mi-septembre les plus impatients s'autorisent déjà à goûter les plus jeunes. P.-Y. N.

Super croisés

	A	B	C	D	E	F	G	H	I	J	K	L
1												
2										■		
3					■							
4			■								■	
5						■						
6					■							■
7				■					■			
8										■		

Horizontalement

1. Homme de poids. **2.** Susceptible de poser un problème. Se dit au Sud pour affirmer. **3.** Se faire entendre dans les bois. Un lieu de choix. **4.** Il a décidé de l'issue de la bataille. Conserver des produits de la terre. **5.** Séparée de la tête. Pas disposé à chipoter. **6.** Produis des perles. Donne plus que la part du gâteau. **7.** Est moins rouge qu'avant. Courte paille. Quelqu'un qui a été retenu. **8.** Attirées dans certaines voies. Préposition.

Verticalement

A. Obliger à de grosses dépenses. **B.** Moyen de faire son trou. **C.** Il gagna des batailles, mais perdit une guerre. Passent à table. **D.** Mises en balance. **E.** Un lien. Qu'on va pouvoir cajoler. Vieux dédain. **F.** Têtes couronnées. Déplace du monde. **G.** Mauvaise mère. **H.** Entrée de pièce. **I.** Fera l'appel. **J.** Qui est donc à dire. **K.** Élément d'un recueil. Tu. **L.** Non blanchie. Affaire de mœurs.

Solution au jeudi 21 avril

mercredi 20 avril

Sainte Odette

« Ne crois point que l'hiver soit passé sans retour, quand la lune d'avril n'a pas fini son tour. »
Dicton cévenol

A TABLE

Galettes de quinoa jambon chèvre frais

© Chavroux

Pour 4 personnes • 100 g de quinoa • 1 petite courgette • 1 petite carotte • 60 g de jambon Serrano • 3 œufs • 1 oignon coupé finement • 150 g de chèvre frais • 3 c. à soupe de coriandre ciselée • 2 pincées de curcuma • Sel • Poivre • 100 g de chapelure • Huile d'olive.

1. Faites cuire le quinoa selon les indications du paquet et égouttez-le bien. Lavez les légumes puis épluchez la carotte. Coupez les légumes en brunoise et détaillez le jambon en lanières.

2. Cassez les œufs dans un saladier et fouettez-les. Ajoutez un à un tous les ingrédients en battant à la fourchette. Terminez par la chapelure. Laissez reposer 15 min.

3. Façonnez de petites galettes entre vos mains. Faites-les cuire dans une poêle avec un peu d'huile d'olive, 7 min de chaque côté, jusqu'à ce qu'elles soient uniformément dorées.

Info + Servez avec une salade verte pour un repas complet et équilibré.

à faire

Blocs-notes

Choisissez trois blocs-notes pour avoir un total de trois carrés, trois cercles, trois étoiles, trois triangles, trois croix et trois losanges.

SOLUTION : C - D - E.

Clin d'œil

Alors que sa grand-mère demande quelque chose à sa maman pour soulager son mal de tête, Léna, quatre ans, dit : « Ben Mémé, t'as qu'à retirer ton chapeau, c'est lui qui te fait mal ! »

jeudi 21 avril

Saint Anselme

« Quand parler en mal tu voudras,
regarde-toi, tu te tairas. »
Proverbe français

à faire

Mots croisés

	A	B	C	D	E	F	G	H	I	J	K	L	M	N	O	P	Q	R	S	T	U
1											■				■					■	
2				■				■													
3									■				■				■				
4			■			■						■									■
5					■											■					
6		■					■				■				■					■	
7			■									■							■		
8	■							■								■					
9					■					■				■						■	
10			■						■									■			
11				■									■								■
12								■							■				■		
13							■				■					■					
14		■				■						■					■				
15							■				■					■					

Solution au dimanche 24 avril

Horizontalement

1. Ne manquent pas de jus. Gratin à l'anglaise. Île près de Venise. **2.** Maître du Tonnerre. Mal à Die... Proposerai un contrat de longue durée. **3.** Plante ornementale. Qu'il sied d'allonger. Il a tout pour guinder. Réseau numérique. **4.** Grimpe sur le *do*. Sièges. Maigret l'a souvent demandé. Corbeilles en osier. **5.** C'est grec, mais peu. Vieille bourse. Non reconnues. **6.** Cause de malaises à Java. Il est ferré, mais pas calé. Maréchal de France. Plus fréquents à Wimbledon qu'à Roland-Garros. **7.** Adjectif possessif. Rations. C'est tourner bien des choses, mais pas les pouces. Court à écrire, long à parcourir. **8.** Fait parfois le trottoir. Très attendus. Tranchée. **9.** Peut faire bleuir. Plus graves s'ils sont qualifiés. Plante à fleurs jaunes. Avec lui, on peut avoir des bêtes. **10.** Axe routier. Relative au raisin. Activité d'abbayes belges. Fatigué. **11.** Romancier italien. Exécutées avec brio. Faire venir du monde. **12.** Sont souvent au tableau dans les gares. Telles certaines croix. Primaire, elle traîna en longueur. Recto en abrégé. **13.** Pastel. Le dernier est branché. Pas en Italie. Ils sont plus attirants classés. **14.** Un peu bas sur le court. Usine. Peut être une utopie. *Ré*, mais pas If. **15.** Donne à entendre sur deux émetteurs. Brame. Joliment décoré. Canal d'eau salée.

Verticalement

A. Des petites oreilles... Annoncés. **B.** Son histoire ne finit pas comme un conte de fées. Peuvent être utiles si l'on veut voyager loin. **C.** Joli coco. Bien caché. Un cours que l'on peut sauter. Pierre semi-précieuse. **D.** S'applique à du déjà-vu. Enseigne à l'université. **E.** Partie du jambon. On retient facilement son numéro minéralogique. Ce n'est pas faux de la dire. **F.** Chevalier ou chevalière. Vacanciers. **G.** Dieu de la Végétation. Lieux enchanteurs d'Océanie. **H.** Pratique commerciale. Chef sudiste. Plus harmonieux à la bouche qu'au pied. **I.** De plus. Morigénés. Changeant. **J.** Abasourdies. Une eau bonne pour le service. **K.** Fort du Proche-Orient. Sortes de volutes. **L.** Cliché. Mot qui date. À pattes d'éléphant. **M.** Avant nous. Sincèrement regrettés. Unité monétaire. **N.** Empêche les membres de bouger. Tamiser. **O.** Char, par exemple. Religion. Dame du premier homme. **P.** Fis le rapprochement. Vaut la berge. Riche en carats. **Q.** Cité sur la Tille. Flatteurs excessifs. **R.** Popotins. Hâlé après une bonne exposition. **S.** Plus jolies ainsi. Se froisse vite en cas de heurt. Personnel. **T.** Facile. Astate au laboratoire. Qui n'est plus en état d'avancer. **U.** Fait répéter. Vache, fromage et commune. Avoir une bonne assurance tous risques.

SOLUTION DU MARDI 19

H	A	L	T	E	R	O	P	H	I	L	E
A	L	E	A	T	O	I	R	E	■	O	C
R	E	E	R	■	I	S	O	L	O	I	R
A	S	■	E	N	S	I	L	E	R	■	U
S	E	M	E	E	■	V	O	R	A	C	E
S	U	E	S	■	R	E	G	A	L	E	■
E	S	T	■	F	E	T	U	■	E	L	U
R	E	S	P	I	R	E	E	S	■	E	S

« Soit tôt ou tard, soit près ou loin, le riche du pauvre aura besoin. »
Proverbe français

EN FORME

Pharmacie verte pour la gorge

© goodluz/stock.adobe.com

Les gargarismes Ce classique de nos grands-mères est toujours efficace. Buvez ½ cuillère à café de gros sel dans un verre d'eau tiède, 3 à 5 fois par jour, contre la prolifération des microbes. Un jus de citron dans un verre d'eau tiède est aussi efficace grâce à ses vertus antiseptique et anti-inflammatoire.

En infusions Le thym est un excellent désinfectant et la sauge apaise l'inflammation. Chaque plante s'utilise seule ou en mélange. Comptez 1 cuillère à soupe de plantes pour 1 tasse d'eau bouillante. Couvrez et laissez infuser 15 min. Buvez 2 tasses par jour. La guimauve officinale, elle, soulage la douleur. Comptez 2 g de plante pour 20 cl d'eau.

L'aromathérapie Par voie orale, 3 fois par jour : 1 goutte d'huile essentielle (HE) de niaouli + 1 d'HE de citron dans 1 cuillère à café de miel. Ou 2 gouttes d'HE de tea tree dans 1 cuillère à café de miel, 3 fois par jour.

L'apithérapie Le miel apaise la douleur et désinfecte les muqueuses. 1 cuillère à café dans un peu de lait chaud apaise instantanément.

L'homéopathie Prenez 5 granules 3 fois par jour de Mercurius solubilis 9 CH face à une angine blanche ou une gorge rouge qui salive beaucoup. Optez pour Apis mellifica 5 CH, quand la douleur est soulagée par les boissons glacées, et pour Phytolacca 9 CH si la douleur remonte vers les oreilles. Les comprimés Homéogène 9 font partie des remèdes les plus fréquents. C. D.

à faire

Mots à mot

En regroupant et en mélangeant les lettres des deux mots de trois lettres proposés, composez un troisième mot de six lettres.

E R E + D C A = C _ _ _ _ _

E N A + C E S = _ _ _ N _ _

L U T + O S E = _ _ _ _ _ E

SOLUTION : Cadrée - Séance - Soulte.

C'EST ARRIVÉ LE…

22 AVRIL 1823

Le Londonien Robert John Tyers, vendeur de fruits à Piccadilly, met au point un patin doté de cinq roues en ligne, fait de bois et de métal. Son ambition : reproduire la sensation du patin à glace hors d'une patinoire. Il nomme son invention *Volito*, « Je voltige » en latin.

samedi 23 avril

Début des vacances de la zone C

Saint Georges

« L'incrédulité n'a jamais été une preuve d'intelligence. »
Frédéric Dard

à faire

Sudokus

7				3				4
2			7		4			6
		6		1		7		
		2				8		
			3	4	2			
		4		6		9		
			6		5			
	1	9				3	2	
	4						9	

9							4	7
	8				3		5	9
			5	9				
	7	4			8	6		
6			2		1	5		
	2	9			4	7		
			1	4				
	5				9		7	2
2							8	6

			3	8	1			
9								5
2								4
	6			4			2	
			9	1	6			
	9						5	
		3	5		7	6		
5		8				1		2

	8			1			4	
	3						2	
			4	7	3			
4								5
2	7						1	4
			6	5	4			
		8				3		
			1		9			
3		7		6		5		1

Solution au lundi 25 avril

Le saviez-vous

Pas de coudes sur la table : toujours d'actualité, cette règle de savoir-vivre a pris naissance au Moyen Âge. Lors des banquets, les convives étaient si serrés à table qu'il était inconcevable et très impoli d'y poser les coudes. La consigne avait aussi valeur d'assurance-vie : garder les mains en vue de part et d'autre de l'assiette empêchait d'extirper une dague cachée dans sa manche et d'éventrer son voisin de ripailles ! M. Q.

AU JARDIN

Du lierre protecteur

Ce dur à cuire colonise les massifs en rampant dans la pénombre. Fort de ses racines-crampons, il escalade les arbres en leur offrant plus de prise au vent, avec un risque de chutes. Et pourtant, il abrite une foule d'insectes utiles et assure le gîte et le couvert aux oiseaux qui raffolent de ses baies noires. Raison de plus pour le tolérer, tout en le contrôlant à coups de sécateur l'été ! Et il a bien d'autres vertus : en application cutanée, il favorise la cicatrisation des plaies. En phytothérapie, il est réputé pour dégager les voies respiratoires.

L'alternative Remplacez-le par un couvre-sol plus sage, comme le lamier rampant ou le pachysandre. P.-Y. N.

Saint Fidèle

dimanche 24 avril

« On prend parfois comme une mauvaise habitude d'être malheureux. »
George Eliot

© Delphimages/stock.adobe.com

BALADE EN FRANCE

Au cœur du pays d'Auge

À 20 minutes de la mer, Lisieux, qui fut jadis une cité fastueuse, est encore connue comme haut lieu de la foi catholique dans le monde entier. Deuxième ville française de pèlerinage après Lourdes, elle accueille chaque année des milliers de visiteurs désireux d'approcher la grâce de sainte Thérèse de l'Enfant-Jésus ou simplement de connaître son histoire, ainsi que celle de ses parents, Louis et Zélie Martin, canonisés eux aussi. Un riche patrimoine consacré à sainte Thérèse permet de marcher dans ses pas.

Cité de spiritualité, Lisieux est aussi une ville de culture. Il y a de la création ici, notamment la compagnie de théâtre Tanit, et L'Écloserie, un collectif d'artistes-plasticiens. Sans oublier la librairie Les Grands Chemins ! Faites un tour sur le marché traditionnel du samedi qui regroupe tous les petits producteurs de la région. Puis gagnez Ouilly-du-Houley pour y découvrir un univers unique alliant métal, toile de jute et plâtre dans l'atelier du sculpteur animalier Jean-Philippe Hausey-Leplat. Empruntez ensuite la route du Cidre, émaillée de petits villages tous plus ravissants les uns que les autres : La Roque-Baignard, Manerbe... Arrêtez-vous à Cambremer où se trouve le manoir de Grandouet, incontournable cidrerie qui recèle des tonneaux vieux de plusieurs siècles. Beuvron-en-Auge, l'un des plus beaux villages de France, semble, avec sa place entourée de maisons à colombages, sa halle et son église, ne pas avoir bougé depuis le Moyen Âge.

Dives-sur-Mer, magnifique cité médiévale, est liée à Guillaume le Conquérant. Allez faire un tour sur le marché situé sous la magnifique halle datant du XVe siècle. Quant à Houlgate, elle a su préserver tout son charme familial avec ses magnifiques maisons Belle Époque, son splendide casino qui abrite un cinéma d'art et d'essai, ses extraordinaires plages et son adorable marché où les commerçants sont chaleureux. Là-bas, vous pourrez découvrir un incroyable camping qui propose des hébergements insolites (roulottes, tipis...) et des emplacements en espalier, offrant chacun une vue imprenable sur la mer. S'y réveiller le matin est tout simplement une expérience extraordinaire ! **F. O.**

à faire

SOLUTION DU JEUDI 21

O	R	A	N	G	E	A	D	E	S	■	V	I	P	■	L	I	D	O	■	B
T	O	R	■	R	O	T	■	T	I	T	U	L	A	R	I	S	E	R	A	I
A	M	A	R	A	N	T	E	■	D	U	E	■	R	E	A	■	R	N	I	S
R	E	■	E	S	■	I	N	T	E	R	■	P	A	N	I	E	R	E	S	■
I	U	T	A	■	E	S	C	A	R	C	E	L	L	E	■	N	I	F	F	S
E	■	U	P	A	S	■	A	N	E	■	N	E	Y	■	A	C	E	S	■	A
S	A	■	P	I	T	A	N	C	E	S	■	U	S	I	N	E	R	■	A	L
■	G	R	A	N	I	T	■	E	S	P	E	R	E	S	■	N	E	T	T	E
P	E	U	R	■	V	O	L	S	■	I	V	E	■	L	A	S	S	O	■	R
R	N	■	U	V	A	L	E	■	B	R	A	S	S	A	G	E	■	L	A	S
E	C	O	■	E	N	L	E	V	E	E	S	■	A	M	E	U	T	E	R	■
D	E	P	A	R	T	S	■	A	N	S	E	E	S	■	E	R	E	■	R	O
I	S	A	T	I	S	■	C	R	I	■	S	U	S	E	■	S	I	T	E	S
T	■	L	E	T	■	B	O	I	T	E	■	R	E	V	E	■	N	O	T	E
S	T	E	R	E	O	■	R	E	E	■	D	O	R	E	■	E	T	I	E	R

lundi 25 avril

Rentrée de la zone B

Saint Marc

« Le raisin d'avril n'entre pas dans le baril. »
Dicton savoyard

à faire

La ronde des mots

Trouvez dix-neuf mots et notez chacun d'eux dans le sens des aiguilles d'une montre autour de la case de définition correspondante.
La première lettre de chaque mot est indiquée par le triangle noir.
Le premier mot est donné en exemple.

Solution au jeudi 28 avril

SOLUTION DU SAMEDI 23

7	8	1	9	3	6	2	5	4
2	9	3	7	5	4	1	8	6
4	5	6	2	1	8	7	3	9
1	6	2	5	7	9	8	4	3
9	7	8	3	4	2	5	6	1
5	3	4	8	6	1	9	7	2
3	2	7	6	9	5	4	1	8
6	1	9	4	8	7	3	2	5
8	4	5	1	2	3	6	9	7

9	1	5	8	2	6	3	4	7
7	8	6	4	1	3	2	5	9
3	4	2	5	9	7	8	6	1
1	7	4	9	5	8	6	2	3
6	3	8	2	7	1	5	9	4
5	2	9	3	6	4	7	1	8
8	6	7	1	4	2	9	3	5
4	5	3	6	8	9	1	7	2
2	9	1	7	3	5	4	8	6

7	4	5	3	8	1	2	6	9
9	3	1	4	6	2	7	8	5
2	8	6	7	5	9	3	1	4
3	6	7	8	4	5	9	2	1
8	5	2	9	1	6	4	7	3
1	9	4	2	7	3	8	5	6
6	2	9	1	3	8	5	4	7
4	1	3	5	2	7	6	9	8
5	7	8	6	9	4	1	3	2

5	8	9	2	1	6	7	4	3
7	3	4	9	8	5	1	2	6
1	2	6	4	7	3	8	5	9
4	6	3	7	2	1	9	8	5
2	7	5	3	9	8	6	1	4
8	9	1	6	5	4	2	3	7
9	1	8	5	4	7	3	6	2
6	5	2	1	3	9	4	7	8
3	4	7	8	6	2	5	9	1

QUELLE HISTOIRE !

L'université de Poitiers

En 1431, Charles VII confirme la création de l'université de Poitiers pour récompenser la ville de sa fidélité, et parce que l'occupation de Paris lors de la Guerre de Cent Ans a perturbé le fonctionnement de la Sorbonne. 590 ans après, Poitiers reçoit plus de 28 000 étudiants, ce qui en fait l'une des villes les plus étudiantes de France. **J.-P. R.**

mardi 26 avril

Sainte Alida

« Qui boit à crédit, s'enivre doublement. »
Proverbe turc

A TABLE

Spaghettis à la bolognaise végétale

© Clémence Catz/Éd. Solar

Pour 4 personnes • 1 l de bouillon végétal • 200 g de protéines de soja texturées de petite taille (bio) ou 200 g de pois rouges cuits, de lentilles corail... • 1 c. à soupe de champignons séchés • 2 oignons jaunes • 1 gousse d'ail • 1 carotte • 2 c. à soupe d'huile d'olive • 15 cl de vin rouge • 15 cl de boisson végétale (avoine, amande...) • 2 c. à soupe de concentré de tomate • 600 g de coulis de tomate • 3-4 branches de thym • 2 feuilles de laurier • 1 pincée de sucre en poudre • Sel • Poivre • 400 g de spaghettis.

1. Laissez réhydrater 20 min les protéines de soja et les champignons hachés dans le bouillon.

2. Hachez très finement les oignons, l'ail épluchés et la carotte. Faites revenir dans l'huile d'olive pendant 3 min. Ajoutez les champignons et les protéines de soja (les lentilles ou les pois rouges cuits) et laissez cuire 2 min en remuant. Versez le vin, le lait, le concentré de tomate puis mélangez. Ajoutez le coulis de tomate, le thym, le laurier et le sucre. Salez et poivrez. Remuez, couvrez et laissez cuire 2 h à feu très doux (environ 20 min si vous avez utilisé les pois ou les lentilles).

3. Faites cuire les spaghettis, égouttez-les et mélangez-les avec la bolognaise végétale.

Recette extraite de *Pasta vegan*, Clémence Catz éd. Solar.

à faire

Sudokus

6	7			5				2
1	8					6	7	4
3		4	1			9		
2					4		6	3
		6	3	8	9		2	
8					7		9	5
9		1	8			2		
5	6					1	8	9
7	3			9				6

					9		8	3
3			8	7	5			9
		1	4			7	5	
	5	7				3		1
8		2				6	9	
	4	3			1	9		
1			7	9	4			5
7	9		6					

Solution au vendredi 29 avril

Le saviez-vous

C'est l'ustensile favori des boulangers, des pâtissiers et des pizzaiolos ! En forme de demi-lune semi-souple, la corne sert à couper les portions de pâte et à racler la farine sur les plans de travail. P. Da.

mercredi 27 avril

Sainte Zita

« Le génie, c'est le bon sens appliqué aux idées nouvelles. »
Madame de Staël

à faire

A TABLE

3 astuces anti-gaspi autour du pain d'épices

En pomme au four Pour 2 personnes : évidez 2 pommes. Coupez 20 g de beurre, émiettez ½ tranche de pain d'épices, ajoutez 1 pincée de cannelle et quelques noisettes. Écrasez à la fourchette. Garnissez les pommes, saupoudrez de cassonade et faites cuire environ 30 min à 180 °C (th. 6).
En crème brûlée Pour 4 personnes : faites chauffer jusqu'à ébullition 50 cl de lait entier et 40 cl de crème liquide. Battez 4 jaunes d'œufs, 1 œuf entier et 80 g de sucre. Ajoutez 50 g de pain d'épices émietté. Versez dans des ramequins, faites cuire 1 h au bain-marie au four à 100 °C (th. 3-4). Réservez 1 à 2 h au frais. Saupoudrez de cassonade, puis faites cuire encore 2 min au gril.
En toasts Pour 2 personnes : faites toaster 2 tranches de pain d'épices, déposez dessus un peu de confit d'oignons ou de figues, du chèvre frais et servez avec une salade verte. M.-A. D.

Petits fléchés

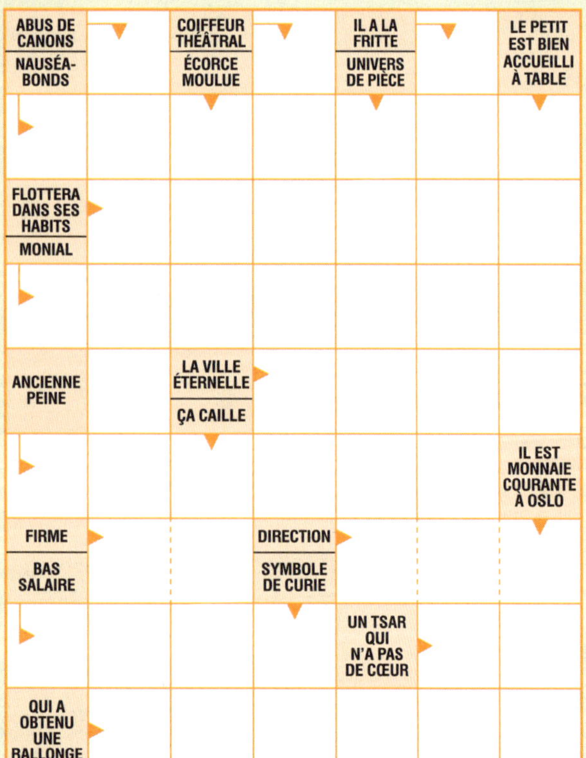

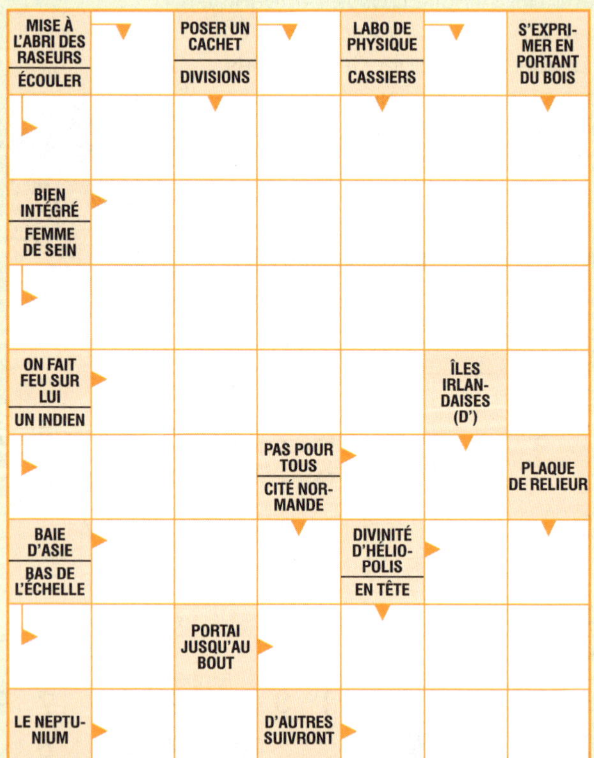

Solution au samedi 30 avril

« Le bonheur est un état d'esprit qui procède de l'accomplissement de vos valeurs. »
Ayn Rand

Mini-croisés

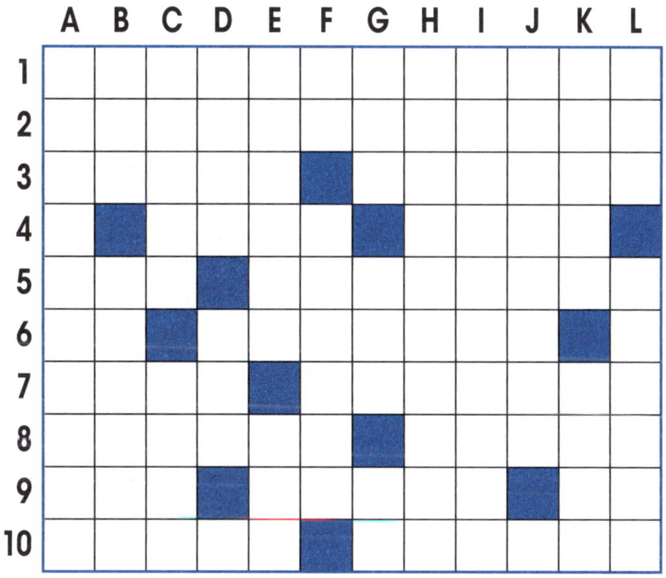

Solution au dimanche 1er mai

Horizontalement
1. Accessoire pour un repas cher et mauvais. **2.** Se fatiguent plus vite sur le chemin. **3.** Envoyer ailleurs. Trucider. **4.** Espace intercellulaire. Dans une main plutôt cavalière. **5.** Qui a vu la vie en rose. Gonflé aux hormones. **6.** Capacité réduite. Codes d'entrée. **7.** Il se met facilement en boule. Rassembler tous les mâtins. **8.** Pionnier de l'électricité. Fatiguera par un trop long service. **9.** Habitué des bibliothèques. Jeu avec des pions. Suit l'Henri de Catherine de Médicis. **10.** Ouvertures sur la table. Balance sans ménagement.

Verticalement
A. Bergeronnette. **B.** Il a droit à un prix. Te dérobas. **C.** Canon à respecter. Clos, jadis, en Bretagne... **D.** Parti de rien. Possessif. **E.** Crête de coque. Jolis décors. **F.** Constante de cercle. Thé d'oreiller. **G.** Référence en photographie. Mémoire d'informaticien. Pas aussi correct que cela. **H.** Hommes de fer. **I.** Elles se ravitaillent en vol. **J.** Il ne représente que de vieux restes. **K.** Traces suivies par la meute. La verdure n'y manque pas. **L.** Direction générale. Jugule.

à faire

Le saviez-vous

Le XIVe siècle est indissociable de Taillevent, fameux cuisinier qui servit sous Philippe de Valois, Charles V et connut son apogée sous Charles VI. Avec lui, les banquets se muèrent en spectacles grandioses : la nourriture était colorée de vert (avec de l'herbe), de bleu (avec des myrtilles), de rouge (avec du tournesol), de jaune (avec du safran) ; les tables croulaient sous les fleurs et les cages d'oiseaux et le menu comptait au moins 15 plats ! Très peu de légumes mais du paon flambé, du cygne rôti ou de l'aigle farci, au grand bonheur de la centaine d'invités (minimum requis) dont la seule obligation était de s'essuyer la bouche du revers de la manche pour garder la nappe immaculée... M. O.

SOLUTION DU LUNDI 25

Ligne 1 : alinéa, grésil, friper, abolir. **Ligne 2 :** neuves, statue, prélat, lutter. **Ligne 3 :** verdir, tendre, lésine, tousse. **Ligne 4 :** dextre, détaxe, isoète, saltos. **Ligne 5 :** témoin, asthme, exacts, thorax.

vendredi 29 avril

Sainte Catherine de Sienne

« Petite pluie d'avril fait belle moisson d'été. »
Dicton français

à faire

AU JARDIN

Royal, mon basilic !

© Pierre-Yves Nédélec

Au début du printemps, les fines semences noires lèvent en moins d'une semaine à la maison. À condition de les placer à une température minimum de 20 °C. C'est très rentable, car un simple sachet contient près de 200 graines. Remplissez de terreau « spécial semis » une terrine, une barquette ou une mini-serre d'intérieur. Répartissez les graines en surface, saupoudrez de terreau puis tassez fermement avec une planchette. Installez la culture en pleine lumière devant une fenêtre. Arrosez légèrement avec un vaporisateur. Dès que vos plants auront 2 vraies feuilles, vous pourrez les rempoter en godets.

Le basilic, originaire d'Inde, est une plante annuelle et frileuse qui adore le soleil. Alors, pas question de le sortir avant mai ou juin. Les plants issus de vos semis ou achetés en jardinerie seront mis en pot, en jardinière ou dans le potager surélevé de votre balcon. Tout l'art de l'arrosage consiste à maintenir le sol frais, mais sans excès. Surtout, pas d'eau stagnante dans la soucoupe ni d'arrosage sur le feuillage. La récolte, qui se fait feuille à feuille, de juin à octobre, permet de conserver des plants vigoureux et bien fournis. P.-Y. N.

Le bon signe

Entre chaque nombre, placez l'un des quatre signes + x : et - afin d'obtenir le total indiqué. Chaque signe n'apparaît qu'une seule fois par opération.

18	9	4	20	11	=	17
8	4	18	6	5	=	35
20	5	17	19	14	=	28

SOLUTION : 18 : 9 x 4 + 20 - 11 = 17 / 8 : 4 x 18 - 6 + 5 = 35 / 20 : 5 + 17 - 19 x 14 = 28

SOLUTION DU MARDI 26

6	7	9	4	5	8	3	1	2
1	8	5	9	3	2	6	7	4
3	2	4	1	7	6	9	5	8
2	9	7	5	1	4	8	6	3
4	5	6	3	8	9	7	2	1
8	1	3	6	2	7	4	9	5
9	4	1	8	6	5	2	3	7
5	6	2	7	4	3	1	8	9
7	3	8	2	9	1	5	4	6

2	7	5	1	6	9	4	8	3
3	6	4	8	7	5	2	1	9
9	8	1	4	3	2	7	5	6
6	5	7	9	4	8	3	2	1
4	1	9	3	2	6	5	7	8
8	3	2	5	1	7	6	9	4
5	4	3	2	8	1	9	6	7
1	2	6	7	9	4	8	3	5
7	9	8	6	5	3	1	4	2

samedi 30 avril

Saint Robert

« L'ironie est toujours une bonne garantie d'hygiène mentale. »
Romain Gary

Mini-fléchés

ACCRU / CASSA		DONNE UN PRIX / NOUVELLES DU JT		PREMIERS DE LA FAMILLE
C'EST CONTRE / IL ÉTAIT TEMPS !				
COUPOLE / BAISERS SUR LES JOUES				

ENVOYÉ SUR UN RÉSEAU / DIABLE		TRÉPASSER / COURTE LETTRE		TUBES DE LA VILLE
ENCENSE / DÉMODÉ				
QUI SONT DONC À EUX		À LA MODE DE LONDRES		

QUI FAIT AVANCER / TROMPAI LE GOAL		PRÉNOM MASCULIN / CUVE		COQUELUCHE DES JEUNES
APRÈS L'HEURE / DEVANT UN LITRE				
MIRABELLE OU REINE-CLAUDE		L'HOMME DONT ON PARLE		

RÉDIGERA / TOXICOMANE		ROMPUE / CIRCONSTANCE		FAISANT PREUVE DE DÉTACHEMENT
BRAME, RALLE / LUSTRA				
IL PASSE DANS LES ŒILLETS		INDIQUE LA FAÇON DE FAIRE		

Solution au lundi 2 mai

à faire

NOS EXPRESSIONS

QUI SÈME LE VENT RÉCOLTE LA TEMPÊTE

C'est dans le *Livre d'Osée*, dans l'*Ancien Testament*, que se trouve l'origine de cette expression sous la forme : « Ils sèment le vent, ils récolteront la tempête. » Osée menace les habitants du royaume d'Israël, en proie à l'idolâtrie et à la corruption. Il prophétise leur chute contre les Assyriens. L'expression est devenue courante pour dire qu'il ne faut pas s'étonner des conséquences si l'on provoque un désordre. En 1991, le rappeur MC Solaar a détourné l'adage en une chanson à succès, « Qui sème le vent récolte le tempo ». **P. Da.**

SOLUTION DU MERCREDI 27

■	O	■	F	■	C	■
F	E	T	I	D	E	S
■	N	A	G	E	R	A
M	O	N	A	C	A	L
■	L	■	R	O	M	E
P	I	L	O	R	I	■
■	S	A	■	S	S	O
S	M	I	C	■	T	R
■	E	T	I	R	E	E

■	E	■	V	■	C	■
E	P	U	I	S	E	R
■	I	N	S	E	R	E
I	L	I	E	N	N	E
■	A	T	R	E	■	R
U	T	E	■	S	A	■
■	I	S	E	■	R	A
D	O	■	U	S	A	I
■	N	P	■	U	N	S

dimanche 1er mai

Fête du Travail

Saint Jérémie

« Le premier homme qui est mort
a dû être drôlement surpris. »
Georges Wolinski

à faire

BALADE EN FRANCE

Autun, la Romaine

Auguste la voulait aussi belle que Rome, la capitale de son empire. En dépit de la défaite des Gaulois emmenés par Vercingétorix, l'empereur décide de bâtir, entre 16 et 13 av. J.-C., une belle cité afin d'honorer ce nouveau monde gallo-romain. Pour *Augustodunum* – Autun à partir du Moyen Âge –, le luxe romain est déployé. Thermes, temples, écoles… rien n'est trop beau. Aujourd'hui, pour découvrir ces vestiges, il vaut mieux grimper sur un vélo tant les Romains avaient vu grand. Avec ses 24 m de haut, le temple de Janus impressionne, dressé au milieu d'un champ. Plus loin, voici la porte d'Arroux, l'une des 4 qui fermaient cette ville de 20 000 habitants (13 000 actuellement). Protégée par 6 km de remparts, Autun est alors l'une des places importantes de l'empire, comme l'atteste son théâtre de 20 000 places. Puis, la ville décline avec la chute de Rome et les invasions.

Au Moyen Âge, les habitants se réfugient dans sa partie haute et Autun devient une cité épiscopale qui compte nombre de chanoines. Ainsi, l'évêque Jean Rolin a vécu dans l'hôtel particulier qui abrite le musée municipal de la ville. Riche en mosaïques et statuettes, l'établissement possède une Ève lascive du XIIe siècle, provenant du portail de la cathédrale, dont le charme est tel que les chanoines préfèrent l'enlever du tympan. En 1779, c'est au collège des

© DSL71/ JOLY MICHEL

jésuites que l'oncle de Napoléon prend sous son aile le futur empereur et ses frères, venus perfectionner leur français, comme le rappelle une plaque sur la place centrale qui relie les quartiers de l'Évêché et de Marchaux. Et 10 ans plus tard, Autun voit arriver Talleyrand, tout juste nommé évêque, qui n'y passe que 3 semaines.

Près du centre, le quartier médiéval respire la campagne avec ses jardins cachés, mais il faudrait enlever le crépi des maisons pour retrouver, comme au 25-27 de la grand-rue Marchaux, les pans de bois des XVe et XVIe siècles. Après avoir encore admiré le somptueux porche de la cathédrale, le « cul-de-sac » de l'Évêché et celui du Jeu-de-Paume invitent à une dernière rêverie devant des propriétés qui butent sur les remparts des Romains. Décidément, de sacrés bâtisseurs ! **J.-P. R.**

SOLUTION DU JEUDI 28

L	A	N	C	E	P	I	E	R	R	E	S
A	M	O	R	T	I	S	S	E	U	R	S
V	I	R	E	R	■	O	C	C	I	R	E
A	■	M	E	A	T	■	R	E	N	E	■
N	E	E	■	V	I	R	I	L	I	S	E
D	L	■	S	E	S	A	M	E	S	■	N
I	U	L	E	■	A	M	E	U	T	E	R
E	D	I	S	O	N	■	U	S	E	■	A
R	A	T	■	R	E	C	R	E	■	I	I
E	S	S	E	S	■	A	S	S	E	N	E

lundi 2 mai

« Qui se dévêt avant mai,
ne sait pas ce qu'il fait. »
Dicton ardéchois

à faire

EN FORME

Le pain de seigle

Il est le seul pain fournissant des fibres prébiotiques bonnes pour le microbiote. Ses glucides digérés lentement aident à prévenir les hypoglycémies et les baisses de tonus associées. 100 g représentent au moins 10 % de l'apport conseillé en zinc, cuivre et magnésium. Servez-le au petit déjeuner avec une faisselle aux fines herbes ou bien aux repas principaux sous forme de tartine garnie d'avocat ou de sauce tomate et parmesan. Sa mie dense et foncée atteste qu'il provient d'une farine très peu raffinée : mieux vaut l'acheter bio. Sa farine s'utilise aussi dans la pâte à crêpes, à tarte... **F. D.**

SOLUTION DU SAMEDI 30

	G		E	
B	R	I	S	A
	A	N	T	I
E	N	F	I	N
	D	O	M	E
B	I	S	E	S

	T		M	
D	E	M	O	N
	L	O	U	E
R	E	T	R	O
	X		I	N
L	E	U	R	S

	M		M	
L	O	B	A	I
	T	A	R	D
H	E	C	T	O
	U		I	L
P	R	U	N	E

	E		B	
A	C	C	R	O
	R	A	I	I
L	I	S	S	A
	R		E	N
L	A	C	E	T

mardi 3 mai

Saint Philippe, saint Jacques

« On a toujours besoin de plus d'argent que l'on n'en gagne. »
Proverbe yiddish

à faire

A TABLE

Veau au gingembre et radis glacés

© Ploton/Photocuisine/sucré-salé

Pour 4 personnes • 2 bottes de radis bien fermes • 10 cl d'huile d'olive • 1 gousse d'ail • Sel • Poivre • 4 cm de gingembre • 30 g de beurre • 1 c. à soupe de sucre • 1 c. à soupe de vinaigre de vin • 6 cl de bouillon de légumes • 1 c. à café de fond de veau déshydraté • 4 côtes de veau • Coriandre ciselée • Papier cuisson.

1. Coupez les queues des radis en laissant un plumet de tiges.

2. Fouettez l'huile d'olive avec l'ail écrasé, du sel et du poivre. Ajoutez le gingembre émincé puis laissez mariner pendant 15 min.

3. Dans la poêle, faites revenir durant 2 min les radis dans 1 cuillère à soupe d'huile de marinade et 15 g de beurre.

4. Saupoudrez de sucre, ajoutez le vinaigre, le bouillon, le fond de veau, du sel et du poivre. Couvrez avec le papier cuisson percé au centre. Laissez frémir 5 min sur feu moyen. Retirez le papier, ajoutez le reste de beurre et mélangez.

5. Badigeonnez la viande de marinade (sans le gingembre). Faites-la griller 4 min de chaque côté. Couvrez, puis laissez reposer.

6. Faites revenir le gingembre avec un filet d'huile de marinade 2 min sur feu vif dans une grande poêle. Déposez la viande et les radis. Réchauffez sur feu modéré. Salez, poivrez, ajoutez la coriandre. **M.-A. D.**

Info + Variez avec un poisson blanc : cabillaud, lieu noir...

Super croisés

	A	B	C	D	E	F	G	H	I	J	K	L
1												
2												
3					■							
4							■			■		
5			■			■					■	
6				■					■			
7							■					
8												

Horizontalement

1. Il ne jurait que par les luths de classe. **2.** Personne qui tient le rôle principal. **3.** Les Compiégnois peuvent s'y mirer. Qui ne sont pas privées d'emploi. **4.** Susceptible d'être touchée. Personnel. Initiales pontificales. **5.** Avant elle. En Seine-Maritime. Du poids facile à perdre. **6.** Échelle du photographe. Reste bouche cousue. Tête piquée. **7.** Ressembler à un légume. Refroidi. **8.** Dont on ne peut se passer.

Verticalement

A. Peut-être coureuse ? **B.** Font la part des choses. **C.** But de promenade pour Ronsard. Décorations somptueuses. **D.** Singe. Il fait avancer de petits chevaux. **E.** Accord de Moscou. Un petit malin. **F.** Puits naturel. Avec la manière. **G.** Bien à vous. Mesure d'Extrême-Orient. **H.** Boisson de Marius. **I.** Manières d'agir dont on ne se départit pas. Va avec elle. **J.** Baie de Nagoya. Il permettait de s'offrir du riz cantonais. **K.** Peuple de l'Utah. Il tourne dans le bocal. **L.** Directement insérés sur un axe.

Solution au vendredi 6 mai

mercredi 4 mai

« Le désir vaut mieux que l'ennui. »
Proverbe persan

EN FORME

Diabète : bien manger sans se priver

© pikselstock/stock.adobe.com

Un diabète n'interdit aucun aliment, « à condition d'être astucieux et de savoir les combiner entre eux », assure le Pr Jean-Daniel Lalau, chef du service d'endocrinologie-diabétologie-nutrition au CHU d'Amiens. À chaque repas, une portion de légumineuses ou de céréales est à inscrire au menu, en privilégiant pâtes, pain, semoule et riz complets pour leur richesse en fibres ralentissant la digestion. Cela évite de faire grimper le taux de sucre sanguin. Autre règle simple : associer aux légumes, crus ou cuits, une portion de protéines (viande, poisson, œufs ou légumineuses). Ajouter, en dessert, un laitage nature et/ou un fruit frais ou une compote sans sucre ajouté.

Dans les menus végétariens, les plats à base de céréales (riz, semoule, pâtes, blé…) et légumineuses (pois chiches, lentilles, fèves…) sont d'excellentes sources de protéines. L'astuce consiste à les associer, ce qui compense les carences. En cas de fatigue, consommez des aliments riches en vitamine C (kiwi, orange, brocoli, poivron…) et en magnésium (céréales complètes, légumes secs…), qui apportent un regain d'énergie. **Si le moral flanche ou si l'ennui vous pousse à grignoter,** ajoutez une collation l'après-midi, elle vous évitera l'envie d'aliments gras et sucrés avant le repas : une poignée d'amandes, un fromage blanc et une compote sans sucre ajouté. **I. H.**

à faire

Sudokus

2							9	
7				2	5			
4							1	
			1		7			
1		6		3		4		9
			4		9			
	7							6
			3	4				2
	8							5

	6	4		2				
						2		1
			3		6	8		
				8	2		4	
1	3		7					
				6	3		9	
			6		9	4		
						3		5
	7	8		5				

Solution au samedi 7 mai

C'EST ARRIVÉ LE…

4 MAI 1979

Margaret Thatcher devient la première femme à occuper le poste de Premier ministre de Grande-Bretagne. À la fois admirée et détestée par les Britanniques pour ses réformes, la Dame de fer conservera son poste jusqu'en novembre 1990. **S. P.**

jeudi 5 mai

Sainte Judith

« L'impossible est le seul adversaire digne de l'homme. »
Andrée Chedid

à faire

AU MARCHE

L'oursin ne manque pas de piquant

© gaetan leprince/stock.adobe.com

Un oursin est couvert de piquants, ce qui lui a valu d'autres noms populaires, comme hérisson de mer ou châtaigne de mer. Ces épines très minéralisées et articulées, baptisées aussi radioles, sont fixées à la coquille calcifiée au niveau de petits tubercules qui leur assurent une souplesse indispensable à la locomotion. Selon les espèces, les radioles sont courts ou longs avec des formes variées d'aiguille, de baguette, de crayon ou de massue. Chez l'oursin-diadème de Méditerranée, les piquants mesurent 10 cm de long, alors que chez celui des Philippines ils dépassent 30 cm.

Il suffit de retourner l'oursin pour distinguer très nettement ses 5 dents articulées couleur ivoire. C'est la partie visible d'un puissant appareil masticateur de forme pyramidale, baptisé lanterne d'Aristote, le philosophe grec l'ayant décrit le premier. Actionnées par de robustes muscles et ligaments, les dents sont capables de briser des coquillages, des mollusques et même du corail. Mais la majorité des oursins se nourrissent d'algues de mer ou de déchets organiques. Certaines espèces carnivores s'attaquent aux éponges de mer, aux mollusques et aux crustacés. **P.-Y. N.**

QUELLE HISTOIRE !

Marie d'Anjou est la reine de France la plus féconde, avec 14 enfants nés en 23 ans. Mais la reine souffre d'être délaissée au profit d'Agnès Sorel. Veuve en 1461, elle se consacre à sa foi et entreprend un pèlerinage à Saint-Jacques-de-Compostelle. P. Da.

Tout compte fait

Dans chacune des trois lignes, placez les nombres 4 5 7 8 9 de façon à obtenir, en réalisant quatre opérations successives, le total indiqué.

	-		:		+		x		=	63
	x		-		:		+		=	17
	x		+		-		:		=	11

SOLUTION : 9 - 4 : 5 + 8 x 7 = 63 / 8 x 9 - 7 : 5 + 4 = 17 / 5 x 9 + 7 - 8 : 4 = 11

« Le sage se venge des injures par des bienfaits. »
Lao-Tseu

Jackpot

Dans chaque jeu, trouvez trois mots de quatre, cinq, six ou sept lettres en ne prenant qu'une lettre par colonne. Chaque lettre ne sert qu'une fois. Un exemple vous est déjà donné.

1 — Mots de 4 lettres

L	A	S	H
C	U	B	F
R	L	E	O

LABO
....
....

2 — Mots de 5 lettres

S	A	I	K	I
P	F	R	R	E
O	U	F	V	A

....
....
....

3 — Mots de 6 lettres

G	M	N	P	H	D
I	A	A	A	E	E
P	L	Y	G	R	R

....
....
....

4 — Mots de 7 lettres

P	U	L	A	Y	I	N
S	O	C	H	O	O	E
N	A	B	L	I	T	R

....
....
....

Solution au dimanche 8 mai

à faire

EN BEAUTÉ

4 gestes pour ma peau sèche

1. Utilisez un pain surgras ou sans savon pour votre toilette.
2. Rincez-vous à l'eau claire après un bain de mer ou une séance de natation.
3. Protégez-bien votre peau du soleil en été et du froid en hiver.
4. « Huilez » de l'intérieur en consommant des poissons gras (2 fois par semaine) et en utilisant des huiles végétales de colza, de lin et de noix qui contiennent des acides gras essentiels de type oméga-3. **C. D.**

SOLUTION DU MARDI 3

S	T	R	A	D	I	V	A	R	I	U	S
P	R	O	T	A	G	O	N	I	S	T	E
O	I	S	E	■	U	S	I	T	E	E	S
R	E	E	L	L	E	■	S	E	■	S	S
T	U	■	E	U	■	L	E	S	T	■	I
I	S	O	■	T	A	I	T	■	A	I	L
V	E	R	D	I	R	■	T	I	E	D	E
E	S	S	E	N	T	I	E	L	L	E	S

samedi 7 mai

Sainte Gisèle

« Du matin au soir, ils disent du mal de la vie et ils ne peuvent se résoudre à la quitter ! »
Denis Diderot

à faire

Mini-fléchés

Grille 1
- FAIRE PEAU NETTE
- UN P'TIT VERRE
- PETITE BOULE QUI TINTE
- MANDATÉ
- FERA DE LA PLACE
- HAMEAU OU ÎLOT
- CRIE LA NUIT
- AVANÇA DE L'ARGENT
- IL A DONNÉ LIEU À UNE RUÉE

Grille 2
- ÉCLAIRCI À L'EAU
- TÊTES DE GLACIERS
- PALAIS OTTOMAN
- SON TOUR BLOQUE
- RESTAU-RANTS AVEC PLATEAUX
- ANCIENNE MONNAIE D'ITALIE
- DU PIF
- À L'ÉCART DE LEURS SEMBLA-BLES
- IL FIT DE L'OMBRE À PAGNOL

Grille 3
- SE PRÉCI-SERA À L'ESPRIT
- PRESQUE
- CLO-PORTE
- FLUIDE GAZEUX
- ORGA-NISME DE STATIS-TIQUES
- BAGA-TELLE
- DAN-SEUSES
- RATTA-CHÉE À UN CAMP
- IL DONNE DE L'AM-PLEUR À LA JUPE

Grille 4
- SORTE D'ARGOT
- PAPIER DE LUXE
- RÉSIDES EN PAIX
- ÉCHOUA
- INSECTES DES EAUX DORMAN-TES
- FLEUR
- DE QUOI TENIR BON
- SYMBOLE CHIMIQUE DU TITANE
- FAIT POUR
- NIN INTIME

Solution au lundi 9 mai

SOLUTION DU MERCREDI 4

2	6	8	7	1	4	5	9	3
7	3	1	9	2	5	8	6	4
4	9	5	6	8	3	2	1	7
9	4	3	1	5	7	6	2	8
1	5	6	8	3	2	4	7	9
8	2	7	4	6	9	3	5	1
3	7	2	5	9	8	1	4	6
5	1	9	3	4	6	7	8	2
6	8	4	2	7	1	9	3	5

8	6	4	5	2	1	7	3	9
5	9	3	4	7	8	2	6	1
7	2	1	3	9	6	8	5	4
6	5	7	9	8	2	1	4	3
1	3	9	7	4	5	6	8	2
4	8	2	1	6	3	5	9	7
2	1	5	6	3	9	4	7	8
9	4	6	8	1	7	3	2	5
3	7	8	2	5	4	9	1	6

Vite, une astuce !

Vous avez laissé une casserole sur le feu et le fond est brûlé ? Déposez quelques cuillères à café de bicarbonate de soude sur les parties brûlées. Ajoutez un filet de vinaigre blanc. Il s'ensuit une précipitation normale. Laissez agir 5 min. Nettoyez. Si les résidus brûlés accrochent encore, grattez-les avec quelques cubes de sucre. Cette astuce ne doit bien sûr pas être utilisée sur les surfaces antiadhésives !

Armistice 1945

Saint Désiré

dimanche 8 mai

« Il paraît que l'inventeur de la cédille est un certain Groçon. »
Philippe Geluck

EN CHANSON

1957 Dario Moreno « Pour toi »

© Stan Wiezniak/Universal Music France/Gamma-Rapho

De confession juive, turc par son père et mexicain par sa mère, David Arugete, dit Dario Moreno, est un personnage haut en couleur qui débarque à Paris en 1948. Aux côtés de Mariano, Guétary et Dassary, il est un chanteur d'opérette avant de rencontrer le succès avec « Quand elle danse » et « Si tu vas à Rio ». Mais c'est une autre de ses chanson qui va connaître un destin chaviré. En 1957, il enregistre en effet « Pour toi », un titre dont la musique est signée Loulou Gasté et que Line Renaud, son épouse, interprète également. Extraite de la bande originale du film *Le Feu aux poudres*, la chanson ne rencontre pas son public. Puis les années passent…

Le 1er décembre 1968, tandis qu'il achève les représentations du spectacle musical *L'Homme de la Mancha* avec Jacques Brel, Dario Moreno meurt subitement à 47 ans d'une hémorragie cérébrale.

Et voici qu'en 1974, la mélodie de « Pour toi » refleurit soudain au bout du monde, au Brésil, dans un feuilleton, tout simplement plagiée par un certain Morris Albert. L'année suivante, ce dernier en fait une chanson, en anglais cette fois, sous le titre « *Feelings* ».

Le succès est phénoménal dans le monde entier ! Si bien que Mike Brant l'adapte à son tour en français sous un autre titre, et « Pour toi » devient « Dis-lui ». Il faudra à Loulou Gasté des années de combat pour qu'enfin, le 11 juillet 1987, 30 ans après sa création pour Dario Moreno, les tribunaux américains lui redonnent la paternité de sa chanson. « *Feelings* » est un standard dont 1200 versions ont été enregistrées à ce jour. **P. Da.**

à faire

« J'ai quitté ceux que j'aimais / J'ai perdu ceux qui m'aimaient / Ce soir, je n'ai que toi / Sans toi / Le jour ressemble à la nuit / La vie ressemble à la mort / Ce soir, écoute-moi / Tes yeux / Brillent comme le feu / Ta bouche en a pris la couleur / Ton corps en a gardé la chaleur »

Auteurs : Albert Simonin, Marie-Hélène Bourquin. Compositeur : Loulou Gasté. Arrangements : Claude Bolling. Label Philips. 1957

SOLUTION DU VENDREDI 6

1. labo / clef / rush.
2. suivi / offre / parka.
3. imager / glyphe / panard.
4. nullité / pochoir / sabayon.

lundi 9 mai

Rentrée de la zone C

Saint Pacôme

« Du mois de mai, la chaleur
de tout l'an fait la valeur. »
Dicton franc-comtois

à faire

© VitCOM/stock.adobe.com

EN BEAUTÉ

Le meilleur de l'eau

Notre corps, composé d'environ 65 % d'eau, est protégé par la peau, premier organe vital. Pour conserver ses qualités, il est indispensable de lui offrir au quotidien des soins hydratants, émollients ou antiradicalaires.
L'eau thermale est riche en minéraux (calcium, magnésium, silicate, bicarbonate…) et en oligoéléments (sélénium, zinc, cuivre…). Elle est peu à peu entrée dans le quotidien des peaux les plus sensibles. Elle hydrate et assure un nettoyage en douceur. Son rôle apaisant est idéal contre les inflammations. Le sélénium, anti-inflammatoire et protecteur anti-UVA et UVB, y joue un rôle essentiel, tout comme la silice.
L'eau de mer redonne vie à la peau en renforçant ses fonctions. Sa composition, proche du liquide dans lequel baignent nos cellules, transfère directement à l'organisme l'ensemble de ses actifs : potassium, calcium, magnésium, phosphore, zinc, fer, silicium, sélénium, iode, cuivre… Les algues concentrent les meilleurs actifs de la mer, dont les sels minéraux et les oligo-éléments. Offrez-vous une cure à domicile avec des bains d'algues d'au moins 20 min, des applications de boue et des massages hydratants. **I. D.**

SOLUTION DU SAMEDI 7

	E		G	
A	P	E	R	O
	I	L	E	T
U	L	U	L	E
	E		O	R
P	R	E	T	A

	D		S	
N	E	V	E	S
	L	I	R	E
N	A	S	A	L
	V		I	F
S	E	U	L	S

	M		A	
Q	U	A	S	I
	R	I	E	N
G	I	R	L	S
	R		L	E
B	A	S	E	E

	V		G	
V	E	L	I	N
	R	O	S	E
G	L	U		P
	A	P	T	E
A	N	A	I	S

NOS EXPRESSIONS

LE BAISER DE JUDAS

Judas Iscariote est l'un des 12 apôtres. Lorsqu'il apprend que les autorités de Jérusalem recherchent Jésus, il le leur livre en échange de 30 deniers d'argent. Pour le désigner aux soldats, Judas salue Jésus d'un baiser. « Judas, c'est par un baiser que tu livres le Fils de l'homme ? » interroge Jésus dans la *Bible*. Depuis, le baiser de Judas est celui que donne le traître. La trahison s'achèvera sur un remords : Judas rend l'argent et se pend. **P. Da.**

Sainte Solange

« Qui dort sur un tapis épais croit que l'hiver est clément. »
Proverbe berbère

EN FORME

Respirer la santé avec la violette

En cas de rhume avec faible fièvre, toux sèche ou peu productive ou de constipation modérée Laissez infuser 10 min 1 cuillère à café de fleurs de violette séchées dans 25 cl d'eau bouillante. Filtrez et buvez 1 à 3 tasses par jour entre les repas pendant quelques jours, jusqu'à amélioration.

En cas de bronchite avec toux grasse et voies respiratoires encombrées Plongez 1 cuillère à café de racines de violette séchées dans 25 cl d'eau froide. Portez à ébullition et maintenez-la 5 min. Filtrez et buvez 1 à 2 tasses par jour entre les repas.

En cas d'irritation de la cavité buccale et/ou de la gorge Laissez infuser 10 min 1 cuillère à café de fleurs de violette séchées dans 25 cl d'eau bouillante. Filtrez et utilisez en bain de bouche ou en gargarisme 1 à 2 fois par jour.

© Cécédillecom

En cas d'irritation oculaire ou de conjonctivite bénigne Laissez infuser 10 min 1 pincée de fleurs séchées dans 25 cl d'eau de source bouillante. Filtrez puis laissez tiédir. Trempez une compresse stérile, mains bien propres, et recouvrez l'œil avec (1 compresse par œil) environ 1 à 2 fois par jour. Conservez la lotion 24 h maximum au réfrigérateur. F. O.

à faire

Memory

Observez les paires de lettres ci-dessous pendant trente secondes, puis cachez-les. Complétez ensuite la grille du dessous.

G M N G A N L A M L

_ M _ G _ N _ A _ L

NOS EXPRESSIONS

FAIRE LE POIREAU

Cette expression que l'on retrouve sous la plume de Zola dans *L'Assommoir* signifie « attendre sans bouger avec une certaine impatience ». Son éthymologie viendrait du comportement statique des sentinelles appelées poireaux, puis des « plantons ». P.-Y. N.

mercredi 11 mai

Saint Estelle

« C'est pas le tout d'avoir des bagages, encore faut-il savoir où les poser. »
Coluche

à faire

A TABLE

Pesto de fanes de radis

Pour 6 personnes • 2 bottes de radis • 30 g de parmesan • 1 gousse d'ail • 50 g de chèvre frais • 8 cl d'huile d'olive • 2 c. à soupe de jus de citron bio • 2 pincées de piment d'espelette • Sel • Poivre.

1. Lavez les radis puis coupez les fanes au ras des tiges. Taillez le parmesan en morceaux. Pelez et dégermez la gousse d'ail.

2. Versez les fanes, l'ail, le parmesan, le chèvre, l'huile d'olive et le jus de citron dans un bol. Mixez jusqu'à l'obtention d'une purée fine.

3. Ajoutez le piment, salez et poivrez. Réservez au frais jusqu'au moment de servir.

Info + Dégustez ce pesto sur des toasts, mais aussi en garniture d'une pizza végétarienne ou avec des pâtes *al dente*. **M.-A. D.**

Petits fléchés

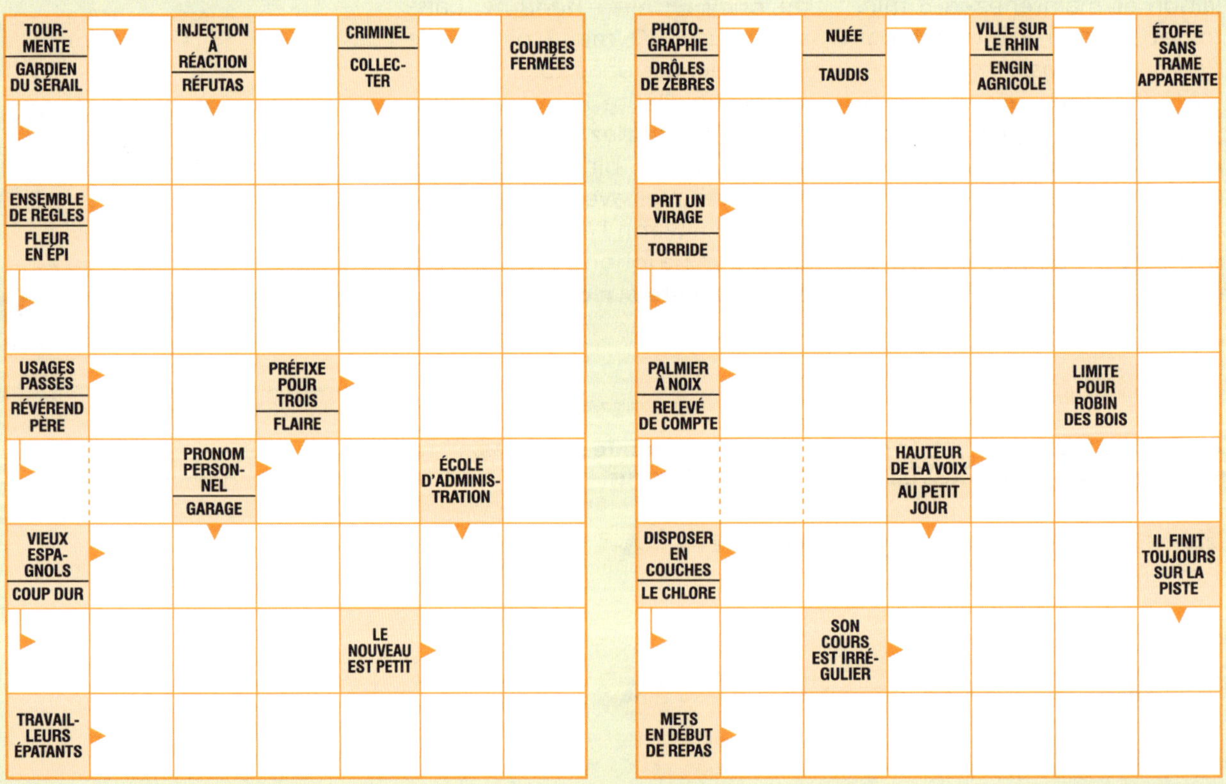

Solution au samedi 14 mai

Saint Achille

jeudi 12 mai

« Qui apprendrait aux hommes à mourir, leur apprendrait à vivre. »
Michel de Montaigne

D'un mot à l'autre

En regroupant et en mélangeant les lettres de chaque mot donné avec la lettre qui le suit, vous devez trouver un second mot composé, selon le cas, de quatre, cinq, six ou sept lettres. Aucun mot au pluriel n'est admis ni aucun verbe conjugué.

Mots de 4 lettres

1 VUE + O = _ _ _ _
2 TOI + D = _ _ _ _
3 POU + C = _ _ _ _

Mots de 5 lettres

4 HAIE + N = _ _ _ _ _
5 INDE + R = _ _ _ _ _
6 EMOI + N = _ _ _ _ _
7 MUER + R = _ _ _ _ _

Mots de 6 lettres

8 PIPER + N = _ _ _ _ _ _
9 BASSE + Y = _ _ _ _ _ _
10 ALORS + D = _ _ _ _ _ _

Mots de 7 lettres

11 MENAGE + S = _ _ _ _ _ _ _
12 URAETE + T = _ _ _ _ _ _ _
13 MIENNE + D = _ _ _ _ _ _ _
14 MENTOR + S = _ _ _ _ _ _ _

Solution au dimanche 15 mai

à faire

EN FORME

Le fenouil

On ne présente plus cet excellent spasmolytique. Grâce à sa haute teneur en fibres, il stimule la digestion, limitant la formation des gaz intestinaux. À noter qu'il s'agit aussi d'un excellent diurétique.

Le plus santé Dégusté en infusion par la femme allaitante, il est très efficace contre les maux de ventre du nourrisson. Utilisez-le dans une salade méditerranéenne. Détaillez un bulbe de fenouil, épluchez 3 oranges, découpez-les en cubes. Ajoutez 1 cuillère à soupe de graines de fenouil, 1 cuillère à soupe de graines de tournesol décortiquées, 3 cuillères à soupe d'huile d'olive, une poignée d'olives vertes. Assaisonnez. **L. C.**

QUELLE HISTOIRE !

Louis X est roi depuis deux ans lorsqu'il succombe à une pneumonie. Son frère assure la régence tandis que Clémence de Hongrie, son épouse, termine sa grossesse. Le 19 novembre 1316, quatre jours après sa naissance, Jean Ier, dit le Posthume, meurt. P. Da.

vendredi 13 mai

Sainte Rolande

« Aimer un être, c'est tout simplement reconnaître qu'il existe autant que vous. »
Simone Weil

à faire

© Timmary/stock.adobe.com

EN FORME

L'avoine, un grain de vitalité

Pour améliorer l'état général et abaisser le mauvais cholestérol Mangez des flocons d'avoine au petit déjeuner ou ajoutez-en aux salades, légumes, galettes végétales et potages : 75 g par jour, en cure de 3 semaines.
En cas de stress ou troubles du sommeil Buvez 1 tasse de boisson végétale d'avoine tiède ou chaude, sucrée avec 1 cuillère à café de miel et 1 cuillère à café d'hydrolat de fleur d'oranger, camomille ou tilleul. Ou, le soir, faites infuser 1 cuillère à café de paille d'avoine 10 min dans 1 tasse d'eau bouillante.
Pour favoriser le transit Ajoutez 10 g, puis 20 g, puis 30 g, puis 40 g de son d'avoine à l'alimentation chaque jour, en augmentant ainsi chaque semaine. Pendant quelques semaines.
En cas d'eczéma, peau sèche ou urticaire Ajoutez une briquette de crème végétale ou brique de boisson végétale d'avoine à l'eau tiède du bain. 1 à 2 fois par semaine, pendant quelques semaines.
Pour la beauté des cheveux Après le shampoing, imprégnez de boisson végétale ou crème végétale d'avoine les cheveux essorés. Laissez poser au moins 5 min et rincez. F. O.
Info + L'avoine contient du gluten moins allergisant que celui des blés modernes : restez prudent en cas de maladie cœliaque. Demandez un avis médical en cas d'hyperthyroïdie.

C'EST ARRIVÉ LE...

13 MAI 1610

Le cardinal de Richelieu, lassé des mauvaises manières de ses convives qui avaient pour usage de se curer les dents à la pointe de leur couteau, fait arrondir le bout de ces instruments. Il invente ainsi le couteau de table moderne.

Multidés

En suivant l'exemple, partagez la grille en sept groupes de dés voisins comprenant chacun les valeurs un, deux, trois, quatre et cinq.

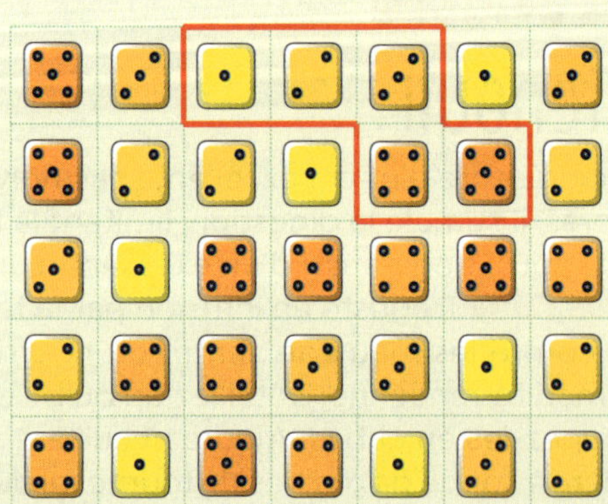

Solution au lundi 16 mai

« Mai frais et mouillé remplit la grange et les tonneaux. »
Dicton alsacien

Sudokus

6		8	4	3			7	
			8		9	1	3	
		2		6	7		9	
7	3	4						9
			3	4	5			
1						3	4	2
	8		7	5		6		
	5	3	6		2			
	7			9	4	8		3

	2				5	8		3
	7	3		1		6		
5			9	8	3			
	1		8	3		5	2	
		8	4		6	1		
	5	4		2	7		8	
			3	9	1			8
		2		6		7	4	
1		6	7				5	

1			9	4	5			6
	4						1	
	5		6		8		3	
		5				2		
	1			3			7	
				6				
8								9
9		7	8		1	6		3
			7		6			

9								1
6				1				4
		1	2		9	6		
		9	8		1	7		
		7				3		
			4		5			
	7	5				9	1	
		8	1	6	4	5		
	2			9			3	

Solution au mercredi 18 mai

à faire

Le saviez-vous

Depuis la chute de l'Empire romain d'Occident en 476, les écoles implantées par les Romains ont été désertées. Constatant les lacunes éducatives de son peuple, l'empereur Charlemagne, en 789, impose que deux écoles soient accolées à chaque cathédrale ou monastère de l'Empire, l'une à l'intérieur, à destination des futurs prêtres et moines, l'autre à l'extérieur, pour qui veut apprendre à lire, écrire et compter. L'empereur impose même une école dans son palais d'Aix-la-Chapelle, proclamant : « Qu'on rassemble non seulement les fils de condition modeste, mais aussi les fils bien nés. » Il stipule de plus que les prêtres de l'Empire instruiront les enfants sans exiger de rétribution. « Excepté ce que les parents offriront par affection », ajoute-t-il. P. Da.

SOLUTION DU MERCREDI 11

■	T	■	C	■	T	■
E	U	N	U	Q	U	F
■	R	I	T	U	E	L
G	L	A	I	E	U	L
■	U	S	■	T	R	I
R	P	■	S	E	■	P
■	I	B	E	R	E	S
G	N	O	N	■	N	E
■	E	X	T	R	A	S

■	M	■	F	■	B	■
Z	I	G	O	T	O	S
■	T	O	U	R	N	A
B	R	U	L	A	N	T
■	A	R	E	C	■	I
R	I	B	■	T	O	N
■	L	I	T	E	R	■
C	L	■	O	U	E	D
■	E	N	T	R	E	E

dimanche 15 mai

Sainte Denise

« L'amour le plus parfait bannit
la crainte et le châtiment. »
Proverbe hongrois

à faire

© altitudedrone/stock.adobe.com

BALADE EN FRANCE

Escale à Marseille

Ouverte sur la mer et intégrée dans le Parc national des Calanques, Marseille est une des rares mégalopoles à ce point proche de la nature. On passe du centre ville urbain aux plages, puis aux collines en un rien de temps. Pour découvrir ce fascinant brassage, rendez-vous à l'Estaque, rendue célèbre par les tableaux de Paul Cézanne, qui y possédait une maison. Faites ensuite un crochet pour admirer le majestueux palais Longchamp. Construit au XIXe siècle dans un parc sublime, cet ancien château d'eau de style néoclassique abrite aujourd'hui le musée d'Histoire naturelle et le musée des Beaux-Arts.

Changez d'ambiance pour plonger dans le plus vieux quartier marseillais, l'irrésistible Panier, avec ses ruelles étroites, ses terrasses et ses boutiques originales. Allez ensuite contempler la somptuosité de Sainte-Marie-Majeure, une des plus grandes basiliques de France, qui mêle styles roman et néo-byzantin. Pour percer l'âme de la ville, rendez-vous sur le Vieux-Port tôt le matin, quand les pêcheurs rentrent de mer. Découvrez ensuite les différentes cultures et civilisations de Marseille au musée des civilisations de l'Europe et de la Méditerranée, le Mucem, face aux remparts du fort Saint-Jean, et découvrez les jardins suspendus du palais du Pharo. Visitez enfin l'abbaye Saint-Victor, véritable mine d'art paléochrétien, avec ses cryptes et ses sarcophages, avant de goûter les navettes du *Four des navettes*, des biscuits parfumés à la fleur d'oranger, dont la forme rappelle les barques des saints venus évangéliser *Massilia*.

Ne quittez pas la ville sans gagner la basilique Notre-Dame-de-la-Garde, à pied ou en funiculaire. « La Bonne Mère » veille sur la ville, ses habitants, ses marins et offre une vue incroyable sur la mer et les îles. Au château de La Buzine, qui inspira à Marcel Pagnol *Le Château de ma mère*, vous découvrirez un musée dédié à l'écrivain marseillais et la Maison des cinématographies de la Méditerranée. Puis cap sur le village médiéval du Castellet avant de vous éloigner de la ville par la corniche Kennedy jusqu'aux Goudes ou Callelongue et son petit port intérieur creusé dans la roche. Et surtout, admirez les magnifiques îles du Frioul et le château d'If que vous pourrez rejoindre en bateau pour admirer la ville depuis de la mer. F. O.

SOLUTION DU JEUDI 12

4 lettres : 1/vœu - 2/dito - 3/coup. **5 lettres :** 4/haine - 5/dîner - 6/moine - 7/murer. **6 lettres :** 8/nipper - 9/abysse - 10/dorsal. **7 lettres :** 11/mésange - 12/tréteau - 13/indemne - 14/monstre.

« Deux fois fait le service,
qui le fait tôt. »
Proverbe français

Méli-mélo

L'Académie française

Nous avons mélangé entre elles les lettres de noms d'éléments ayant une relation particulière avec l'Académie française. Trouvez-les et placez-les au-dessus de la définition qui convient.

Lettres à replacer :

HROVGCIUTO
AEEEAUESSNDCRRRC
AELMOZELI
GGNISIACATSEDDR
EYOANRUCR
OEOEOLLDSGNRHP

N° 1 ....
Depuis 1999, cette femme est le secrétaire perpétuel de l'Académie française. Prénommée Hélène, née d'un père géorgien, elle maîtrise parfaitement la langue russe, et elle a rédigé des ouvrages sur l'URSS et la Russie (trois mots).

N° 2 ....
De nombreux écrivains n'ont jamais côtoyé les hommes en vert. Le recordman des refus (24) est l'auteur de *Nana*, *La Terre*, *Germinal*, et de l'article *J'accuse* qui fit la une du journal *L'Aurore* lors de l'affaire Dreyfus (prénom et nom).

N° 3 ....
Il faut attendre 3 siècles pour qu'une femme soit élue académicienne. Née en 1903 à Bruxelles, et décédée en 1987, son œuvre romanesque est dominée par les *Mémoires d'Hadrien* (1951). Elle fut élue en 1980 (Marguerite).

N° 4 ....
Cet homme d'État africain, agrégé de grammaire, poète, qui sut faire la symbiose entre la culture occidentale et le rythme africain, qui fut condisciple de Georges Pompidou à l'École normale supérieure, fut élu à l'Académie en 1983 (prénom et nom).

N° 5 ....
Siégeant sur le fauteuil numéro 16, accueilli par Jean-Marie Rouart, cet ancien président de la République (1974-1981) a été élu pour rejoindre les 40 membres de l'Académie en décembre 2003 (trois mots).

N° 6 ....
Être de l'Académie n'empêche pas d'avoir la dent dure envers l'institution. Ce grand écrivain du XIXe siècle ne s'en priva pas, disant par exemple que « l'Académie est le chef-d'œuvre de la puérilité sénile » (prénom et nom).

Solution au jeudi 19 mai

à faire

NOS EXPRESSIONS

JETER LA PIERRE

La pierre en question est la première, celle que l'on jetait sur l'individu adultère. À l'époque de la *Bible*, certains pêchés, dont celui-ci, étaient punis de lapidation. Les premières pierres devaient être jetées par les témoins du crime tandis que les suivantes l'étaient par la foule, jusqu'à la mort du condamné. Au XVe siècle, une variante voit le jour : « Jeter des pierres dans le jardin des voisins » signifiant qu'on les accusait de quelque chose. **P. Da.**

SOLUTION DU VENDREDI 13

mardi 17 mai

Saint Pascal

« L'humour est l'arme blanche des hommes désarmés. »
Romain Gary

à faire

AU JARDIN

Des orties bienfaitrices

Qui s'y frotte s'y pique ! Dans un jardin, une touffe d'orties n'est pas toujours la bienvenue. Un bon coup de bêche suffit à arracher ses racines superficielles. Pourtant, cette plante bio-indicatrice des sols riches en azote est une aubaine pour le jardinier. Ses feuilles fraîches, dans le trou de plantation, stimulent la croissance des tomates et les protègent du mildiou.

Son extrait fermenté, le purin d'ortie, renforce les défenses naturelles des plantes. Ses feuilles hachées servent comme paillage ou comme activateur de compost. Sans ortie au fond du jardin, point de chenille ni de papillon, comme le paon du jour.

L'alternative Dans un massif à mi-ombre, installez le lamier orvale, il s'agit d'un sosie qui ne pique pas et se propage peu. P.-Y. N.

© Pierre-Yves Nédélec

Super croisés

	A	B	C	D	E	F	G	H	I	J	K	L
1												
2						■						
3				■								
4										■		
5					■				■			
6							■					
7			■								■	
8								■				

Horizontalement

1. Les précieuses ridicules. **2.** Une idée qui n'a rien d'original. Se manifeste chez des gens très intéressés. **3.** N'est facile qu'au tout début. Actes de mécréants. **4.** Autrichienne ou Poitevine. Possède sa clé. **5.** Pierre qui jette mille feux. Leur coup est bien hasardeux. À l'origine de nombreux bâtards. **6.** Se mouche sans faire de bruit. Passage salé. **7.** Fait l'appel. Mettras à la porte. **8.** Partisans de la retraite. Met des bâtons dans les roues.

Verticalement

A. Pour badiner cavalièrement. **B.** N'a, en principe, pas à se plaindre de sa famille. **C.** Le péril jaune. **D.** Cuivre. Il ne descend que si on le paie. **E.** Marque de scepticisme. Repose en paix. **F.** Calme le jeu. **G.** Bien dissimulée. Suit le docteur. **H.** Assembler deux cordages. **I.** Elle nous fait faire du mauvais sang. Renouvelle l'art de la fresque. **J.** Manche à reprises. Elle peut être douce ou cinglante. **K.** Il faut l'enlever sur le champ. **L.** Était monnaie courante à Rome.

Solution au vendredi 20 mai

Saint Éric

« L'amour est nu comme la main. »
Jacques Prévert

A TABLE

Carpaccio de radis roses à l'œillette

Pour 4 personnes • 1 botte de radis • 1 c. à soupe de graines de coquelicot ou de graines de pavot • Des pétales de fleurs (camomille, capucine...). Pour la sauce • 1 c. à soupe de jus de citron bio • Sel • Poivre • 2 c. à soupe d'huile d'œillette (huile de graines de coquelicot) ou d'huile de sésame.

1. Lavez les radis. Coupez et essorez les fanes. Conservez quelques feuilles pour la décoration. Réservez le reste pour une autre utilisation.

2. Émincez les radis en rondelles à l'aide d'une mandoline.

3. Mélangez le jus de citron, le sel et le poivre dans un bol. Versez l'huile d'œillette.

4. Disposez les radis dans des assiettes avec quelques fanes. Arrosez de sauce et saupoudrez de graines et de pétales.

Info + Une recette de carpaccio également délicieuse avec des radis noir et des betteraves crues ! M.-A. D.

@ Olivier Degorce

Recette extraite de *Qu'est-ce qu'on mange ? Des légumes !*, éd. Terre Vivante.

à faire

Sudokus

1		7						
	9				2			8
					3	4		6
	6			1				
	1	5		6		2	3	
				9			8	
5		3	6					
9			4				6	
						1		4

						3	9	
2	3				8			
				5	6			
		7	6					1
4		5		8				7
		6	4					2
				7	1			
8	5				9			
						2	8	

Solution au samedi 21 mai

SOLUTION DU SAMEDI 14

6	9	8	4	3	1	2	7	5
5	4	7	8	2	9	1	3	6
3	1	2	5	6	7	4	9	8
7	3	4	2	1	6	5	8	9
8	2	9	3	4	5	7	6	1
1	6	5	9	7	8	3	4	2
9	8	1	7	5	3	6	2	4
4	5	3	6	8	2	9	1	7
2	7	6	1	9	4	8	5	3

4	2	9	6	7	5	8	1	3
8	7	3	2	1	4	6	9	5
5	6	1	9	8	3	4	7	2
6	1	7	8	3	9	5	2	4
2	9	8	4	5	6	1	3	7
3	5	4	1	2	7	9	8	6
7	4	5	3	9	1	2	6	8
9	3	2	5	6	8	7	4	1
1	8	6	7	4	2	3	5	9

1	7	3	9	4	5	8	2	6
6	4	8	3	7	2	9	1	5
2	5	9	6	1	8	4	3	7
3	9	5	1	8	7	2	6	4
4	1	6	2	3	9	5	7	8
7	8	2	5	6	4	3	9	1
8	6	1	4	2	3	7	5	9
9	2	7	8	5	1	6	4	3
5	3	4	7	9	6	1	8	2

9	3	4	6	5	8	2	7	1
6	5	2	7	1	3	8	9	4
7	8	1	2	4	9	6	5	3
5	4	9	8	3	1	7	6	2
8	1	7	9	2	6	3	4	5
2	6	3	4	7	5	1	8	9
4	7	5	3	8	2	9	1	6
3	9	8	1	6	4	5	2	7
1	2	6	5	9	7	4	3	8

jeudi 19 mai

Saint Yves

« Les hommes veulent tout avoir
et ils se rendent malheureux
par le désir du superflu. »
Fénelon

à faire

Mots croisés

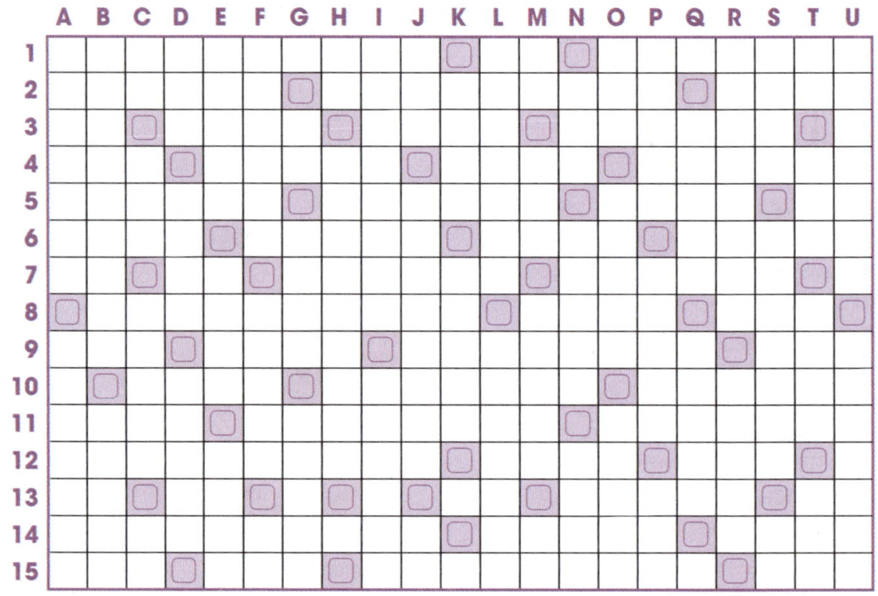

Solution au dimanche 22 mai

Horizontalement

1. Souhaits pour pallier un manque. Petit sol, mais pas sol… Travaux sur pistes blanches. **2.** Maisons des maîtres. Relatifs à une période d'un millénaire. Amas de sporanges. **3.** Spectacle nippon. Belle d'Aragon. Coup de main, coup de vilain. Ses satellites voient pas mal d'avions. **4.** Vient après le danger. Plus ou moins bien pensé. Chemin en bois. Travailler au calibre. **5.** Il a ses chasseurs. Ils sont sortis par temps de pluie. Entendu quand on met la ceinture. Communauté. **6.** Héros d'une épopée. Préparer une récolte. Gratifia. On attend celle du gag. **7.** Pronom réfléchi. Ses adeptes aiment bien recevoir cinq sur cinq. On le fait à deux, le plus souvent. Bonjour tristesse. **8.** Boucler ou serrer. Cri d'indignation. Cité textuellement. **9.** Non réglée. Qui a des moyens. Action de biffer. Eut confiance (se). **10.** C'était Ali sur le ring. Sapées ou mises en chemise. Objets en métal. **11.** Son air est gai. Sur la tête d'une sœur. Recommandées. **12.** Difficiles à imaginer. Ferments. S'attelle à attacher. **13.** Patron de la Manche. Non exprimé. Sa « Côte » est près de Dijon. Dévoreuses de fils. Habitudes. **14.** Département du Centre-Val de Loire. On y est l'estomac vide. Pays d'Europe. **15.** Partie de charrue. Brame. Boîtes. Qui sont arrivés.

Verticalement

A. Montres. Des passages étroits. **B.** Tête sans cervelle. Épinceté. **C.** Bien appris. A parfois du pain sur la planche et pas mal de boulot avec sa baguette. Groupe en milieu fermé. Religieux. **D.** Il vit dans les étangs. Non productifs. Alourdi. **E.** Si sa tête est fendue, il y a un problème au moulin. N'est pas Pest… Cogner fort. **F.** Envolées. Romancier irlandais. Aide à garder la ligne. **G.** Temps d'un tour. Ne décolle pas d'Australie. Voie d'un médicament. **H.** Jusqu'à midi. Fer oriental. **I.** Enveloppe naturelle. Organisme paritaire français. **J.** Ne manque pas de caractères. Herbages. Roulement de tambour. **K.** Moitié d'un grand costaud. S'opposa à des descentes de Lee. **L.** Mangeuse de poules. Tels certains saules. **M.** Intra-muros. Fait la courte échelle. Échappent au public mécontent. C'est-à-dire. **N.** Est vite arpenté. Empereurs. Lance. **O.** Offre volontiers des canons. Cinéaste américain. Appel. **P.** Qui s'attache au milieu. Mettre en demeure. Support dans l'herbe. **Q.** Frappe la balle. Bande d'étoffe. **R.** C'est ainsi qu'on ne reconnaît plus les marais. Parfumé. **S.** Non juifs. Qui fait donc bloc. Branché. **T.** Erbium symbolisé. D'un auxiliaire. Son club est souvent dans le noir. Vieille bête. **U.** Étreintes. Elles ont une cour réservée aux grands.

SOLUTION DU LUNDI 16

1. Carrère D'Encausse **2.** Émile Zola **3.** Yourcenar **4.** Léopold Senghor **5.** Giscard D'estaing **6.** Victor Hugo

« Se vouloir libre, c'est aussi vouloir les autres libres ».
Simone de Beauvoir

AU JARDIN

Des potées richement garnies

Les grandes plantes fleuries n'ont pas leur pareil pour rendre les abords de la maison plus accueillants ou apporter quelques touches de couleur sur une terrasse ensoleillée. Plus le bac ou le pot est grand, plus votre plante sera à l'aise. Un drainage avec des billes d'argile ainsi qu'un terreau enrichi avec un engrais à diffusion lente feront son bonheur.
Plantez le décor avec des sujets de belle taille que vous trouverez chez les arbustes. Le gracieux laurier-rose, l'infatigable bougainvillier et l'envoûtant jasmin étoilé, amateurs de soleil, imprimeront à coup sûr leur style méditerranéen. Les grands fuchsias, les lavatères arbustives et les cannas au feuillage pourpre marqueront une influence anglaise. D'un style plus champêtre avec ses fleurs de mauve, l'anisodontea bat des records de floraison. Dans un mélange riche et bien drainé, il fleurit non-stop d'avril à novembre. **P.-Y. N.**

© Pierre-Yves Nédélec

à faire

EN FORME

Le cresson

100 g de cresson couvrent 15 % des apports journaliers recommandés en vitamines A et C, en bêta-carotène et en minéraux : c'est ainsi la star de la lutte contre les maladies chroniques.
Le plus santé Il comporte une bonne dose de vitamine B12, nutriment à risque de carence pour les végétariens. Pour préparer un écrasé de pommes de terre, coupez les queues de 2 bottes de cresson et lavez bien les feuilles. Cuisez de gros quartiers de pommes de terre à l'eau frémissante salée, puis égouttez-les et écrasez-les. Ajoutez une belle noix de beurre. Faites suer les feuilles de cresson dans une poêle. Mélangez cresson et pommes de terre, salez puis poivrez. **L. C.**

SOLUTION DU MARDI 17

C	H	I	C	H	I	T	E	U	S	E	S
R	E	C	U	E	■	A	P	R	E	T	E
A	R	T	■	I	M	P	I	E	T	E	S
V	I	E	N	N	O	I	S	E	■	U	T
A	T	R	E	■	D	E	S	■	B	L	E
C	I	E	R	G	E	■	E	T	I	E	R
H	E	■	V	I	R	E	R	A	S	■	C
E	R	M	I	T	E	S	■	G	E	N	E

samedi 21 mai

Saint Constantin

« Il y a trois sortes de mensonges : les mensonges, les sacrés mensonges et les statistiques. »
Mark Twain

à faire

Mini-fléchés

PORC MÂLE / CAPITALE DE CHINE / PURIN / MARSU-PIAL / CIGARE VITE FUMÉ / À PEINE ROUGI / ÉLÉMENT D'ÉPI / CONTRE-TEMPS / VEDETTES

REVÊTIR LA GLACE / FEUX DE VOITURE / PRIVÉE DE POILS / MONTRA DU CRAN / ARRIÈRE-TRAIN / PARTIE DU GLOBE / FAMILLE XXL / IL LÉZARDE AU SOLEIL / INDIQUE LE LIEU OÙ L'ON EST

GYPSE / A FAIT PÂLE FIGURE / PRÉVIENT LA FOULE / TROU-BLES / GRAND CLUB À MILAN / AINSI SOIT-IL / CARTE À JOUER / CÉRÉMO-NIE BIEN RÉGLÉE / TARER

FUT LÉGATAIRE / AMAS NEIGEUX / PERFORÉE / ELLE A LA TÊTE FENDUE / ARRIVE JUSQU'AU CŒUR DE LYON / SERA HILARE / MUSIQUE EN BOÎTE / SUPPRI-MÉE DE LA LISTE / INDIQUE LA FAÇON DE FAIRE

Solution au lundi 23 mai

SOLUTION DU MERCREDI 18

1	3	7	8	4	6	9	5	2
6	9	4	1	5	2	3	7	8
2	5	8	9	7	3	4	1	6
3	6	9	2	1	8	7	4	5
8	1	5	7	6	4	2	3	9
4	7	2	3	9	5	6	8	1
5	4	3	6	2	1	8	9	7
9	2	1	4	8	7	5	6	3
7	8	6	5	3	9	1	2	4

5	6	8	7	1	2	3	9	4
2	3	1	9	4	8	6	7	5
7	4	9	3	5	6	1	2	8
9	8	7	6	2	5	4	3	1
4	2	5	1	8	3	9	6	7
3	1	6	4	9	7	8	5	2
6	9	2	8	7	1	5	4	3
8	5	4	2	3	9	7	1	6
1	7	3	5	6	4	2	8	9

C'EST ARRIVÉ LE…

21 MAI 1681

Le canal des Deux-Mers, long de 321 km, est ouvert ! Conçu par l'ingénieur Pierre-Paul Riquet en prolongement du canal du Midi, il relie l'Atlantique à la Méditerranée. Il fut considéré par ses contemporains comme le plus grand chantier du XVIIe siècle. S. P.

« Au mois de mai, le seigle saute par dessus la haie. »
Dicton breton

© DSL 71/Navarro Laurent/Saône et Loire

BALADE EN FRANCE

Bibracte au temps des Gaulois

À la fin du IIe siècle avant notre ère, les Éduens fondent Bibracte, au cœur du Morvan, à la confluence de l'Yonne, de la Seine et de la Loire. Ce peuple de marchands en fait sa capitale. En 2 décennies, la ville protégée par 5 km de remparts devient l'une des plus puissantes de Gaule. Ses 10 000 habitants exploitent les mines environnantes, exportant fer, bronze et laiton vers Rome, alors que ses marchands importent du vin. Après la défaite de Vercingétorix, à Alésia, en 52 av. J.-C., l'empereur Auguste crée la cité d'Autun, en contrebas du Morvan, et Bibracte se dépeuple.
La forêt reprend ses droits et la ville sombre dans l'oubli jusqu'au XIXe siècle, lorsque Jacques-Gabriel Bulliot en retrouve la trace. Pourtant, c'est avec François Mitterrand, élu de Château-Chinon, que les fouilles prennent une autre dimension, lorsqu'il proclame Bibracte site d'intérêt national en 1985. Pour les chercheurs, ce site abandonné est une aubaine. Alors qu'ils ne peuvent fouiller ni Lyon ni Londres ni Budapest, là, il suffit de gratter un peu pour mettre à nu cette ville qui s'étendait sur 135 hectares, dont seulement 9 ont été fouillés.
En 1996, l'ouverture du musée de la civilisation celtique donne une nouvelle impulsion. Grâce aux fouilles, le rez-de-chaussée reconstitue la vie quotidienne des Éduens et met fin à de nombreuses idées reçues. Les Éduens avaient tellement de cochons domestiques qu'ils mangeaient très peu de sangliers, à peine 2 % de leur consommation de viande. Habiles artisans, ils façonnaient rasoirs, pinces à épiler et même des clés pour leurs maisons. Loin d'être isolés, les Gaulois appartenaient au monde bien plus vaste des Celtes auquel le premier étage est consacré. Après le musée, il faut découvrir les fouilles et grimper à travers la forêt jusqu'au sommet du mont Beuvray. C'est ici que François Mitterrand avait acheté une parcelle pour y reposer, avant de renoncer, laissant ainsi Bibracte à sa somptueuse solitude. **J.-P. R.**

à faire

SOLUTION DU JEUDI 19

D	E	S	I	D	E	R	A	T	A	■	R	E	■	D	A	M	A	G	E	S
E	T	U	D	E	S	■	M	E	D	I	F	V	A	U	X	■	S	O	R	E
N	O	■	E	L	S	A	■	G	N	O	N	■	R	O	I	S	S	Y	■	R
O	U	F	■	C	O	N	C	U	■	L	A	I	E	■	A	L	E	S	E	R
T	R	E	S	O	R	■	I	M	P	E	R	S	■	O	L	I	C	■	U	E
E	N	E	E	■	S	E	M	E	R	■	D	O	T	A	■	C	H	U	T	E
S	F	■	C	B	■	M	E	N	A	G	E	■	S	P	L	E	E	N	■	S
■	A	S	S	U	J	E	T	T	I	R	■	H	A	R	O	■	S	I	C	■
D	U	E	■	D	O	U	E	■	R	A	T	U	R	A	G	E	■	F	I	A
E	■	C	L	A	Y	■	R	U	I	N	E	E	S	■	E	T	A	I	N	S
F	E	T	E	■	C	O	R	N	E	T	T	E	■	P	R	O	N	E	E	S
I	N	E	S	P	E	R	E	E	S	■	A	S	E	S	■	L	I	E	■	I
L	O	■	T	U	■	A	■	D	■	O	R	■	M	I	T	E	S	■	U	S
E	U	R	E	E	T	L	O	I	R	■	D	I	E	T	E	■	E	I	R	E
S	E	P	■	R	E	E	■	C	A	S	S	E	T	T	E	S	■	N	E	S

lundi 23 mai

Saint Didier

« La poussière accumulée finit par former des montagnes. »
Proverbe japonais

à faire

EN BEAUTE

Lisser et drainer grâce aux automassages

Pratiquez chacun de ces 4 mouvements 6 fois de suite d'un côté du visage, puis de l'autre, avec les mains ou un gua sha (outil de massage asiatique en jade ou quartz, disponible chez Sephora, Nature & Découvertes, etc.).

1. Pour redessiner l'ovale, faites des ciseaux avec les doigts pour saisir l'ovale du visage entre l'index et le majeur ou avec le gua sha, puis remontez du milieu du menton jusqu'aux oreilles.

2. Pour diminuer les poches sous les yeux, remontez la main ou le gua sha en haut de la pommette et réalisez ce même mouvement de lissage vers l'extérieur.

3. Pour lisser le front, placez la main ou le gua sha au-dessus des sourcils et réalisez ce même mouvement de lissage vers l'extérieur.

4. Pour évacuer les toxines, placez la main ou le gua sha derrière l'oreille et descendez le long du cou jusqu'à la clavicule. K. S.

24MAI © Rido/stock.adobe.com

SOLUTION DU SAMEDI 21

■	V	■	L	■
P	E	K	I	N
■	R	O	S	I
G	R	A	I	N
■	A	L	E	A
S	T	A	R	S

■	E	■	E	■
S	T	O	P	S
■	A	S	I	E
S	M	A	L	A
■	E	■	E	N
O	R	V	E	T

■	P	■	A	■
B	L	E	M	I
■	A	M	E	N
A	T	O	U	T
■	R	I	T	E
P	E	S	E	R

■	H	■	P	■
N	E	V	E	S
■	R	I	R	A
D	I	S	C	O
■	T	■	E	N
R	A	Y	E	E

Mini-croisés

	A	B	C	D	E	F	G	H
1								
2								
3								
4				■			■	
5			■					
6					■			
7						■		
8								

Solution au jeudi 26 mai

Horizontalement

1. Ils parlent le persan. **2.** Choisie pour représenter. **3.** Bon soutien pour la culture. **4.** Pomme que l'on a cru venue de Rome (d'). Points opposés sur une carte. **5.** Distance parcourue par un pousse-pousse. Division administrative anglo-saxonne. **6.** Prénom d'une femme douce. Elle nous vient à la bouche quand un plat nous fait envie. **7.** Vieille fabrique de tiges. L'iridium dans les formules chimiques. **8.** Fourbus après l'effort.

Verticalement

A. Rendu bien trop beau. **B.** Éprouver du soulagement. **C.** Militaire en formation. S'apprécie en cassant la croûte. **D.** Refusa de vider son sac. Lustré. **E.** Abri du Grand Nord. Le nouveau commence dès la fin du précédent. **F.** Qui occupe une place indéterminée. **G.** Qui ne se fait plus attendre. Elle est assortie au drap. **H.** Systèmes informatiques.

mardi 24 mai

Saint Donatien

« Le vieux chien n'a pas besoin d'être sifflé par son maître. »
Proverbe portugais

A TABLE

Tarte au chocolat et grenade

Pour 6 personnes • 120 g de beurre • 6 c. à soupe de sucre glace • 1 œuf • 190 g de farine tamisée • 1 c. à soupe de poudre d'amande • 1 c. à soupe de cacao amer • 240 g de chocolat noir à 70 % • 60 g de beurre • 30 cl de lait de coco • 1 grenade.

1. Travaillez le beurre avec le sucre glace jusqu'à ce que le mélange soit crémeux. Incorporez l'œuf, la farine, la poudre d'amande et le cacao. Mélangez jusqu'à obtenir une pâte lisse et homogène. Placez au réfrigérateur pendant 30 min.

2. Préchauffez le four à 180 °C (th. 6). Abaissez la pâte, foncez un moule rectangulaire beurré et fariné. Piquez à la fourchette. Couvrez de papier sulfurisé et lestez avec des billes de cuisson.

3. Enfournez 15 min. Retirez le papier 5 min avant la fin. Démoulez le fond de tarte après cuisson.

4. Râpez le chocolat dans un saladier. Ajoutez le beurre en dés. Chauffez le lait de coco puis mélangez-le avec le chocolat jusqu'à ce qu'il soit fondu.

5. Versez la garniture dans le fond de pâte, lissez à la spatule. Mettez au réfrigérateur pendant 30 min.

© Veigas/Photocuisine/sucré-salé

6. Répartissez les grains de grenade sur la tarte. Servez aussitôt.

à faire

Mots à mot

En regroupant et en mélangeant les lettres des deux mots de trois lettres proposés, composez un troisième mot de six lettres.

T E E + M A N = E _ _ _ _ _

O N U + R O T = _ _ U _ _ _

R I O + T R I = _ _ _ _ I _

SOLUTION : Entame - Touron - Tiroir.

Clin d'œil

Dans la salle de bains, intrigué par le nettoyage du dentier, Léo, cinq ans, interpelle son grand-père : « Papi, pourquoi tu as un dentier ? » « Tu sais, quand on vieillit, les dents s'abîment et on porte un dentier ! » Léo met la main devant sa bouche et s'exclame : « J'veux pas vieillir ! »

mercredi 25 mai

Sainte Sophie

« Certains, plantés devant leur miroir, croient qu'ils réfléchissent. »
Frédéric Dard

à faire

EN FORME

Les fèves fraîches

©Comugnero Silvana - stock.adobe.com

Au début du printemps, les févettes apparaissent sur les marchés. Croquez-les directement sans même les éplucher et faites le plein de vitamine C. Elles sont également riches en potassium, fer et magnésium.

Le plus santé La fève fraîche regorge de polyphénols qui ont un fort pouvoir antioxydant. Pour préparer des fèves ciboulette, écossez les fèves. Faites bouillir l'eau. Jetez-y les fèves et faites cuire à feu doux pendant 5 min. Égouttez-les, et retirez la fine peau. Ciselez un bouquet de ciboulette. Dans un saladier, mélangez la ciboulette, les fèves et 2 cuillères à café d'huile d'olive. Salez et poivrez. L. C.

Petits fléchés

ENTREPRENANTE
AMÉNAGER L'ESPACE
GROS PLAN
COMPREND
PRISE PAR LE TEMPS
PASSAGE COUVERT
CONDAMNER À L'ÉLOIGNEMENT
EXPOSÉ AU SOLEIL
MASSIF DU VAR
ÉTREINTE
DOTÉ D'UN TITRE
PORTE SOUVENT UN NOM CÉLÈBRE
FEMME PIEUSE
INFO EN IMAGES
AIGUILLE DES ALPES (DU)
CURIE
UN PHARMACIEN À MÉTHODE
EXERCER UNE TRACTION

SURFACE À CREUSER
PASSAGE RÉSERVÉ
LAME DU FERRAILLEUR
PÂTE DE SOJA
FEMMES DÉRAISONNABLES
ON LA PREND POUR SE SAUVER
ÉCONOMIE D'ENTREPRISE
REINE D'ARAGON
HONORER
CHAMPION D'ÉCHECS
SOUPIR
SE LÈCHE AUX BEAUX JOURS
CITÉ SUR LA BRESLE
SANS AUCUN FARD
IL ÉMANE DE L'ÊTRE SUPRÊME
AU MILIEU DES TERRES
IL COLLABORA AVEC UN JULES

Solution au samedi 28 mai

jeudi 26 mai

« Prévenez le mal avant qu'il n'existe ; calmez le désordre avant qu'il n'éclate. »
Lao-Tseu

Mots codés

Dans la grille ci-dessous, les lettres ont été remplacées par des nombres, un même nombre représentant toujours la même lettre. Pour commencer le jeu, utilisez les lettres du mot dont le code est déjà indiqué. Les cases ci-dessous servent d'aide-mémoire ; vous pouvez y inscrire les lettres au fur et à mesure que vous les trouvez.

1 B	2 I	3 V	4 O	5 U	6 A	7 C	8	9	10	11	12	13
14	15	16	17	18	19	20	21	22	23	24	25	26

1 B	2 I	3 V	4 O	5 U	6 A	7 C	■	6	11	11	2	7	10	2	4	9
4	■	2	■	17	■	18	■	19	■	8	■	6	■	9	■	6
12	6	10	8	16	21	4	4	2	■	13	2	16	4	14	17	2
12	■	16	■	6	■	2	■	16	■	2	■	8	■	8	■	3
2	19	6	22	2	8	16	■	6	9	10	2	20	8	7	18	8
9	■	2	■	9	■	■	■	5	■	■	■	20	■	10	■	10
11	8	15	6	2	■	6	7	10	2	24	■	8	11	2	15	8
4	■	■	■	8	■	23	■	8	■	15	■	■	■	4	■	■
12	6	22	4	9	15	2	10	■	15	25	7	8	8	9	9	8
■	■	4	■	■	■	6	■	26	■	8	■	26	■	■	■	23
1	4	5	8	8	■	15	4	5	8	16	■	5	20	6	9	10
5	■	10	■	3	■	■	■	8	■	■	■	2	■	21	■	4
16	8	10	16	6	7	10	8	16	■	20	8	13	10	5	4	16
16	■	2	■	9	■	16	■	8	■	19	■	2	■	16	■	26
6	9	8	19	4	9	8	■	15	4	5	3	8	10	8	6	5
10	■	16	■	5	■	19	■	15	■	16	■	16	■	8	■	8
6	15	8	3	2	9	6	22	8	■	24	16	8	2	9	8	16

Solution au dimanche 29 mai

à faire

AU MARCHE

L'époisses

C'est la saison de ce fromage au lait de vache fabriqué en Bourgogne, qui se distingue par ses arômes puissants et subtils. Labellisé AOC et AOP, Il possède une bonne teneur en protéines, du calcium et des matières grasses de qualité. La meilleure façon de le savourer est sur une tranche de pain d'épices, pour faire ressortir ses parfums intenses. Conservez-le entier et bien emballé environ 1 semaine au réfrigérateur. Déguster l'époisses avec un vin blanc de Bourgogne pour un accord 100 % terroir. **M.-A. D.**

SOLUTION DU LUNDI 23

I	R	A	N	I	E	N	S
D	E	S	I	G	N	E	E
E	S	P	A	L	I	E	R
A	P	I	■	O	E	■	V
L	I	■	C	O	M	T	E
I	R	M	A	■	E	A	U
S	E	I	T	A	■	I	R
E	R	E	I	N	T	E	S

vendredi 27 mai

Fête des Voisins

Saint Augustin

« Les peuples une fois accoutumés à des maîtres ne sont plus en état de s'en passer. »
Jean-Jacques Rousseau

à faire

© Pierre-Yves Nédélec

AU JARDIN

Un massif de vivaces très florifère

Contrairement aux fleurs saisonnières qu'il faut racheter chaque printemps, les vivaces restent en terre, s'étoffent d'une année sur l'autre et refleurissent fidèlement. Vendus en godet, les jeunes plants s'installent dans les massifs avec une bonne poignée de compost dans le fond du trou. Tassez à la main, arrosez et c'est parti pour 5 à 6 mois de floraison, à condition de choisir des variétés hyper florifères, comme le petit géranium sanguin à fleurs roses, le Rozanne si lumineux ou encore le charmant Orion à cœur blanc. Tout-terrain, sans entretien et très résistants à la sécheresse, ils vont colorer les bordures.

Au cœur des massifs, installez des vivaces aux fleurs de marguerite comme l'anthémis jaune, le coréopsis doré et l'échinacée pourpre si prisée des papillons. Les pieds au sec, la sauge microphylla fera un bel effet avec ses myriades de fleurs rouges, roses, jaunes ou blanches. Et pour limiter l'arrosage, paillez votre massif avec des paillettes de lin, de chanvre ou tout simplement des graviers. P.-Y. N.

QUELLE HISTOIRE !

À dix ans, en 1180, Isabelle de Hainaut épouse Philippe II, dit Philippe Auguste, 15 ans. Trois ans passent et le roi s'impatiente de ne pas avoir d'héritier. À 17 ans, Isabelle donne le jour au futur roi Louis VIII avant de mourir en couches, trois ans plus tard.

P. Da.

Le saviez-vous

« Pose ton pain à l'endroit ! » Cette exclamation héritée du Moyen Âge fait référence au pain du bourreau. Les jours où il œuvrait, l'exécuteur avait droit à une miche gratuite que le boulanger présentait face sur le comptoir afin qu'elle soit identifiée par qui de droit. Ainsi, le pain à l'envers fut associé au bourreau et donc à la mort. Ce rappel à l'ordre tient de la superstition mais aussi de l'outrage à la dignité, car dans les maisons où la coutume n'était pas respectée, la maîtresse des lieux était suspectée de mœurs volages... M. Q.

samedi 28 mai

Saint Germain

« Rosée de mai fait la prairie verte. »
Dicton alsacien

Sudokus

2	1							
				5	9			8
					2	7	6	5
				4		8	2	
8			7	9	5			1
	7	6		1				
4	5	3	9					
1			3	6				
							4	9

	3			7			8	
7		5				9		6
		9		3		4		
		8	4		1	7		
	4		6		7		5	
	7						9	
			3	8	4			
8			2		5			3
1								5

	5	6						
			8	7	9			
	2				5	3		
			4	3				7
8								1
6				1	2			
		3	5				9	
			7	4	6			
						8	5	

				5		2		
9	4			1				
	6		8			7		
1					4		8	
			6		3			
	8		1					2
		6			7		1	
				2			9	3
		4		6				

Solution au lundi 30 mai

à faire

EN FORME

Le germe de blé

Ses vertus Enrichi en micronutriments par la germination, il constitue un cocktail naturel de vitamines, surtout B1, B6, B9, E, et de minéraux bien assimilables. Une cuillère à soupe (20 g) représente plus de 100 % de l'apport conseillé en manganèse et 33 % en zinc. Le germe de blé contient également des oméga-6. Privilégiez le germe de blé bio. Consommez-en 1 cuillère à soupe quotidienne, vous pouvez alterner avec de la levure de bière, également riche en vitamine B.

En cuisine Il se saupoudre sur les salades, les céréales, les laitages et les compotes. Il remplace aussi la chapelure pour confectionner une panure. **F.D.**

SOLUTION DU MERCREDI 25

	A		I		G	
A	G	E	N	C	E	R
	I	N	S	O	L	E
E	S	T	E	R	E	L
	S	E	R	R	E	E
N	A	N	T	I		G
	N	D		D	R	U
J	T		C	O	U	E
	E	T	I	R	E	R

	E		B		M	
E	X	T	R	A	I	T
	T		E	L	S	A
G	E	S	T	I	O	N
	R	A	T	E		G
S	I	L	E	N	C	E
	E	U		E	O	N
N	U	E	M	E	N	T
	R	R		S	E	E

dimanche 29 mai

Fête des mères

Saint Aymard

« La bouche oublie vite
la main qui lui donne. »
Proverbe français

à faire

© PUNTOSTUDIOFOTO Lda/stock.adobe.com

QUELLE HISTOIRE !

Pierrefonds, le château médiéval réinventé

Le nom de Pierrefonds vient de *petra fons*, « source d'eau pierreuse ». Déjà connues des Romains, ces sources sont retrouvées par le peintre Louis-Joseph Deflubé, originaire de Pierrefonds, lorsqu'il remarque que les plantes de son jardin blanchissent. En 1857, l'Académie impériale reconnaît les vertus de ces eaux ferrugineuses et sulfureuses. Dès lors, l'artiste métamorphose sa demeure en hôtel, qu'il agrémente d'un casino. **Après son démantèlement par Richelieu,** « Pierrefonds était une ruine romantique que Napoléon Ier avait achetée pour éviter qu'elle ne finisse en carrière », raconte Lucile Hervet, son administratrice adjointe. Fou d'archéologie, Napoléon III veut sauver Pierrefonds. Il demande à Viollet-le-Duc de reconstruire son donjon, puis l'ensemble du château. L'architecte rebâtit 8 énormes tours ornées chacune d'un preux : Godefroi de Bouillon, Alexandre le Grand, Hector... Si l'extérieur est dépouillé, la cour regorge de gargouilles et de sculptures, à commencer par celle de Louis d'Orléans. **Terminé en 1875, Pierrefonds n'a jamais été habité ni meublé.** Seule la salle de bal l'a été, mais avec la collection d'armures de Napoléon III ! Dans les premières salles, des expositions présentent des épis de faîtage des ateliers Monduit, créateurs de la flèche de Notre-Dame, et des plâtres de Viollet-le-Duc. Dans le salon, un seul meuble : une banquette au dossier amovible. Enfin, il faut découvrir dans une demi-pénombre le bal des gisants : d'étonnants moulages commandés par Louis-Philippe pour Versailles. Dès son achèvement, Pierrefonds a fasciné. Il a inspiré à Louis II de Bavière son château de Neuschwanstein. Même Michael Jackson y a succombé. Lors de sa visite, il a dévalisé la boutique de souvenirs. « Il a aussi voulu acheter Pierrefonds, s'amuse Lucile Hervet. Et quand il s'est aperçu que c'était impossible, il s'est fait réaliser une maquette en marbre ! » J.-P. R.

SOLUTION DU JEUDI 26

1	2	3	4	5	6	7	8	9	10	11	12	13
B	I	V	O	U	A	C	E	N	T	D	W	P
14	15	16	17	18	19	20	21	22	23	24	25	26
J	L	R	K	H	M	S	Z	G	X	F	Y	Q

lundi 30 mai

Saint Ferdinand

« Le champ vaut peu si le mois de mai ne laisse pas le blé avec son épi. »
Dicton gascon

à faire

AU MARCHÉ

Le concombre

Jusqu'en septembre, c'est la pleine saison de ce légume croquant et juteux, profitez-en ! Au marché, vérifiez que sa peau est lisse et ferme : plus il est petit, plus sa saveur est intense. Composé à 95 % d'eau, il est peu calorique mais bien pourvu en minéraux (potassium, phosphore). Faiblement dosé en sodium, il est diurétique et efficace pour drainer l'organisme. Dégustez-le en tagliatelles avec des tomates cerise, de l'oignon rouge, de l'avocat, du citron et du basilic. Il se garde 10 jours au réfrigérateur. Consommez le concombre avec la peau, riche en antioxydants. Dans ce cas, choisissez-le bio. **M.-A. D.**

SOLUTION DU SAMEDI 28

2	1	5	8	7	6	4	9	3
6	3	7	4	5	9	2	1	8
9	4	8	1	3	2	7	6	5
5	9	1	6	4	3	8	2	7
8	2	4	7	9	5	6	3	1
3	7	6	2	1	8	9	5	4
4	5	3	9	2	7	1	8	6
1	8	9	3	6	4	5	7	2
7	6	2	5	8	1	3	4	9

4	3	2	9	7	6	5	8	1
7	8	5	1	4	2	9	3	6
6	1	9	5	3	8	4	2	7
3	5	8	4	9	1	7	6	2
9	4	1	6	2	7	3	5	8
2	7	6	8	5	3	1	9	4
5	6	7	3	8	4	2	1	9
8	9	4	2	1	5	6	7	3
1	2	3	7	6	9	8	4	5

9	5	6	3	2	4	1	7	8
3	1	4	8	7	9	5	6	2
7	2	8	1	6	5	3	4	9
1	9	5	4	3	8	6	2	7
8	4	2	6	5	7	9	3	1
6	3	7	9	1	2	4	8	5
2	6	3	5	8	1	7	9	4
5	8	9	7	4	6	2	1	3
4	7	1	2	9	3	8	5	6

7	1	8	3	5	6	2	4	9
9	4	5	7	1	2	3	6	8
3	6	2	8	4	9	7	5	1
1	5	3	2	7	4	9	8	6
4	2	9	6	8	3	1	7	5
6	8	7	1	9	5	4	3	2
2	9	6	5	3	7	8	1	4
5	7	1	4	2	8	6	9	3
8	3	4	9	6	1	5	2	7

mardi 31 mai

Visitation

Sainte Lise-Marie

« La calomnie tourne la vérité
avec le vrai semblable. »
Proverbe français

à faire

EN BEAUTE

Un démaquillant écolo

L'huile démaquillante contient souvent des huiles d'amande douce, de ricin, de jojoba et de tournesol. Elle ne manque pas de qualités : écologique, elle s'utilise sans coton, ce qui est idéal pour les peaux sensibles. Rapide et économique, elle capte en une seule fois les impuretés et les restes de maquillage, vous n'aurez plus besoin d'appliquer un lait puis une lotion. Sensorielle, elle combine la fraîcheur au raffinement de la texture. Mélangée à l'eau, elle se transforme en lait, sans laisser de film gras.

Les bons gestes Déposez dans le creux de la main 1 à 2 doses d'huile démaquillante. Appliquez sur le visage sec, les yeux fermés, par mouvements circulaires. Ajoutez un peu d'eau tiède ou fraîche et émulsionnez. Rincez abondamment à l'eau, puis séchez. **M. F.**

Super croisés

	A	B	C	D	E	F	G	H	I	J	K	L
1												
2								■				■
3										■		
4				■					■			
5		■			■							
6							■					
7				■								
8						■						

Horizontalement

1. Dame de trèfle. **2.** Peut posséder perruches et perroquets. Elle fait partie de notre quotidien. **3.** Très difficiles à corriger. Note. **4.** Finit par devenir grand avec les ans. Également. Accompagne le départ d'une balle. **5.** A pouffé. Pour eux, c'est le pied ! **6.** Faire la parade. Poil à gratter. **7.** Un voisin du Tessin. Prendre l'air. **8.** Passe sous un filet. La récolte du gemmeur.

Verticalement

A. La vie l'a amené à voir les choses de haut. **B.** Sonné au combat. Suppression des mélanges. **C.** Un homme près du lit. **D.** Sort de l'eau. Personnel. **E.** On attend sa réaction. Un grand nombre d'années. **F.** Part du rein. **G.** Il dort comme un loir. Strontium. **H.** Fut une mère pour Minos. **I.** Vont à la rivière. On l'a à l'œil. **J.** Câblé. A mis la main à la pâte. **K.** Propre à des empereurs romains. **L.** Rentre dedans.

Solution au jeudi 2 juin

« L'ennui, c'est que nous négligeons le football au profit de l'éducation. »
Groucho Marx

AU JARDIN

Une joyeuse plate-bande d'annuelles

© Pierre-Yves Nédélec

Pousser rapidement, fleurir généreusement et faire des graines avant l'hiver, tels sont les défis des annuelles. Mais ce n'est pas tout, ces plantes qui fleurissent prestement perdurent jusqu'au milieu de l'automne. Alors, dès les beaux jours, laissez-vous tenter par les innombrables barquettes prêtes à être repiquées dans les plates-bandes. Vous pouvez aussi semer certaines variétés directement en place, ce qui est bien plus économique.

Parmi les plus faciles à semer dès le printemps, on trouve la capucine naine, la lavatère, l'œillet, le lin, le souci, le cosmos, la reine-marguerite, le godétia et le pavot de Californie. Coup de cœur pour les mélanges à semer tout bonnement à la volée, entre avril et juin, comme un ensemble de fleurs mellifères, un mélange champêtre ou encore spécial papillons.

Les variétés délicates s'achèteront plutôt en godet, tels le zinnia, l'agératum, la sauge farineuse, le lobélia, l'agastache, la célosie et le muflier. Installez-les dans votre plate-bande, à la terre bien affinée et enrichie en compost, vers la mi-mai. Paillez et pensez à les protéger des limaces. Arrosez matin et soir par temps sec. P.-Y. N.

à faire

Sudokus

4		6						
		8				9		5
			9	8			3	
	7				2			
					5		1	3
	8				9			
			1	3			5	
		1				7		4
2		9						

		3					6	4
				6	1		5	
	4	1						
5			2				7	
				3		8		9
4			6				1	
	7	9						
				9	2		3	
		4					2	7

Solution au vendredi 3 juin

Clin d'œil

À un feu rouge, le moteur de la voiture se coupe. Apolline, quatre ans, s'écrie : « Ben papi, il n'y a plus de batterie ! »

jeudi 2 juin

Sainte Blandine

« Qui garde ses défauts apparents ne désire pas être jugé parfait. »
Lao-Tseu

à faire

EN FORME

Je passe de bonnes nuits, naturellement !

Testez ce trio de plantes efficaces pour mieux dormir.

La valériane, très apaisante, raccourcit le temps d'endormissement et allonge la durée du sommeil profond : 2 g de racines séchées en décoction dans 150 ml d'eau bouillante pendant 10 min.

La mélisse possède des vertus calmantes : faites infuser 1 cuillère à café de plantes dans une tasse d'eau bouillante pendant 5 min.

L'eschscholtzia (pavot de Californie) calme, en outre, les douleurs : dans une tasse d'eau bouillante, faites infuser 1 cuillère à café de plantes durant 5 min.

Les effets de ces trois plantes mettent parfois plusieurs jours à se faire sentir. Leurs propriétés sont renforcées lorsqu'elles sont prises sous forme de teintures mères (disponibles en pharmacie), d'EPS (extrait de plantes standardisé) ou de SIPF (suspension intégrale de plantes fraîches).

Utilisez un duo d'huiles essentielles en dépannage nocturne.

La lavande et la camomille noble sont à utiliser en cas de réveils intempestifs. Déposez 2 gouttes sur l'oreiller ou au creux du poignet et inspirez profondément.

L'orange douce ou le petit grain bigarade sont à diffuser avec parcimonie dans la chambre. C. D.

SOLUTION DU MARDI 31

A	G	R	I	C	U	L	T	R	I	C	E
V	O	I	L	U	R	E	■	U	N	E	■
I	N	V	E	T	E	R	E	S	■	S	I
A	G	E	■	I	T	O	U	■	P	A	N
T	■	R	I	■	E	T	R	I	E	R	S
E	T	A	L	E	R	■	O	R	T	I	E
U	R	I	■	R	E	S	P	I	R	E	R
R	I	N	C	E	■	R	E	S	I	N	E

AU MARCHE

La nèfle du Japon

Jusqu'à la fin du mois, savourez ce petit fruit doré et charnu récolté dans le Sud de la France. Choisissez-le ferme et bien coloré, sans taches. Peu sucré (56 kcal/100 g), il se distingue par sa teneur en carotène, en vitamines (A, B6, B9 et C), en minéraux (potassium et fer) et en fibres. Délicieux nature, il peut aussi être revenu à la poêle avec du beurre et du sucre. Servez-le tiède avec de la noix de coco râpée. Fragile, il ne se conserve pas plus de 2 jours dans le bac à légumes du réfrigérateur. Faites attention avec le noyau de la nèfle car il contient des composants toxiques. M.-A. D.

vendredi 3 juin

« La vie n'est jamais aussi compliquée que se plaisent à l'imaginer les têtes faibles. »
Marcel Aymé

Jackpot

Dans chaque jeu, trouvez trois mots de quatre, cinq, six ou sept lettres en ne prenant qu'une lettre par colonne. Chaque lettre ne sert qu'une fois. Un exemple vous est déjà donné.

1 Mots de 4 lettres

M	U	O	U
D	N	E	O
G	O	J	E

DOJO
....
....

2 Mots de 5 lettres

J	E	S	T	R
R	K	N	P	I
O	A	A	E	E

....
....
....

3 Mots de 6 lettres

L	O	I	I	D	N
G	H	M	C	E	O
C	I	B	M	O	R

....
....
....

4 Mots de 7 lettres

C	U	C	R	N	A	S
T	A	P	O	R	I	E
L	O	U	I	O	L	L

....
....
....

Solution au samedi 4 juin

à faire

QUELLE HISTOIRE !

La basilique Saint-Denis profanée

À la chute de la monarchie en août 1792, 47 tombeaux en métal de la basilique Saint-Denis sont démontés et fondus pour en faire des canons et des boulets. Les tombes sont profanées et les corps jetés dans des fosses communes. Puis, Louis XVIII fait rapporter les restes dans la crypte sans que les corps aient pu être identifiés. En 1805, la basilique est restaurée, sur ordre de l'Empereur Napoléon Ier. **C.-R. N.**

SOLUTION DU MERCREDI 1ER

4	9	6	5	7	3	1	2	8
7	3	8	6	2	1	9	4	5
5	1	2	9	8	4	6	3	7
1	7	3	8	4	2	5	9	6
9	2	4	7	6	5	8	1	3
6	8	5	3	1	9	4	7	2
8	4	7	1	3	6	2	5	9
3	5	1	2	9	8	7	6	4
2	6	9	4	5	7	3	8	1

7	5	3	0	2	8	1	6	4
9	8	2	4	6	1	7	5	3
6	4	1	3	7	5	2	9	8
5	9	8	2	1	4	3	7	6
1	2	6	5	3	7	8	4	9
4	3	7	6	8	9	5	1	2
2	7	9	1	4	3	6	8	5
8	6	5	7	9	2	4	3	1
3	1	4	8	5	6	9	2	7

samedi 4 juin

Sainte Clothilde

« Aimer, c'est savoir dire
je t'aime sans parler. »
Victor Hugo

à faire

Mini-fléchés

Grille 1

SORTE DE TARTE / COULEUR AU JEU / DÉCAMPENT / TRACTOPELLE / RÉSULTAT D'UNE OPÉRATION / ATTACHÉE / CÉRÉALES À GRAINS / GARDA EN MAIN / CÔTE À MONTER

Grille 2

QUI A DU BIDON / IRAN D'ANTAN / *PS* POUR LES GRECS / USAI / TRAVAILLES À PLACER UN SCION / PETIT / SECTEUR EN CHANTIER / ADJECTIF DÉMONSTRATIF / ESPÈCE DE CHIEN / TROUS DE POISSONS

Grille 3

PLUTÔT SERIN / METTRE À L'ÉCART / SANS GRAVITÉ / COEFFICIENT / QUI A MAL VIEILLI / NOM DE JEUNE FILLE / ROLLER / CITÉ BRETONNE / DU GENRE FLASQUE

Grille 4

QUI S'AFFICHE / CADUQUE / C'EST BÊTE, TROP MÛRE ! / COUCHE / NETTOIE À FOND / VILLE DES BELONS / PERDANT / TOUFFE DE JEUNES TIGES / UN TSAR QUI N'A PAS DE CŒUR

Solution au lundi 6 juin

SOLUTION DU VENDREDI 3

1. dojo / gnou / muée.
2. jaser / okapi / rente.
3. gommer / libido / chicon.
4. luciole / caporal / tournis.

AU MARCHE

Le rocamadour

Produit au cœur du Quercy, le rocamadour est un petit fromage de chèvre au lait cru AOC. Sa croûte doit être veloutée et blanche. Il contient 21 % de matières grasses (des acides gras saturés), des vitamines (A, D, E, K, B), des minéraux (calcium, phosphore, zinc, fer...). Dans une boîte hermétique, il se déguste dans les 8 jours. Sortez-le du réfrigérateur 1 heure avant dégustation pour mieux apprécier ses arômes. **M.-A. D.**

« L'homme n'est heureux que de vouloir et d'inventer. »
Alain

EN CHANSON

2016 Céline Dion « Encore un soir »

© SADAKA EDMOND/SIPA

Depuis 25 ans, il s'est tissé une histoire au long cours entre Jean-Jacques Goldman et Céline Dion… Star mondiale, c'est à lui que l'artiste québécoise doit l'essentiel de son répertoire francophone. Tout commence en 1995 avec l'album *D'eux* et son tube « Pour que tu m'aimes encore ». Écoulé à 10 millions d'exemplaires, il est l'album francophone le plus vendu de l'histoire de la musique. Leur collaboration se poursuit avec 2 albums, *S'il suffisait d'aimer* et *Une fille et quatre types*.

En 2015, Céline accompagne son mari René Angélil dans l'épreuve de la maladie quand elle réclame à Jean-Jacques Goldman une chanson qui se ferait l'écho de ce qu'elle traverse. D'abord, celui-ci refuse, estimant qu'il lui a déjà donné le meilleur de lui-même et redoutant sans doute de tomber dans le mélodrame. La chanteuse insiste. Goldman imagine alors « Encore un soir », une mélodie entêtante, portée par un texte bouleversant évoquant la magie d'une rencontre, le temps qui reste et la nécessité de prolonger encore un peu le miracle de cette vie passée ensemble.

À la première écoute, Céline est bouleversée et René, alors très affaibli, l'est tout autant. En janvier 2016, ce dernier s'éteint et 4 mois plus tard, Céline, le cœur à vif, revient sur le devant de la scène avec « Encore un soir » qui devient une chanson hommage et testamentaire. En 3 jours, le titre se place numéro un en France avant de devenir le tube de l'été 2016 et de s'exporter aux quatre coins du monde. **P. Da.**

« Encore un soir, encore une heure / Encore une larme de bonheur / Une faveur comme une fleur / Un souffle, une erreur / Un peu de nous, un rien de tout / Pour tout se dire encore ou bien se taire / En regards, juste un report / À peine encore, même s'il est tard… »

Auteur-compositeur : Jean-Jacques Goldman. Label Columbia, 2016.

à faire

C'EST ARRIVÉ LE…

5 JUIN 1930

La bande dessinée *Tintin au Congo* est publiée en noir et blanc dans les pages du journal belge *Le Petit Vingtième*. Si l'album demeure l'un des plus gros succès d'Hergé, il continue à susciter le malaise pour la vision qu'il transmet de l'Afrique. **S. P.**

lundi 6 juin

Lundi de Pentecôte

Saint Norbert

« Si je devais choisir un super héros, je choisirais Superman. Il est tout ce que je ne suis pas... »
Stephen Hawking

à faire

D'un mot à l'autre

En regroupant et en mélangeant les lettres de chaque mot donné avec la lettre qui le suit, vous devez trouver un second mot composé, selon le cas, de quatre, cinq, six ou sept lettres. Aucun mot au pluriel n'est admis ni aucun verbe conjugué.

Mots de 4 lettres

1 Z E E + P = ☐☐☐☐
2 E T C + I = ☐☐☐☐
3 A C E + P = ☐☐☐☐

Mots de 5 lettres

4 D I E U + J = ☐☐☐☐☐
5 A L E S + L = ☐☐☐☐☐
6 T R O U + C = ☐☐☐☐☐
7 C R A N + H = ☐☐☐☐☐

Mots de 6 lettres

8 A V A L E + G = ☐☐☐☐☐☐
9 A V E R E + S = ☐☐☐☐☐☐
10 C H E N E + U = ☐☐☐☐☐☐

Mots de 7 lettres

11 E T H E R E + I = ☐☐☐☐☐☐☐
12 L A N C E E + V = ☐☐☐☐☐☐☐
13 E R A B L E + B = ☐☐☐☐☐☐☐
14 N E R E I S + C = ☐☐☐☐☐☐☐

Solution au vendredi 10 juin

SOLUTION DU SAMEDI 4

■	T	■	F	■
C	O	E	U	R
■	U	N	I	E
O	R	G	E	S
■	T	I	N	T
P	E	N	T	E

■	V	■	P	■
P	E	R	S	E
■	N	A	I	N
B	T	P	■	T
■	R	A	C	E
O	U	I	E	S

■	C	■	V	■
G	A	R	E	R
■	N	A	N	A
P	A	T	I	N
■	R	I	E	C
F	I	O	L	E

■	M	■	B	■
N	U	L	L	E
■	R	I	E	C
B	A	T	T	U
■	L	■	T	R
C	E	P	E	E

Le saviez-vous

Du grec *muthos* (récit imaginaire), le mythe est une histoire inventée pour expliquer la vie en mettant en scène des dieux, des demi-dieux, des héros... toujours intrépides et sujets de tragédies. À la fin du XIXe siècle, le mythe désigne aussi le personnage au destin fabuleux fait – comme celui du héros mythique – de mystère, de succès, de drame et fauché en pleine gloire et en pleine jeunesse. Il en est ainsi de Marilyn Monroe ou de James Dean, qui sont devenus des mythes... Idéalisés et fantasmés depuis leur mort, ces personnages existent hors de la réalité. Gainsbourg fait toutefois exception, il disait de lui-même : « Je suis un mythe vivant, quelques degrés au-dessus d'une star ! » M. Q.

« On ne devient grand qu'en mesurant la petitesse de sa douleur. »
Ernst Wiechert

A TABLE

Tartare de bœuf sur carpaccio de radis

Pour 2 personnes • 2 radis pastèque (radis Red Meat chez certains primeurs et magasins bio) • Huile d'olive • Sel • Poivre du moulin • 1 pointe de moutarde forte • 1 échalote • 1 c. à soupe + 1 c. à café de câpres • 3 brins de persil plat • 1 c. à café de noisettes entières • 260 g de bœuf (rumsteck, faux-filet, bavette) • Aneth • 1 mandoline.

1. Détaillez les radis en carpaccio.
2. Fouettez 3 cuillères à soupe d'huile avec du sel et du poivre. Mélangez aux radis. Réservez au frais.
3. Mélangez la moutarde avec l'échalote hachée et la cuillère à soupe de câpres hachées, le persil ciselé, les noisettes concassées et toastées, du sel et du poivre.
4. Taillez des lanières de bœuf de 0,5 cm, perpendiculaires au sens des fibres de la viande. Coupez ensuite dans l'autre sens pour obtenir des petits dés réguliers.
5. Versez un filet d'huile d'olive sur les dés de viande. Salez et poivrez. Mélangez, puis ajoutez la garniture aux câpres et noisettes.
6. Disposez les radis en rosace sur les assiettes. Moulez les tartares au centre à l'aide d'un emporte-pièce.

© Photocuisine /StockFood/sucré-salé

7. Décorez de câpres et d'aneth. Servez avec une salade. M.-A. D.

Info + Remplacez la viande par un fromage : burrata, chèvre frais...

à faire

Vite, une astuce !

Vous n'avez plus de pâte feuilletée sous la main ? Mélangez autant de farine que de petits-suisses au lait entier (ou de fromage frais, type Philadelphia). Pesez et ajoutez la moitié du poids obtenu en beurre froid, coupé en petits dés, avec un peu de sel. Pour une tarte de 30 cm utilisez 250 g de farine, 250 g de fromage frais égoutté (environ 5-6 petits-suisses), 100 g de beurre et 1 cuillère à café de sel. Mélangez rapidement, étalez et garnissez votre moule. Cette pâte convient pour les quiches et tartes mais pas pour un mille-feuilles !

C'EST ARRIVÉ LE...

7 JUIN 1929

Le Vatican devient un État souverain, reconnu sur la scène internationale. Les accords du Latran, ratifiés entre l'Italie et le Saint-Siège quelques mois auparavant, donnent naissance au plus petit pays du monde (44 ha, pour 1 000 résidents aujourd'hui). S. P.

mercredi 8 juin

Saint Médard

« Ce devrait être un signe de décence pour un homme que d'être honteux d'avoir vécu au xxe siècle. »
Elias Canetti

à faire

A TABLE

3 astuces anti-gaspi avec l'abricot

Poché Pour 2 personnes : dans une casserole, versez un verre d'eau, 1 cuillère à soupe de miel et ½ gousse de vanille grattée. Portez à ébullition jusqu'à obtenir un sirop. Faites pocher 6 oreillons 15 min environ. Laissez refroidir et servez avec une boule de glace à la vanille.

En clafoutis Pour 4 personnes : dans un saladier, mélangez 4 œufs avec 1 pincée de sel, ajoutez 125 g de sucre, 100 g de farine, 60 g de beurre fondu et 25 cl de lait. Disposez les oreillons dans un plat graissé et versez la préparation. Enfournez 45 min à 220 °C (th. 6-7).

Pour lester une pâte Récupérez les noyaux d'abricot et nettoyez-les à l'eau. Utilisez-les ensuite pour la cuisson d'une pâte à tarte. **M.-A. D.**

Petits fléchés

METTRE EN MOUVEMENT
BISTOURI
LÉSIONS
OISEAU AU JOLI PLUMAGE
ON Y VISITE CUZCO
SUIVRE
PETITES BANDES DE CUIR
TIRERA LE LAIT
MÉLANGE DU CHEF
QUI A UN GOÛT D'APÉRITIF
PLACE DU VIOLON
EAU RENNAISE
ON Y FORME DES TECHNOCRATES
DÉBUT DE LUNAISON
MIS EN VRAC
TRAIN À RAMES
ARTICLE ESPAGNOL
ARRIVÉ À LA MATERNITÉ
MIS EN COMMUNICATION

CUISSE DE DINDE EN SAUCE
TENDRES
CÔTÉ D'UN RECTANGLE
MATELOT
AUXILIAIRE DE VIE
IL DONNE DU LOLO
PETIT CANARD SAUVAGE
METTRA À L'ABRI
RELUQUER
AINSI PLUS PROCHE
CARTE
UNE FAÇON DE S'ÉLEVER
PRONOM
ÉCOLE PRESTIGIEUSE
SIGLE POUR DES TRAVAUX FORCÉS
IL CIRCULE À RIO
PARLER DU MIDI
QUI N'A AUCUNE COMPÉTENCE
EXPLOSE EN TOUS SENS

Solution au dimanche 12 juin

jeudi 9 juin

Sainte Diane

« Au mois de juin, la faux à la main. »
Dicton gascon

Mots mélangés

Tous les mots de la liste figurent dans cette grille et peuvent se lire dans toutes les directions. Chaque lettre peut être utilisée une ou plusieurs fois, sauf celles formant l'énigme répondant à la définition suivante :
Italienne du Nord.

AMANDIER
ANGLICAN
ASPHYXIE
AUTOFICTION
BÉATIFIÉ
BÉTON
CARAÏBE
CINTRE
CLOCHARD
DIALECTE
ÉCHANGE
ÉMÉRITE
GÂCHER
GARNEMENT
GASTRONOMIE
GAZETTE
GIGAOCTET
GLOUTONNERIE
GOLDEN
GOUGÈRE
GRUYÈRE
HABITAT
ISTHME
ITALIENNE
ITÉRATIF
LAMENTO
MAGNÉTOSCOPE
MYRRHE
NOCEUR
NOTICE
ORNITHOLOGIE
OURAGAN
OXYGÈNE
PARCOURIR
RADOUB
RANDONNÉE
REDAN
SAULAIE
TARLATANE
TOCANTE
TOURNOI
TRAME
TRICOTEUSE
UBIQUITÉ
ULTÉRIEUR
VARIANTE

R	U	E	I	R	E	T	L	U	N	E	D	L	O	G
H	A	B	I	T	A	T	E	B	I	A	R	A	C	S
E	E	N	I	M	E	G	C	T	B	U	O	D	A	R
I	P	I	D	Q	O	R	U	E	C	O	N	U	U	E
G	O	E	R	O	U	N	A	G	L	O	L	N	T	C
O	C	N	I	E	N	I	O	T	A	A	A	E	O	H
L	S	O	R	S	N	N	T	R	I	Z	I	G	F	A
O	O	X	U	U	E	N	E	E	T	F	E	D	I	N
H	T	Y	O	E	O	R	O	E	I	S	N	T	C	G
T	E	G	C	T	O	T	T	T	O	C	A	N	T	E
I	N	E	R	O	N	N	A	N	U	L	T	G	I	E
N	G	N	A	C	A	E	E	E	I	O	A	O	O	I
R	A	E	P	I	B	M	M	E	I	C	L	U	N	X
O	M	Y	R	R	H	E	N	A	H	H	R	G	A	Y
E	M	A	R	T	R	N	T	E	L	A	A	E	D	H
S	V	E	S	I	E	R	R	O	G	R	T	R	E	P
E	C	I	T	O	N	A	M	A	N	D	I	E	R	S
E	R	E	Y	U	R	C	N	A	C	I	L	G	N	A

SOLUTION : le mot à trouver est : Génoise.

à faire

Le saviez-vous

Le *Sâr Rabindranath Duval* est l'un des plus célèbres sketchs de l'illustre duo qui fit rire la France des années 1950. Pierre Dac y incarne un mage se livrant à un exercice de divination face à son assistant, joué par Francis Blanche. Leur échange est devenu célèbre : « Votre sérénité, pouvez-vous me dire quel est le numéro du compte en banque de Monsieur ? » s'enquiert Francis Blanche en pointant un spectateur. « Oui », répond Pierre Dac, le Sâr. Et son assistant de se réjouir : « Il peut le dire ! Bravo ! Il est vraiment sensationnel ! » S. P.

Quelle histoire !

Si l'on doit à Henri IV la fin des guerres de religion, il est aussi le roi ayant eu le plus de maîtresses : pas moins de 73 ! Ce tombeur royal serait même à l'origine de l'expression « conter fleurette » car l'une de ses maîtresses, fille de jardinier, se nommait Fleurette. P. Da.

vendredi 10 juin

Saint Landry

« À la Saint-Landry, s'il tonne restera vide la tonne. »
Dicton

à faire

© chamillew/stock.adobe.com

AU JARDIN

Une prêle stimulante

Cette plante herbacée, connue depuis la nuit des temps, s'étale vite grâce à son système racinaire traçant. Elle affectionne les sols lourds, humides et à tendance acide qu'elle enrichit en silicium. Pour la faire déguerpir, tentez de l'épuiser par des tontes régulières et un paillage de matières organiques. Gardez-en un peu pour réaliser des décoctions qui préviendront le mildiou de la tomate, la cloque du pêcher ou l'oïdium de la vigne. Ce biostimulant renforce les plantes molles et éloigne les araignées rouges. **P.-Y. N.**

L'alternative Près d'un bassin, plantez la prêle américaine aux tiges graphiques et non invasives.

D'un mot à l'autre

En regroupant et en mélangeant les lettres de chaque mot donné avec la lettre qui le suit, trouvez un second mot composé de sept lettres.

1 VICIER + E = _ _ _ _ _ _ _

2 TRICOT + A = _ _ _ _ _ _ _

3 OUBLIE + C = _ _ _ _ _ _ _

4 SUREAU + V = _ _ _ _ _ _ _

5 LARBIN + O = _ _ _ _ _ _ _

SOLUTION : 1/ Civière. 2/ Ricotta. 3/ Ciboule. 4/ Sauveur. 5/ Anoblir.

SOLUTION DU LUNDI 6

4 lettres : 1/ pèze - 2/ cité - 3/ cape. **5 lettres :** 4/ jeudi - 5/ salle - 6/ court - 7/ ranch. **6 lettres :** 8/ lavage - 9/ averse - 10/ chenue. **7 lettres :** 11/ théière - 12/ enclave - 13/ barbelé - 14/ sincère.

samedi 11 juin

Saint Barnabé

« Chose bien dite
n'a réplique ni redite. »
Proverbe français

Mini-fléchés

Grille 1

- TEINDRE EN BLEU
- CORPS GAZEUX
- ÉTAT MEMBRE DE L'UE
- Y VA
- VIVANT, EXISTANT
- FIT PERDRE SES FORCES
- GRÉSILLA
- INTERRUPTION D'ACTIVITÉ
- À LA MODE DE LONDRES

Grille 2

- TRAITÉ AVEC RESPECT
- PAS BEAU
- ADORE
- SON DISCORDANT
- ÉVITA LE PROBLÈME
- FÊTE RELIGIEUSE
- DISPUTÉ AU STADE
- ACTION MUSCLÉE
- SANS RETARD

Grille 3

- DIFFICILE À DÉTRUIRE
- BLESSAI
- ROUGE FONCÉ
- ANCIENNE PIÈCE
- ELLES NAISSENT DANS LE CERVEAU
- DÉPARTEMENT
- CREUX DE LA MAIN
- PANTALONS DE TOILE
- C'EST-À-DIRE EN RACCOURCI

Grille 4

- PAS RONDE
- SOUILLÉS
- IL BAT DE L'AILE
- POÈME ANCIEN
- LAND ALLEMAND
- COUPA COURT
- SUPPLIER
- LAISSÉ EN PARTANT
- SYMBOLE CHIMIQUE DE L'ARGON

Solution au jeudi 16 juin

à faire

Le saviez-vous

L'argenterie supporte très mal le vinaigre. Ainsi, dans les grandes maisons, la coutume était de ne pas couper sa salade, que la maîtresse de maison prenait soin de présenter ciselée de façon à pouvoir la piquer du bout de la fourchette afin de limiter le noircissement des couverts en argent. Utiliser malgré tout son couteau signifiait alors que l'hôtesse avait mal fait son travail. Une impolitesse de plus ! M. Q.

Clin d'œil

Son père apprend à Éléa, six ans, qu'il est né dans un château, la maternité de Beaupréau (49). La petite-fille émerveillée s'exclame : « Ma mamie, c'est une princesse ! »

dimanche 12 juin

Saint Guy

« Un service en attire un autre. »
Proverbe québécois

à faire

© philippe PIRON/OT NANTES

BALADE EN FRANCE

Nantes, le voyage permanent

S'il est une ville qui mérite un séjour pour la richesse de ses propositions culturelles, c'est bien la capitale régionale des Pays de la Loire. Ainsi, depuis l'installation des « Machines » en 1989, les Nantais ne peuvent plus se passer de ces incroyables réalisations inspirées de Jules Verne et de Léonard de Vinci. Créées par François Delarozière et Pierre Orefice, elles sont testées en modèles « réduits » sous une gigantesque halle de l'île de Nantes. Le visiteur peut assister à leur fabrication avant de tournoyer dans le carrousel des Mondes marins ou d'embarquer dans le Grand Éléphant qui barrit, crache de l'eau et se promène le long de la Loire.

Après être passé devant le lumineux palais de Justice conçu par Jean Nouvel, la passerelle Victor-Schœlcher mène à l'île Feydeau, quartier où Jules Verne a passé son enfance. À l'époque, les bras de la Loire n'avaient pas été comblés et les armateurs vivaient dans leurs maisons sur pilotis du quai Turenne, dont les mascarons témoignent de l'activité du port. 5 minutes de marche et voici le château où Anne de Bretagne est née en 1477. L'été, les plus téméraires peuvent profiter du « paysage glissé » et atterrir directement dans les douves par un artistique et long toboggan. À l'intérieur, les étages, entièrement remaniés, offrent une passionnante histoire de la ville, du commerce triangulaire à l'essor des grandes marques nantaises comme LU, Saupiquet ou encore BN.

Retour dans le centre, où des enseignes rétro animent les magasins. Il faut ensuite gravir les escaliers en bois du passage Pommeraye. Dans *Jacquot de Nantes*, Agnès Varda retrace l'instant où Jacques Demy, son mari, y achète sa première caméra. Ce dernier en a immortalisé les commerces dans les films *Lola* et *Une chambre en ville*. La rue Crébillon mène ensuite place Graslin. Devant son théâtre, des soldats américains ont donné, en février 1918, le premier concert de jazz en France. En forme de palmiers, des lampadaires illuminent la place et sa brasserie Art déco, *La Cigale*. Enfin, voici le cours Cambronne où le célèbre général trône à l'ombre des camélias. En face, une autre statue : celle d'une jeune fille qui tente d'escalader un socle. L'œuvre porte le joli nom d'*Éloge de la transgression*... **J.-P. R.**

SOLUTION DU MERCREDI 8

■	A	■	P	■	P	■
S	C	A	L	P	E	L
■	T	R	A	I	R	A
L	I	A	I	S	O	N
■	O	■	E	T	U	I
A	N	I	S	E	■	E
■	N	L	■	R	E	R
M	E	L	E	■	N	E
■	R	E	L	I	A	S

■	G	■	L	■	E	■
A	I	M	A	N	T	S
■	G	A	R	E	R	A
L	O	R	G	N	E	R
■	L	I	E	E	■	C
M	E	N	U	■	S	E
■	T	■	R	E	A	L
S	T	O	■	N	U	L
■	E	C	L	A	T	E

lundi 13 juin

Saint Antoine de Padoue

« Si l'on veut gagner sa vie, il suffit de travailler. Mais si l'on veut devenir riche, il faut trouver autre chose. »
Alphonse Karr

Dessiner de mémoire

Les pains d'épices

Observez ces quatre pains d'épices pendant 30 secondes, puis cachez-les.

Redessinez les pains d'épices dans le bon ordre.

Figures manquantes

Observez cette chaîne pendant 30 secondes, puis cachez-la.

Reproduisez de mémoire les trois formes manquantes dans la chaîne ci-dessous.

à faire

EN FORME

Le brocoli

Ses vertus Il regorge d'antioxydants, en particulier de vitamine C et de vitamine B9. Ses composés soufrés, à l'origine de sa saveur marquée, lui confèrent des atouts spécifiques dans la prévention des cancers.

En cuisine Pour profiter pleinement de ses vitamines, consommez-le cru, à l'apéritif ou en entrée, trempé dans une sauce au yaourt et aux fines herbes. Une cuisson brève à la vapeur (5 à 10 min) préserve l'essentiel de ses micronutriments. Dégustez-le relevé d'huile d'olive, avec des pâtes.

Info + L'idéal est d'en manger 1 fois par semaine : des études indiquent que les consommateurs réguliers de crucifères sont moins exposés au cancer du côlon. Vous pouvez alterner avec d'autres choux. **F. D.**

QUELLE HISTOIRE !

À la suite de l'assassinat de Sadi Carnot, le 24 juin 1894, à Lyon, Jean Casimir-Perier est élu Président. La IIIe République ne mène pas la vie facile à ses présidents. Celui-ci renonce à la fonction après seulement six mois et 20 jours. P. Da.

mardi 14 juin

Saint Élisée

« Quand je dis que ma richesse est intérieure je veux dire que mon argent est dans un coffre. »
Philippe Geluck

à faire

A TABLE

Soupe de cerises et quenelle de fromage blanc

Pour 2 personnes Les quenelles glacées : • 150 g de fromage blanc fermier entier • 1 c. à soupe de miel • 1 blanc d'œuf • 20 g de sucre glace. La soupe : • 10 g de crème liquide entière • 50 g de sucre • 270 g de cerises dénoyautées • 6 g de beurre • ½ gousse de vanille • 1 petite goutte d'extrait d'amande amère • 1 c. à café de jus de citron • 1 c. à soupe d'eau • 16 g de pistaches concassées.

1. Pour les quenelles, mélangez le fromage blanc avec le miel. Montez le blanc d'œuf en neige avec le sucre glace. Ajoutez-le au fromage. Versez la préparation dans un bac hermétique à placer 30 min au congélateur.

2. Fouettez la crème jusqu'à ce qu'elle devienne onctueuse en incorporant un tiers du sucre à la fin.

3. Coupez les cerises. Chauffez le beurre dans une casserole. Versez les cerises, le sucre restant, la gousse de vanille fendue et

© Radvaner/Photocuisine/sucré-salé

grattée, l'extrait d'amande amère, le jus de citron et l'eau. Laissez compoter 10 min.

4. Mixez les cerises. Ajoutez la crème fouettée, mélangez.

5. Répartissez la soupe dans des coupelles. Sortez le fromage du congélateur. Façonnez des quenelles et déposez-les dans les coupelles, parsemez de pistaches concassées. **M.-A. D.**

Super croisés

	A	B	C	D	E	F	G	H	I	J	K	L
1												
2						■						
3							■					
4			■									■
5				■				■		■		
6											■	
7			■									
8						■						

Horizontalement

1. Il faut être patient pour s'y rendre. **2.** Suivre la consigne. Passé de l'air à l'eau. **3.** De la même mère. Prophète du royaume de Juda. **4.** A été apte. Problème de robinet. **5.** Son plumage se rapporte à son ramage. Fait le tour des gradins. Note d'accord. **6.** Fait voyager des veaux. **7.** Repère de tapissier. Ils transforment leurs idées en réalités. **8.** Évitent la chute des quartiers. Passée au tamis.

Verticalement

A. Bon pour la Santé. **B.** Bouchées. **C.** Arrivée parmi nous. Symbole de l'astate. **D.** Ça s'adresse au roi. Abrège le jeu. **E.** Leurs utilisateurs n'ont pas le dos au mur. **F.** Bonne à rien. **G.** Possessif. Te comportas comme un Français. **H.** Personne proche. Grecque. **I.** Jetons démodés. **J.** Me rendrai. Bernés. **K.** Balcon vitré en surplomb. Sous *mi*. **L.** Prétend n'y être pour rien. Qui vit dans l'opulence.

Solution au vendredi 17 juin

mercredi 15 juin

Sainte Germaine

« Le monde aurait pu être simple comme le ciel et la mer. »
André Malraux

© Madeleine Steinbach/stock.adobe.com

EN BEAUTÉ

L'huile, élixir de beauté

En parfaite affinité avec la peau, les huiles végétales nourrissent et hydratent. Grâce à leur richesse en oméga-3, 6 et 9 et en acides gras, elles maintiennent l'élasticité de la peau, la régénèrent et luttent contre la perte en eau. Elles contiennent également de la vitamine E antioxydante, des triglycérides adoucissants, des phytostérols qui renforcent la barrière cutanée. La vaseline et l'huile de paraffine, toutes deux minérales, préservent l'intégrité de l'épiderme face aux agressions. Quant aux huiles essentielles, elles délivrent leurs vertus (lavande relaxante, rose anti-âge, calendula apaisant) une fois diluées dans une huile végétale.

Naturelle, l'huile végétale est obtenue soit par la pression à froid d'une noix, d'une graine ou d'une amande, puis par filtration afin d'éliminer les éventuels déchets ; soit grâce à la macération de la plante séchée (calendula, arnica, carotte) infusée dans un bain d'huile neutre, comme le tournesol ou l'olive, pendant environ 1 mois. En revanche, les huiles d'avocat et de coco sont issues de la chair du fruit.

L'huile essentielle, elle, est récoltée par distillation à la vapeur d'eau.

Enfin, les huiles minérales, incolores et sans odeur sont des corps gras dérivés du pétrole dont les plus connues sont la paraffine et la vaseline. M. F.

à faire

Sudokus

				1				
5	1						9	6
	8		4	6	3		5	
		8		5		9		
	3			2			4	
2		4				8		5
	6	7	2	9	8	5	1	
	5	1	3		6	7	2	
9	4		5		1		8	3

	2			8				
8			7			2		
		4			5	8		
5		6	1				2	9
		2		5		3		
9	4				7	5		6
		5	3			9		
		9			4			7
				1			5	

Solution au samedi 18 juin

C'EST ARRIVÉ LE…

15 JUIN 1963

L'enseigne Carrefour ouvre le premier hypermarché en France, à Sainte-Geneviève-des-Bois dans l'Essonne. Plus de 2 000 clients, attirés par les prix bas, se pressent le jour même dans l'immense hangar où sont entreposées près de 5 000 références de produits. S. P.

jeudi 16 juin

Saint Jean-François Régis

« Quand on aime quelqu'un, on a toujours quelque chose à lui dire ou à lui écrire, jusqu'à la fin des temps. »
Christian Bobin

à faire

AU JARDIN

Des jardinières hautes en couleur

© Pierre-Yves Nédélec

Côté soleil, les géraniums et surfinias restent des valeurs sûres d'un fleurissement réussi et de longue durée. Les verveines, bidens et sunpatiens leur tiendront volontiers compagnie. Arrosez-les régulièrement avec un engrais liquide pour leur assurer une bonne croissance. Faites de même avec les dahlias nains dont il faudra supprimer les fleurs fanées.

L'alstroemère, aux fleurs papillons, fleurit lui aussi en continu de juin à octobre. Il fait d'ailleurs fureur avec ses variétés nanifiées de moins de 40 cm. Le dipladénia, ou mandévilla, est désormais proposé en version compacte, plus adaptée à la vie en jardinière. Ses grandes fleurs étoilées rouge écarlate, blanches, roses ou jaune pâle égaieront votre balcon durant 6 bons mois. Tout comme les ostéospermums, aux petites fleurs de marguerite, et les gauras roses ou blancs, ultraflorifères.

Sur un balcon mi-ombragé, préférez les grosses fleurs des bégonias-cascades, superbes de juin aux gelées. Certaines variétés, comme l'odorata, sont délicieusement parfumées. À l'ombre, assurez le décor avec le fuchsia, l'impatiens, le bacopa et le lobélia pleureur. Quitte à les valoriser avec le feuillage aromatique de la menthe indienne, doré de la lysimaque ou argenté d'un dichondra. **P.-Y. N.**

SOLUTION DU SAMEDI 11

■	A	■	I	■
A	Z	O	T	E
■	U	S	A	T
G	R	E	L	A
■	E	■	I	N
A	R	R	E	T

■	H	■	C	■
M	O	C	H	E
■	N	O	E	L
C	O	U	R	U
■	R	A	I	D
R	E	C	T	A

■	T	■	C	■
L	E	S	A	I
■	N	O	R	D
P	A	U	M	E
■	C	■	I	E
J	E	A	N	S

■	C	■	O	■
S	A	L	I	S
■	R	A	S	A
P	R	I	E	R
■	E	■	A	R
L	E	G	U	E

Le bon signe

Entre chaque nombre, placez l'un des quatre signes + x : et – afin d'obtenir le total indiqué. Chaque signe n'apparaît qu'une seule fois par opération.

8	4	19	7	2	=	33
3	18	10	2	4	=	52
13	4	3	7	8	=	80

SOLUTION : 8 : 4 x 19 - 7 + 2 = 33 / 3 + 18 x 10 - 2 : 4 = 52 / 13 - 4 : 3 + 7 x 8 = 80

« Le secret du bonheur et le comble de l'art, c'est de vivre comme tout le monde, en n'étant comme personne. »
Simone de Beauvoir

La ronde des mots

Trouvez dix-neuf mots et notez chacun d'eux dans le sens des aiguilles d'une montre autour de la case de définition correspondante. La première lettre de chaque mot est indiquée par le triangle noir. Le premier mot est donné en exemple.

Solution au dimanche 19 juin

à faire

EN FORME

Je ne néglige pas mon cœur

Première cause aujourd'hui de mortalité féminine en France, le cœur, à la ménopause, voit sa santé menacée. Pour entretenir votre bonne santé cardiaque, arrêtez de fumer, pratiquez une activité physique régulière, et mangez équilibré. À partir de 45 ans, pensez à faire un bilan cardiologique. Réagissez aux signes d'alerte. Les 3 premières heures sont essentielles lors d'un infarctus. En cas de douleur à la poitrine, bras gauche, mâchoire mais aussi symptômes digestifs et fatigue intense, appelez le 15 ! **F. O.**

SOLUTION DU MARDI 14

C	O	N	S	U	L	T	A	T	I	O	N
O	B	E	I	R	■	A	M	E	R	R	I
U	T	E	R	I	N	■	I	S	A	I	E
P	U	■	E	N	U	R	E	S	I	E	■
A	R	A	■	O	L	A	■	E	■	L	A
B	E	T	A	I	L	L	E	R	E	■	I
L	E	■	C	R	E	A	T	E	U	R	S
E	S	S	E	S	■	S	A	S	S	E	E

samedi 18 juin

Saint Léonce

« Si, en juin, il vient grand chaud,
tous les blés seront creux et hauts. »
Dicton français

à faire

Mini-fléchés

OISEAU GAI / JUPES VIRILES		SUPERPOSÉE / MARIA		L'ENTOURAGE (LES)
N'ADMIS POINT / C'EST LA COUTUME				
LES MOUVEMENTS DE L'EAU		INDIQUE UNE POSITION		

ARME DE GUERRIER / AFFLUX		MIS À SÉCHER / ILS BRILLENT		ELLE PROUVE QU'ON A EU CHAUD
SON DE BÉBÉ / DÉPARTEMENT				
IL A UN COL FRAGILE		ON PEUT RÉCLAMER LE SIEN		

PRÉTEXTE / IL ROUILLE LE FER		EMPLOI ASSURÉ / VILLE DE CRIMÉE		FAIT SON APPARITION
CRIMINEL BIBLIQUE / ET NON AVENU				
			SYMBOLE CHIMIQUE DE L'ASTATE	
À ELLE LES GROS CACHETS / RADIEUSE				

GRAVÉ / CHARTE D'HIDALGOS		MODÈRE L'ARDEUR / MATHEUX SUISSE		ENGUIRLANDÉS
LEVER LE TRAIN / CÂBLE				
FONTAINE À LOLO / PLANÈTE NAINE				

Solution au lundi 20 juin

SOLUTION DU MERCREDI 15

4	2	6	9	1	5	3	7	8
5	1	3	7	8	2	4	9	6
7	8	9	4	6	3	2	5	1
1	7	8	6	5	4	9	3	2
6	3	5	8	2	9	1	4	7
2	9	4	1	3	7	8	6	5
3	6	7	2	9	8	5	1	4
8	5	1	3	4	6	7	2	9
9	4	2	5	7	1	6	8	3

3	2	7	4	8	1	6	9	5
8	5	1	7	9	6	2	3	4
6	9	4	2	3	5	8	7	1
5	8	6	1	4	3	7	2	9
1	7	2	6	5	9	3	4	8
9	4	3	8	2	7	5	1	6
4	1	5	3	7	8	9	6	2
2	3	9	5	6	4	1	8	7
7	6	8	9	1	2	4	5	3

EN FORME

Le persil

Cet aromate est un stimulant, un diurétique et un bon anti-infectieux. Les flavonoïdes qu'il contient en font un excellent anti-inflammatoire et un très bon antioxydant utilisé en cosmétique contre les cernes et les rides. Pour préparer un pesto de persil, dans un mixeur, versez 6 cuillères à soupe d'huile d'olive et 2 cuillères à soupe de jus de citron. Ajoutez 1 gousse d'ail, 2 bouquets de persil, 50 g de pignons de pin et 20 g de parmesan. Poivrez, mixez et servez. **L. C.**

« Jamais les dieux n'ont aidé les gens paresseux. »
Proverbe grec

© Hôtel de Beaumont/Valognes

BALADE EN FRANCE

L'hôtel de Beaumont

« Ce n'est pas un château, mais un hôtel particulier. Les gens ne savent plus ce que c'est. Certains me téléphonent même pour réserver une chambre. » Claire des Courtils fait visiter la bâtisse dont elle est la propriétaire depuis ses 24 ans. De la centaine d'hôtels particuliers que comptait la commune de Valognes, dans la Manche, l'hôtel de Beaumont était certainement le plus prestigieux, celui où les Beaumont passaient l'hiver après avoir quitté leurs terres de La Hague. Enrichie par son activité de corsaires, cette famille d'aristocrates y recevait le grand monde.

Pillée à la Révolution, transformée en prison, la maison entre dans la famille des Courtils à la fin du XIXe siècle. Pendant la Seconde Guerre mondiale, le maréchal Rommel y séjourne, avant les bombardements alliés. Il faudra réparer les dégâts causés et l'actuelle propriétaire s'emploiera à lui redonner son lustre. Ainsi, dès le hall, le visiteur est saisi par la beauté de l'escalier dont les 2 rampes se rejoignent à l'entresol, puis s'élèvent dans le vide, à 6 m de hauteur. Un escalier unique en France que Maupassant décrit dans *Une vie*. La visite se poursuit par le salon évoqué par Barbey d'Aurevilly dans *Les Diaboliques*, même si, rappelle la comtesse, « l'écrivain du XIXe siècle n'était pas reçu dans nos châteaux car il était d'une trop petite noblesse. »

La maîtresse de maison aime évoquer les souvenirs de Richelieu car sa famille, qui descend de son neveu, le duc d'Aiguillon, possède le testament privé et les archives du cardinal. Une reconstitution soignée, au fil des pièces richement meublées, transporte le visiteur dans la vie aristocratique du XVIIIe siècle. Claire des Courtils fourmille d'anecdotes lorsqu'elle présente le berceau familial orné d'un canard, la malle des poupées ou l'étonnante baignoire qu'elle a fini par dénicher après 30 ans de recherches ! Devant les reliquaires miniatures avec lesquels les petits garçons jouaient à la messe, Claire se souvient : « Nous, les petites filles, nous avions juste le droit de prier. » C'était vraiment une autre époque. J.-P. R.

à faire

SOLUTION DU VENDREDI 17

Ligne 1 : grelot, verger, vendre, bibine. **Ligne 2 :** lippus, génépi, diurne, icelui. **Ligne 3 :** pelure, éteule, regret, limage. **Ligne 4 :** usages, ulémas, rituel, averti. **Ligne 5 :** gréant, meuler, unique, raisin.

lundi 20 juin

Saint Silvère

« L'humour, c'est de savoir que tout, absolument tout, est drôle ; dès l'instant que c'est aux autres que cela arrive. »
Marcel Achard

à faire

A TABLE

Salade de céréales, feta, grenade et avocat

Pour 6 personnes • 100 g de riz sauvage • 100 g de quinoa noir • 100 g de blé précuit • 1 grenade • 2 avocats • 2 c. à soupe de basilic anis ciselé (ou menthe, estragon) • 1 c. à café de graines de sésame • 1 c. à café de graines de chia • 4 c. à soupe d'huile d'olive • 1 c. à soupe de jus de citron • Sel • Poivre • 180 g de feta.

1. Rincez le riz sauvage, portez à ébullition une casserole d'eau. Faites cuire le riz pendant 40 min. Salez en fin de cuisson. Égouttez.

2. Rincez le quinoa, faites-le cuire 10 min à couvert. Salez en fin de cuisson puis égouttez.

3. Faites cuire le blé environ 15 min, salez en fin de cuisson puis égouttez-le.

4. Coupez la grenade en quartiers pour l'égrener. Pelez, dénoyautez et coupez les avocats en dés.

5. Réunissez les céréales dans un saladier. Ajoutez les grains de grenade, les dés d'avocat, le basilic, les graines de sésame et de chia, l'huile d'olive et le jus de citron. Mélangez, salez et poivrez.

© Kerouèdan/Photocuisine/sucré-salé

6. Répartissez la salade dans des assiettes de service, parsemez de feta émiettée. Vous pouvez servir à température ambiante.

SOLUTION DU SAMEDI 18

	P		E	
K	I	L	T	S
	N	I	A	I
U	S	A	G	E
	O		E	N
O	N	D	E	S

	G		E	
F	L	O	T	S
	A	R	E	U
A	I	S	N	E
	V		D	U
F	E	M	U	R

	E		C	
O	X	Y	D	E
	C	A	I	N
N	U	L		T
	S	T	A	R
B	E	A	T	E

	B		F	
F	U	E	R	O
	R	U	E	R
F	I	L	I	N
	N	E	N	E
C	E	R	E	S

EN FORME

Le lait fermenté

Ses vertus Il est élaboré avec divers lactobacilles et des bifidobactéries, ferments bénéfiques à l'équilibre du microbiote intestinal. À base de lait de vache, de chèvre ou de brebis, il fournit de bonnes protéines.

En cuisine Il se déguste nature (sa saveur variant selon les ferments utilisés) ou agrémenté de vanille, fleur d'oranger, miel, confiture, compote ou encore d'un fruit frais coupé en dés. Il peut aussi remplacer la crème pour assaisonner les crudités. F. D.

Info + Yaourt ordinaire, lait ribot, kéfir... La variété favorise l'apport de micro-organismes diversifiés.

été

mardi 21 juin

Été / Fête de la musique

Saint Rodolphe

« La vie est une succession
de leçons qu'il faut avoir vécues
pour les comprendre. »
Helen Keller

à faire

EN FORME

La vitamine D, précieux bouclier antivirus

La vitamine D soutient le système immunitaire, lutte contre l'ostéoporose et les rhumatismes et protège du psoriasis et du diabète. Elle améliore aussi le contrôle de l'asthme et retarde les maladies cardio-vasculaires en réduisant l'inflammation.

© Yulia Furman/stock.adobe.com

Elle est présente dans les poissons gras, le foie, les œufs, les laitages, la margarine ou les huiles enrichies. Pour autant, les deux tiers de nos besoins sont synthétisés par la peau à partir des rayons UVB. Une sortie chaque jour d'au moins un quart d'heure, bras et jambes nus, est conseillée pour cela. 9 seniors sur 10 sont en déficit de vitamine D à la fin de l'hiver. À moins de prendre de l'huile de foie de morue, une supplémentation prescrite par le médecin généraliste est souvent nécessaire.

Quelles supplémentations ? Les ampoules envoient d'un coup une forte dose (tous les 3 ou 6 mois). Les gouttes ou comprimés pris au quotidien maintiennent un taux plus stable. Ils sont disponibles en pharmacie sur ordonnance et remboursés à 65 %. Les compléments alimentaires en vente libre, non remboursés, présentent des dosages variables. Si les surdosages sont rares chez les adultes, visez 1 200 UI par jour ou 50 000 UI par mois. **C. D.**

La bonne place

Observez cet étal de marché pendant 30 secondes, puis cachez-le.

Inscrivez au bon endroit le numéro de chaque fruit ou légume enlevé de l'étal précédent.

Saint Alban

« En dépit du médecin nous vivons tous jusqu'à la mort. »
Proverbe français

EN BEAUTÉ

Le retour de l'huile solaire

© MARIDAV/stock.adobe.com

Jusque-là, les huiles solaires n'étaient pas très protectrices car, une fois appliquées, elles n'étaient pas homogènes. Ce défaut faisait chuter l'indice de protection. Aujourd'hui, les nouvelles formules, enrichies en polymères gélifiants, se répartissent plus facilement sur la peau. L'amélioration du système filtrant anti-UV permet également d'atteindre un indice plus élevé, conjuguant bronzage et haute protection. Les huiles végétales les plus présentes dans leur composition sont celles de germe de blé, de karité et d'argan.

Les bons gestes Appliquez généreusement et renouvelez toutes les 2 heures, voire plus souvent, selon l'activité : baignade, sport. **M. F.**

à faire

Petits fléchés

Grille 1 :

- CRÉATION LIBRE / FEMME DU CERCLE
- CHAPITRER
- FERAI UNE SURPRISE / DÉCOR DE JARDIN
- PRINCE VICTIME D'UN CAS ROSSE
- ELLE FAIT MÂLE AUX FLEURS
- ÉTAPE VOSGIENNE / VOIE DU MOULIN
- ATTAQUÉ À SON QUOTIDIEN / POSSESSIF
- UN TERME CONNU DU PHOTOGRAPHE
- PASSÉE SOUS SILENCE
- VERS MELUN / ESPACE DE BOÎTES
- FRÈRE QUI EUT FAIM DANS LA BIBLE
- ARRÊTE L'ACTION

Grille 2 :

- COMPÉTENTE ET QUALIFIÉE / REPLIS
- DONNE DE LA VOIX / DESCARTES INTIME
- FORCE AIMANTÉE / ÉPINCETÉE
- SUR UN PLATEAU SUISSE
- FUMÉ / ESCABEAU DE CAVALIER
- CÉLÈBRE DISQUE / ÉCLAT DE RIRE
- BISON DUTÉ / S'EN TENIR À LA LIGNE
- BRU D'ISAAC / PIED TORDU
- AGRAFÉE ET ÉPINGLÉE
- POISSON MAIGRE / RAYER
- BON CONDUCTEUR
- DÉCORTIQUÉE À LA RACINE

Solution au vendredi 24 juin

jeudi 23 juin

Sainte Audrey

« Ce qui se fait par amour se fait toujours par-delà le bien et le mal. »
Friedrich Nietzsche

à faire

C'EST ARRIVÉ LE...

23 JUIN 2011

Le lieutenant Columbo a définitivement raccroché. L'acteur américain Peter Falk est mort à Beverly Hills à l'âge de 83 ans. Pendant 35 ans, il a incarné le célèbre inspecteur à la gabardine fatiguée et au cigare éteint. S.P.

Mots croisés

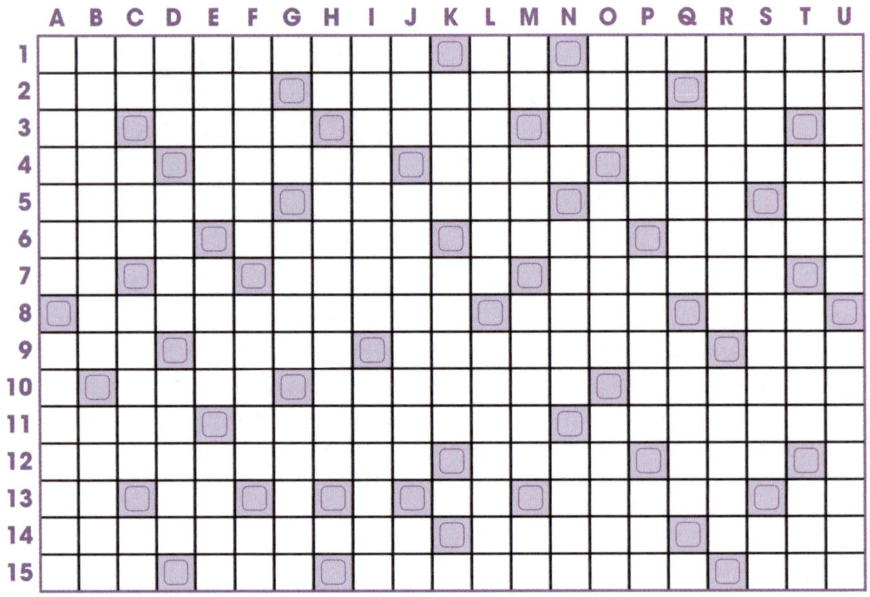

Solution au dimanche 26 juin

Horizontalement

1. Souhaits pour pallier un manque. Petit sol, mais pas *sol*... Travaux sur pistes blanches. **2.** Maisons des maîtres. Relatifs à une période d'un millénaire. Amas de sporanges. **3.** Spectacle nippon. Belle d'Aragon. Coup de main, coup de vilain. Ses satellites voient pas mal d'avions. **4.** Vient après le danger. Plus ou moins bien pensé. Chemin en bois. Travailler au calibre. **5.** Il a ses chasseurs. Ils sont sortis par temps de pluie. Entendu quand on met la ceinture. Communauté. **6.** Héros d'une épopée. Préparer une récolte. Gratifia. On attend celle du gag. **7.** Pronom réfléchi. Ses adeptes aiment bien recevoir cinq sur cinq. On le fait à deux, le plus souvent. Bonjour tristesse. **8.** Boucler ou serrer. Cri d'indignation. Cité textuellement. **9.** Non réglée. Qui a des moyens. Action de biffer. Eut confiance (se). **10.** C'était Ali sur le ring. Sapées ou mises en chemise. Objets en métal. **11.** Son air est gai. Sur la tête d'une sœur. Recommandées. **12.** Difficiles à imaginer. Ferments. S'attelle à attacher. **13.** Patron de la Manche. Non exprimé. Sa « Côte » est près de Dijon. Dévoreuses de fils. Habitudes. **14.** Département du Centre-Val de Loire. On y est l'estomac vide. Pays d'Europe. **15.** Partie de charrue. Brame. Boîtes. Qui sont arrivés.

Verticalement

A. Montres. Des passages étroits. **B.** Tête sans cervelle. Épinceté. **C.** Bien appris. A parfois du pain sur la planche et pas mal de boulot avec sa baguette. Groupe en milieu fermé. Religieux. **D.** Il vit dans les étangs. Non productifs. Alourdi. **E.** Si sa tête est fendue, il y a un problème au moulin. N'est pas Pest... Cogner fort. **F.** Envolées. Romancier irlandais. Aide à garder la ligne. **G.** Temps d'un tour. Ne décolle pas d'Australie. Voie d'un médicament. **H.** Jusqu'à midi. Fer oriental. **I.** Enveloppe naturelle. Organisme paritaire français. **J.** Ne manque pas de caractères. Herbages. Roulement de tambour. **K.** Moitié d'un grand costaud. S'opposa à des descentes de Lee. **L.** Mangeuse de poules. Tels certains saules. **M.** *Intra-muros*. Fait la courte échelle. Échappent au public mécontent. C'est-à-dire. **N.** Est vite arpenté. Empereurs. Lance. **O.** Offre volontiers des canons. Cinéaste américain. Appel. **P.** Qui s'attache au milieu. Mettre en demeure. Support dans l'herbe. **Q.** Frappe la balle. Bande d'étoffe. **R.** C'est ainsi qu'on ne reconnaît plus les marais. Parfumé. **S.** Non juifs. Qui fait donc bloc. Branché. **T.** Erbium symbolisé. D'un auxiliaire. Son club est souvent dans le noir. Vieille bête. **U.** Étreintes. Elles ont une cour réservée aux grands.

Saint Jean-Baptiste

« Il n'y a de bonheur possible pour personne sans le soutien du courage. »
Alain

© CcinUp/stock.adobe.com

AU JARDIN

Un treillage bien habillé

Outre les clématites, d'autres joyeuses grimpantes partent vite à l'assaut des treillages. Pour un décor express, offrez-vous un solanum à fleurs de jasmin bleues ou blanches. Il fleurit généreusement, en plein soleil, toute la belle saison. Mais pour le parfum, rien ne vaut le jasmin officinal. Il monte à près de 3 m, porte des fleurs blanches tout l'été, en plein soleil comme à mi-ombre. Si la terre est bien drainée, vous le garderez d'une année sur l'autre, car il résiste à - 15 °C. Tout aussi rustique et très vigoureuse, la passiflore fleurira non-stop en plein soleil de juillet à la fin de l'automne.
Vous préférez semer ? Misez sur la croissance éclair de l'ipomée et l'incontournable capucine grimpante. Attendez le doux mois de mai pour confier leurs graines à la terre réchauffée. **P.-Y. N.**

Mots à mot

En regroupant et en mélangeant les lettres des deux mots de trois lettres proposés, composez un troisième mot de six lettres.

CEP + OLE = _ _ _ _ P _

DOS + RAB = _ _ _ O _ _

DER + PRE = _ _ _ _ _ E

SOLUTION : Éclopé - Sabord - Perdre.

à faire

SOLUTION DU MERCREDI 22

■	F	■	S	■	E	■
P	A	R	E	N	T	F
■	N	■	R	A	O	N
E	T	A	M	I	N	E
■	A	B	O	N	N	E
T	I	E	N	■	E	■
■	S	E	N	A	R	T
Z	I	■	E	S	A	U
■	E	N	R	A	I	E

■	A	■	E	■	A	■
O	U	R	L	E	T	S
■	T	E	I	N	T	E
M	O	N	T	O	I	R
■	R	E	■	U	R	E
H	I	■	L	E	A	■
■	S	C	I	E	N	E
B	E	E	R	■	C	U
■	E	P	E	L	E	E

samedi 25 juin

Saint Prosper

« Le bonheur est souvent la seule chose qu'on puisse donner sans l'avoir et c'est en le donnant qu'on l'acquiert. »
Voltaire

à faire

Sudokus

3	5	8				1	9	6
6		4				7		8
	1		8		9		3	
9			1		8			4
		6		7		5		
1		5	4		6	9		3
	2		6		4		1	
			7	8	2			
	3			9			4	

		8	3		2	6		
1	9		7		4		3	2
7								4
9		4				8		5
			1	6	5			
	3	1				2	7	
6	1	5	8		7	4	2	9
3	4			9			6	8
	7						5	

			5	4		6		
	9	2						
	4		6		9	3		1
4		6		3				
			1	5	6			
				9		1		7
2		5	9		3		4	
						2	3	
		7		6	2			

	7	2				9		8
			8		2			
						6	7	
				4		8		6
7			5	6	3			4
5		6		8				
	3	8						
			4		9			
1		5				4	3	

Solution au lundi 27 juin

C'EST ARRIVÉ LE…

25 JUIN 1982

Jean-Loup Chrétien devient le premier Européen de l'Ouest à gagner l'espace. Alors âgé de 44 ans, le pilote d'essai rejoint la navette *Soyouz* et son équipage soviétique. Six ans plus tard, il sera le premier astronaute français à réaliser une sortie extravéhiculaire. S. P.

Le saviez-vous

Le pantalon a été interdit pour les femmes jusqu'en 2013… Selon la loi du 7 novembre 1800, porter un pantalon pour une femme revenait à s'habiller en homme, ce qui constituait un délit. Ce texte prévoyait que « toute femme désirant s'habiller en homme devait se présenter à la préfecture de police pour en obtenir l'autorisation ». Deux circulaires de 1892 et 1909 lèveront, en partie seulement, cette interdiction, à condition que la femme tienne « par la main un guidon de bicyclette ou les rênes d'un cheval ». Jusque dans les années 1960, un prêtre est en droit de refuser la communion à une femme en pantalon ! Les députées femmes devront attendre 1980 pour entrer à l'Assemblée nationale en pantalon et les hôtesses d'Air France patienteront jusqu'en 2005 pour renoncer au port de la jupe. Enfin, en 2013, l'intervention du sénateur Alain Houpert permet l'abrogation de la loi de 1800. La fin d'une trop longue pantalonnade… P. Da.

Saint Anthelme

dimanche 26 juin

« Il n'est jamais plus difficile de bien parler que quand on a honte de se taire. »
La Rochefoucauld

© simonbourcier

BALADE EN FRANCE

Locmariaquer, la sentinelle du golfe du Morbihan

Locmariaquer vous séduira par son port et sa belle église romane du XIe siècle, Notre-Dame de Kerdro. Que vous soyez amateurs de patrimoine religieux ou non, allez admirer la chapelle du Moustoir et ses ex-voto ainsi que la statue de Notre-Dame de Kerdro, à la pointe de Kerpenhir. Marquant l'embouchure ouest du golfe du Morbihan, celle-ci représente une Vierge à l'Enfant qui a été érigée en commémoration d'une apparition. Ici même, la Vierge aurait incité l'équipage d'un bateau de pêche à faire demi-tour, le mettant ainsi à l'abri d'une forte tempête.
Les nombreux sentiers côtiers vous invitent à la randonnée. Vous pourrez mettre le cap vers le port du Guilvin, vers la plage de Saint-Pierre ou celle de Brénéguy. Ne ratez pas, évidemment, le site mégalithique de Locmariaquer, manifeste de la Bretagne druidique. Il regroupe 3 monuments majeurs du patrimoine armoricain : la Table des Marchands, le tumulus d'Er Grah et le Grand Menhir brisé, l'un des plus gros blocs jamais transporté et érigé par l'homme du Néolithique (environ 280 tonnes).
Terre d'histoire, Locmariaquer est aussi le berceau de l'huître plate. La presqu'île héberge plusieurs chantiers ostréicoles, dont celui d'Erwan Frick, où la dégustation de palourdes farcies s'impose, accompagnées d'un petit verre de vin blanc. Pour continuer d'explorer la région, poussez dans les terres en direction d'Auray où vous découvrirez, le lundi, un marché formidable et le joli port de Saint-Goustan. Si vous aimez le vélo, vous pourrez emprunter le réseau de pistes cyclables et relier Saint-Philibert et la Trinité-sur-Mer avant d'atteindre Carnac et ses alignements mégalithiques. Ceux qui ont le pied marin s'offriront une croisière sur le golfe à bord des vedettes L'Angélus. C'est l'option idéale pour visiter l'île d'Arz, plus petite et plus préservée que la célèbre île aux Moines. **F. O.**

à faire

SOLUTION DU JEUDI 23

D	E	S	I	D	E	R	A	T	A	■	R	E	■	D	A	M	A	G	E	S
E	T	U	D	E	S	■	M	E	D	I	E	V	A	U	X	■	S	O	R	E
N	O	■	E	L	S	A	■	G	N	O	N	■	R	O	I	S	S	Y	■	R
O	U	F	■	Ç	O	N	C	U	■	L	A	I	E	■	A	L	E	S	E	R
T	R	E	S	O	R	■	I	M	P	E	R	S	■	C	L	I	C	■	U	E
E	N	E	E	■	S	E	M	E	R	■	D	O	T	A	■	C	H	U	T	E
O	C	■	C	R	■	M	E	N	A	G	E	■	S	P	L	E	E	N	■	S
■	A	S	S	U	J	E	T	T	I	R	■	H	A	R	O	■	S	I	C	■
D	U	E	■	D	O	U	E	■	R	A	T	U	R	A	G	E	■	F	I	A
E	■	C	L	A	Y	■	R	U	I	N	E	E	S	■	E	T	A	I	N	S
F	E	T	E	■	C	O	R	N	E	T	T	E	■	P	R	O	N	E	E	S
I	N	E	S	P	E	R	E	E	S	■	A	S	E	S	■	L	I	E	■	I
L	O	■	T	U	■	A	■	D	■	O	R	■	M	I	T	E	S	■	U	S
E	U	R	E	E	T	L	O	I	R	■	D	I	E	T	E	■	E	I	R	E
S	E	P	■	R	E	E	■	C	A	S	S	E	T	T	E	S	■	N	E	S

lundi 27 juin

Saint Fernand

« Chaud mai, frais juin,
donnent pain et vin.»
Proverbe français

Méli-mélo

Des affaires criminelles

Nous avons mélangé entre elles les lettres de noms liés à des affaires criminelles. Trouvez-les et placez-les au-dessus de la définition qui convient.

Lettres à replacer :

DSIGLIELSARE
EAGUGOBUEERR
SBRRVNLLIIIE
ACIESGRAOBR
EDALECRABVELAREHIR
LACAS

N° 1 ....

Né vers 1476, cardinal à 16 ans, fils d'un futur pape, il abandonna la vie religieuse pour se consacrer aux métiers des armes, faisant assassiner nombre de ses ennemis. Il inspira Machiavel dans son œuvre *Le Prince* (prénom et nom).

N° 2 ....

Ce maréchal de France fut le compagnon de Jeanne d'Arc. Se retirant sur son domaine vendéen de Tiffauges, il s'entoura de sorciers et d'alchimistes, et alla jusqu'à sacrifier des centaines d'enfants qu'il fit enlever (prénom et nom en trois mots).

N° 3 ....

Prénommé Jean, ce négociant calviniste de Toulouse fut accusé, en 1762, d'avoir assassiné son fils (qui en réalité s'était pendu). Il fut supplicié, puis exécuté. Voltaire participa à sa réhabilitation en soulevant cette affaire.

N° 4 ....

Ce jeune homme (1747-1766) fut condamné à avoir le poing coupé, la langue arrachée et à être brûlé vif car il ne se serait pas découvert lors d'une procession et aurait mutilé un crucifix (titre et nom en quatre mots).

N° 5 ....

Le personnage de cette affaire, qui se déroule entre 1831 et 1833, est en fait un bâtiment situé sur le plateau ardéchois, où les tenanciers et leur valet auraient assassiné un client, et, selon la rumeur, des dizaines d'autres (deux mots).

N° 6 ....

Cette marquise, véritable (?) empoisonneuse, donna lieu, après son exécution, à une affaire où furent compromis des nièces de Mazarin, la comtesse de Gramont, Racine et même madame de Montespan, maîtresse de Louis XIV.

Solution au vendredi 1er juillet

à faire

SOLUTION DU SAMEDI 25

3	5	8	2	4	7	1	9	6
6	9	4	3	1	5	7	2	8
7	1	2	8	6	9	4	3	5
9	7	3	1	5	8	2	6	4
2	4	6	9	7	3	5	8	1
1	8	5	4	2	6	9	7	3
5	2	9	6	3	4	8	1	7
4	6	1	7	8	2	3	5	9
8	3	7	5	9	1	6	4	2

4	5	8	3	1	2	6	9	7
1	9	6	7	8	4	5	3	2
7	2	3	6	5	9	1	8	4
9	6	4	2	7	3	8	1	5
2	8	7	1	6	5	9	4	3
5	3	1	9	4	8	2	7	6
6	1	5	8	3	7	4	2	9
3	4	2	5	9	1	7	6	8
8	7	9	4	2	6	3	5	1

3	7	1	5	4	8	6	9	2
6	9	2	3	7	1	8	5	4
5	4	8	6	2	9	3	7	1
4	1	6	8	3	7	9	2	5
7	2	9	1	5	6	4	8	3
8	5	3	2	9	4	1	6	7
2	8	5	9	1	3	7	4	6
1	6	4	7	8	5	2	3	9
9	3	7	4	6	2	5	1	8

3	7	2	1	5	6	9	4	8
9	6	4	8	7	2	3	1	5
8	5	1	3	9	4	6	7	2
2	1	3	9	4	7	8	5	6
7	8	9	5	6	3	1	2	4
5	4	6	2	8	1	7	9	3
4	3	8	7	1	5	2	6	9
6	2	7	4	3	9	5	8	1
1	9	5	6	2	8	4	3	7

Le saviez-vous

Après la Première Guerre mondiale, et après avoir durement travaillé pour remplacer les hommes partis au front, les femmes réclament massivement le droit de vote. Le projet de loi est rejeté à plusieurs reprises jusqu'au 21 avril 1944, jour où Charles de Gaulle leur accorde ce droit. Le 29 avril 1945, lors des élections municipales, 12 millions de Françaises votent pour la première fois, près d'un siècle après leurs homologues masculins. Par la même ordonnance, elles gagnent le droit d'être élues. M. Q.

« Qui épie sa femme en est jaloux comme un gueux de sa besace. »
Proverbe français

EN BEAUTÉ

L'huile d'onagre, l'alliée des peaux matures

Très bien pourvue en acide linoléique, qui intervient dans la fabrication des membranes cellulaires, l'huile d'onagre est aussi source de stérols (dont la vitamine E), aux propriétés antioxydantes, et riche en acide gamma-linolénique à l'action anti-inflammatoire. Elle renferme des phytostérols aux vertus *œstrogen-like* qui aident à lutter contre le chamboulement hormonal de la périménopause, qui provoque par exemple l'assèchement de la peau. Hydratante et assouplissante, elle est appréciée pour son action antirides et antioxydante.

Prenez-la par voie orale, sous forme de capsules (de 3 à 6 g/jour, suivant la sécheresse de la peau) et par voie cutanée en coupant, par exemple, une capsule et en appliquant son contenu sur le visage. Veillez à la chauffer préalablement dans le creux de la main.

© Marc/stock.adobe.com

Pour un démaquillant bi-phasé, versez dans un flacon 50 % d'huile d'onagre et 50 % d'hydrolat de bleuet ou de camomille, agitez vigoureusement le mélange que vous verserez sur un coton. C. D.

à faire

Super croisés

	A	B	C	D	E	F	G	H	I	J	K	L
1												
2							■					
3											■	
4						■						
5								■				■
6							■					
7				■						■		
8					■							

Horizontalement

1. Serait, sans appel, vouée au chômage. **2.** Boiteux s'il ne s'adapte pas au groupe. Un nom pour n'importe qui. **3.** Elle permet d'avancer, mais lentement. **4.** Déclinons une invitation à nous mettre à table. Donnerai de la voix. **5.** A perdu du poids. C'est vraiment le commun des mortels. **6.** Réduire la surface d'une voile. Une mode musicale. **7.** Fut balayé par les rafales du Nord. Bruit désagréable. Dans un texte arabe. **8.** Souvent logée dans de beaux quartiers. D'aspect peu reluisant.

Verticalement

A. On est sali quand il nous éclabousse. **B.** Des refuges pour les ours. **C.** Renonculacées dont les pétales se terminent en éperon. **D.** Ne sont pas à la hauteur de toutes les situations. **E.** Faire plier ou tenir droit. **F.** Dans les chromosomes. Son itinéraire est tout tracé. **G.** À déclarer. Américain de la campagne. **H.** Affaire d'honneur. Bien des femmes... **I.** Les étrangers n'y sont pas admis. **J.** Volumes à mettre au feu. **K.** Règle à suivre. Permet l'entrée. **L.** Il appréciait l'endroit. Mot de passe.

Solution au samedi 2 juillet

mercredi 29 juin

Saint Pierre-Paul

« Ceux qui ne savent pas où ils vont
sont surpris d'arriver ailleurs. »
Pierre Dac

à faire

A TABLE

Crème de ricotta aux herbes

Pour 4 personnes • 2 gousses d'ail • 1 petit oignon rouge • 250 g de ricotta • 100 g de fromage blanc • 4 tiges de menthe • 4 tiges de basilic • 2 c. à soupe d'huile d'olive • Sel • Poivre.

1. Pelez l'ail et l'oignon, puis pressez les gousses et émincez l'oignon très finement.
2. Dans un bol, mélangez la ricotta avec le fromage blanc.
3. Ajoutez les feuilles de menthe et de basilic ciselées, l'huile d'olive, du sel et du poivre, puis mélangez.
4. Servez à l'apéritif avec des crackers aux graines, par exemple.
Info + Délicieux avec quelques feuilles de thym-citron hachées.

Recette extraite de *Super facile Apéros Tapas*, Dorian Nieto, éd. Solar.

© Dorian Nieto

D'un mot à l'autre

En regroupant et en mélangeant les lettres de chaque mot donné avec la lettre qui le suit, trouvez un second mot composé de sept lettres.

1	OCEANE	+	P	=	_ _ _ _ _ _ _
2	POCHES	+	I	=	_ _ _ _ _ _ _
3	VOLEUR	+	I	=	_ _ _ _ _ _ _
4	PINCEE	+	H	=	_ _ _ _ _ _ _
5	CORAIL	+	R	=	_ _ _ _ _ _ _

SOLUTION : 1/ Canopée. 2/ Hospice. 3/ Voilure. 4/ Péniche. 5/ Racloir.

QUELLE HISTOIRE !

À l'été 1928, Alexander Fleming oublie de nettoyer des récipients de cultures de staphylocoques. À son retour, un champignon blanchâtre a envahi les boîtes. Il semble arrêter le développement des bactéries. Fleming vient de découvrir la pénicilline. S. P.

« De quatre choses, nous avons plus que nous croyons : des péchés, des dettes, des ennemis et des années. »
Proverbe persan

© Kapios/stock.adobe.com

DANS LA NATURE

La vie en flamant rose

Quel spectacle insolite que ces colonies de flamants roses dormant la tête sous l'aile et en équilibre sur une seule patte palmée baignant dans l'eau. L'autre étant repliée sous son plumage. Comme la cigogne, notre échassier n'a rien trouvé de mieux pour limiter les déperditions de chaleur et économiser son énergie. D'autant que ce sommeil d'équilibriste lui demande moins d'effort musculaire que de dormir sur ses 2 pattes.
10 jours après leur naissance, les petits sont amenés à la « crèche » où ils font connaissance avec leurs milliers de cousins, sous la surveillance des parents. Ils apprennent alors à se nourrir seuls et à muscler leurs ailes pour voler au bout de 11 semaines. Adultes, ils mesureront jusqu'à 1,50 m et feront près de 160 cm d'envergure pour un poids de 2,5 kg à 3 kg.
Si l'on peut observer les flamants roses toute l'année en Camargue, il faut savoir que certains groupes peuvent subitement décider de migrer. À l'automne, ils s'envolent alors vers le sud de l'Espagne, la Sardaigne ou la Tunisie. Ils se déplacent, pattes et cou tendus, en lignes ondulantes marquant le ciel de rose et de noir. Certains jeunes inexpérimentés peuvent se perdre et parfois même atterrir dans les Landes. **P.-Y. N.**

à faire

Mots à mot

En regroupant et en mélangeant les lettres des deux mots de trois lettres proposés, composez un troisième mot de six lettres.

NOM + TIE = T _ _ _ _ _

DEA + RAP = _ _ R _ _ _

CIE + ERS = _ _ _ _ S _

SOLUTION : Témoin - Parade - Cerise.

Clin d'œil

Louise, trois ans et demi, demande à son papa : « Papaaaa, je peux avoir une lampe à poche s'il te plaît ? » Ce dernier lui répond : « On dit une lampe de poche. » Louise demande alors : « Papaaaa, je peux avoir une lampe à deux poches ? »

vendredi 1er juillet

Saint Thierry

« La connerie de l'existence,
c'est qu'elle se fabrique au présent. »
Frédéric Dard

à faire

AU JARDIN

Multipliez les plantes carnivores

© Pierre-Yves Nédélec

Au pied des plants de sarracénies, de pinguiculas et de droséras qui ont fleuri, il n'est pas rare de voir, en cours d'été, une multitude de jeunes pousses qui proviennent de semis spontanés. Il suffit alors de les déterrer et de les repiquer en godet pour agrandir sa collection ou les partager avec son entourage. Comptez au minimum 2 ans pour que les petits deviennent adultes. Plus rapide, le bouturage consiste à prélever, au milieu de l'été, des feuilles que vous poserez à plat sur un lit de tourbe humide mélangée avec 30 % de sable.

En quelques semaines, une jeune plante naîtra à la base comme avec un bouturage de feuille de plante grasse. Ne la repiquez qu'une fois enracinée. Cette méthode marche bien avec la dionée et la droséra. Préférez la division des rejets au printemps sur les touffes de sarracénie et de céphalotus, à l'abondant système racinaire. Ne reste plus qu'à les regarder dévorer ! **P.-Y. N.**

SOLUTION DU LUNDI 27

1. César Borgia **2.** Gilles de Rais **3.** Calas **4.** Chevalier de La Barre **5.** Auberge Rouge **6.** Brinvilliers.

Mini-croisés

	A	B	C	D	E	F	G	H
1								
2								
3			■					
4							■	
5				■				
6					■			
7						■		
8			■					

Horizontalement

1. L'allumette s'y frotte. **2.** Habitante du Pas-de-Calais. **3.** En face, mais au centre. Langage de spécialistes. **4.** Champignon au chapeau ovoïde. **5.** Le refuge du naufragé. Divisé en plusieurs parts. **6.** Pointe en bord de côte. Dépourvu de toute valeur. **7.** Gloire, amour et beauté. Fait l'article à Madrid. **8.** Bon pour le licencié. Comme une corde sans nœuds.

Verticalement

A. En pique-nique, jette un froid. **B.** Travaux saisonniers. **C.** Brin d'ère. Paysan latino. **D.** Il fut balayé par des ouvriers. Tour de cou. **E.** Le taureau y est enfermé avant l'arène. Note. **F.** Bulbe à saveur piquante. **G.** Échelle de photographe. À inscrire au bilan des pertes. **H.** Opération de diamantaire.

Solution au lundi 4 juillet

« Nous ne saurons jamais tout le bien qu'un simple sourire peut être capable de faire. »
Mère Teresa

Mini-fléchés

Grille 1

- BASE DE PARFUM
- LAC DE GENÈVE
- IL SE PORTE CAUTION
- GEÔLIER
- SON BONHOMME RESTE FROID
- EN PETIT NOMBRE
- CONSIGNAI
- ÉTENDU
- MESURE DE BIÈRE

Grille 2

- ABSOLUMENT PARFAITE
- MAXIME
- OPÉRERAI
- ARME À FLÈCHES
- RETIRE UNE ENVELOPPE
- PRÉNOM DE CANTONA
- FIT LE ROI
- STUDIO DE RÉALISATION
- UNE DISTANCE POUR L'ESPACE

Grille 3

- BIEN ÉLEVÉ
- MONTÉ EN GRADE
- ÉTAT ARABE
- ENTRÉES DES BOIS
- CE SONT DES PARESSEUX
- IRLANDE POÉTIQUE
- DÉTÉRIORERA
- BAC À CHAMPAGNE
- ÉPREUVES

Grille 4

- UNIE
- COFFRE ARRIÈRE
- FAIRE SA COUR
- ENDROITS PRÉCIS
- LA MÈRE ET LA FILLE
- CIRCULE EN IRAN
- PAS JEUNE
- DÉPARTEMENT D'ÉVREUX
- FROISSÉS

Solution au mardi 5 juillet

à faire

SOLUTION DU MARDI 28

S	T	A	N	D	A	R	D	I	S	T	E
C	A	N	A	R	D	■	U	N	I	E	L
A	N	C	I	E	N	N	E	T	E	■	O
N	I	O	N	S	■	E	L	I	R	A	I
D	E	L	E	S	T	E	■	M	E	C	■
A	R	I	S	E	R	■	D	I	S	C	O
L	E	E	■	R	A	G	O	T	■	E	L
E	S	S	E	■	M	I	T	E	U	S	E

Vite, une astuce !

Pour nettoyer et désodoriser efficacement votre four à micro-ondes, pressez ½ citron dans ½ bol d'eau. Plongez-y la moitié du citron déjà pressée. Faites chauffer au micro-ondes à température maximum pendant 2 à 3 min (selon la puissance de l'appareil). Retirez le bol et essuyez l'intérieur du four et le plateau avec une éponge humide. La vapeur dégagée aura dégraissé et désodorisé le micro-ondes.

dimanche 3 juillet

Saint Thomas

« Il ne dépend pas de toi d'être riche,
mais il dépend de toi d'être heureux. »
Épictète

à faire

C'EST ARRIVÉ LE...

3 JUILLET 1942

Eddy Mitchell, de son vrai nom Claude Moine, naît à Paris. Chanteur très influencé par le rock américain, il connaît le succès à la fin des années 1950 avec son groupe Les Chaussettes noires. Cinéphile, il anime *La Dernière Séance*, une émission sur le cinéma américain, de 1981 à 1998. S. P.

© JC Drapier/stock.adobe.com

BALADE EN FRANCE

La cité médiévale de Chauvigny

Cinq châteaux sur un même promontoire ! À 20 min de Poitiers, la cité médiévale de Chauvigny apparaît, majestueuse et puissante, au sommet d'un éperon rocheux. Protégées par une même enceinte, la collégiale Saint-Pierre et une poignée de maisons se blottissent près des vestiges de ces châteaux forts. Celui des évêques de Poitiers, édifice baronnial bâti à la pointe de l'éperon, est celui qui se découpe le mieux dans le ciel de la Vienne, marquant ainsi sa prééminence face aux châteaux vassaux, construits en retrait. Agrippés à la falaise, ses remparts et son donjon montrent l'importance de cette forteresse. Mais s'il reste le plus puissant, le mieux conservé est celui d'Harcourt. Dans sa salle des gardes, une exposition présente, jusqu'à leur totale rénovation en 2022, les fresques des VIII et IXe siècles qui ornent l'église toute proche de Saint-Pierre-les-Églises.

Bâtis simultanément au Moyen Âge, ces châteaux (avec ceux de Montléon, de Gouzon et la tour de Flins) avaient pour vocation de défendre la voie de communication qui reliait le Poitou au Berry. Avec le rattachement de ces régions au royaume et la fin des guerres de religion, ils perdent leur vocation militaire et sont abandonnés bien avant la Révolution. Il a fallu la passion des archéologues de la Société des antiquaires de l'Ouest, fondée en 1834, et des habitants du bourg pour relever ces ruines, dont celles de la collégiale Saint-Pierre. Son chœur témoigne de la richesse de Chauvigny, avec notamment ses colonnes qui arborent de surprenants dragons et lions à têtes ailées.

Plus récemment, le donjon de Gouzon a fait l'objet d'une très belle restauration avec l'installation d'un ascenseur qui permet de se hisser sans efforts jusqu'à son sommet. Au-delà de la vue sur Chauvigny, cet aménagement permet de découvrir l'archéologie industrielle de la région, depuis des céramiques romaines jusqu'à l'énorme moteur à vapeur de 1907 qui a fonctionné jusqu'en 1984 dans la fabrique Deshoulières pour façonner les belles assiettes des grandes tables françaises. J.-P. R.

« Je ne désire rien du passé.
Je ne compte plus sur l'avenir.
Le présent me suffit. »
Jules Renard

à faire

EN FORME

Bouger, ça aide aussi !

L'exercice améliore l'oxygénation du cerveau et contribue à la prévention de l'obésité, du diabète de type 2 et des maladies cardio-vasculaires. La synthèse de 16 études (regroupant 164 000 participants) conclut à une diminution de 45 % du risque de maladie d'Alzheimer chez les personnes pratiquant le plus d'activités. Les sports d'endurance (marche rapide, jogging, natation, vélo, danse...), pratiqués 2 h 30 par semaine (ou plus !), seraient les plus efficaces. **F. D.**

SOLUTION DU VENDREDI 1ER

G	R	A	T	T	O	I	R
I	E	N	S	O	I	S	E
A	C	■	A	R	G	O	T
C	O	P	R	I	N	■	A
I	L	E	■	L	O	T	I
E	T	O	C	■	N	U	L
R	E	N	O	M	■	E	L
E	S	■	L	I	S	S	E

mardi 5 juillet

Saint Antoine

« Juillet rouge au matin,
au soir apporte crachin. »
Dicton français

à faire

© Imagika/stock.adobe.com

AU JARDIN

Bassin : à chacun son style

Rond, carré, rectangulaire, en haricot… toutes les formes de bassin sont possibles. Mais plus il sera grand, plus il faudra creuser, avec un minimum de 50 cm de profondeur. Sur une terrasse de plain-pied, choisissez un modèle moderne hors-sol de 220 litres avec sa bâche étanche et son cadre rectangulaire en pin clair. Sur une pelouse, installez un abreuvoir à pâture rond de 1 000 litres que vous pourrez habiller avec du bois de bardage ou une maçonnerie en pierre.

Dans un jardinet ou sur une petite terrasse, n'hésitez pas à recycler un baquet en zinc, une lessiveuse ou un demi-tonneau rendu étanche à l'aide d'une bâche en PVC. Le bassin préformé en polyéthylène, parfaitement étanche, s'avère plus délicat à installer car il faut creuser un trou épousant parfaitement sa forme, avant de le poser sur un lit de sable.

Si vous souhaitez quelque chose de personnalisé, creusez le bassin à la forme souhaitée avant d'habiller l'intérieur d'un feutre géotextile, puis d'une bâche caoutchouc EPDM d'au moins 1 mm d'épaisseur (en jardinerie). Vérifiez les niveaux pour que l'eau affleure tout le long de la bâche. Les contours seront habillés de pierres, dalles ou caillebotis. Une pompe électrique ou solaire autorisera, en circuit fermé, jeux d'eau et cascades. P.-Y. N.

SOLUTION DU SAMEDI 2

	N		G	
L	E	M	A	N
	R	A	R	E
N	O	T	A	I
	L	O	N	G
P	I	N	T	E

	I		A	
A	D	A	G	E
	E	R	I	C
S	A	C	R	A
	L		A	L
R	E	G	I	E

	D		E	
P	R	O	M	U
	E	R	I	N
U	S	E	R	A
	S	E	A	U
T	E	S	T	S

	M		P	
M	A	L	L	E
	R	I	A	L
V	I	E	I	L
	E	U	R	E
V	E	X	E	S

Le bon signe

Entre chaque nombre, placez l'un des quatre signes + x : et – afin d'obtenir le total indiqué. Chaque signe n'apparaît qu'une seule fois par opération.

11		5		3		6		19	=	31
3		20		18		2		14	=	25
9		14		6		3		19	=	59

SOLUTION : 11 - 5 : 3 x 6 + 19 = 31 / 3 x 20 + 18 : 2 - 14 = 25 / 9 x 14 - 6 : 3 + 19 = 59

« On est en ce monde enclume ou marteau. »
Proverbe français

AU MARCHÉ

La pêche

Jaune, blanche ou de vigne, la pêche évoque les vacances. Elle se choisit parfumée et souple. Riche en bêta-carotène, elle apporte également une bonne quantité de vitamine E qui permet aux cellules de lutter contre le stress oxydatif.

© Zadorozhna/stock.adobe.com

Sucré-salé d'escalope Faites dorer une belle escalope de veau tranchée finement. Détaillez 1 concombre, ½ oignon rouge et quelques feuilles de salade. Assaisonnez d'huile neutre (type tournesol) et de vinaigre de framboise. Mélangez délicatement avec le veau et ajoutez 2 pêches coupées en morceaux. **D. L.**

Le plus santé Son cuivre contribue à la production de mélanine qui protège des effets nocifs du soleil.

à faire

Petits fléchés

ABRI PORTATIF
C'EST UNE SOMME !
CHARGÉ OFFICIELLEMENT
BRÈCHES
PIQUE UNE TÊTE
ANIMAL DE JEU
INDIQUE LA MANIÈRE COMME LA MATIÈRE
PART INDIVIDUELLE
HOMME DU DÉSERT
RÉALISATEUR DE MANHATTAN
APPEL DISCRET
PAS SINGULIER
LE GALLIUM
IL COULE À MUNICH
AUROCHS
ANIMATION
CELA, MAIS EN PLUS COURT
IL EST BIEN SERVI AU TENNIS
ESPACE POUR OSTRÉICULTEUR

SITUÉE À L'EST
BRIDÉE
IL VOLERA BIENTÔT
FORTIFIER
ENCHÂSSÉ
FILET !
MET SUR UN FIL
GROS PLAN
STAR
... ET NON AVENU
FOYERS
BRANCHÉ
CONFIA À LA TERRE
DANS LES HÔTELS, IL EST VOLEUR
PRENDRE NOTE
BOURRELET
C'EST TOUT À FAIT CELA
UN JULES UN PEU SPÉCIAL
LISTE DE FAUTES

Solution au jeudi 7 juillet

jeudi 7 juillet

Début des vacances des zones A, B et C

Saint Raoul

« Les mauvais procès sont longs comme un siècle. »
Proverbe français

à faire

Dessiner de mémoire

Les articles de sport

Observez ces quatre articles de sport pendant 30 secondes puis cachez-les.

Redessinez les articles de sport dans le bon ordre.

Figures manquantes

Observez cette chaîne pendant 30 secondes, puis cachez-la.

Reproduisez de mémoire les trois formes manquantes dans la chaîne ci-dessous.

SOLUTION DU MERCREDI 6

■	P	■	A	■	P	■
P	A	C	T	O	L	E
■	R	A	T	I	O	N
O	A	S	I	E	N	■
■	P	S	T	■	G	A
P	L	U	R	I	E	L
■	U	R	E	S	■	L
V	I	E	■	A	C	E
■	E	S	T	R	A	N

■	O	■	O	■	S	■
F	R	E	I	N	E	E
■	I	N	S	E	R	T
V	E	D	E	T	T	E
■	N	U	L	■	I	N
A	T	R	E	S	■	D
■	A	C	T	E	R	■
P	L	I	■	M	A	C
■	E	R	R	A	T	A

QUELLE HISTOIRE !

50 otages pour 1 ingénieur

Ingénieur allemand de travaux publics, Karl Hotz est envoyé à Nantes de 1929 à 1933 pour combler les bras de l'Erdre et de la Loire dans le cadre des dommages de guerre dus par l'Allemagne. En juin 1940, il revient à Nantes, cette fois affecté par le régime nazi comme responsable des troupes d'occupation. Le 20 octobre 1941, 3 résistants communistes l'abattent près de la cathédrale. Aussitôt, Hitler ordonne l'exécution de 50 otages, dont Guy Môquet et Jean-Pierre Timbaud. Seul rescapé du commando, Gilbert Brustlein s'engage dans l'armée de la France libre, tandis que sa mère est assassinée à Auschwitz-Birkenau. À la Libération, l'artère créée sur le cours comblé de l'Erdre sera renommée cours des 50-Otages. **J.-P. R.**

Saint Thibault

« J'ai tellement tourné de navets que ma carrière ressemble à un potager. »
Jean Lefebvre

A TABLE

Mini-brochettes chorizo, mozzarella et tomates

Pour 2 personnes • Du chorizo • 1 c. à soupe de pistaches • 4 billes de mozzarella • 4 tomates cerises.

1. Coupez le chorizo en tranches de 1 cm d'épaisseur.

2. Faites-le griller dans une poêle chaude, 1 à 2 min de chaque côté. Une fois grillé, posez-le sur du papier absorbant.

3. Mixez grossièrement les pistaches puis roulez les billes de mozzarella dedans.

4. Enfilez sur de petites piques à brochettes : 1 tranche de chorizo, 1 bille de mozzarella entourée de pistaches, 1 tomate cerise. Répétez.

Info + Ajoutez quelques pincées de paprika fumé aux pistaches mixées pour obtenir une saveur légèrement piquante.

© Dorian Nieto

Recette extraite de *Super facile Apéros Tapas*, Dorian Nieto, éd. Solar.

à faire

D'un mot à l'autre

En regroupant et en mélangeant les lettres de chaque mot donné avec la lettre qui le suit, trouvez un second mot composé de sept lettres.

1	ELANCE	+ L	=	
2	ESTIVE	+ G	=	
3	COLLER	+ O	=	
4	TERCET	+ E	=	
5	CARDER	+ N	=	

SOLUTION : 1/ Nacelle. 2/ Vestige. 3/ Corolle. 4/ Recette. 5/ Rencard.

C'EST ARRIVÉ LE...

8 JUILLET 1497

Le navigateur Vasco de Gama quitte le Portugal pour rejoindre les Indes. En mai 1498, après dix mois de traversée, il atteint enfin son but. Son itinéraire l'a amené à longer les côtes africaines et dépasser le cap de Bonne-Espérance. **S. P.**

samedi 9 juillet

Sainte Amandine

« Mieux vaut emprunter au grenier qu'à l'usurier. »
Proverbe français

à faire

Mini-fléchés

FORÊT LANDAISE
FILA EN DOUCE
MIS À SÉCHER
SYSTÈME D'ÉCOUTE
ENTRE POQUELIN ET MOLIÈRE
FÊTE DES ENFANTS
NON ANCIEN
IDÉE FIXE
PASSIONNÉS

HÉLÉ
TEINTE SANS DÉGRADÉ
SIFFLEMENT DU MICRO
RECRU
C'EST ÇA, OU LÀ PRISON
ORNA
BIEN ENVELOPPÉ DERRIÈRE
ELLE PART À LA DÉCHARGE
FAIT L'ARTICLE À MADRID

AMEUBLIE
RÉPÉTITEUR
FAIRE DES MISÈRES
PARTI EN SIFFLANT
PORTÉ SUR LA PLACE PUBLIQUE
BRAME
BOSSA
GENS DU MILIEU
ARTICLE DE NOS VOISINS

GAZ
MONT SOUS-MARIN
IL TROTTE EN TÊTE
BATEAUX LÉGERS
PIQUER QUELQUE CHOSE
TIRA LA PÉNICHE
ON Y TOURNE
DES CHIFFRES ET UNE LETTRE
ESPÈCE DE PUNAISE
SOUHAIT

Solution au lundi 11 juillet

QUELLE HISTOIRE !

Les propriétés du saule blanc étaient connues dès l'Antiquité, grâce à son principe actif : l'acide acétylsalicylique. C'est le chimiste Felix Hoffmann qui, en 1897, synthétise la molécule. Deux ans plus tard, la société Bayer dépose la marque Aspirin. S. P.

EN FORME

Les bienfaits de l'avocat

Ses composants dits insaponifiables (solubles dans l'organisme mais pas dans l'eau) et anti-inflammatoires sont présents dans certains médicaments antiarthrosiques d'action lente. Autant en manger directement !
L'avocat apporte aussi des antioxydants bénéfiques : cuivre, manganèse et vitamine E. La bonne « posologie » : 2 avocats par semaine, agrémentés de fines herbes ou d'épices. **F. D.**

« Je vous offrirais bien un parachute si j'étais sûr qu'il ne s'ouvre pas. »
Groucho Marx

EN CHANSON

1977 Pierre Perret « Lily »

À la fin des années 1950, Pierre Perret quittait le bistrot de ses parents à Castelsarrasin pour tenter sa chance dans les cabarets parisiens. Vivement encouragé par Georges Brassens, il enregistre à partir de 1957 des titres légers et drôles comme « Moi, j'attends Adèle » puis « Le Tord-boyaux » en 1963, son premier succès. Suivront « Les Jolies Colonies de vacances », « La Cage aux oiseaux » et, bien sûr, « Le Zizi » en 1974. Une audace qui lui vaut de décrocher 16 disques d'or d'un coup! **Ce tourbillon de tubes ne lui fait cependant pas oublier ses passions littéraires** et ses engagements d'homme. Aussi se souvient-il d'un voyage à New York en 1972 et, plus encore, du discours de l'activiste noire Angela Davis contre le racisme et l'intolérance. Une actualité américaine qui fait écho à la création du Front national en France en 1972. Pierre Perret, hanté par cette préoccupante montée du racisme, imagine alors une chanson, l'histoire d'une femme de Somalie, venue à Paris pour fuir la dictature de son pays. Il ne faudra pas moins de 3 années au poète pour finaliser un opus aussi sensible.

© Agip/Bridgeman Images

« Lily » donne son titre à l'album qu'il publie en 1977. Le succès est au rendez-vous, bien que l'artiste reçoive en retour de nombreuses lettres d'injures. Cette chanson marque aussi un virage dans la carrière de Pierre Perret qui, désormais, signera de nombreux titres engagés. « Lily » sera reprise par Barbara à la fin de sa vie et très largement enseignée dans les écoles. Pierre Perret a, au passage, obtenu le prix de la Ligue internationale contre le racisme et l'antisémitisme. **P. Da.**

« On la trouvait plutôt jolie, Lily / Elle arrivait des Somalies, Lily / Dans un bateau plein d'émigrés / Qui venaient tous de leur plein gré / Vider les poubelles à Paris / Elle croyait qu'on était égaux, Lily / Au pays d'Voltaire et d'Hugo, Lily / Mais, pour Debussy, en revanche / Il faut deux noires pour une blanche / Ça fait un sacré distinguo »

Auteur, compositeur, interprète : Pierre Perret. Éditions Adèle, 1977.

à faire

C'EST ARRIVÉ LE...

10 JUILLET 1970

La loi Debré réduit la durée du service militaire de 16 à 12 mois. Elle reconnaît aussi un volontariat féminin qui ouvre les carrières aux femmes de 18 à 29 ans. Un pas (de l'oie) vers l'égalité ! **F. M.**

lundi 11 juillet

Saint Benoît

« Qui veut bon navet,
le sème en juillet. »
Dicton français

à faire

SOLUTION DU SAMEDI 9

	P		E	
P	I	S	T	A
	N	O	E	L
N	E	N	N	I
	D	A	D	A
F	E	R	U	S

	A		L	
A	P	L	A	T
	P	A	R	A
F	E	S	S	U
	L		E	L
B	E	N	N	E

	H		R	
B	E	G	U	E
	R	A	I	T
U	S	I	N	A
	E		E	L
P	E	G	R	E

	B		P	
G	U	Y	O	T
	T	O	U	A
B	A	L		X
	N	E	P	E
D	E	S	I	R

A TABLE

Feuilles de betterave, chèvre, grenade et lentilles

© Kerouédan/Photocuisine/sucré-salé

Pour 2 personnes • 50 g de lentilles corail • ½ crottin de chèvre mi-sec • 60 g de chèvre frais • 1 c. à café de graines de chia, de graines de sésame, de graines de tournesol décortiquées et de baies de goji • 50 g de feuilles de betterave • ½ grenade • 1 c. à soupe d'huile d'olive • 1 c. à café de vinaigre balsamique • Sel • Poivre.

1. Cuisez les lentilles préalablement rincées pendant 12 min. Passez-les sous l'eau froide, égouttez.

2. Râpez le crottin dans un bol. Ajoutez le chèvre frais, poivrez, mélangez.

3. Mixez les graines et les baies grossièrement, puis réservez dans une assiette creuse.

4. Façonnez 6 petites boulettes avec la préparation au chèvre, roulez-les dans la chapelure de graines.

5. Lavez et essorez les feuilles de betterave. Coupez la grenade en quartiers et égrénez-la au-dessus d'un récipient pour conserver le jus.

6. Émulsionnez l'huile d'olive avec le vinaigre et le jus de grenade. Salez et poivrez ensuite.

7. Mélangez les lentilles et les feuilles de betterave avec l'assaisonnement. Répartissez le tout dans les assiettes, ajoutez les boulettes de chèvre et les grains de grenade. Servez très frais.

Le plus santé Cette recette permet de déguster des graines et des baies riches en nutriments (oméga-3, magnésium, potassium, vitamines C, A, E, antioxydants, etc.).

C'EST ARRIVÉ LE...

11 JUILLET 1975

En Chine, dans la région de X'ian, deux villageois occupés à creuser un puits découvrent des milliers de soldats en terre cuite et leurs chevaux ensevelis. 6 000 sculptures seront exhumées ! Cette armée de soldats, qui veille sur le mausolée de l'empereur Qin Shi Huang depuis 246 avant J.-C., est désormais un site archéologique majeur, inscrit au Patrimoine mondial de l'Unesco. S. P.

Saint Olivier

« Les seuls beaux yeux sont ceux qui vous regardent avec tendresse. »
Coco Chanel

AU JARDIN

La crème des épinards

© Deyan Georgiev/stock.adobe.com

C'est à Catherine de Médicis que nous devons la popularisation des épinards et des préparations à la florentine. Mais saviez-vous que ce légume, de la famille des chénopodes, est originaire d'Asie Mineure ? Son nom viendrait de ses graines épineuses qui n'ont rien à voir avec celles bien lisses des variétés actuelles. Oublions donc les mauvais souvenirs de cantine pour redécouvrir l'épinard en salade, à la crème, en gratin ou, tout simplement, avec des œufs au plat.

Avec 24000 tonnes par an, la France en est le premier producteur européen. Si les jardiniers amateurs continuent à semer des variétés traditionnelles comme le Géant d'Hiver ou le Monstrueux de Viroflay, les maraîchers préfèrent les hybrides, plus résistants et aptes à la congélation. Mais qui fait la différence dans l'assiette entre Polka, Tarpy ou Symphonie ? L'important est d'acheter des feuilles charnues, bien vertes et légèrement humides. Consommez-les dans les 2 jours.

Entre le semis et la récolte, comptez 1 mois et demi à 2 mois maximum. Ce légume de climat tempéré se plaît dans un sol frais, meuble et enrichi en engrais organiques peu azotés. La récolte se fait feuille à feuille à raison de 2 kg par m² cultivé. S'il fait trop chaud, les plants montent vite en graines. P.-Y. N.

à faire

Super croisés

	A	B	C	D	E	F	G	H	I	J	K	L
1												
2							■					
3				■							■	
4										■		
5					■				■			
6			■				■					
7								■				
8					■							

Horizontalement

1. Porte des bottes de combat. **2.** Forme de rire. Éléments d'une caisse. **3.** Homme de prix. Qui est *out*. **4.** Spécialité de colporteurs. Dit en présentant. **5.** Emportée ou expédiée. Passe au Tyrol. Des nuages peuvent s'y former. **6.** Pratiques courantes. Employé pour repousser. Interdit momentanément. **7.** Personnes qui montrent les dents. Dame de cœur. **8.** Travaille sur un sujet. Ses activités lui autorisent de nombreuses liaisons.

Verticalement

A. Casse-col. **B.** Creuse, pour une partie de cette région... **C.** Fait perdre la tête. N'est jamais le mot de la fin. **D.** Note. Telle qu'on ne saurait trouver ça un peu gros ! **E.** Qui ne pousse donc pas à passer la main. Fait « crac » sous les crocs. **F.** Alcaloïdes extraits de la fève de Calabar. **G.** île anglaise ou homme de Londres. Possessif. **H.** Fraise bien rouge. **I.** Air de la côte. Le zizi en a un. **J.** A beaucoup de peine. Terre indonésienne. **K.** Couché pour le levé. Flot humain. **L.** Moyen de progresser par degrés.

Solution au vendredi 15 juillet

mercredi 13 juillet

Saint Henri, saint Joël

« Qui dort en juillet jusqu'au soleil levant, mourra pauvre finalement. »
Dicton français

à faire

EN BEAUTE

2 exercices pour réveiller le regard

Démaquillez-vous soigneusement et hydratez votre peau avec votre soin habituel avant de commencer.

1. Redressez la tête et fixez un point devant vous. Sans bouger du tout, tournez votre regard vers la droite. Revenez au centre, puis tournez votre regard vers la gauche. Revenez au centre, puis tournez votre regard vers le ciel (sans contracter le front). Revenez au centre puis tournez votre regard vers le sol. Fermez doucement les yeux pendant quelques secondes, puis recommencez le cycle 2 fois.

2. Ouvrez très grands les yeux en fixant un point loin devant vous, sans soulever les sourcils. Essayez d'étirer tous les muscles de votre visage vers l'extérieur. Restez ainsi pendant 4 respirations. Puis fermez les yeux et détendez votre regard.

© insta_photos/stock.adobe.com

Faites ces exercices au moins 3 fois par semaine, afin d'obtenir une réelle amélioration au niveau du relâchement cutané. **K. S.**

QUELLE HISTOIRE !

Le 30 septembre 1846, le dentiste William Morton enlève une dent à un patient endormi à l'aide d'éther versé sur un mouchoir. C'est un succès. En France, le procédé est utilisé un an plus tard par le chirurgien et père du pansement : Alfred Velpeau. **S. P.**

Sudokus

			9		6			7
8	7		2					
						4	2	
		2		5				
		3				9	7	8
		8		9				
						2	8	
5	9		1					
			7		9			6

7		3		5		2		4
		6				5		
			2		1			
			7	1	4			
9				6				3
6								8
	7						4	
	1			2			9	
		4		3		8		

Solution au dimanche 17 juillet

Fête nationale

Sainte Camille

jeudi 14 juillet

« C'est pas ceux qui courent le plus vite qui sont les plus pressés. »
Coluche

© benik.at/stock.adobe.com

EN FORME

Sieste, mode d'emploi

La pratique de la sieste est une des méthodes les plus naturelles pour améliorer le bien-être et la longévité. Le mot vient du latin *sixta* qui signifie « la sixième heure du jour », durant laquelle on note une baisse de vigilance propice au sommeil. Cet assoupissement provient d'un mécanisme physiologique régulé par notre horloge biologique. Il sera amplifié par un repas copieux et arrosé ou une mauvaise nuit.
Elle doit durer entre 20 et 40 min, pas plus. Au-delà, elle pourrait devenir nocive. Dormir moins de 6 h par nuit et plus d'1 h lors des siestes prédisposerait à des maladies cardio-vasculaires et métaboliques. En revanche, sa pratique régulière et adaptée présente de nombreux avantages, qui dépassent la seule possibilité de récupérer d'un sommeil non réparateur.
Elle améliore les capacités cérébrales, dont la mémoire, la vigilance et la créativité, diminue le stress et réduit les risques cardio-vasculaires. Rien ne vaut un bon somme pour recharger les batteries. Pas trop long et pas trop profond, juste ce qu'il faut pour rester durablement en pleine forme. **O. D.**

à faire

Tout compte fait

Dans chacune des trois lignes, placez les nombres 3 4 6 7 8 de façon à obtenir, en réalisant quatre opérations successives, le total indiqué.

	x		+		:		-		=	14
	-		:		+		x		=	56
	:		+		x		-		=	21

SOLUTION : 7 x 8 + 4 : 3 - 6 = 14 / 7 - 3 : 4 + 6 x 8 = 56 / 8 : 4 + 7 x 3 - 6 = 21

C'EST ARRIVÉ LE...

14 JUILLET 1970

Luis Mariano s'éteint à Paris, à l'âge de 56 ans. Le chanteur à l'accent ensoleillé a connu le succès à la fin des années 1940 grâce à des titres tels que « La Belle de Cadix » ou encore « Le Chanteur de Mexico ». Il est enterré au cimetière d'Arcangues (Pyrénées-Atlantiques). **S. P.**

vendredi 15 juillet

Saint Donald

« C'est un malheur qu'il y a trop peu d'intervalle entre le temps où l'on est trop jeune et le temps où l'on est trop vieux. »
Montesquieu

D'un mot à l'autre

En regroupant et en mélangeant les lettres de chaque mot donné avec la lettre qui le suit, vous devez trouver un second mot composé, selon le cas, de quatre, cinq, six ou sept lettres. Aucun mot au pluriel n'est admis ni aucun verbe conjugué.

Mots de 4 lettres

1 DCA + E = ☐☐☐☐

2 ARE + S = ☐☐☐☐

3 FEE + V = ☐☐☐☐

Mots de 5 lettres

4 FRIT + L = ☐☐☐☐☐

5 GELA + B = ☐☐☐☐☐

6 VEAU + M = ☐☐☐☐☐

7 IDES + E = ☐☐☐☐☐

Mots de 6 lettres

8 ALLEE + I = ☐☐☐☐☐☐

9 JUNTE + M = ☐☐☐☐☐☐

10 SUITE + D = ☐☐☐☐☐☐

Mots de 7 lettres

11 FRICHE + I = ☐☐☐☐☐☐☐

12 REVEUR + N = ☐☐☐☐☐☐☐

13 REGRET + O = ☐☐☐☐☐☐☐

14 MABOUL + G = ☐☐☐☐☐☐☐

Solution au lundi 18 juillet

à faire

AU MARCHE

Le melon

Merveilleusement juteux et sucré lorsqu'il parvient à maturité, le melon était déjà cultivé au temps des pharaons. Une portion de 100 g couvre un tiers des besoins en vitamine A et en vitamine C, pour un système immunitaire au top !

Duo de fruits Coupez le melon en 2, enlevez les graines et évidez-le en formant des billes. Coupez de la fêta en dés. Tranchez une poignée de fraises. Ciselez quelques feuilles de menthe. Préparez ensuite une sauce à base d'huile d'olive et jus de citron. Mélangez le tout et servez dans les demi-melons évidés. **D. L.**

Le plus santé Un peu diurétique, riche en sels minéraux, le melon aide également à préserver des jambes plus légères.

SOLUTION DU MARDI 12

F	L	E	U	R	E	T	T	I	S	T	E
R	I	C	T	U	S	■	R	O	U	E	S
A	M	I	■	D	E	M	O	D	E	■	C
C	O	M	M	E	R	A	G	E	■	C	A
T	U	E	E	■	I	N	N	■	B	O	L
U	S	■	N	O	N	■	E	B	A	H	I
R	I	E	U	S	E	S	■	E	L	U	E
E	N	T	E	■	S	A	U	C	I	E	R

samedi 16 juillet

Sainte N.-D. Mt-Carmel

« Souvent juillet orageux,
annonce hiver rigoureux. »
Dicton français

Sudokus

5	8					9		
	7				1			
		9			5	2		
4		5		8				
1		7		4		5		9
				9		1		3
		1	7			4		
			6				7	
		2					6	5

3		8				2		5
		7				6		
			4	3	5			
			9		7			
	8						5	
9	6	3				7	8	4
5			8		2			1
8				1				6
		1		6		5		

	2		1		9		4	
	9			7			6	
			3		2			
6			7		8			9
			2		6			
		5				4		
5								3
		7		9		8		
4		2				1		5

8				2	7			6
3				8				
		6				3	2	
	6				1			
	2	4				7	3	
			9				8	
	1	3				9		
				4				7
4			5	1				3

Solution au vendredi 22 juillet

à faire

EN BEAUTE

L'huile multi-usages

L'huile multi-usages a la particularité d'être sèche et de ne pas laisser de sensation de gras au toucher tout en apportant une bonne hydratation cutanée. Elle permet une application agréable et procure une brillance légère en pénétrant rapidement dans la peau. Il s'agit souvent d'huile de pépins de raisin, d'onagre ou encore de chanvre. Elle nourrit, adoucit la peau du visage et du corps et constitue aussi un bon soin pour les cheveux.
Les bons gestes Versez 2 ou 3 gouttes dans le creux de la main avant d'appliquer sur le visage en légers mouvements de massage. Sur le corps, massez par mouvements circulaires. Appliquez l'huile en soin quotidien sur les pointes des cheveux ou en masque à laisser agir toute la nuit. **M. F.**

Le saviez-vous

C'est une crevette qui donne sa couleur au flamant rose. Cette crevette rose, l'artémie – dont il raffole – se nourrit d'une algue unicellulaire, qui fabrique des pigments de couleur rose. C'est ainsi que les flamants sont roses. Ils ont une couleur plus intense sur leurs pattes que sur leur plumage. P.-Y. N.

dimanche 17 juillet

Sainte Charlotte

« Le chemin du devoir est toujours proche, mais l'homme le cherche loin de lui. »
Proverbe chinois

à faire

© Jean-Paul Bounine/stock.adobe.com

BALADE EN FRANCE

Cap Sizun, jusqu'au bout de la terre

Face à la mer d'Iroise, entre la baie de Douarnenez et celle d'Audierne, le cap Sizun est l'un de ces territoires sauvages et indomptables comme on peut en trouver le long des côtes bretonnes. Avant même de découvrir la pointe du Raz, il faut se promener au gré des villages et des paysages de cette minuscule terre. Si Audierne en est la plus grande ville, la capitale du cap Sizun est Pont-Croix, petit bourg juché sur la rive du Goyen. Au sein d'une maison du XVe siècle, son écomusée présente l'habitat et les costumes traditionnels des Capistes, nom donné aux habitants du coin. Outre les coiffes « kapenn », l'élément le plus original est le « drustuilh », une paroi en bois sculpté qui comprend de fausses fenêtres et une alcôve pour placer la Vierge afin de séparer la cuisine de la pièce qui abritait les fameux lits clos. À quelques pas, admirez la flèche de son église du XIIIe siècle, haute de 63 m, qui a inspiré celle de la cathédrale de Quimper. **De là, il faut remonter vers la baie de Douarnenez pour visiter la réserve ornithologique du cap Sizun.** Au printemps, fulmar boréal et guillemot de Troïl y nichent au sein des falaises. Les plus courageux empruntent ensuite le sentier de grande randonnée 34 jusqu'à la pointe du Van et la baie des Trépassés. Depuis une vingtaine d'années, les parkings de la pointe du Raz ont été reculés, les hôtels et commerces détruits. 1 h de marche est donc nécessaire pour découvrir ce Grand Site de France. « Les fougères se sont développées depuis que la pointe n'est plus pâturée », fait remarquer le guide Antoine Marhic. Pour l'instant, leur présence n'est pas assez invasive pour empêcher le regard d'embrasser peu à peu le bout de la pointe, le phare de la Vieille et, à 8 km, l'île de Sein. C'est au milieu de ces formidables courants que les ligneurs rapportent les plus beaux bars. **11 militaires se relaient dans le sémaphore pour veiller à la sécurité des navires qui s'aventurent dans le raz.** Juste à côté, Notre-Dame des Naufragés prie pour le salut des marins. Cette sculpture de Godebski était destinée à la commune de Plounéour-Trez, où elle n'a jamais été installée. Le sculpteur l'a proposée alors à l'évêque de Quimper, ce qui permet aujourd'hui à l'évêché de la ville d'être l'un des 3 propriétaires de la pointe du Raz avec la Marine nationale et le Conservatoire du littoral. **J.-P. R.**

SOLUTION DU MERCREDI 13

4	2	5	9	1	6	8	3	7
8	7	1	2	4	3	6	9	5
6	3	9	5	7	8	4	2	1
9	6	2	8	5	7	3	1	4
1	5	3	6	2	4	9	7	8
7	4	8	3	9	1	5	6	2
3	1	7	4	6	5	2	8	9
5	9	6	1	8	2	7	4	3
2	8	4	7	3	9	1	5	6

7	9	3	6	5	8	2	1	4
1	2	6	3	4	9	5	8	7
4	8	5	2	7	1	6	3	9
8	3	2	7	1	4	9	6	5
9	5	1	8	6	2	4	7	3
6	4	7	5	9	3	1	2	8
5	7	9	1	8	6	3	4	2
3	1	8	4	2	5	7	9	6
2	6	4	9	3	7	8	5	1

Saint Frédéric

« Il n'y a que la bourgeoisie qui trouve que la misère est poétique. »
Jacques Martin

Mots mélangés

Tous les mots de la liste figurent dans cette grille et peuvent se lire dans toutes les directions. Chaque lettre peut être utilisée une ou plusieurs fois, sauf celles formant l'énigme répondant à la définition suivante :
du vert en boîte.

ACTION
ALINÉA
ATLANTIDE
AUSCULTER
BEURRIER
CALENDRIER
CARMIN
CATAPULTE
CÉRÉBRAL
CHANFREIN
CORDERIE
DÉBOIRE
DÉCERNER
DÉGOURDI
DOSSARD
ÉCHÉANCIER
ÉCHINE
EMPRUNT
GASPILLEUR
GÉODE
GIGANTESQUE
GRANDIOSE
HÉRÉDITAIRE
INGÉNU
INTERACTIF
INTRODUCTION
ISOÈTE
JACQUET
JADIS
PARÉO
PEDIGREE
PICOTER
PITRERIE
PUBERTÉ
PUÉRIL
RACER
RALENTIR
RECOIN
RESTRICTION
RUTABAGA
SAYNÈTE
SPÉCIMEN
TIRAILLEUR
VENGEANCE
VICOMTE
VOGUER

R	U	E	L	L	I	P	S	A	G	E	D	O	E	G
A	E	N	I	L	A	A	A	G	A	B	A	T	U	R
H	F	I	T	C	A	R	E	T	N	I	L	T	N	A
R	E	I	R	R	U	E	B	E	H	U	T	I	O	T
A	E	R	A	D	R	O	M	E	P	U	E	R	I	L
C	U	N	E	G	N	I	S	A	R	R	U	A	T	A
E	Q	S	I	D	C	E	T	I	F	E	Q	I	C	N
R	S	D	C	E	I	A	L	N	D	R	C	L	U	T
I	E	O	P	U	C	T	A	A	E	A	A	L	D	I
P	T	S	I	I	L	H	A	D	C	L	J	E	O	D
U	N	S	T	D	C	T	E	I	E	A	A	U	R	E
B	A	A	R	R	N	O	E	A	R	B	R	R	T	S
E	G	R	E	U	I	A	T	R	N	E	O	M	N	A
R	I	D	R	O	O	C	R	E	E	C	O	I	I	Y
T	G	P	I	G	C	T	T	G	R	C	I	C	R	N
E	M	O	E	E	E	I	T	I	I	S	O	E	T	E
E	I	R	E	D	R	O	C	V	O	G	U	E	R	T
F	C	N	A	E	G	N	E	V	E	N	I	H	C	E

SOLUTION : le mot à trouver est : Haricot.

à faire

AU MARCHE

Le poivron jaune

C'est le légume le plus riche en vitamine C, que l'organisme ne peut pas stocker. Pourtant, elle est indispensable à la bonne formation des vaisseaux sanguins ou à la cicatrisation. Vous pouvez consommer le poivron cru ou cuit. Il se converse 8 jours au réfrigérateur.
Le plus santé Chez certains, sa peau génère de l'inconfort digestif, il suffit alors de le peler à l'aide d'un économe adapté.

SOLUTION DU VENDREDI 15

4 lettres : 1/ déca - 2/ rase - 3/ fève. **5 lettres :** 4/ flirt - 5/ galbe - 6/ mauve - 7/ dièse. **6 lettres :** 8/ alliée - 9/ jument - 10/ séduit. **7 lettres :** 11/ fichier - 12/ nervure - 13/ ergoter - 14/ lumbago.

mardi 19 juillet

Saint Arsène

« Assez demande qui sert bien et se tait. »
Proverbe italien

à faire

A TABLE

Marbré multicolore

Pour 6 personnes • 4 œufs • 230 g de sucre • 10 cl de crème liquide entière • 120 g de beurre doux fondu • 1 pincée de sel • 220 g de farine • 1 sachet de levure chimique • 100 g de chocolat noir • 1 goutte d'extrait de vanille • Vermicelles colorés • Moule à cake • Le glaçage : • 50 g de chocolat à pâtisser • 20 g de beurre mou • 20 cl de crème liquide.

1. Dans un cul-de-poule, blanchissez les œufs avec le sucre. Ajoutez ensuite la crème, le beurre et le sel puis mélangez.

2. Incorporez la farine, la levure chimique et mélangez.

3. Réservez ensuite la pâte répartie dans 2 bols différents.

4. Faites fondre le chocolat au bain-marie.

5. Ajoutez le chocolat fondu dans l'un des bols et mélangez. Ajoutez la vanille dans l'autre puis mélangez.

6. Versez dans un moule beurré et fariné un tiers de pâte vanillée, puis la moitié de la pâte au chocolat. Répétez l'opération.

7. Enfournez 45 min dans un four préchauffé à 165 °C (th. 5-6).

8. Pour le glaçage, cassez le chocolat en morceaux, faites-le fondre au bain-marie avec le beurre. Mélangez. Retirez du feu, incorporez la crème et mélangez à nouveau. Laissez chauffer au bain-marie jusqu'à épaississement.

9. Versez le glaçage uniformément sur le marbré, puis parsemez-le de vermicelles colorés. M.-A. D.

Info + Pralin, bonbons, perles de sucre colorées... N'hésitez pas à varier les décors !

© Bernhard Winkelmann/Stylisme et recettes Julie Maurence

Clin d'œil

Les parents d'Alexandra, quatre ans, vivent maritalement. Lorsqu'on lui demande s'ils sont mariés, elle répond l'œil rieur : « Non, mes parents vivent dans le poirier ! » (Au lieu du péché.)

C'EST ARRIVÉ LE...

19 JUILLET 1919

Le cycliste Eugène Christophe, 34 ans, est le premier coureur à revêtir le Maillot jaune après la onzième étape du Tour de France, entre Grenoble et Genève. Jusque-là, le leader de la course était signalé par un discret brassard vert. Eugène Christophe devient le coureur le plus populaire du moment. S. P.

Sainte Marina

« La monotonie, dans la retraite, tranquillise l'âme ; la monotonie, dans le grand monde, fatigue l'esprit. »
Madame de Staël

EN FORME

Je surveille mon poids

Mastiquez La décroissance hormonale déséquilibre le microbiote et la barrière intestinale qui manifestent des réactions inflammatoires impliquées dans la prise de poids. Pour les soulager, mâchez chaque bouchée correctement !

Ne consommez pas de sucres entre la fin d'après-midi et le lendemain midi, de façon à limiter la sécrétion d'insuline favorisant la prise de poids.

Prenez des fruits au goûter et pas de dessert le soir En traitement homéopathique, Anacardium orientale ou Ignatia agissent sur les compulsions sucrées. Donnez à votre thyroïde, par l'alimentation, les carburants essentiels à son fonctionnement (tyrosine, sélénium et iode). F.O.

© BillionPhotos.com/ stock.adobe.com

à faire

Petits fléchés

Grille 1 : IL EST CHOU ! – RÉSERVÉ – VIEUX WAGON – ENFIN RÉSOLU – AVOIR DE L'ÉCLAT – DU GENRE SAPAJOU – EST DE TOUTES LES LIAISONS – DIRIGEAIT – GEORGES DE MOLIÈRE – AU CŒUR DU SAINT-PIERRE – BATELIER BIBLIQUE – CHOQUER – PAS AUSSI CORRECT QUE CELA – À SEC – CÉLÉNIUM – AU BOUT DU PARC – ANGLAISE À DEMI – ENTRE L ET D – DE LA NEIGE DANS LE JURA – TRUCIDER

Grille 2 : AVEC MORGUE – CRIER SUR LES TOITS – BORDURE RÉDUITE – BOÎTE AUX LETTRES – DÉPÔT FERTILE – AIMABLES – CALIBRÉS DE NOUVEAU – FAIRE UNE TARTINE – TRAIN DE LUXE – JARDIN DE CURÉ – OFFRIR AU PUBLIC – FILE DE WAGONS ATTELÉS – RÉUNION D'ÉTOILES – PIC DES PYRÉNÉES – CHAMBRE À PART – ARTICLE ÉTRANGER – ABRÉVIATION POUR DES GENS DE LOI – ENTRE MÈRES ET FILLES

Solution au dimanche 24 juillet

jeudi 21 juillet

Saint Victor

« Juillet sans orage,
famine au village. »
Dicton français

à faire

C'EST ARRIVÉ LE…

21 JUILLET 1970

Après 11 ans de travaux, le barrage d'Assouan est achevé. Construit sur le Nil, en Haute-Égypte, il renforce un premier barrage bâti en 1902 et insuffisant pour contenir les crues. Avec une capacité de retenue de 169 milliards de mètres cubes d'eau, il est un des plus importants du monde. F. M.

Mots croisés

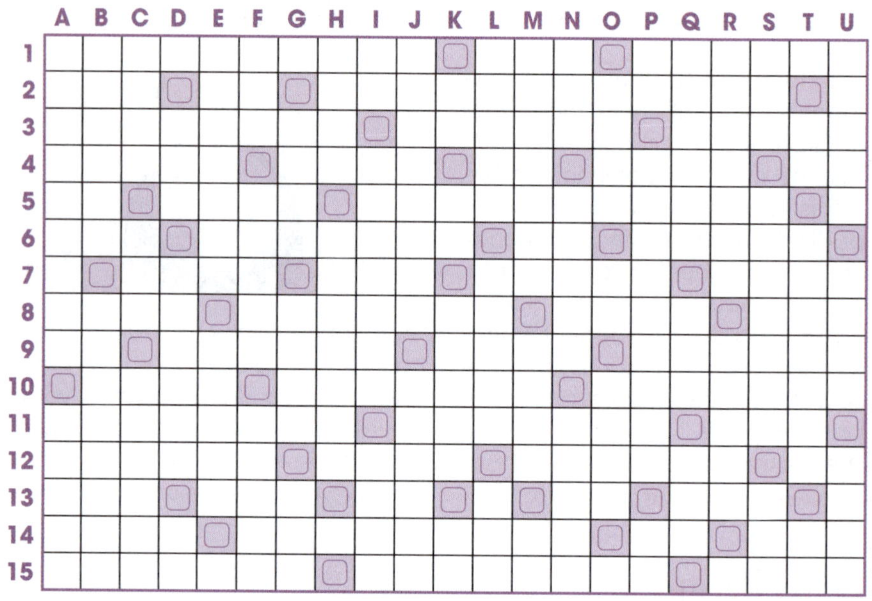

Solution au lundi 25 juillet

Horizontalement

1. Relatives à des apparitions. Il manque aux malchanceux. Eut sa bande en Allemagne. **2.** Il sert à montrer. Lac des Pyrénées. Difficile à estimer. **3.** Inerte. Bonne entente. Qui a perdu de sa couleur. **4.** Lits pour jumelles… Un rendez-vous d'affaire. Roulé dans la farine. Ancien rite indien. Quatre saisons. **5.** Déplacé. Souffle divin. Maladreries. **6.** Possessif. Absurdité. Il était sujet à un culte chaud. N'a plus la drachme, mais elle est en plein drame. **7.** Maison portable. Du sentiment dans l'expression. Il peut se faire au galop. Dirigeant japonais (Eisaku). **8.** Période faste pour les décorations. N'est utile qu'en station hivernale. Qui n'a pas été gardé propre. Avare. **9.** Bien dissimulé. Île de France. Elle trotte en tête. Elle existe depuis longtemps, mais sa construction reste à faire. **10.** Il joue sur la corde sensible. Elles restent à genoux toute leur vie durant. Pourvu. **11.** Empereur romain. Il fit valser du monde. Il voulut instruire les jeunes filles. **12.** Calibres. Réclamés quand on est à sec. Rapace. Bien en tête. **13.** Textile pour costume. Tout retourné après avoir été travaillé. Praséodyme symbolisé. Virtuose. Appel. **14.** Commune en Normandie. Piano. Précède un point. Poème. **15.** Mis à l'abri. Famille avec des têtes de mules. Saisons.

Verticalement

A. En ne laissant rien au hasard. Tourne sur des temps. **B.** Raide. D'une montagne russe. **C.** Il serre les mâchoires. Devant une femme canonisée. Elles percent le cuir. **D.** Juge inadmissible. Envois de fleurs. Note. **E.** Se présentent à poils. Divinités romaines. **F.** Tsigane. N'a pas belle tête, mais c'est sa queue qui nous intéresse. Mis en quarantaine. **G.** Séjour agréable. Musarde. Article. **H.** Place. Des coups s'y buvaient, s'y jouaient et s'y tiraient. **I.** Dans. Partie. Fit le choix. **J.** Ils font pencher le chef d'un côté ou de l'autre. Fatigues. **K.** Avant le zénith. Supplément pour l'enveloppe. Ne sont pas taillés dans de l'uni. Coupe le chemin en deux. **L.** Bernard ou Bertrand, c'est toujours du cinéma. Oiseau marin. Loin du stress. **M.** Formations musicales. Il n'eut pas ses lentilles à l'œil. Conjonction souvent répétée. **N.** Élément d'un couple. Écluse. Sel d'un acide. **O.** Atteint. Coule en France. Risquas. **P.** Action de scout. Meuble, imperméable et grasse. Points opposés sur la carte. **Q.** Rendre sot. On y forme des étudiants. Le vert est à la mode. **R.** Arrivées dans la famille. Être celle des autres n'est pas drôle du tout. **S.** Ancienne marche vers le doctorat. Salade. N'a qu'une petite fortune. **T.** Biche. Dans le Pas-de-Calais. Cube. **U.** Lèvent les pattes. Prise. Aurochs.

« Sois muet en donnant,
et parle en recevant. »
Proverbe espagnol

EN BEAUTE

Automassages : les bons gestes

© plprod/stock.adobe.com

Définir l'ovale du visage Placez votre coude droit dans votre main gauche, puis les doigts de votre main droite à plat sous votre menton. Cherchez à augmenter simultanément la pression de votre menton sur vos doigts et celle de vos doigts sous votre menton. Maintenez la contraction pendant une dizaine de secondes. Renouvelez l'exercice 2 fois. Tapotez sous le menton avec vos doigts « en plateau » alternativement une dizaine de fois.

Renforcer les muscles des joues Gonflez vos joues d'air en le gardant à l'intérieur de la bouche. Si votre lèvre supérieure reste lisse, placez vos mains sur vos joues et tapotez-les doucement et alternativement pendant 30 à 60 secondes. Si votre lèvre se plisse, plaquez les doigts de votre main droite sur votre bouche, et tapotez alternativement chaque joue avec votre main gauche. **K. S.**

à faire

Tout compte fait

Dans chacune des trois lignes, placez les nombres 2 4 5 6 8 de façon à obtenir, en réalisant quatre opérations successives, le total indiqué.

… : … x … - … + … = 11

… - … x … + … : … = 3

… : … + … x … - … = 40

SOLUTION : 6 : 2 x 5 - 8 + 4 = 11 / 4 - 2 x 5 + 8 : 6 = 3 / 8 : 4 + 5 x 6 - 2 = 40

SOLUTION DU SAMEDI 16

5	8	3	4	6	2	9	1	7
2	7	4	9	3	1	6	5	8
6	1	9	8	7	5	2	3	4
4	9	5	1	8	3	7	2	6
1	3	7	2	4	6	5	8	9
8	2	6	5	9	7	1	4	3
3	6	1	7	5	8	4	9	2
9	5	8	6	2	4	3	7	1
7	4	2	3	1	9	8	6	5

3	1	8	6	7	9	2	4	5
4	5	7	1	2	8	6	9	3
6	2	9	4	3	5	8	1	7
1	4	5	9	8	7	3	6	2
7	8	2	3	4	6	1	5	9
9	6	3	2	5	1	7	8	4
5	3	6	8	9	2	4	7	1
8	7	4	5	1	3	9	2	6
2	9	1	7	6	4	5	3	8

3	2	6	1	8	9	5	4	7
8	9	1	5	7	4	3	6	2
7	5	4	3	6	2	9	1	8
6	1	3	7	4	8	2	5	9
9	4	8	2	5	6	7	3	1
2	7	5	9	1	3	4	8	6
5	8	9	4	2	1	6	7	3
1	3	7	6	9	5	8	2	4
4	6	2	8	3	7	1	9	5

8	9	1	3	2	7	4	5	6
3	4	2	6	8	5	1	7	9
5	7	6	1	9	4	3	2	8
7	6	8	4	3	1	5	9	2
9	2	4	8	5	6	7	3	1
1	3	5	9	7	2	6	8	4
2	1	3	7	6	8	9	4	5
6	5	9	2	4	3	8	1	7
4	8	7	5	1	9	2	6	3

samedi 23 juillet

Sainte Brigitte

« Il a un côté sympathique, seulement on le voit toujours de face. »
Francis Blanche

à faire

Mini-fléchés

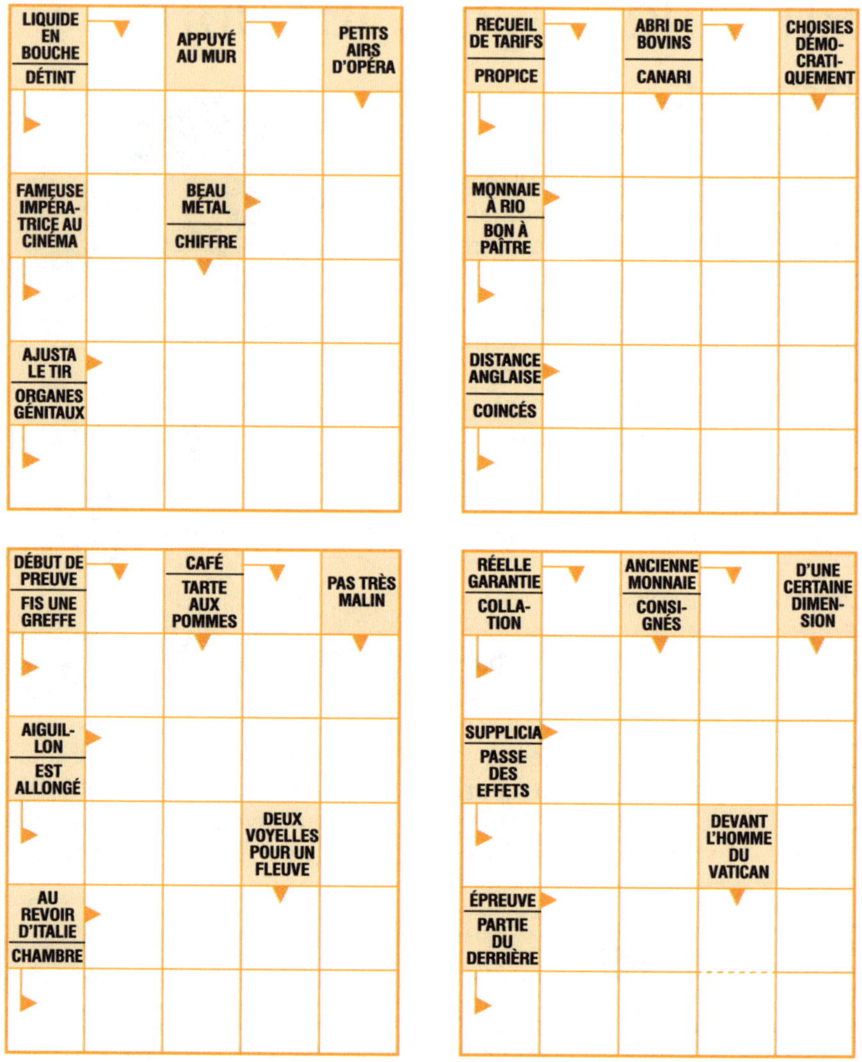

Solution au mercredi 27 juillet

Quelle histoire !

En 1865, le chirurgien Joseph Lister, imbibe un pansement d'un liquide, le phénol, pour recouvrir des plaies. Les résultats spectaculaires ne se font pas attendre. L'antisepsie était née. S. P.

Vite, une astuce !

Pour une viande « fondante » dans un ragoût, un navarin ou encore un pot-au-feu, ajoutez 1 ou 2 kiwis non mûrs et épluchés ou 1 tige de rhubarbe. Leur légère acidité va « casser » les fibres de la viande sans pour autant changer le goût du plat comme le ferait du vinaigre ou du vin. Cet astuce est inutile si la recette comporte déjà un ingrédient acide : du citron, le duo vinaigre/moutarde d'une carbonade ou encore la moutarde dans un lapin dijonnais.

« Le repos est un rêve ;
la vie est un orage. »
George Sand

© JF Bruneau/stock.adobe.com

BALADE EN FRANCE

La Bergerie royale

À l'entrée, en lettres d'or, le portail indique « Troupeaux espagnols importés en 1786 ». Pour les obtenir, Louis XVI a convaincu le roi d'Espagne Charles III, d'autoriser l'exportation de ces moutons qui font la fortune de ses éleveurs. Dès 1783, le roi de France achète le domaine du château de Rambouillet pour y créer une ferme modèle inspirée des physiocrates. En 1785, des vaches suisses, des chèvres angoras de Turquie, des ânes de Malte et des buffles d'Italie arrivent à Rambouillet. Mais la grande affaire, c'est ce mouton qui donne aux Espagnols le monopole des laines exportées pour la fabrique de draps. Les révolutionnaires poursuivront cette politique, tout comme Napoléon Ier qui profite des guerres d'Espagne pour s'emparer de troupeaux en Castille et en Aragon.

Au milieu du XVIIIe siècle, une poignée d'aristocrates développent l'une des premières théories économiques, la « physiocratie », c'est-à-dire le gouvernement par la nature. Ils prônent la liberté du commerce et de l'industrie, mais surtout le développement de l'agriculture. Ils tentent de la rendre plus productive et introduisent de nouvelles techniques et espèces. Proche de leur théorie, Turgot, contrôleur général des Finances de Louis XVI, achète 239 mérinos qu'il confie au naturaliste Daubenton, premier directeur du Muséum national d'histoire naturelle.

Pour « mériniser » les races françaises, l'Empereur envoie des reproducteurs issus de Rambouillet dans tout l'Hexagone. À partir de 1851, des mérinos partent pour le Nouveau Monde. Pourtant, leur laine n'est plus aussi recherchée car la mécanisation des filatures nécessite des mèches moins fines et plus longues. La Bergerie va donc se renouveler, perpétuant sa vocation de ferme modèle tout en s'ouvrant au public.

Chaque année, plus de 100 000 visiteurs y viennent pour sa ferme pédagogique, se promener en calèche et visiter la laiterie de la reine. La cour royale n'abrite plus d'animaux, mais des étudiants. Les moutons se trouvent de l'autre côté de l'allée, à côté de vaches et de chevaux de trait. Paisibles, ils sont environ 210, dont 30 béliers. Tous, sans exception, descendent des animaux arrivés sous Louis XVI. C'est pourquoi ce troupeau unique intéresse toujours les scientifiques. En effet, leur consanguinité maîtrisée depuis 230 ans sert de modèle pour sauver d'autres espèces animales en voie d'extinction. **J.-P. R.**

à faire

SOLUTION DU MERCREDI 20

	R		T		E	
M	O	D	E	S	T	E
	M	E	N	A	I	T
D	A	N	D	I	N	
	N	O	E		C	A
H	E	U	R	T	E	R
	S	E		A	L	E
R	C		C	R	E	T
	O	C	C	I	R	E

	F		O		M	
M	I	A	U	L	E	R
	E	C	R	I	R	E
T	H	A	L	A	L	A
	E	D	E	N		L
E	M	E	T	T	R	E
	E	M		S	A	S
A	N	I	E		M	E
	T	E	L	L	E	S

lundi 25 juillet

Saint Jacques

« La vie heureuse, est celle qui est en accord avec sa propre nature. »
Sénèque

à faire

AU JARDIN

La digitale pourpre, une beauté toxique

Très commune en Europe, la digitale pourpre s'enracine sur les talus dénudés, les collines de moyenne montagne, les landes et les clairières. Pourvu que le sol n'y soit pas calcaire, elle forme de vastes colonies sur les terres siliceuses en se reproduisant par semis. La floraison estivale en grappes denses est portée par une tige creuse de près de 120 cm de haut.

Cette plante bisannuelle donne de superbes variétés à fleurs blanches, roses, rouges et même couleur abricot. La récente variété Pam's Choice aux clochettes blanc crème à gorge saupoudrée de bordeaux est une merveille. Plantez-la dans la terre humifère d'un massif mi-ombragé en compagnie d'heuchères et d'astrances. Elle s'y ressèmera fidèlement.

© olgabungova/stock.adobe.com

La digitale pourpre synthétise une douzaine de puissants polymères cardiotoxiques, dont la fameuse digitaline. En 1872, le chimiste français Nativelle fut récompensé par l'Académie de médecine pour sa découverte. Selon la concentration, la digitaline sert à ralentir ou à renforcer le rythme cardiaque. Mais en consommant les feuilles, ce poison conduit à la mort. **P.-Y. N.**

SOLUTION DU JEUDI 21

S	P	E	C	T	R	A	L	E	S	■	B	O	L	■	B	A	A	D	E	R
C	E	T	■	O	O	■	I	N	C	A	L	C	U	L	A	B	L	E	■	U
I	N	A	N	I	M	E	E	■	A	M	I	T	I	E	■	E	L	A	V	E
E	T	U	I	S	■	D	U	E	L	■	E	U	■	S	A	T	I	■	A	N
M	U	■	E	O	L	E	■	L	E	P	R	O	S	E	R	I	E	S	■	T
M	E	S	■	N	O	N	S	E	N	S	■	R	A	■	G	R	E	C	E	■
E	■	T	E	S	T	■	A	M	E	■	E	S	S	A	I	■	S	A	T	O
N	O	E	L	■	T	E	L	E	S	K	I	■	S	A	L	I	■	R	A	T
T	U	■	O	L	E	R	O	N	■	I	D	E	E	■	E	U	R	O	P	E
■	R	A	G	A	■	R	O	T	U	L	E	S	■	O	U	T	I	L	L	E
V	A	L	E	R	I	E	N	■	S	T	R	A	U	S	S	■	S	E	E	■
A	L	E	S	E	S	■	S	O	U	S	■	U	R	A	E	T	E	■	S	U
L	I	N	■	S	O	L	■	P	R	■	Z	■	A	S	■	H	E	P	■	R
S	E	E	S	■	L	E	N	T	E	M	E	N	T	■	N	E	■	O	D	E
E	N	S	I	L	E	S	■	A	S	I	N	I	E	N	S	■	E	T	E	S

QUELLE HISTOIRE !

Les caricatures de Foresti

Florence Foresti a d'abord exercé son ironie en caricaturant des personnalités sur les plateaux de télévision, comme dans *On n'est pas couché*, l'émission de France 2 pilotée par Laurent Ruquier entre 2006 et 2020. Ainsi, elle a imité l'actrice Isabelle Adjani, la dépeignant comme une tragédienne complètement illuminée, répétant sans cesse : « Mais je ne suis pas folle, vous savez ! » La comédienne, bonne joueuse, a reconnu dans une interview qu'elle adorait Florence Foresti ! **S. P.**

Sainte Anne, saint Joachim

mardi 26 juillet

« L'homme content de son sort
ne connaît pas la ruine. »
Lao-Tseu

A TABLE

Couronne feuilletée à l'italienne

© Dorian Nieto

Pour 4 personnes • 1 petite tomate • 1 boule de mozzarella • 1 pâte feuilletée • 20 g de parmesan râpé • 90 g de jambon cru en tranches fines • 2 tiges de basilic • Sel • Poivre • 1 jaune d'œuf • 1 c. à soupe d'eau • Tomates cerises.

1. Préchauffez le four à 180 °C (th. 6).

2. Coupez la tomate en tranches fines et la mozzarella en lanières.

3. Étalez la pâte feuilletée, déposez un bol de 13 cm de diamètre retourné au centre de la pâte, appuyez un peu pour marquer le contour du bol. Retirez le bol. Découpez 8 parts dans le centre de la pâte.

4. Répartissez les tranches de tomate à l'extérieur du cercle en laissant 3 cm de rebord vide sur le pourtour extérieur. Répartissez sur les tomates, la mozzarella, le basilic, le parmesan et le jambon. Salez et poivrez.

5. Rabattez les bords de la pâte vers l'intérieur et les pointes situées au centre vers l'extérieur pour former une couronne.

6. Battez le jaune d'œuf avec l'eau. Badigeonnez la pâte puis enfournez 15 min. Décorez le centre avec des tomates cerises.

Recette extraite de *Super facile Apéros Tapas*, Dorian Nieto, éd. Solar.

à faire

Super croisés

	A	B	C	D	E	F	G	H	I	J	K	L
1												
2							■					
3									■			
4								■				■
5				■			■					
6					■					■		
7			■									
8												

Horizontalement

1. Science peau. **2.** Qui évoque le pavot. Personnage de vaudeville. **3.** Chez les Groseille, c'est le lundi. Tout juste après ric. **4.** Possessif. Jamais comme autrefois. **5.** Cardinal de Strasbourg. Son auteur doit avoir de l'imagination. Peut chauffer l'enclume. **6.** Laisser voir la trame. Pas acquis. De vieilles habitudes. **7.** A montré les dents. S'échangent après un oui. **8.** Facilement émue.

Verticalement

A. Bêtes de somme. **B.** À laquelle on a remis une couche. **C.** Fixé solidement. **D.** On ne la demande plus guère. Habitué des heures de pointes. **E.** Chalands à fond plat. Distance en Chine. **F.** On ne le voit pas au cinéma. **G.** Ville de Bourgogne. Ne reconnaît pas. **H.** Malheureusement. Il respecta sa belle-sœur. **I.** Sujet de conversation sur la Canebière. Défalquent. **J.** Tel un panier. Cela. **K.** Point du jour. **L.** Remplace une longue liste. Soutient la carcasse.

Solution au jeudi 28 juillet

mercredi 27 juillet

Sainte Nathalie

« Il est impossible d'aimer une seconde fois ce qu'on a véritablement cessé d'aimer. »
La Rochefoucauld

à faire

AU MARCHÉ

L'abricot

Délicieux cru, à peine cueilli, ce fruit, originaire de Chine, permet de concocter de merveilleux desserts. Il est extrêmement riche en bêta-carotène, précurseur de la vitamine A, essentielle pour avoir une peau et des muqueuses en bonne santé.

Entremet gourmand Faites bouillir 25 cl de lait, 25 cl de crème fraîche, 2 sachets de sucre vanillé et 2 cuillères à soupe de sucre. Hors du feu, ajoutez 3 feuilles de gélatine préalablement ramollies. Mélangez bien et versez dans des coupes individuelles. Laissez reposer au frais pendant 3 h. Avant de servir, disposez dessus des morceaux d'abricots mûrs et des feuilles de verveine fraîches finement ciselées. D. L.

Le plus santé Riche en potassium, il assure un bon fonctionnement des reins.

SOLUTION DU SAMEDI 23

	S		A	
G	A	R	D	A
	L		O	R
S	I	S	S	I
	V	I	S	A
S	E	X	E	S

	B		E	
F	A	S	T	E
	R	E	A	L
H	E	R	B	U
	M	I	L	E
G	E	N	E	S

	I		B	
E	N	T	A	I
	D	A	R	D
G	I	T		I
	C	I	A	O
S	E	N	A	T

	S		E	
L	U	N	C	H
	R	O	U	A
V	E	T		U
	T	E	S	T
F	E	S	S	E

Sudokus

7		3						
			5	1	9			
							2	9
		7			4	8		5
			9		6			
6		5	1			3		
8	4							
			4	6	1			
						5		7

			1			3	4	6
	9			4				
1	3					2		
			7		6			
	7	2				4	9	
			8		4			
		7					2	4
				3			5	
4	6	5			1			

Solution au samedi 30 juillet

« Tout peut s'en aller à vau-l'eau dans ce monde, sauf l'amour. »
Jack London

EN BEAUTE

L'huile de chanvre contre la cellulite

© kostrez/stock.adobe.com

Bien pourvue en vitamine E, en acide linoléique (oméga-3) et surtout en acide linolénique, l'huile de chanvre brille par ses propriétés antalgiques, circulatoires et anti-inflammatoires. Elle va aider à réduire l'inflammation des tissus conjonctifs, responsable de la cellulite. Elle est idéale pour drainer et éliminer, tout en soulageant la douleur, souvent présente lorsque la cellulite est indurée, autrement dit quand les fibres de collagène durcissent sous la peau. La composition de l'huile de chanvre, très équilibrée, lui permet d'être rapidement absorbée et assimilée par le derme. Résultat : pas de film gras sur la peau qui risquerait de tâcher les vêtements.

Assez fluide et très pénétrante, l'huile est parfaite pour un massage drainant. Mélangez 15 gouttes d'huile de chanvre et 5 gouttes d'huile essentielle circulatoire de pamplemousse ou de lemongrass. Massez les zones celluliteuses. L'huile de chanvre est très sensible à l'oxydation : pensez à la conserver au réfrigérateur. C. D.

à faire

Tour d'aiguilles

Observez ces horloges pendant 30 secondes, puis cachez-les.

Redessinez de mémoire les aiguilles manquantes sur chaque horloge.

SOLUTION DU MARDI 26

D	E	R	M	A	T	O	L	O	G	I	E
O	P	I	A	C	E		A	M	A	N	T
R	A	V	I	O	L	I	S		R	A	C
M	I	E	N	N	E	S		O	N	C	
E	S	T		S	F		O	T	I	T	E
U	S	E	R		I	N	N	E		U	S
R	I		A	L	L	I	A	N	C	E	S
S	E	N	T	I	M	E	N	T	A	L	E

vendredi 29 juillet

Sainte Marthe

« Juin, juillet et août,
ni huître, ni femme, ni chou. »
Dicton français

à faire

Clin d'œil

« Qu'as-tu mangé à la cantine ? » demande-t-on à Guillaume, trois ans. « Des tomates vertes et des petits coussins. C'était très bon », répond-t-il. Après enquête, on déduit qu'il fallait comprendre du concombre et des raviolis !

Mots codés

Dans la grille ci-dessous, les lettres ont été remplacées par des nombres, un même nombre représentant toujours la même lettre. Pour commencer le jeu, utilisez les lettres du mot dont le code est déjà indiqué. Les cases ci-dessous servent d'aide-mémoire ; vous pouvez y inscrire les lettres au fur et à mesure que vous les trouvez.

1 L	2 E	3 C	4 T	5 U	6 R	7	8	9	10	11	12	13
14	15	16	17	18	19	20	21	22	23	24	25	26

1 L	2 E	3 C	4 T	2 E	5 U	6 R	■	7	2	12	8	1	10	9	2	6
8	■	5	■	11	■	13	■	2	■	10	■	8	■	4	■	8
11	2	6	11	2	4	5	2	1	■	9	2	16	4	8	14	4
10	■	10	■	6	■	15	■	2	■	13	■	8	■	4	■	5
7	10	9	11	13	9	2	■	4	13	14	10	4	6	5	2	6
8	■	4	■	14	■	■	■	2	■	■	■	10	■	2	■	2
10	1	2	13	14	■	21	8	6	20	8	■	17	5	4	5	6
6	■	■	■	2	■	6	■	2	■	18	■	■	■	4	■	■
2	20	19	8	6	6	8	9	■	3	13	14	23	5	2	4	2
■	■	13	■	■	■	3	■	18	■	5	■	5	■	■	■	3
9	23	5	8	25	■	22	2	5	6	4	■	8	14	2	4	22
24	■	6	■	2	■	■	■	20	■	■	■	7	■	12	■	8
9	4	6	8	19	10	9	20	2	■	15	8	6	7	10	8	14
4	■	2	■	26	■	4	■	1	■	24	■	5	■	7	■	15
2	3	1	8	10	6	2	■	8	3	13	5	11	22	2	14	2
20	■	2	■	14	■	14	■	15	■	26	■	1	■	14	■	5
2	14	4	6	2	3	13	4	2	■	8	20	2	5	4	2	6

Solution au dimanche 31 juillet

Le saviez-vous

900 produits alimentaires contenant au moins une substance composée pour tout ou partie de nanoparticules ont été recensés par l'Anses en 2019 (liste non actualisée depuis l'interdiction du E171) : 134 confiseries, 89 glaces et sorbets, 66 céréales du petit déjeuner, 63 aliments infantiles, 58 bouillons et potages. Les particules les plus fréquentes étaient le carbonate de calcium (E170) et le dioxyde de titane (E171, désormais interdit), puis les oxydes de fer (E172), la silice amorphe synthétique (E551) et le phosphate tricalcique (E341iii).

samedi 30 juillet

Sainte Juliette

« On paie dans la vieillesse
les sottises de sa jeunesse. »
Proverbe anglais

Mini-fléchés

Grille 1

- DIVAN À DOSSIER
- ÉPOUX
- GANSE
- L'HOMME AU *BOLÉRO*
- FAIRE TACHE
- AGENCE SPATIALE
- VIN ROSÉ DU GARD
- A DISPARU EN MER
- METTRE BAS

Grille 2

- VOITURE DE BÉBÉ
- PASSAI AU ROBOT
- JOVIALITÉ
- JARDINS PUBLICS
- VIEUX SERVICE TÉLÉPHONIQUE
- TEL UN BONSAÏ
- VERSANT DE MONT
- DOCUMENT DE NOTAIRE
- FINASSER

Grille 3

- IMITER
- PLAT PROVENÇAL
- ÎLE DE FRANCE
- PEU SONORE
- AUTOUR D'ELLE, C'ÉTAIT BYZANCE
- ASSORTIR LES TONS
- PERDU DE VUE
- BAHUT ANGLAIS
- BOIS DE CINTRAGE

Grille 4

- ATMOSPHÉRIQUE
- ANCIEN VIOLON
- PLUTÔT LÉGER
- MARQUE DE CHOIX
- SORTIR DES SENTIERS BATTUS
- JOUER DU SABOT
- RAPPORT DE FORCE
- BEL ÉTALON
- BOUT DE MURAILLE
- ÉTERNEL FÉMININ
- CHEF DE BARDOTS

Solution au mardi 2 août

à faire

AU MARCHE

Le cresson

Peu calorique, avec 17 kcal aux 100 g, ce légume-feuille est riche en vitamine A et en vitamine C, en manganèse et en potassium, bons pour le système immunitaire ou la pression sanguine. Il est délicieux en velouté et, en salade, il se marie bien à l'huile de noisette. Au frais, conservez-le 2 jours en bouquet dans un verre d'eau.

Info + Mixez une botte de cresson avec des pignons de pin, du parmesan, un filet d'huile d'olive et un peu de sel pour un pesto vitaminé. **E. T.**

SOLUTION DU MERCREDI 27

7	9	3	6	4	2	1	5	8
2	8	4	5	1	9	7	3	6
1	5	6	8	7	3	4	2	9
9	1	7	3	2	4	8	6	5
4	3	8	9	5	6	2	7	1
6	2	5	1	8	7	3	9	4
8	4	9	7	3	5	6	1	2
5	7	2	4	6	1	9	8	3
3	6	1	2	9	8	5	4	7

5	2	8	1	7	9	3	4	6
7	9	6	3	4	2	1	8	5
1	3	4	6	5	8	2	7	9
8	4	3	7	9	6	5	1	2
6	7	2	5	1	3	4	9	8
9	5	1	8	2	4	7	6	3
3	1	7	9	6	5	8	2	4
2	8	9	4	3	7	6	5	1
4	6	5	2	8	1	9	3	7

dimanche 31 juillet

Saint Ignace de Loyola

« En juillet le tonnerre
sème richesse en terre. »
Dicton français

à faire

© Ch. Mouton

BALADE EN FRANCE

Le charme d'Orléans

Au pied des quais qui bordent la Loire, cormorans et hérons guettent tranquillement leurs proies. L'atmosphère paisible incite à la promenade. Pourtant, la capitale du Loiret est typique de ces villes que l'on traverse bien souvent sans s'y arrêter. Le directeur de l'office de tourisme accueille d'ailleurs les visiteurs par ces propos : « Orléans est comme une huître qui doit s'ouvrir pour révéler sa perle. » Le quai du Châtelet permet d'accéder à la vieille ville. Là, le château des ducs d'Orléans a été détruit après la mort de Philippe Égalité, le père de Louis-Philippe, pour agrandir le port. Vers 1800, 240 toues, ces embarcations à fond plat, traditionnelles de la Loire, y accostent encore chaque jour. Et, jusqu'à l'arrivée du chemin de fer, vins d'Anjou, sel de Guérande, ou encore épices d'Orient sont débarqués ici pour alimenter Paris.

Reconstruit après un incendie durant l'offensive allemande de juin 1940, le quartier mêle maisons à pans de bois et immeubles modernes. Sur la place de l'abbé Desnoyers, 2 maisons médiévales ont été remontées. Elles font face aux façades Renaissance de l'ancien hôtel de ville et de l'hôtel Cabu qui abrite de superbes bronzes gallo-romains. Si Jeanne d'Arc a séjourné tout près dans la maison du trésorier des ducs, celle-ci a été reconstruite place Charles-de-Gaulle à côté de *La Baigneuse* du sculpteur Paul Belmondo. Pour rejoindre la cathédrale, il faut emprunter la rue de Bourgogne qui, depuis le Moyen Âge, abrite commerces et cafés. Dès 1306, les étudiants affluent ici de toute l'Europe pour étudier le droit dans la faculté que fréquentera aussi Calvin.

À deux pas, s'élève la forêt de flèches qui entourent la cathédrale. Si Charles II le Chauve y a été couronné le 6 juin 848, c'est Charles X qui inaugure le nouvel édifice le 8 mai 1829 après 2 siècles de reconstruction dans un style gothique. En face, l'hôtel Groslot dans lequel est mort le petit-fils de François Ier, François II, entouré de sa mère, Catherine de Médicis, et de sa femme, Marie Stuart. Surtout, ne quittez pas la ville sans visiter le musée des Beaux-Arts aux exceptionnelles peintures italiennes, flamandes et hollandaises. Enfin, il faut gagner le parc floral de La Source où le Loiret, né d'une résurgence de la Loire, commence sa vie. Bucolique, la rivière s'étire jusqu'à Olivet où des garages à bateaux Art déco ouvrent sur de très belles propriétés. **J.-P. R.**

SOLUTION DU VENDREDI 29

1	2	3	4	5	6	7	8	9	10	11	12	13
L	E	C	T	U	R	D	A	S	I	P	V	O
14	**15**	**16**	**17**	**18**	**19**	**20**	**21**	**22**	**23**	**24**	**25**	**26**
N	G	X	F	J	B	M	K	H	Q	Y	W	Z

lundi 1er août

Saint Alphonse

« Quand le mois d'août est bon, abondance en moisson. »
Dicton

à faire

Vite, une astuce !

Les moustiques adorent votre peau ? Saupoudrez vos aliments de paillettes de levure de bière tout au long de l'été. Riche en vitamine B, ce superaliment donne une odeur particulière à la peau, qui contribue à tenir les moustiques à distance.

QUELLE HISTOIRE !

La basilique Saint-Denis

Le 14 juillet 1140, la première pierre du chevet de la basilique de Saint-Denis est posée par l'abbé Suger en présence de Louis VII. Il est achevé et consacré 4 ans plus tard, également en présence de Louis VII et d'Aliénor d'Aquitaine. L'abbé fait rénover l'édifice carolingien pour mettre en valeur les reliques de saint Denis et faire entrer la lumière dans l'église. C.-R. N.

mardi 2 août

Saint Julien Eymard

« La famille, c'est l'amour
sans regrets et sans amertume. »
Ninon de Lenclos

à faire

SOLUTION DU SAMEDI 30

■	C	■	L	■
M	A	R	I	S
■	N	A	S	A
T	A	V	E	L
■	P	E	R	I
V	E	L	E	R

■	L	■	G	■
R	A	P	A	I
■	N	A	I	N
A	D	R	E	T
■	A	C	T	E
R	U	S	E	R

■	S	■	O	■
A	I	O	L	I
■	N	U	E	R
E	G	A	R	E
■	E	T	O	N
F	R	E	N	E

■	A	■	O	■
G	E	O	L	E
■	R	U	E	R
Q	I	■	O	R
■	E	L	L	E
A	N	I	E	R

© Bernhard Winkelmann/Stylisme et recette Julie Maurence

À TABLE

Baba à la crème chantilly

Pour 6 personnes • 3 œufs • 150 g de sucre • 60 g de beurre fondu • 150 g de farine • 1 sachet de levure chimique • Éclats de chocolat • 6 moules à baba individuels. Pour le sirop : • 40 cl d'eau • 250 g de sucre • 5 g de rhum ambré. Pour la chantilly : • 30 cl de crème liquide très froide • 50 g de sucre glace • 20 g de mascarpone.

1. Blanchissez les œufs avec le sucre.
2. Ajoutez le beurre fondu, la farine, la levure et mélangez le tout jusqu'à obtenir une pâte lisse.
3. Versez la pâte dans les moules beurrés. Laissez cuire pendant 15 min dans un four préchauffé à 180 °C (th. 6). Baissez la température à 150 °C (th. 5) et prolongez la cuisson encore 15 min.
4. Portez à ébullition l'eau et le sucre, puis ajoutez le rhum. Laissez cuire pendant 3 min à petits frémissements.
5. Démoulez les babas sur un plat creux. À l'aide d'une louche, versez le sirop sur les gâteaux jusqu'à ce qu'ils soient bien imbibés.
6. Battez la crème pendant 1 min, ajoutez le sucre glace en plusieurs fois, puis finissez en incorporant le mascarpone.
7. À l'aide d'une poche à douille, garnissez le cœur des babas de chantilly, puis déposez dessus quelques éclats de chocolat. **M.-A. D.**

EN FORME

Jambes lourdes : les bons gestes

1. Évitez tout d'abord les bains de soleil prolongés, ainsi que les douches brûlantes, les saunas et les hammams.
2. Finissez votre douche par un jet d'eau fraîche, des chevilles à l'aine. Le soir, placez vos pieds dans de l'eau fraîche additionnée de gros sel.
3. Pensez à stabiliser votre poids. En effet, l'accumulation de graisse entrave une bonne circulation du sang.
4. Portez des talons de 2 ou 3 cm, pas plus.
5. Surélevez vos jambes dès que possible (haussez le matelas du lit de 10 cm).
6. Méfiez-vous des effets du vin blanc et du champagne.

« Abattement fiscal : état dans lequel se trouve un contribuable qui vient de recevoir son avis d'imposition. »
Marc Escayrol

Mini-croisés

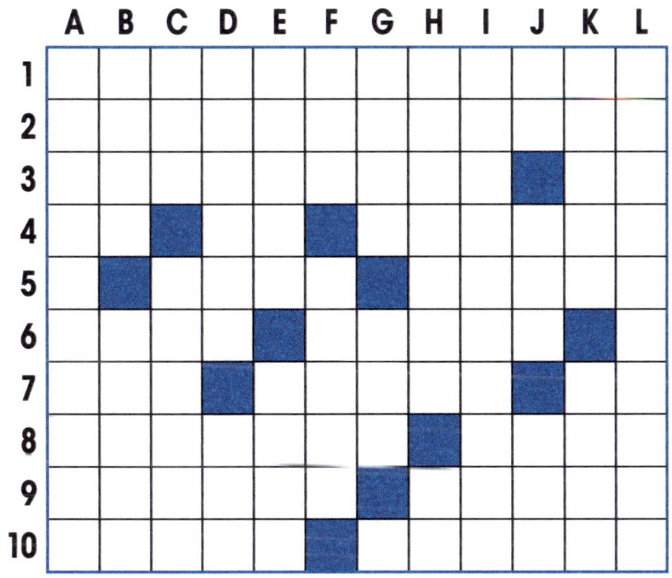

Solution au samedi 6 août

Horizontalement
1. Qui fournissent de quoi vivre. **2.** C'est fait exprès. **3.** Source du reggae. La moitié de la moitié de tonton. **4.** Finit toujours premier. Facteur connu à l'hôpital. Se blottir en rase campagne (se). **5.** La brune du poète. Zone entre le Sahara et la savane. **6.** Un val ou des îles (d'). Élagué au ras du tronc. **7.** Histoire avec des pieds. Ne prend pas le temps de déguster. Abréviation de l'astate. **8.** Composer le numéro neuf. Donne de la force. **9.** Soumettre à un traitement chimique particulier. On y tourne à cheval. **10.** Ville allemande. Coffrets antiques.

Verticalement
A. Sa décharge nous emporte. **B.** Un roi de la scène. Reines hindoues. **C.** Hommes, maris, amants... Sont de glace en mai. **D.** Un gars dans le pétrin. Il circule au Danemark. **E.** Interdit momentanément. La France profonde. **F.** Bonne place pour les brebis. Partir sans bouger. **G.** Son itinéraire est tout tracé. Amène à la raison. **H.** Appareil à projection. Incorrigible paresseux. **I.** Collectionneurs de timbres. **J.** Terre de La Flotte. Sou-chong ou pékoe. Distingué. **K.** Mise en couronne ou en écusson. Le plus grand des petits. **L.** Croisées sur la Croisette.

à faire

AU MARCHE

La perche

Jusqu'à mi-septembre, ce poisson d'eau douce, riche en protéines prévenant la fonte de la masse musculaire, apporte aussi des oméga-3, des vitamines A, D et E ainsi que du fer, du potassium et du phosphore. Entière, choisissez la perche bien raide, avec des yeux bombés, et consommez-la le jour même, ou au plus tard le lendemain. Conservez-la à l'étage le plus frais du réfrigérateur. Cuite au court-bouillon et servie avec des légumes et un aïoli, elle constitue un repas bien équilibré. Sa chair délicate sera bien préservée par une cuisson en papillote. **E. T.**

Le saviez-vous

Idéale pour les fritures ou pour saisir des solides flottant dans un liquide, l'araignée de cuisine est une écumoire en fil, de forme incurvée, qui a vraiment tout de la toile d'araignée. P. Da.

jeudi 4 août

Saint Jean-Marie Vianney

« Je n'ai aucune espèce de joie
à faire le bonheur des gens
qui ne me plaisent pas. »
Tristan Bernard

à faire

Dessiner de mémoire

C'est l'été

Observez ces quatre formes pendant 30 secondes, puis cachez-les.

Redessinez les formes dans le bon ordre.

Figures manquantes

Observez cette chaîne pendant 30 secondes, puis cachez-la.

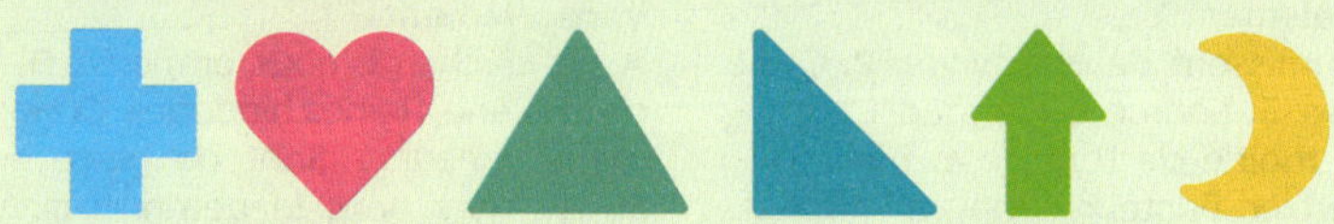

Reproduisez de mémoire les trois formes manquantes dans la chaîne ci-dessous.

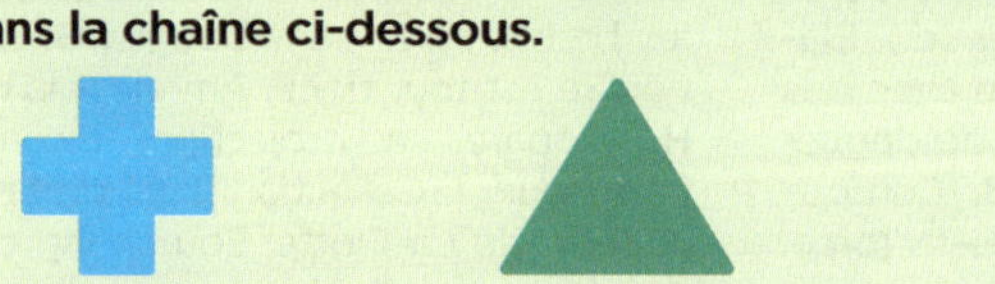

C'EST ARRIVÉ LE...

4 AOÛT 1997

La Française Jeanne Calment, doyenne de l'humanité, s'éteint à Arles, dans les Bouches-du-Rhône. Celle qui avait pour habitude de dire que « Dieu l'avait oubliée » est morte à l'âge de 122 ans, 5 mois et 14 jours. S. P.

QUELLE HISTOIRE !

Le congé maternité

Facultatif et non indemnisé, il n'a été ouvert aux salariées qu'en 1909. La possibilité de s'arrêter de travailler 8 semaines (4 avant l'accouchement, 4 après) protégeait surtout les femmes d'une rupture de contrat de travail. En 1913, le congé maternité post-natal devient obligatoire mais très mal indemnisé. En 1928, les 8 semaines s'inscrivent dans la loi. Elles passent à 14 en 1946, puis à 16 en 1980, assorties d'une indemnité de 100 % du salaire. Ouvert en 2002, le congé paternité facultatif de 14 jours a été étendu en 2021 à 28 jours, dont 7 obligatoires. M. Q.

« Il est difficile de ne pas s'exagérer le bonheur dont on ne jouit pas. »
Stendhal

A TABLE

Hot-dog à l'italienne

Pour 4 personnes • 400 g de sauce arrabbiata • 150 g de mozzarella • 1 baguette • 4 saucisses knack • 3 tiges d'origan frais • 20 g de parmesan râpé.

1. Faites réduire la sauce arrabbiata dans une casserole à feu moyen pendant environ 10 min.

2. Préchauffez le four à 180 °C (th. 6).

3. Coupez la mozzarella en tranches, séchez-la sur de l'essuie-tout puis hachez-la grossièrement.

4. Retirez la croûte sur le dessus de la baguette. Ouvrez-la et évidez-la sur toute la longueur. Garnissez-la avec la moitié de la mozzarella hachée. Déposez les saucisses et la sauce arrabbiata en la faisant bien pénétrer sur les côtés. Parsemez d'origan effeuillé, ajoutez la mozzarella restante, puis le parmesan râpé.

5. Emballez la baguette dans du papier d'aluminium (ou du papier sulfurisé avec une ficelle). Enfournez durant 25 min.

6. Déballez, puis coupez la baguette en tronçons avant de servir.

Info + Vous pouvez utiliser une baguette aux graines pour apporter plus de croquant. M.-A. D.

© Dorian Nieto

Recette extraite de *Super facile Apéros Tapas*, Dorian Nieto, éd. Solar.

à faire

Mots à mot

En regroupant et en mélangeant les lettres des deux mots de quatre et trois lettres proposés, composez un troisième mot de sept lettres.

ROUX + SET = S _ _ _ _ _ _

ROCK + TES = _ _ _ C _ _ _

MISE + EST = _ _ _ _ _ _ E

SOLUTION : Sextuor - Stocker - Métisse.

Clin d'œil

En balade avec son grand-père sur une route lézardée, Amaury, cinq ans, dit d'un ton très sérieux : « Il faudrait recoudre la route, Papi. »

samedi 6 août

Transfiguration

« Du chagrin le plus noir elle écarte les ombres / Et fait des jours sereins de mes jours les plus sombres. »
Jean Racine

à faire

Sudokus

1		9	2			5		3
		4		9	5			1
2		6			4	7		9
	3		8	4			5	
			9			1	6	
	2		6	7			3	
4		3			6	2		5
		8		2	7			6
7		2	5			4		8

8								6
		1	7		4	3		
3	7	9				2	8	4
	5	4		1		6	7	
2	1						5	9
			9		2			
			1	3	6			
	6	2				4	3	
1	3	8		2		9	6	7

			9		5			
	1	5				8	7	
6	8						5	4
		6				5		
		3		1		2		
			6	4	7			
	2	7	1		8	4	6	
3		8				7		2
4								3

	6					7	3	
	3			1	9			
	1				2			4
4			5					9
			2		1			
9					6			2
5			8				9	
			1	5			8	
	8	3					7	

Solution au lundi 8 août

SOLUTION DU MERCREDI 3

A	L	I	M	E	N	T	A	I	R	E	S
D	E	L	I	B	E	R	E	M	E	N	T
R	A	S	T	A	F	A	R	I	■	T	A
E	R	■	R	H	■	M	O	T	T	E	R
N	■	S	O	I	R	■	S	A	H	E	L
A	R	A	N	■	E	C	O	T	E	■	E
L	A	I	■	A	V	A	L	E	■	A	T
I	N	N	O	V	E	R	■	U	N	I	T
N	I	T	R	E	R	■	A	R	E	N	E
E	S	S	E	N	■	C	I	S	T	E	S

EN FORME

Articulations : mon assiette idéale

Variée et équilibrée Sauf avis médical, les régimes d'exclusion ne sont pas recommandés. Il s'agit surtout d'alléger le poids sur les articulations (perdre 1 kg équivaut à 2 kg de moins à chaque pas) et d'entretenir sa souplesse.

Méditerranéenne Riche en fruits, légumes frais et secs, en vitamines, en oméga-3, pauvre en graisses animales, sucres et produits industriels… C'est une alimentation anti-prise de poids et anti-inflammatoire, elle est aussi bonne pour le cœur que pour les os.

Riche en calcium Indispensable à la santé osseuse, il niche dans les produits laitiers, certaines eaux minérales (Courmayeur, Contrex), les légumes verts, la spiruline, les sardines avec arêtes…

Hydratée Le cartilage est composé de 70 % d'eau. Pour lutter contre les raideurs articulaires, il faut boire au moins 1,5 litre d'eau par jour ! **M. Q.**

« L'essentiel est de pouvoir se regarder en face, le matin, en se rasant. »
Jean Anouilh

© Florence Calméjane

BALADE EN FRANCE

Arnaga, belle demeure d'Edmond Rostand

« Toi qui viens partager notre lumière blonde et t'asseoir au festin des horizons changeants, n'entre qu'avec ton cœur, n'apporte rien du monde et ne raconte pas ce que disent les gens. » Cette phrase, inscrite à l'entrée de la maison d'Edmond Rostand, résume bien le besoin de tranquillité de l'écrivain lorsque, en 1903, il fait construire l'*Arnaga*. Dans le parc, sa villa apparaît au bout d'un long jardin à la française animé de bassins et de jets d'eau. Parmi les parterres de fleurs, l'auteur de *Cyrano de Bergerac* a disposé les bustes des 3 auteurs qu'il vénère : Cervantès, Shakespeare et Victor Hugo. Bâtie dans le style Néobasque, la villa présente une façade à pans de bois avec une succession de vastes fenêtres aux volets « sang de bœuf », ce rouge typique des maisons basques.

Venu pour la première fois à Cambo-les-Bains en 1900 pour y soigner une maladie pulmonaire, Edmond Rostand y construit la maison de ses rêves. Il ne faut que 3 ans à l'architecte Joseph-Albert Tournaire pour qu'*Arnaga* (du nom du ruisseau en contrebas) soit achevée. Des fresques animent le grand salon ; l'épée d'académicien de Rostand rappelle qu'il fut élu à l'Académie en 1901. Attenante, la bibliothèque contenait 15 000 ouvrages qui portaient son monogramme. Fou amoureux de sa femme, Edmond Rostand avait disposé des portraits de Rosemonde dans le salon et la salle à manger. À l'étage, le poète avait fait démonter le bureau Empire de son hôtel particulier de Paris pour replacer ici ses décors de chêne et citronnier.

Après le départ de Rosemonde en 1915, Edmond se lie avec une actrice de la troupe de Sarah Bernhardt, Mary Marquet, qui triomphera dans *L'Aiglon*. À la fin de sa vie, il occupe 2 petites pièces. Comme l'écrit son secrétaire : « Il s'enferma dans sa chambre et, couché, écrivit au lit, ses papiers sur les genoux, travaillant tout le jour... sans vouloir être distrait de rien. » Jean Rostand, son fils, confirme : « La vie que menait mon père à Cambo était la plus simple qui soit. Elle était d'une austérité presque monacale. Il recherchait la solitude. » **J.-P. R.**

à faire

C'EST ARRIVÉ LE...

7 AOÛT 1970

Un cinéma « drive-in » ouvre à Rungis, en région parisienne. Un écran de 600 m² (le plus grand d'Europe !) et un parking de 1 000 places invitent les spectateurs à une séance en plein air. Cette animation culturelle fut conçue pour compenser les envahissantes Halles inaugurées l'année précédente. **F. M.**

lundi 8 août

Saint Dominique

« Le tonnerre d'août est aussi utile à la moisson que dangereux pour le bétail. »
Dicton

à faire

A TABLE

Tartines de figue, ricotta, jambon cru et miel

Pour 4 personnes • 8 tranches de baguette de campagne • 125 g de ricotta • Poivre du moulin • 1 c. à café de baies roses • 4 tranches de jambon cru • 4 belles figues violettes • 2 c. à soupe de miel de citronnier • 4 brins de basilic • 8 feuilles de roquette.

1. Faites légèrement griller les tranches de pain. Répartissez la ricotta par-dessus en l'écrasant légèrement, poivrez, puis ajoutez les baies roses pilées au mortier.

2. Coupez le jambon en 2 et déposez les demi-tranches en chiffonnade. Coupez les figues en fins quartiers, disposez-les joliment sur les tranches de pain grillées.

3. Nappez les tartines de miel, parsemez dessus des feuilles de basilic et de roquette, servez aussitôt.

Info + Remplacez la baguette par des tranches de pain de campagne grillées ou de pain aux noix. M.-A. D.

AU MARCHE

La mûre

Jusqu'en octobre, régalez-vous avec cette baie parfumée. À l'achat, vérifiez qu'aucun fruit n'est abîmé. Au jardin, préférez les plus tendres. **Riche en vitamine C, 100 g couvrent 20 % des besoins quotidiens.** Peu calorique, elle est bien pourvue en polyphénols, de puissants antioxydants qui préservent la vitalité des cellules, et contient aussi du potassium. La mûre apporte aussi de nombreuses autres vitamines (telles que B, E et A), et minéraux (calcium, magnésium, phosphore) ainsi que des oligo-éléments (fer, cuivre, zinc) essentiels.
Savourez des mûres fraîches avec des lamelles de fraises, puis parsemez de menthe ciselée. Vous pouvez aussi les consommer avec du fromage blanc, en tarte, en crumble, en muffins, en coulis, en confiture ou en gelée. Les mûres se conservent 2 jours dans le bac du réfrigérateur. M.-A. D.

SOLUTION DU SAMEDI 6

1	7	9	2	6	8	5	4	3
3	8	4	7	9	5	6	2	1
2	5	6	3	1	4	7	8	9
6	3	1	8	4	2	9	5	7
8	4	7	9	5	3	1	6	2
9	2	5	6	7	1	8	3	4
4	9	3	1	8	6	2	7	5
5	1	8	4	2	7	3	9	6
7	6	2	5	3	9	4	1	8

8	4	5	2	9	3	7	1	6
6	2	1	7	8	4	3	9	5
3	7	9	5	6	1	2	8	4
9	5	4	3	1	8	6	7	2
2	1	3	6	4	7	8	5	9
7	8	6	9	5	2	1	4	3
4	9	7	1	3	6	5	2	8
5	6	2	8	7	9	4	3	1
1	3	8	4	2	5	9	6	7

7	3	4	9	8	5	6	2	1
2	1	5	3	6	4	8	7	9
6	8	9	2	7	1	3	5	4
1	4	6	8	2	3	5	9	7
8	7	3	5	1	9	2	4	6
5	9	2	6	4	7	1	3	8
9	2	7	1	3	8	4	6	5
3	5	8	4	9	6	7	1	2
4	6	1	7	5	2	9	8	3

2	6	9	4	8	5	7	3	1
7	3	4	6	1	9	5	2	8
8	1	5	7	3	2	9	6	4
4	2	6	5	7	8	3	1	9
3	5	8	2	9	1	6	4	7
9	7	1	3	4	6	8	5	2
5	4	7	8	2	3	1	9	6
6	9	2	1	5	7	4	8	3
1	8	3	9	6	4	2	7	5

« Une bonne enclume
n'a pas peur du marteau. »
Proverbe belge

DANS LA NATURE

La libellule prend son envol

Le meilleur moment pour observer des libellules immobiles, c'est lors de l'accouplement estival. Avec l'extrémité de son abdomen, le mâle saisit la femelle par la tête. Cette dernière se contorsionne pour mettre en contact leurs organes génitaux. Cette position acrobatique peut être tenue jusqu'à 1 h.

Ses yeux volumineux, fixes mais associés à une grande mobilité du cou, lui confèrent une vision à 360°. La surface de l'œil qui compte jusqu'à 30 000 facettes permet à la libellule de repérer, en couleurs, une proie en mouvement à 50 m. Elle analyse parfaitement les formes en percevant 200 images par seconde alors que nous n'en détectons que 50 environ.

La majorité des odonates pondent à la surface de l'eau ou sur des déchets végétaux flottants, même si certains, comme le leste vert, déposent leurs œufs dans l'écorce des plantes. Au bout de plusieurs mois, la larve sort de l'eau, grimpe sur une plante, déchire son exosquelette et donne enfin naissance à une libellule qui vivra entre 1 semaine et 1 bon mois. Il n'y a pas de chrysalide comme chez le papillon. **P.-Y. N**

© 2011 by NorGal./stock.adobe.com

à faire

Super croisés

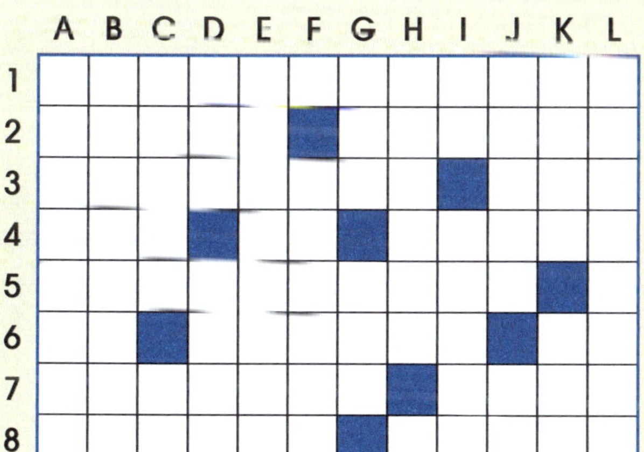

Horizontalement

1. En voilà une qui a de la branche ! **2.** Avait l'air d'une cruche autrefois. Œil pour œil, dent pour dent. **3.** Très utiles pour que les ballots ne tombent pas. Plus difficile que la critique. **4.** Fait partie de notre quotidien. Contracté. Fréquente assidûment. **5.** Juste, très juste… **6.** Familier ou dissimulé. Morte sur la toile. Est lâché de haut. **7.** On peut les appeler autour d'une table ronde. Attelé, avec un sulky. **8.** Descendant d'un fils de Noé. Tour en mer.

Verticalement

A. Qui tombent à pic. **B.** Pratiquement impossible à régler. **C.** N'autorise guère à monter sur ses grands chevaux. Après midi. **D.** Devise nordique. Sur une croix. **E.** Rapportait fidèlement. **F.** Reste en travers de la gorge. **G.** Félicité à l'approche du printemps. Tout à fait déplacés. **H.** Consommable par des Juifs. **I.** Article d'importation. Plante au goût anisé. **J.** Ne convenant pas du tout. Brilla de mille feux. **K.** C'est dommage. Toujours intérieur. **L.** Méchant tord-boyaux.

Solution au vendredi 12 août

mercredi 10 août

Saint Laurent

« On appelle voiture d'occasion une voiture dont toutes les pièces font du bruit sauf le klaxon. »
Pierre Dac

à faire

EN BEAUTE

Les nouveaux produits solaires

© plprod/stock.adobe.com

Sur le front de la protection, les produits solaires font tous leur travail contre les effets néfastes des UV. La différence se joue sur les textures, qui conditionnent la fréquence de l'application.

Les huiles Aujourd'hui, elles sont « revalorisées » par des indices SPF très élevés. Elles s'étalent sans difficulté, ne coulent pas et garantissent une protection homogène. En prime, elle donne une peau satinée ! Parfait pour le corps et les cheveux.

Les brumes Elles sont non grasses, non collantes, non blanchissantes et très faciles à appliquer. Parfait pour la ville par forte chaleur.

Les sprays Ils diffusent des micro-gouttelettes qui ne collent pas, ne font pas de marques blanches et ne laissent pas une parcelle du corps sans protection. Pratique pour les zones difficiles à atteindre !

Les laits fluides Ils pénètrent facilement dans la peau et proposent une hydratation très performante. Parfait pour les peaux sèches à la recherche d'une protection optimale.

Les crèmes Très riches, elles invitent à une application généreuse et uniforme grâce à leur texture épaisse et leur couleur blanche. Elles sont plus résistantes à l'eau, à la sueur et aux contacts avec les tissus. Parfait pour le visage qui doit bénéficier d'une protection infaillible. M. F.

C'EST ARRIVÉ LE...

10 AOÛT 1970

Succès critique mais échec commercial pour *Supertramp*, le premier album du groupe de pop britannique du même nom, sorti le 10 août. Créé en 1969 par Roger Hodgson et Rick Davies, le duo a recruté le parolier et guitariste Richard Palmer. Ils n'ont pas encore trouvé leur « *Logical song* », mais le succès va bientôt leur offrir plus d'un *Breakfast in America*... F. M.

Sudokus

4						7		
3			8			9		4
			9		6			
7				2				
	8	6				3	4	
				1				7
			3		5			
2		4			1			3
		3						5

	6							7
				1	5			
	5					6		8
		3					1	5
5			8		9			6
8	4					3		
3		1		6			2	
			9	5				
6							8	

Solution au samedi 13 août

« Il est bon de traiter l'amitié comme les vins et de se méfier des mélanges. »
Colette

EN FORME

Détoxifiez-vous avec le pissenlit !

Dépuratif, diurétique, drainant, protecteur et stimulant du foie, légèrement laxatif, le pissenlit améliore les surcharges (cholestérol, acide urique, sucre et cellulite).

Pour purifier l'organisme Dans un bocal, recouvrez 20 g de pissenlits frais en petits morceaux avec 10 cl d'alcool à 40°, puis refermez. Laissez macérer 3 semaines en remuant chaque jour. Filtrez et transvasez dans un flacon en verre teinté. Prenez 25 gouttes 3 fois par jour en cure de 3 semaines.

Pour nettoyer le foie, en cas de traitement médicamenteux (sauf diurétique) ou de constipation Pendant 10 min, faites infuser 1 pincée d'un mélange de feuilles et de racines de pissenlit séchées coupées dans 25 cl d'eau bouillie. Filtrez et buvez 3 tasses par jour pendant quelques jours, ou 3 semaines par mois en cas de maladie chronique.

© Elena Odareeva/stock.adobe.com

Pour drainer et favoriser la perte de poids, prenez jusqu'à 3 gélules ou comprimés (300 mg par jour) à base de pissenlit avec un verre d'eau. Ou faites infuser pendant 10 min 6 à 8 g de racines séchées coupées ou 1 pincée de feuilles fraîches ou séchées dans 25 cl d'eau bouillie. Filtrez, puis buvez 3 tasses par jour le matin, le midi et après le dîner, jusqu'à 3 semaines. F. O.

à faire

Le saviez-vous

En 1880, à la création d'un enseignement secondaire laïque pour les filles, ni grec, ni latin, ni philosophie, ni sciences au programme. Rien qui puisse préparer au baccalauréat. Il faudra attendre 1924 pour que les femmes puissent suivre les mêmes études, passer les mêmes épreuves que les garçons et se prévaloir d'un diplôme de même valeur. M. Q.

Mots à mot

En regroupant et en mélangeant les lettres des deux mots de trois lettres proposés, composez un troisième mot de six lettres.

TER + ION = O _ _ _ _ _

UNE + PET = _ _ _ T _ _

TEE + BOT = _ _ _ _ _ E

SOLUTION : Orient - Pente - Boette.

vendredi 12 août

Sainte Clarisse

« Je me suis gardé de faire de la vérité une idole, préférant lui laisser son nom plus humble d'exactitude. »
Marguerite Yourcenar

à faire

La ronde des mots

**Trouvez dix-neuf mots et notez chacun d'eux dans le sens des aiguilles d'une montre autour de la case de définition correspondante.
La première lettre de chaque mot est indiquée par le triangle noir.
Le premier mot est donné en exemple.**

F	M	P	T
BRIGAND, MAIS PAS MÉCHANT	POIL DE CHÈVRE ANGORA	MANTEAU DE LAINE SANS MANCHE	MUSIQUE AU RYTHME RÉPÉTITIF
PARLE DE LA CHAIRE	DÉTOURNER L'ATTENTION	MÉTAL DUR ET BRILLANT	QUI A DE QUOI SE MARRER
ILS PEUVENT BATTRE À L'UNISSON	EFFET POUR LES DEUX OREILLES	FABLIAU DE MARIE DE FRANCE	BOISSONS SUR CANAPÉ
ELLES FONT BONNE MESURE	AVEC LUI, C'EST REPARTI !	LE JOCKEY Y PASSE AVANT LA COURSE	LA CABANE AU FOND DU JARDIN
IL PROTÈGE DU GRAIN	FAIRE DU DESSIN COMME DISNEY	DÉBUT D'EMPOISONNEMENT	NE REPOSANT SUR RIEN DE CONCRET
N	M	V	E

Solution au dimanche 14 août

EN FORME

Le céleri branche

Le céleri a longtemps eu la réputation d'être aphrodisiaque. Il compte parmi les légumes les plus riches en nitrates, ce qui en fait un allié contre l'hypertension. **Le plus santé** Il est riche en vitamine K, nécessaire à la formation des os. **Pour une salade printanière,** émincez 3 branches de céleri et 2 échalotes, râpez 1 noix de gingembre. Pressez 1 citron. Faites cuire 2 carottes à la vapeur et coupez-les en petits morceaux. Mélangez, ajoutez 1 boîte de pois chiches et de la coriandre. Montez une vinaigrette, salez, poivrez et servez. **L. C.**

SOLUTION DU MARDI 9

A	R	B	O	R	E	S	C	E	N	T	E
B	U	I	R	E	■	T	A	L	I	O	N
R	I	D	E	L	L	E	S	■	A	R	T
U	N	E	■	A	U	■	H	A	N	T	E
P	E	T	I	T	E	M	E	N	T	■	R
T	U	■	N	A	T	U	R	E	■	F	I
E	S	P	R	I	T	S	■	T	R	O	T
S	E	M	I	T	E	■	P	H	A	R	E

samedi 13 août

Saint Hippolyte

« Nous avons autant besoin de raisons de vivre que de quoi vivre. »
Abbé Pierre

Mini-fléchés

Grille 1

- BOUTEILLE D'EAU
- OFFICIER
- EST RADIEUX
- ILS FONT DATE
- RÉTROGRADES
- ATTRIBUT DE PAON
- AURA EN TÊTE
- POGNON OU PÈZE
- POIDS MORTS

Grille 2

- ANNONCE DE MALHEURS
- DANGER
- DERNIER MATCH
- ÉCHOUER
- ELLES PORTENT LES MARCASSINS
- FILLE DE ZOLA
- DOMPTAI
- BIEN DISSIMULÉ
- VENTILÉS

Grille 3

- FIGURE
- BILES
- PARAGRAPHE COURT
- BLASON
- EN BONNE SANTÉ
- COUPA
- BLONDI
- CELUI DU SOIR EST PRIS EN FAMILLE
- INDIQUE LE LIEU OÙ L'ON EST

Grille 4

- TENTERA LE PARI
- RIZ AU GRAS
- MÉFIANT
- NOUÉS
- TÉNUES
- ROBE À DELHI
- FRUIT DU PACANIER
- GUIDE
- AMATEURS DE DOULEUR

Solution au mardi 16 août

à faire

Vite, une astuce !

Pour neutraliser les mauvaises odeurs dans votre réfrigérateur, vous pouvez placer dans un coin isolé de votre appareil : soit 3 cuillères à soupe de bicarbonate de soude dans un petit récipient ouvert (à changer toutes les 2-3 semaines), soit 3 cuillères à soupe de marc de café ou 3 pastilles de café usagées légèrement ouvertes (à remplacer quand le marc est sec), soit 2 ou 3 bouchons de liège (à changer toutes les 2 semaines).

SOLUTION DU MERCREDI 10

4	6	9	1	3	2	7	5	8
3	2	1	8	5	7	9	6	4
5	7	8	9	4	6	2	3	1
7	3	5	4	2	8	6	1	9
1	8	6	5	7	9	3	4	2
9	4	2	6	1	3	5	8	7
8	1	7	3	9	5	4	2	6
2	5	4	7	6	1	8	9	3
6	9	3	2	8	4	1	7	5

2	6	9	3	8	4	1	5	7
7	3	8	6	1	5	4	9	2
1	5	4	2	9	7	6	3	8
9	2	3	4	7	6	8	1	5
5	1	7	8	3	9	2	4	6
8	4	6	5	2	1	3	7	9
3	9	1	7	6	8	5	2	4
4	8	2	9	5	3	7	6	1
6	7	5	1	4	2	9	8	3

dimanche 14 août

Saint Évrard

« On doit vivre sa vie en essayant d'en faire un modèle pour d'autres. »
Rosa Parks

à faire

EN CHANSON

1960 Guy Béart « Il n'y a plus d'après »

Né en Égypte le 16 juillet 1930, Guy Béart rejoint la France à 17 ans. Brillant élève, il intègre les Ponts et Chaussées et décroche un diplôme d'ingénieur. Pourtant, son bonheur est ailleurs, du côté de la chanson. À la disparition de son père, il tente sa chance et se produit dans divers cabarets de la capitale, particulièrement aux *Trois Baudets*. Face à des auditoires clairsemés, Béart décide finalement de renoncer à la scène pour se consacrer à l'écriture et vendre ses chansons à d'autres interprètes. Mais c'était sans compter la ténacité du célèbre producteur Jacques Canetti, qui le convainc de signer un contrat pour enregistrer un disque.

Après quelques succès d'estime, notamment « Bal chez Temporel » ou encore « Chandernagor », il triomphe vraiment en 1958 avec « L'Eau vive », une chanson portée au générique du film du même nom, adapté d'un roman de Jean Giono. Le succès est planétaire et la chanson se trouve même étudiée dans les écoles. 2 ans plus tard, assis à la terrasse d'un bistrot du boulevard Saint-Germain, à Paris, Béart songe avec mélancolie à Micheline, sa première femme, avec qui il a partagé une passion orageuse. Quelques semaines plus tôt, ils ont tenté de se retrouver, en vain...

© LECOEUVRE PHOTOTHEQUE/ AFP

En moins d'une heure, il cisèle un texte d'une grande poésie et se précipite chez Juliette Gréco, sa fidèle amie depuis qu'elle a repris 4 de ses chansons, pour lui faire écouter sa dernière création, « Il n'y a plus d'après ». La muse de Saint-Germain-des-Prés est immédiatement séduite et l'enregistre sur le champ. Elle promènera la mélodie aux quatre coins du monde, si bien qu'à son tour Guy Béart la gravera sur disque et l'intégrera à son tour de chant. **P. Da.**

« Il n'y a plus d'après / À Saint-Germain-des-Prés / Plus d'après-demain / Plus d'après-midi / Il n'y a qu'aujourd'hui / Quand je te reverrai / À Saint-Germain-des-Prés / Ce n'sera plus toi / Ce n'sera plus moi / Il n'y a plus d'autrefois »

Paroles et musique : Guy Béart. Éditions Espace/ Philips, 1960.

SOLUTION DU VENDREDI 12

Ligne 1 : fripon, mohair, poncho, techno. **Ligne 2 :** prêche, amuser, cérium, hilare. **Ligne 3 :** coeurs, stéréo, isopet, apéros. **Ligne 4 :** unités, regain, pesage, remise. **Ligne 5 :** trench, animer, alevin, irréel.

Assomption

« Le bonheur est, en quelque sorte, ce qui met un point d'arrêt à la fuite en avant du désir. »
Paul Ricœur

Mots codés

Dans la grille ci-dessous, les lettres ont été remplacées par des nombres, un même nombre représentant toujours la même lettre. Pour commencer le jeu, utilisez les lettres du mot dont le code est déjà indiqué. Les cases ci-dessous servent d'aide-mémoire ; vous pouvez y inscrire les lettres au fur et à mesure que vous les trouvez.

1 C	2 A	3 G	4 O	5 U	6 L	7 E	8	9	10	11	12	13
14	15	16	17	18	19	20	21	22	23	24	25	26

1 C	2 A	3 G	4 O	5 U	6 L	7 E		19	20	7	1	11	16	11	7	8
4		2		8		12		6		14		14		14		4
15	7	13	13	2	14	11	14	7		17	5	17	11	18	19	5
15		4		14		6		7		7		5		5		6
7	14	12	5	11	8	7		20	4	5	8	19	5	11	18	7
14		5		16				11				18		18		2
1	9	1	6	7		10	2	14	2	10		7	21	11	3	5
7				8		8		3		2				4		
8	7	22	5	7	8	11	8		19	9	6	23	2	14	7	8
		5				7		24		2		7				2
19	24	11	14	3		10	14	2	1	10		21	7	14	4	14
5		14		8				3				2		4		3
20	11	13	13	2	11	4	6	4		20	4	18	2	26	6	7
8		11		20		5		14		2		4		6		15
7	15	7	1	25	7	8		6	11	15	20	11	12	11	18	7
15		16		11		19		11		20		8		2		14
7	23	7	14	7	15	7	14	18		2	12	7	22	5	2	18

Solution au jeudi 18 août

à faire

EN FORME

Articulations : mes coups de pouce

La vitamine D Sans elle, le calcium ne peut pas se fixer sur les os. Elle manque souvent, d'où l'intérêt d'une supplémentation (sur avis médical).
La phytothérapie En tisanes, harpagophytum, reine-des-prés, saule blanc, cassis ou prêle ont un effet anti-inflammatoire et antalgique naturel.
La thermothérapie Appliqué 20 min 2 à 3 fois par jour, le chaud soulage une douleur mécanique ; le froid, quant à lui, apaise une poussée inflammatoire (articulations enflées, douleurs nocturnes...). M. Q.

C'EST ARRIVÉ LE...

15 AOÛT 1970

L'URSS lance avec succès la sonde spatiale *Venera 7* à destination de Vénus. Le 15 décembre suivant, elle atterrit et transmet des informations vers la Terre. La transmission de données dure 35 minutes : c'est une véritable prouesse technique. F. M.

mardi 16 août

Saint Armel

« La vie n'est pas le travail : travailler sans cesse me rend fou. »
Charles de Gaulle

à faire

A TABLE

Mini-tortillas

Pour 4 personnes • 1 oignon • 1 c. à soupe d'huile de tournesol • 8 œufs • Sel • Poivre • 360 g de pommes de terre rissolées • 3 c. à soupe de persil haché • ½ c. à café de piment d'Espelette • Beurre et farine pour le moule.

1. Préchauffez d'abord le four à 160 °C (th. 5-6).

2. Pelez et coupez l'oignon en dés, puis faites-les dorer dans une poêle avec l'huile.

3. Fouettez rapidement les œufs dans un saladier, salez puis poivrez.

4. Mélangez les pommes de terre rissolées avec l'oignon, 2 cuillères à soupe de persil haché et la ½ cuillère à café de piment d'Espelette.

5. Beurrez et farinez 8 petits moules à muffin. Déposez le mélange pommes de terre rissolées et oignon dans chaque moule. Versez les œufs battus, puis enfournez pendant 5 min. Servez avec le reste de persil disposé dessus.

Info + Ajoutez des petits dés de légumes grillés pour plus de légèreté et de goût. **M.-A. D.**

© Dorian Nieto

Recette extraite de *Super facile Apéros Tapas*, Dorian Nieto, éd. Solar.

SOLUTION DU SAMEDI 13

■	C	■	S	■
M	A	J	O	R
■	R	O	U	E
S	A	U	R	A
■	F	R	I	C
L	E	S	T	S

■	M	■	F	■
P	E	R	I	L
■	N	A	N	A
M	A	T	A	I
■	C	E	L	E
A	E	R	E	S

■	V	■	A	■
F	I	E	L	S
■	S	C	I	A
J	A	U	N	I
■	G	■	E	N
R	E	P	A	S

■	M	■	P	■
P	I	L	A	F
■	S	A	R	I
P	E	C	A	N
■	R	E	N	E
M	A	S	O	S

Le bon signe

Entre chaque nombre, placez l'un des quatre signes + x : et - afin d'obtenir le total indiqué. Chaque signe n'apparaît qu'une seule fois par opération.

7 … 10 … 2 … 4 … 9 = 8

6 … 2 … 7 … 5 … 4 = 20

9 … 5 … 2 … 4 … 8 = 16

SOLUTION : 7 x 10 - 2 + 4 : 9 = 8 / 6 : 2 x 7 - 5 + 4 = 20 / 9 - 5 : 2 x 4 + 8 = 16

mercredi 17 août

« Ce pour quoi tu acceptes de mourir, c'est cela seul dont tu peux vivre. »
Antoine de Saint-Exupéry

AU MARCHE

Le navet boule d'or

© guitou60/stock.adobe.

Riche en eau, en fibres, peu calorique et plus fin que son cousin rose et blanc, il s'impose dans le cadre d'une bonne hygiène de vie. Il contient du magnésium, un décontractant précieux pour éviter les crampes.

Le plus santé Le magnésium a aussi une action anxiolytique et favorise le sommeil de qualité.

Pour réaliser des navets épicés, épluchez les navets et coupez-les en morceaux. Dans une sauteuse, faites chauffer 2 cuillères à soupe d'huile d'olive. Ajoutez les navets, 1 cuillère à soupe de sucre et 1 cuillère à soupe de ras-el-hanout. Couvrez d'un peu d'eau et faites cuire à couvert jusqu'à ce que les morceaux de navet deviennent tendres. Parsemez de coriandre hachée. **D. L.**

à faire

Petits fléchés

Grille 1 :

- COMME UN BOUC
- FERTILISER LE SOL
- ENGRANGE
- CROÛTON DE PAIN
- LIEU D'ATTERRISSAGE
- UN CAFÉ
- ESSAYER À NOUVEAU
- GLISSÉ À L'INTÉRIEUR
- PETIT VER
- FRISÉE AUX LARDONS
- VAGUE
- AXE POUR L'AUTO
- ARGILE
- C'EST-À-DIRE EN BREF
- SENTIER
- BÊTA
- APRÈS CELLE
- LA POINTE DU SAPIN
- OBLIGER À VIVRE AILLEURS

Grille 2 :

- ÉLAGUER
- HOMME DE RADIO
- MISE À SAC
- CONTRAT DE BIEN
- ÉTRANGE
- ON PEUT EN ÊTRE CONTENT
- PRISES AU PIÈGE
- BAR DE COW-BOYS
- PUBLIPOSTAGE
- BATZ OU BRÉHAT
- UN PEU DE CHLORE
- DÉBUT DE LUNAISON
- BEAUCOUP
- IL SERRE FORT
- PRIÈRE À LA VIERGE
- DANS LA GAMME
- CHUTE DE DÉBIT
- BÊTE À BÂT
- ADVERBE
- REVENUS ARRIVANT À DATES FIXES

Solution au samedi 20 août

jeudi 18 août

Sainte Hélène

« Jamais d'août la sécheresse
n'amena la richesse. »
Dicton

à faire

Mots croisés

	A	B	C	D	E	F	G	H	I	J	K	L	M	N	O	P	Q	R	S	T	U
1											■									■	
2									■							■					
3			■				■					■									
4					■									■						■	
5		■								■							■				
6								■							■						
7						■							■								■
8				■							■								■		
9	■						■			■				■						■	
10					■							■					■				
11									■						■			■			
12		■				■					■					■					
13			■					■						■							
14									■			■								■	
15							■						■						■		

Solution au dimanche 21 août

Horizontalement

1. Complètement cinglées. Ce n'est pas en la forgeant qu'on devient forgeron. **2.** Chausse-trapes. Grands conifères. Groupe très fermé. **3.** Blouse. Flèche en rase-mottes. Producteur de pétrole. Elles peuvent l'être doublement dans une salle d'attente. **4.** Pour se serrer la ceinture. Aurait sûrement préféré un voyage d'agrément. Peintre et graveur belge. **5.** Se fait repousser après le départ. Donne son âge à tout le monde. À la base de nombreux parfums. **6.** L'usure le fait gonfler. Un réflexe chez le saumon. Rédigée. **7.** Dans la piste aux étoiles (Grande). Reculée. Honni soit qui mal y panse... **8.** Refuse de reconnaître. Font de la braise. Se disperse. Marque la surprise. **9.** Jouer avec le feu. Dans le vent. C'est aussi de l'oseille. A un Val haut perché. **10.** Ville de Thuringe. Prise en charge. Couvert de miettes. Par ici la sortie ! **11.** Mâtinée. Prince des ténèbres. Mesure en bois. Résine fétide. **12.** A ses majors. Victoire du Grand Condé. Fait fumer. Qui ont du chien. **13.** Possessif. Boîte de consultation. Délicieusement agréable. Qui n'ont plus de bouquet. **14.** Comme des denrées à ne pas manger. Désinence verbale. Saucissons. **15.** Espèrent récolter un jour. Travaille au calibre. Capitaine au régiment d'Auvergne. Dans les.

Verticalement

A. Partie avec barre. Fis tout comme. **B.** Bête de somme. Du soir au matin. Salut de Marius. **C.** Vaut de l'or. Entrave à la liberté. Précision horaire. **D.** Femmes bien élevées. Peut servir de coulisse. **E.** Donne un peu d'énergie. Est à craindre dans les bars. Gaz à ne pas respirer. **F.** Bon grimpeur de haies. Aboutiras. On y surfe. **G.** Chemin de rive. Dieu grec. Blanche, le jardinier la craint. **H.** Source de La Fontaine. Tenue de rigueur. Une firme. **I.** Bredouille. Points opposés. **J.** Style vocal d'improvisation. Pronom personnel. Subit. **K.** Malade comme un chien. Resta bouche ouverte sans rien dire. Cité en Ré. **L.** Type de disque. Hors de ce monde. Il raccourcit les distances. **M.** Jeune apprenti. Dont l'entente, voire l'union, est brisée. **N.** Ameuta le faon. Espaces de temps. Ancienne ville arménienne. Coule de source dans le nord de la France. **O.** S'épanouit en automne. Fit passer son cadet avant lui. Ranimaient la femme évanouie. **P.** Donc encore en stock. Te rends. **Q.** Envoyés sans espoir de retour. Végétal à loupe. Points de coïncidence. **R.** Petit bâtiment bien armé. Le goût du perroquet. **S.** Supporte le candidat. Précis. **T.** C'est la règle. Qui sait bien manœuvrer. Orateur grec. **U.** Habite. Vous cueillent dès l'accueil.

SOLUTION DU LUNDI 15

1	2	3	4	5	6	7	8	9	10	11	12	13
C	A	G	O	U	L	E	R	Y	K	I	D	Z

14	15	16	17	18	19	20	21	22	23	24	25	26
N	M	F	J	T	S	P	X	Q	V	W	H	B

Vendredi 19 août

Saint Jean-Eudes

« Ce que le sot a planté,
le sage ne le déracine pas. »
Proverbe africain

EN BEAUTE

Masque à usage unique : les bons gestes

En fibres végétales ou en cellulose bio, les masques à usage unique sont très imbibés de sérum. Leur nature hydrophile en retient jusqu'à 100 fois leur poids ! Leur effet seconde peau permet une excellente pénétration et une diffusion optimale des actifs.

Avec précaution, dépliez le masque en le tenant bien droit. Appliquez-le doucement sur votre visage de manière à ce qu'il y adhère parfaitement. Lissez légèrement pour éliminer les bulles d'air. Vérifiez qu'il est bien ajusté sous le nez, autour des yeux et de la bouche. Puis laissez agir 15 min environ. Retirez et massez l'excédent de produit par des mouvements circulaires sans oublier votre cou et votre décolleté. Bien posé, le masque épouse les moindres reliefs de votre visage, comme s'il avait

© ViDi Studio/stock.adobe.com

été confectionné « sur mesure ». Ainsi sous cloche, votre épiderme est prêt à absorber tous les actifs dont il a besoin ! Autre avantage de ce type de soin : vous évitez les frottements au moment de la pose et la dépose. C'est parfait si votre peau est sensible ou irritée ! **M. F.**

à faire

Mots à mot

En regroupant et en mélangeant les lettres des deux mots de trois lettres proposés, composez un troisième mot de six lettres.

A C E + I R E = _ _ _ _ _ E

B A C + M E R = _ _ _ _ _ E

I D F + E R E = _ _ _ _ _ R

SOLUTION : Cariée - Cambré - Défier.

QUELLE HISTOIRE !

En 1860, Viollet-Le-Duc remplace la flèche de Notre-Dame de Paris. Pour l'accompagner, il choisit Auguste Bellu, charpentier qui a réalisé les flèches de la Sainte-Chapelle à Paris et de la cathédrale d'Orléans. J.-P. R

samedi 20 août

Saint Bernard

« Temps trop beau en août
annonce hiver en courroux. »
Dicton

Sudokus

	6						7	
			8		3			
3	4		7		5		8	2
			3	7	8			
		9	4		1	2		
		4	6		9	3		
7				3				9
9								5
		5		9		7		

8					5	4	1	
5		9						
			6	4	3			
	5			3		1		
6	8						7	5
		1		9			6	
			3	2	7			
						3		8
	2	5	8					1

6								2
9			2		6			3
		8	1		4	5		
			7	6	1			
	5			3			8	
	3						2	
			4	8	7			
		3				9		
		1		2		4		

	5	7		2	9			
			7	6			9	
						3		5
						9		8
	4		6		1		5	
2		3						
9		1						
	3			5	6			
			1	3		8	6	

Solution au lundi 22 août

à faire

SOLUTION DU MERCREDI 17

■	E	■	E	■	A	■
A	M	E	N	D	E	R
■	I	N	S	E	R	E
A	S	T	I	C	O	T
■	S	A	L	A	D	E
L	A	M	E	■	R	N
■	I	E	■	S	O	T
G	R	■	C	I	M	E
■	E	X	I	L	E	R

■	C	■	P	■	E	■
C	I	B	I	S	T	E
■	S	A	L	O	O	N
M	A	I	L	I	N	G
■	I	L	E	■	N	L
C	L	■	E	T	A	U
■	L	A	■	A	N	E
M	E	V	E	N	T	E
■	R	E	N	T	E	S

EN FORME

Des plantes pour les jambes lourdes

De nombreuses plantes ont démontré scientifiquement leur capacité à stimuler la circulation sanguine et à restaurer le tonus veineux déficient. Pour une efficacité nette, prévoyez 1 à 2 mois de traitement minimum.

Le marronnier d'Inde protège et stimule la paroi des veines et des petits vaisseaux. Il aurait également la capacité de réduire les gonflements.

La vigne rouge est un grand classique, à la fois veinotonique et anti-œdème. À éviter après un cancer du sein ou de l'utérus.

L'hamamélis est intéressante si l'on a souvent les extrémités froides ou des petites varicosités car elle resserre les vaisseaux.

Le mélilot a fait ses preuves en agissant à la fois sur les parois veineuses capillaires et lymphatiques, tout en améliorant la fluidité sanguine.

Le petit houx agit sur le tonus et l'élasticité des veines. C. D.

Saint Christophe

dimanche 21 août

« Si vous n'êtes pas capables d'un peu de sorcellerie, ce n'est pas la peine de vous mêler de cuisine… »
Colette

© PAPINOU/stock.adobe.com

BALADE EN FRANCE

Tatihou, si proche et si lointaine

Mieux vaut avoir un minimum le goût de l'aventure pour découvrir cette île de la Manche et accepter d'embarquer à bord du drôle d'engin amphibie qui la relie en quelques minutes au continent. Roulant à marée basse entre les parcs à huîtres, il fend les flots à marée haute pour rejoindre Tatihou. Aussitôt débarqué, voici le mur d'enceinte ceinturant l'ancien lazaret qui a accueilli de 1720 à 1860 les équipages de la mer du Nord et de Méditerranée mis en quarantaine pour enrayer la peste.

La porte franchie, des jardins clos accueillent le visiteur. Malgré les rafales incessantes, des jardiniers y ont acclimaté bananiers et agaves. Ouverte au public depuis 1992, cette île, qui est gérée par le Conseil départemental de la Manche depuis 1990, a connu bien des occupants. De 1887 à 1923, des biologistes marins se sont intéressés à l'élevage du turbot. À la veille de la Seconde Guerre mondiale, des réfugiés espagnols y ont été accueillis. Après-guerre, ils ont été remplacés, jusqu'en 1984, par des adolescents en difficulté puis par des « boat-people » qui étaient recueillis en mer de Chine. Aujourd'hui, les anciens dortoirs, qui comptent une trentaine de chambres, accueillent des touristes venus profiter de la sérénité des lieux.

16 espèces de palmiers s'épanouissent entre ces murs de granit tandis qu'au-delà, 3 hectares de prairies accueillent une réserve ornithologique. Si l'arrivée récente de renards perturbe la colonie de goélands locale, près de 150 espèces d'oiseaux y séjournent toujours l'hiver ou y font halte lors de leurs migrations. Depuis la tour Vauban, classée au patrimoine mondial de l'Unesco, il est possible d'observer tadornes de Belon, huîtriers pies et autres bruants des neiges. En se tournant vers le large, il est difficile d'imaginer qu'à quelques brasses de là, 5 vaisseaux de la Marine royale ont coulé par 3 m de fond après avoir brûlé. Menés par l'Amiral de Tourville, ils avaient été pris au piège lors de la bataille de la Hougue, en 1692. Explorés de 1991 à 1995, ces navires, parmi les plus grands de la Marine royale, ont livré leurs secrets, qui sont dorénavant exposés dans le musée maritime de l'île. **J.-P. R.**

à faire

SOLUTION DU JEUDI 18

F	L	A	G	E	L	L	E	E	S	■	C	A	R	A	P	A	C	E	■	R
R	O	U	E	R	I	E	S	■	C	E	D	R	E	S	■	C	A	S	T	E
A	I	■	A	G	E	■	O	M	A	N	■	P	A	T	I	E	N	T	E	S
C	R	A	N	■	R	A	P	A	T	R	I	E	■	E	N	S	O	R	■	I
T	■	E	T	A	N	T	E	N	■	A	R	T	E	R	E	■	N	A	R	D
I	N	T	E	R	E	T	■	M	I	G	R	E	R	■	P	O	N	D	U	E
O	U	R	S	E	■	I	S	O	L	E	E	■	E	C	U	R	I	E	S	■
N	I	E	■	T	I	S	O	N	S	■	E	S	S	A	I	M	E	■	E	H
■	T	I	R	E	R	■	I	N	■	B	L	E	■	I	S	E	R	E	■	O
I	E	N	A	■	A	G	R	E	E	E	■	P	A	N	E	■	E	X	I	T
M	E	T	I	S	S	E	E	■	S	A	T	A	N	■	S	T	■	A	S	E
I	■	E	N	A	■	L	E	N	S	■	G	R	I	S	■	R	A	C	E	S
T	A	■	U	R	N	E	■	S	U	A	V	E	■	E	V	E	N	T	E	S
A	V	A	R	I	E	E	S	■	I	R	■	S	A	L	A	M	I	S	■	E
S	E	M	E	N	T	■	A	L	E	S	E	■	A	S	S	A	S	■	E	S

lundi 22 août

Saint Fabrice

« Le succès, c'est comme le parfum : c'est agréable, mais pas essentiel. »
Fanny Ardant

à faire

A TABLE

Saint-Honoré tout rose

© Bernhard Winkelmann/Stylisme et recette Julie Maurence

Pour 6 personnes • 1 pâte feuilletée • 60 g de beurre mou • 65 g de beurre froid • 60 g de cassonade • 142 g de farine • Colorant rose • 2 feuilles de papier cuisson • 2 emporte-pièces (4 et 9 cm de diamètre) • 7 cl d'eau • 7,5 cl de lait • 3 œufs • 1 c. à soupe rase de sucre • ½ c. à café de sel • 30 cl de crème liquide très froide • 50 g de sucre glace • 20 g de mascarpone.

1. Mélangez le beurre mou avec la cassonade, ajoutez 60 g de farine puis le colorant. Étalez finement le mélange entre les feuilles de papier cuisson. Réservez au frais.

2. Portez à ébullition l'eau, le lait et 65 g de beurre froid. Baissez le feu, versez 82 g de farine puis mélangez. Desséchez la pâte en remuant. Incorporez les œufs un à un, ajoutez le sucre et le sel en mélangeant. Formez des boules d'environ 2 cm de diamètre à la poche à douille.

3. Découpez des cercles dans le craquelin au petit emporte-pièce puis posez-les sur les choux. Cuisez-les de 20 à 30 min dans un four préchauffé à 170 °C (th. 5-6). Ensuite, laissez refroidir.

4. Étalez la pâte feuilletée, découpez des cercles au grand emporte-pièce. Enfournez 20 min au four préchauffé à 180 °C (th. 6).

5. Battez la crème pendant 1 min, ajoutez le sucre glace en plusieurs fois, puis le mascarpone.

6. Déposez un dôme de chantilly au cœur du cercle feuilleté. Disposez dessus 3 choux garnis de crème. Comblez les trous. Ajoutez une touche de chantilly au sommet et recouvrez d'un dernier chou. **M.-A. D.**

SOLUTION DU SAMEDI 20

5	6	8	9	1	2	4	7	3
2	9	7	8	4	3	5	1	6
3	4	1	7	6	5	9	8	2
6	5	2	3	7	8	1	9	4
8	3	9	4	5	1	2	6	7
1	7	4	6	2	9	3	5	8
7	1	6	5	3	4	8	2	9
9	2	3	1	8	7	6	4	5
4	8	5	2	9	6	7	3	1

8	3	6	9	7	5	4	1	2
5	4	9	2	8	1	6	3	7
2	1	7	6	4	3	8	5	9
9	5	2	7	3	6	1	8	4
6	8	3	4	1	2	9	7	5
4	7	1	5	9	8	2	6	3
1	9	8	3	2	7	5	4	6
7	6	4	1	5	9	3	2	8
3	2	5	8	6	4	7	9	1

6	1	5	8	9	3	7	4	2
9	7	4	2	5	6	8	1	3
3	2	8	1	7	4	5	9	6
8	9	2	7	6	1	3	5	4
4	5	6	9	3	2	1	8	7
1	3	7	5	4	8	6	2	9
5	6	9	4	8	7	2	3	1
2	4	3	6	1	5	9	7	8
7	8	1	3	2	9	4	6	5

1	5	7	3	2	9	6	8	4
3	8	4	7	6	5	1	9	2
6	9	2	8	1	4	3	7	5
5	7	6	2	4	3	9	1	8
8	4	9	6	7	1	2	5	3
2	1	3	5	9	8	7	4	6
9	6	1	4	8	2	5	3	7
7	3	8	9	5	6	4	2	1
4	2	5	1	3	7	8	6	9

C'EST ARRIVÉ LE...

22 AOÛT 1962

Alors qu'ils rejoignent leur maison de Colombey-les-Deux-Églises, le général de Gaulle et son épouse Yvonne échappent à un attentat. La DS présidentielle est mitraillée au Petit-Clamart, en banlieue parisienne. Le chauffeur du véhicule parvient à semer les assaillants. Neuf d'entre eux, tous des opposants à la politique du général en Algérie, sont arrêtés, jugés et condamnés quelques mois plus tard. S. P.

« A force de plaisirs,
notre bonheur s'abîme. »
Jean Cocteau

AU JARDIN

Fascinantes carnivores

Ces plantes trouvent dans les insectes un apport vital en oligo-éléments, azote ou phosphore que les sols pauvres ne leur fournissent pas. En pot sur le balcon, en bac sur la terrasse, dans une tourbière aménagée dans le jardin, vous pourrez cultiver toute l'année en extérieur les plus rustiques. Les sarracénies, les dionées, les utriculaires et certains droséras supportent des hivers entre -8 °C et -15 °C. Si vous les gardez à l'intérieur, placez les pots près d'une fenêtre orientée ouest ou est en été, puis plein sud en hiver.

Utilisez de la tourbe blonde à forte rétention en eau, aérée avec un tiers de perlite ou de sable de rivière. Pour maintenir le substrat humide, utilisez un contenant d'au moins 20 cm de profondeur avec soucoupe ou réserve d'eau. Plus le volume est grand, mieux la plante résistera aux variations d'humidité et de température.

Arrosez avec de l'eau non calcaire. L'idéal est d'utiliser de l'eau de pluie ou de l'eau déminéralisée. De mai à début novembre, assurez-vous que la soucoupe reste remplie d'eau. Idem pour les bacs à réserve d'eau. L'hiver, arrosez par le dessus pour maintenir la terre fraîche. **P.-Y. N.**

© sandipruel/stock.adobe.com

à faire

Super croisés

	A	B	C	D	E	F	G	H	I	J	K	L
1												
2									■			
3				■				■				
4					■						■	
5							■					
6			■							■		
7						■						
8				■					■			

Horizontalement

1. Ce n'est pas une femme de mauvais goût. **2.** La belle verte. C'est le pied, pour le vigneron ! **3.** Qu'on ne porte donc plus. Homme de guerre. Travail de couture. **4.** Peut permettre d'entrer dans la danse. Empêcher de remettre. **5.** Atteignis des sommets. Qui a bien plus que le cœur gros. **6.** On en vient à bout sur les trottoirs de Pékin. Arrivée d'eau. Embobiné. **7.** Ne sut pas tenir sa langue. Peuvent se faire par bouts. **8.** Le temps d'une histoire. Place de concierge. Associé au coq dans une locution.

Verticalement

A. Reste parfois sur le carreau avant d'être achevée. **B.** Type de révolté. **C.** Beau quand on est large. Démonstratif. **D.** Possède des richesses souterraines. Terre de mormons. **E.** Pousse sur le sol indien. Partie basse d'un lit. **F.** Femme qui nettoie. **G.** Le premier à aimer l'avion. Est de pierres. **H.** De quoi avoir les traits tirés. Fait l'enfant. **I.** Ne sont plus attendus après le travail. **J.** Une victime de la chaleur. Eau des Gravelinois. **K.** Pour désigner. Donné pour la vie. **L.** Élimine un certain superflu.

Solution au vendredi 26 août

mercredi 24 août

Saint Barthélemy

« La vie, c'est comme un autobus.
Quand tu te retournes, tu t'aperçois
qu'il y en a beaucoup qui sont descendus. »
Marcel Pagnol

à faire

© pilipphoto/stock.adobe.com

AU MARCHÉ

La roquette

C'est la pleine saison de cette délicieuse salade au goût légèrement poivré. Vous pouvez trouver 2 sortes de roquettes sur les étals : la roquette sauvage (*Diplotaxis tenuifolia*) a des feuilles plus petites et plus nombreuses et un goût plus prononcé que la roquette cultivée (*Eruca sativa*), aux feuilles plus tendres. Privilégiez les jeunes pousses bien vertes et non flétries.
Elle se sème de mars à fin août, en lignes espacées de 25 à 30 cm, dans une terre enrichie avec un engrais organique bien décomposé, plutôt au soleil au printemps et à la mi-ombre en été, pour retarder la montée en graines. La récolte débute de 6 à 8 semaines après le semis.
Dégustez-la avec des poires d'été coupées en lamelles et déposez dessus des copeaux de parmesan : un délice ! Ou cuite en quiche, en velouté… Lavée puis enveloppée dans un torchon, elle se conserve 2 jours au frais.
Le plus santé La roquette est riche en polyphénols antioxydants (c'est de là que vient son goût un peu amer) mais aussi en calcium, ce qui est exceptionnel pour un légume (160 mg/100 g). Elle apporte également du potassium et de la vitamine A. **M.-A. D.**

QUELLE HISTOIRE !

Au XIXe siècle, la ville d'Orléans compte 400 vinaigriers, dont un seul subsiste aujourd'hui : Martin Pouret. Cette entreprise, familiale depuis 1797, fabrique encore un vinaigre vieilli au moins un an en fût de chêne. J.-P. R.

Sudokus

		1				3		
2		4				8		6
	6		7	4	1		2	
5				9				4
	1						8	
	8	7	3		4	5	9	
		6				2		
8	4	3		7		6	5	9
7	2		9		8		3	1

5	7			3	2	4		
			6					
4	9		8	5			3	2
	8		4			9		
		5			3		1	
3	1			8	7		2	9
					6			
		8	3	2			4	5

Solution au samedi 27 août

« Août rapporte
ce que mars emporte. »
Dicton

EN BEAUTE

L'huile de ricin dope cheveux et ongles

Par voie orale, elle est connue depuis des siècles pour ses puissantes vertus laxatives. Elle doit être utilisée uniquement par les adultes et avec l'accord d'un médecin. On peut aussi l'appliquer en cataplasme sur l'abdomen pour lutter contre les ballonnements. **Pour des cheveux dévitalisés,** versez dans un bol 1 cuillère à café d'huile de ricin, 1 cuillère à soupe de cire de jojoba et 30 gouttes d'huile essentielle d'ylang-ylang complète (*Cananga odorata*). Laissez poser sur la chevelure pendant 15 min, puis lavez. L'huile étant très grasse, appliquez le shampooing avant de mouiller les cheveux pour mieux l'émulsionner et l'éliminer. **Pour restructurer la matrice des ongles, ralentir la pousse des cuticules et blanchir les ongles,** versez 10 gouttes d'essence de citron dans un flacon de 3 ml et complétez avec de l'huile de ricin. Massez vos ongles le soir car l'essence de citron est photosensibilisante. **Pour favoriser la pousse des sourcils et des cils,** déposez 1 goutte d'huile de ricin sur le bout des doigts et passez-les sur la zone, ou ajoutez-en 1 goutte dans le mascara. **C. D.**

© Luis Echeverri Urrea/stock.adobe.com

à faire

Tout compte fait

Dans chacune des trois lignes, placez les nombres 1 2 3 4 5 de façon à obtenir, en réalisant quatre opérations successives, le total indiqué.

	+		-		:		x		=	3
	x		+		:		-		=	4
	-		x		:		+		=	7

SOLUTION : 2 + 4 - 1 : 5 x 3 = 3 / 3 x 5 + 1 : 2 - 4 = 4 / 4 - 1 x 2 : 3 + 5 = 7

Le saviez-vous

C'est au cinéma, en 1988, dans le film *La vie est un long fleuve tranquille*, d'Étienne Chatiliez, qu'on entend pour la première fois l'expression : « C'est lundi, c'est ravioli ! » Dans la bouche de la mère de famille bourgeoise Marielle Le Quesnoy, incarnée par Hélène Vincent, cette réplique fait mouche. Une expression joyeuse, qui s'oppose à la formule désabusée : « Ça va comme un lundi… » P. Da.

vendredi 26 août

Sainte Natacha

« Dans l'œil du vieillard
se trouve le chemin de la vie. »
Proverbe africain

à faire

Méli-mélo

Les Finistériens célèbres

Nous avons mélangé entre elles les lettres de noms de Finistériens célèbres. Trouvez-les et placez-les au-dessus de la définition qui convient.

Lettres à replacer :

SRNVAILETOCGE
UGKNEEERL
NLYNOOEERWNL
ROEUAM
PSAIEIRLERHJAEZKE
EGERTOLBLBIR

N° 1 ....
Cet écrivain, né en 1914 à Pouldreuzic, près de Quimper, ville où il est décédé en 1995, est connu grâce à son recueil de souvenirs *Le Cheval d'orgueil*. Il y décrit la vie d'une famille pauvre de paysans bigoudens peu après la Première Guerre mondiale (trois mots, prénom et nom).

N° 2 ....
Ce Brestois (1878-1919), médecin de la marine, infatigable voyageur, écrivain et poète, recueillit à Tahiti les derniers tableaux de Gauguin, fit plusieurs séjours en Extrême-Orient, en Chine, au Tibet, en Mandchourie et à Nankin (prénom et nom).

N° 3 ....
Cette auteure-compositrice-interprète est née à Saint-Renan en 1982. En 2002, elle remporte la deuxième édition de l'émission de téléréalité *Star Academy*. Ses albums, dont *Bretonne*, montrent son attachement à sa terre natale (prénom et nom).

N° 4 ....
Le nom de ce navigateur et explorateur quimpérois (1734-1797) évoque un archipel appelé autrefois îles de la Désolation, et perdu au sud de l'océan Indien. Une station météorologique et scientifique française y est installée (de Trémarec).

N° 5 ....
Prénommé Alain, cet écrivain est considéré comme le chef de file du Nouveau Roman. Il est né à Brest en 1922 et son roman le plus marquant a pour titre *Les Gommes*. Élu à l'Académie française en 2004, il n'a jamais prononcé son discours de réception.

N° 6 ....
Ce général, né à Morlaix en 1763 et prénommé Jean Victor, officia sous les ordres de Pichegru. Commandant en chef de l'armée du Rhin en 1800, victorieux à Hohenlinden, il s'opposa ensuite à l'Empereur et s'exila aux États-Unis.

Solution au dimanche 28 août

SOLUTION DU MARDI 23

D	E	G	U	S	T	A	T	R	I	C	E
E	M	E	R	A	U	D	E	■	C	E	P
N	E	S	■	L	E	E	■	B	A	T	I
T	U	T	U	■	U	R	G	E	R	■	L
E	T	E	T	A	S	■	O	B	E	S	E
L	I	■	A	V	E	R	S	E	■	E	U
L	E	C	H	A	■	E	S	S	A	I	S
E	R	E	■	L	O	G	E	■	A	N	E

C'EST ARRIVÉ LE...

26 AOÛT 1910

Mère Teresa, née Anjezë Gonxha Bojaxhiu, voit le jour en Macédoine. Naturalisée indienne, elle est béatifiée le 19 octobre 2003, puis canonisée en 2016. Elle consacra sa vie aux plus pauvres, notamment à Calcutta, en Inde. Le prix Nobel de la paix lui est attribué en 1979. S. P.

samedi 27 août

Sainte Monique

« Les liaisons commencent dans le champagne et finissent dans la camomille. »
Valéry Larbaud

Mini-fléchés

ENRICHIR D'HUMUS
ÔTAI L'ÉCORCE
EN-CAS ITALIEN
PRÉNOM DE FERRÉ
QUI CONTIENT UN ANTI-SEPTIQUE
VILLE DU NEVADA
INSENSIBLE
QU'ON NE PEUT RENIER
QUI A FAIT SON APPARITION

IDOLÂTRE
ABÎMAI
NATION
ÉRIÉ OU MICHIGAN
CHANTA COMME LES TYROLIENS
L'OTAN AUX USA
DIMINUÉ
IL DONNE LE CAOUTCHOUC
L'HOMME DONT ON PARLE

ANCIEN PÉAGE
FOUR CUISANT
VILLE RÉUNIFIÉE
PRIS EN GRIPPE
COINS
LIT AFRICAIN
GRAND SINGE
QUI M'APPARTIENNENT (LES)
LOCUTION CONJONCTIVE

PRÉCISE
BARRES PARALLÈLES
IL SE FAIT LA PAIRE
IL A DONC PLU
ON PEUT LE DEVOIR À LA FUITE
CAPRICE DU CIEL
BATEAU SPORTIF
TRÈS OUVERT
DE L'OR SUR UN TABLEAU

Solution au mardi 30 août

à faire

AU JARDIN

Créez votre mini-jardin d'eau

Sur une terrasse ou un balcon ensoleillé, offrez-vous un mini-jardin d'eau. Prenez un pot de couleur de 15 à 20 litres. Un papyrus ou un jonc tortueux et un mini-nénuphar créeront un joli décor. Ajoutez une laitue d'eau et une pompe solaire au doux ruissellement. Un poisson rouge suffira à dévorer les indésirables larves de moustiques. **P.-Y. N.**

SOLUTION DU MERCREDI 24

9	5	1	2	8	6	3	4	7
2	7	4	5	0	0	8	1	6
3	6	8	7	4	1	9	2	5
5	3	2	8	9	7	1	6	4
4	1	9	6	2	5	7	8	3
6	8	7	3	1	4	5	9	2
1	9	6	4	5	3	2	7	8
8	4	3	1	7	2	6	5	9
7	2	5	9	6	8	4	3	1

5	7	1	9	3	2	4	8	6
8	2	3	6	7	4	5	9	1
4	9	6	8	5	1	7	3	2
2	8	7	4	1	5	9	6	3
1	3	9	7	6	8	2	5	4
6	4	5	2	9	3	8	1	7
3	1	4	5	8	7	6	2	9
9	5	2	1	4	6	3	7	8
7	6	8	3	2	9	1	4	5

dimanche 28 août

Saint Augustin

« Il n'y a pas de honte
à préférer le bonheur. »
Albert Camus

à faire

© François Lauginie / Château des ducs de Bretagne - Musée d'histoire de Nantes

QUELLE HISTOIRE !

LU, le goût de l'enfance

Avec « L'amour, ça se cultive » comme slogan, la marque LU rappelle à des générations de gourmands que c'est précisément une histoire de cœur qui est à la source de sa création. Jean-Romain Lefèvre, Lorrain d'origine, apprend la pâtisserie à Nancy. C'est là qu'il rencontre Pauline-Isabelle Utile. Décidés à créer des biscuits, le couple s'installe en 1846 à Nantes, où des ateliers en fabriquent déjà pour la Marine. Très actif, le port accueille les navires qui rapportent le sucre, le chocolat et la noix de coco, tandis que les campagnes regorgent de lait, d'œufs et de beurre. En 1850, ils fondent un petit magasin où ils vendent gâteaux et biscuits secs. Louis, leur fils, prend le nom de ses parents : Lefèvre-Utile. Il décide de s'installer quai Baco, face au château des ducs de Bretagne, et reprend en 1885 une ancienne filature. La marque LU trône désormais au cœur de la ville, qui fleure bon l'odeur de ses biscuits pendant plus d'un siècle.

Très vite, le succès est au rendez-vous. Vendus en vrac jusqu'à la fin du XIXe siècle, les biscuits sont ensuite proposés dans des boîtes en carton ou en métal. En 1897, Firmin Bouisset personnalise le Petit Beurre avec un « petit écolier », qui donnera naissance en 1983 à ce goûter au chocolat si prisé.

Après la Première Guerre mondiale, LU résiste à la concurrence de BN qui crée le « casse-croûte » économique. Patrick Lefèvre-Utile, petit-fils de Louis, réduit le nombre de ses références à 15 et fusionne son groupe dont il perd peu à peu le contrôle. En 1987, l'usine historique est transférée sur la commune de La Haye-Fouassière, à une vingtaine de kilomètres. En 2007, son nouveau propriétaire, Danone, cède son activité dédiée aux biscuits au groupe américain Kraft Foods. Malgré ces péripéties, 1 milliard de Petit-Beurre sont fabriqués chaque année en France. **J.-P. R.**

SOLUTION DU VENDREDI 26

1. Pierre-Jakez Hélias **2.** Victor Segalen **3.** Nolwenn Leroy **4.** Kerguelen **5.** Robbe-Grillet **6.** Moreau.

lundi 29 août

Sainte Sabine

« Août couve, septembre fait naître. »
Dicton français

à faire

Vite, une astuce !

Après une journée de randonnée ou de jardinage, préparez-vous un bain décontractant et adoucissant aux plantes. Mélangez 30 g d'ortie, 25 g de prêle et 25 g de sauge dans 50 cl d'eau bouillante pendant 10 min. Laissez refroidir, filtrez et versez cette décoction dans l'eau du bain. Vous pouvez aussi vous baigner pendant 15 min dans une eau à l'huile essentielle de sauge sclarée : 15 gouttes mélangées dans une cuillère à soupe de lait à verser dans l'eau qui coule.

C'EST ARRIVÉ LE…

29 AOÛT 1989

La montagne Sainte-Victoire, qui domine Aix-en-Provence, est défigurée par un feu gigantesque. En trois jours, 5 000 hectares de forêt ont disparu. Célébré par le peintre Paul Cézanne dans près de 80 toiles, le site reçoit le label Grand Site de France en 2004. S.P.

mardi 30 août

Saint Fiacre

« Les gens se rencontrent,
mais non pas les collines. »
Proverbe irlandais

à faire

SOLUTION DU SAMEDI 27

	T		P	
P	E	L	A	I
	R	E	N	O
F	R	O	I	D
	E		N	E
V	R	A	I	E

	V		P	
F	E	L	A	I
	N	A	T	O
D	E	C	R	U
	R		I	L
H	E	V	E	A

	O		B	
E	C	H	E	C
	T	A	R	A
D	R	I	L	L
	O		I	E
M	I	E	N	S

	E		B	
O	X	E	R	S
	A	L	E	A
S	C	U	L	L
	T		A	U
B	E	A	N	T

© Sriba3/stock.adobe.com

AU JARDIN

Des petits pois chez soi

Leur culture est simple, à condition d'offrir aux petits pois une exposition ensoleillée et une terre profonde non calcaire. La graine apprécie les climats tempérés et frais. Le semis des mange-tout s'effectue en février-mars, celui des petits pois à grains ronds, entre février et fin avril, et même dès la mi-octobre dans le Midi. Les mange-tout ainsi que les pois à grains ridés se sèment de mi-mars à début juin. Les variétés à rames méritent d'être légèrement buttées une fois qu'elles atteignent 10 cm de haut.

N'hésitez pas à pailler votre culture et binez entre les rangs. Arrosez au pied du plant, sans mouiller le feuillage, 1 fois par semaine par temps sec, dès le début de floraison. Ce légume apprécie la proximité des laitues, des carottes, du fenouil mais redoute le voisinage de l'ail et de l'oignon.

Qu'ils soient nains ou à rames, les petits pois à écosser se récoltent 3 à 4 mois après le semis, dès que les grains sont bien formés à l'intérieur de la gousse. Les pois mange-tout se cueillent avant maturité, lorsque le parchemin plat laisse deviner à contre-jour les grains encore minuscules. Les pois à grains ridés peuvent rester quant à eux plus longtemps sur pied, mais bien moins que les pois cassés. P.-Y. N.

Mots à mot

En regroupant et en mélangeant les lettres des deux mots de trois lettres proposés, composez un troisième mot de six lettres.

TET + OIL = L _ _ _ _ _

CDI + ETE = _ _ C _ _ _

LOB + MEC = _ _ _ _ _ E

SOLUTION : Litote - Dictée - Comble.

mercredi 31 août

Saint Aristide

« On peut tromper tous les hommes, mais on ne peut se tromper soi-même. »
Benjamin Delessert

AU MARCHÉ

Le maïs

Nommé « blé d'Inde » par les Canadiens, le maïs se classe dans la catégorie des féculents plutôt que dans celle des légumes. Il est en effet riche en sucres complexes, qui permettent d'éviter des variations trop importantes de la glycémie.

Le plus santé Sa peau regorge de fibres qui permettent une bonne régulation du transit.

Pour cuisiner des galettes, faites cuire un épi 5 min à la vapeur. Récupérez les graines. Mixez-les avec 1 œuf, 1 cuillère à soupe de farine et du poivre. Faites chauffer de l'huile dans une poêle, versez 1 cuillère à soupe de pâte et faites cuire quelques minutes de chaque côté. Répétez l'opération. Accompagnez d'une salade verte. **D. L.**

à faire

Petits fléchés

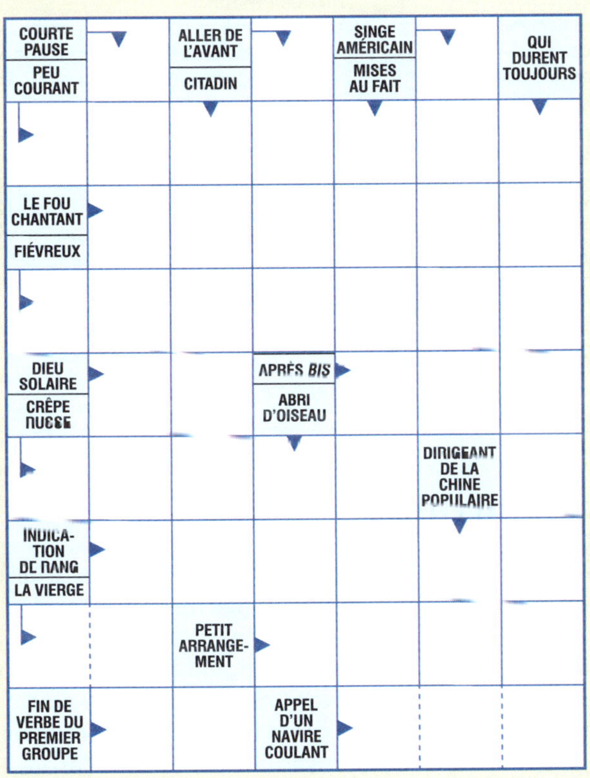

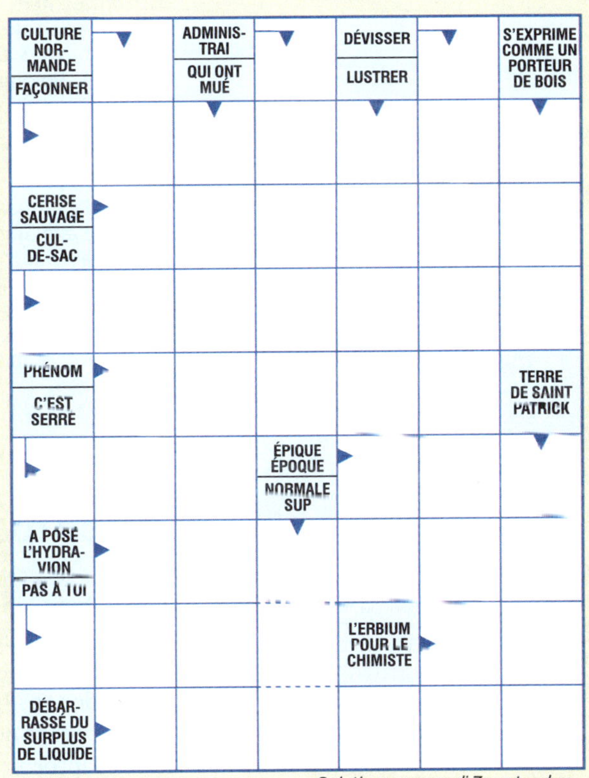

Solution au samedi 3 septembre

jeudi 1er septembre

Saint Gilles

« Ne peut rien pour le bonheur d'autrui celui qui ne sait être heureux lui-même. »
André Gide

à faire

Mini-croisés

	A	B	C	D	E	F	G	H	I	J	K	L
1												
2												
3				■								
4						■				■		
5					■						■	
6							■					
7		■						■				
8			■						■			
9						■						
10					■							

Solution au dimanche 4 septembre

Horizontalement

1. Le tube de l'été (deux mots). **2.** Mise à jour cérébrale. **3.** Direction générale. Très exposé. **4.** Soigner des frisettes. Fait du neuf avec du vieux. Fin de non-recevoir. **5.** Ordonnance à Versailles. À défaut de marbres. **6.** Il se déplace sur le tapis. Rubis sur l'ongle. **7.** Passe par la filière. Colline de Jérusalem. **8.** On le donne avant une exécution. Fille de Victor. Il faisait bloc autour d'un grand. **9.** Reste pendu au bout du fil. Lourdement chargé. **10.** Peut-être une femme de Chambre. Qui ne font pas la queue.

Verticalement

A. Petit rapace diurne. **B.** Logea. A des pointes piquantes. **C.** Reconnu par ses pairs. Académie des beaux-arts. **D.** Annonce un huissier. Retranchement sur le sommet. **E.** Dignitaire musulman. Entreprise de dépannage. **F.** Intérieur de poupée. Difficile à avaler. **G.** Personnage en prière. Sa course mène à la barre. **H.** Ouvrage d'imprimerie. Auteur de *Baudolino*. **I.** Barbares. Petit conducteur. **J.** Chiffre antique. Tailleur de pierre. **K.** Partie du repas, autrefois. Subit l'effet de la houle. **L.** Qui ont de quoi faire fumer.

Le saviez-vous

Le cornichon est un condiment qui se prépare en bocal, en général confit dans du vinaigre accompagné d'aromates (laurier, estragon, coriandre, poivre...). Le cornichon russe regroupe des variétés aux fruits verts, à peau lisse, de la taille d'un œuf. Il se déguste confit. Le concombre à confire (Melothria), lui, possède des fruits verts et tigrés de la taille d'une olive. Il peut se consommer cru à l'apéritif. P.-Y. N.

AU JARDIN

Le temps des prunes

Selon les régions et les variétés, la récolte des prunes s'étale entre juillet et septembre. Ainsi, la reine-claude hâtive donne dès mi-juillet, la mirabelle de Metz en août et la quetsche d'Alsace mi-septembre. Si les prunes bien mûres tombent naturellement au sol, il est d'usage de secouer le prunier pour aider ses fruits à se décrocher. Une toile ou un filet tendu au pied de l'arbre évitera aux prunes d'être souillées par la terre ou d'éclater. Mais rien ne vous interdit de cueillir les prunes juteuses une à une dans l'arbre. Elles tournent vite et se gardent moins d'une douzaine de jours au frais. **P.-Y. N.**

Sainte Ingrid

« Un conseil : ne testez jamais vos freins au bord d'une falaise. »
Grégoire Lacroix

A TABLE

Tartinade à la courgette

Pour 4 personnes • 250 g de courgettes • 1 gousse d'ail • Sel • Poivre • 4 tiges de menthe • 1 c. à soupe d'huile d'olive • 2 oignons nouveaux • 1 petit pain aux noix tranché • Quartiers de citron.

1. Coupez les courgettes en tranches. Faites-les cuire 20 min avec la gousse d'ail pelée dans une casserole d'eau bouillante salée. Égouttez, laissez refroidir.

2. Hachez les feuilles de 2 tiges de menthe bien fournies.

3. Écrasez les courgettes et la gousse d'ail à la fourchette dans un saladier. Ajoutez l'huile d'olive, les feuilles de menthe hachées. Salez, poivrez et mélangez. Réservez 2 h au réfrigérateur.

4. Pelez puis émincez finement les oignons nouveaux.

5. Étalez la tartinade sur les tranches de pain toasté, parsemez d'oignons nouveaux et des feuilles de menthe restantes. Servez accompagné de quartiers de citron.

Info + Ajoutez 4 cuillères à soupe d'olives vertes hachées. **M.-A. D.**

© Dorian Nieto

Recette extraite de *Super facile Apéros Tapas*, Dorian Nieto, éd. Solar.

à faire

NOS EXPRESSIONS

À LA SAINT-GLINGLIN

Vous êtes-vous déjà demandé qui était ce Glinglin ? Avec la Saint-Glinglin, il n'est pas question de *sanctus*, en latin « saint », mais plutôt de *signum*, signifiant « signal », ce qui a donné en ancien français « seing » pour désigner un son de cloche. Homophonie oblige, de seing à saint, il n'y avait qu'un pas, qui a vite été franchi. Et qu'en est-il de Glinglin ? C'est en fait le son de la cloche lui-même, qui donnera en allemand *klingen* qui veut dire « sonner », « retentir ». Ainsi, évoquer un événement qui se produira à la Saint-Glinglin revient à dire « quand les cloches sonneront ». **P. Da.**

QUELLE HISTOIRE !

Quand Jeanne d'Arc rencontre Charles VII en février 1429, les Anglais occupent Paris et Orléans. Adoubée par le roi, elle accoste à Orléans le 29 avril. Les défenseurs repoussent les Anglais qui lèvent le siège le 8 mai. La Pucelle d'Orléans entre dans la légende. **J.-P. R.**

samedi 3 septembre

Saint Grégoire

« Le doute est le commencement de la sagesse. »
Aristote

à faire

Mini-fléchés

Grille 1
- ÉCARTA DU POSTE
- IGUES
- CAHIER INSÉRÉ
- LASSITUDE
- BONS POUR LE BAIN
- ANCÊTRE AU PÉROU
- RELATIF À L'ANNÉE
- HOMME D'ÉGLISE
- ACTIONS RÉELLES

Grille 2
- CÉLÈBRE MARILYN
- DONNA UN NOM
- EXPATRIÉ
- IL FUT CHAUD EN 1968
- PETITS BAUDETS
- DÉCOR DE JARDIN
- RÉFRIGÉRATEUR
- LÉGÈREMENT FENDUS
- ABRÉVIATION SUR UNE BORNE

Grille 3
- HABILE
- FROMAGES BATAVES
- EFFET PRODUIT
- ALLURE
- TRAÎNÉE DANS LA BOUE
- DÉRAPA
- MENTAL
- INFLAMMATION D'UN CONDUIT
- ICI, EN PLUS COURT

Grille 4
- CHANDELLE
- VILLE D'ITALIE
- MAMMIFÈRE DE CIRQUE
- MANIÉRÉS
- TEL LE DINDON DE LA FARCE
- COUSIN DE L'AÏ
- PRÉNOM RUSSE
- DE LA LITTÉRATURE EN RACCOURCI
- OISEAU SACRÉ
- BEAUCOUP

Solution au mardi 6 septembre

SOLUTION DU MERCREDI 31

	I		O		A	
I	N	U	S	I	T	E
	T	R	E	N	E	T
F	E	B	R	I	L	E
	R	A		T	E	R
B	L	I	N	I		N
	U	N	I	E	M	E
N	D		D	E	A	L
	E	R		S	O	S

	P		G		D	
M	O	D	E	L	E	R
	M	E	R	I	S	E
I	M	P	A	S	S	E
	E	L	I	S	E	
D	R	U		E	R	E
	A	M	E	R	R	I
M	I	E	N		E	R
	E	S	S	O	R	E

AU MARCHE

Le livarot

De mai à septembre, profitez de ce fromage normand AOP à pâte molle et à croûte lavée, confectionné à partir de lait de vache. Il apporte des protéines (environ 22 g/100 g), des lipides (10 g/ 100 g) mais aussi du calcium : une part de 30 g en apporte environ 250 mg, soit l'équivalent d'un bon bol de lait. Il est idéal pour relever un gratin de légumes ou une tarte à l'oignon. Bien enveloppé, le livarot se conserve 1 semaine dans le réfrigérateur. **M.-A. D.**

dimanche 4 septembre

Sainte Rosalie

« En septembre,
aux mares arrive l'eau. »
Dicton breton

BALADE EN FRANCE

Brest, la mer au cœur

Depuis le rattachement de la Bretagne à la France, Richelieu, Colbert et Vauban ont fait de Brest un grand port de la Marine nationale française. Il faut entrer dans son imposant château qui, depuis plus de 17 siècles, conserve sa vocation de forteresse militaire. Aujourd'hui, s'y trouvent encore la préfecture maritime et le commandement de la force sous-marine. Le musée de la Marine y a trouvé un écrin de choix. Au gré des salles, le visiteur découvre l'histoire de ce port, de son bagne mais aussi de ses expéditions parties de la Penfeld, la rivière qui coule à ses pieds.

À défaut de pouvoir longer la rivière, empruntez le premier téléphérique urbain de France. C'est l'un des plus beaux équipements publics de l'Hexagone, il permet de survoler la Penfeld et d'atteindre le quartier des Capucins. En 1695, Vauban pose la première pierre d'un couvent que Napoléon III et les bagnards transforment en un gigantesque atelier de construction navale. Jusqu'en 2004, chaudronniers, ajusteurs, fraiseurs y réalisaient des pièces du porte-avions *Charles de Gaulle* et de *La Jeanne d'Arc*, comme en témoigne son hélice exposée à côté du canot de l'empereur, le navire d'apparat de Napoléon Ier. Puis la Marine revend le site à la métropole.

Pour faire vivre les 25 000 m² de l'édifice qui symbolise le renouveau de Brest, la municipalité l'a pensé comme un tiers-lieu où se mêlent commerces, cinéma, micro-brasserie, médiathèque, incubateur de start-up, salle d'escalade, théâtre de rue et bientôt un nouvel espace d'exposition, le 70.8. Pourquoi ce nom ? Parce que les océans couvrent 70,8 % de la surface de la Terre. Dédié à l'innovation maritime, il est la suite logique d'Océanopolis, qui fête ses 30 ans. Bâti par l'architecte et océanographe Jacques Rougerie, cet aquarium est le seul au monde à présenter, dans un bassin pressurisé, des poissons prélevés à 1 800 m de profondeur aux Açores. Très rare aussi, le visiteur peut y voir des langoustines dans leur terrier et apprendre à bouturer le corail. Les pitreries des loutres enchanteront petits et grands. Ne quittez pas la région sans suivre la route des phares, en commençant par celui du Petit Minou pour son incroyable panorama sur la côte. **J.-P. R.**

à faire

SOLUTION DU JEUDI 1ER

C	R	E	M	E	S	O	L	A	I	R	E
R	E	M	E	M	O	R	A	T	I	O	N
E	S	E	■	I	N	A	B	R	I	T	E
C	I	R	E	R	■	N	E	O	■	I	R
E	D	I	T	■	S	T	U	C	S	■	V
R	A	T	E	A	U	■	R	E	C	I	A
E	■	E	T	I	R	E	■	S	I	O	N
L	A	■	A	D	E	L	E	■	E	S	T
L	I	N	G	E	■	A	C	C	U	S	E
E	L	U	E	■	A	N	O	U	R	E	S

lundi 5 septembre

Sainte Raïssa

« L'habitude endort la prudence. »
Proverbe africain

à faire

© Shmel/stock.adobe.com

AU JARDIN

Des plantes pour mon bassin

Un bassin foisonnant de végétation réclame 6 h d'ensoleillement, au minimum, par jour. La grande majorité des plantes s'y plaira.

La star, c'est le nénuphar. Il en existe de toutes les tailles et de toutes les couleurs avec, pour chacun, une profondeur idéale de plantation de 20 cm à 1,20 m. Rempoté dans un panier avec une terre argileuse, puis immergé au milieu du bassin, il ne tardera pas à fleurir.

Installez le mythique lotus une fois que l'eau est bien réchauffée, tout comme les exotiques laitue et jacinthe d'eau, ainsi que la fougère flottante qui dériveront au gré du vent et des courants. Ne vous privez pas du curieux aloès d'eau qui fleurit blanc et se laisse couler avant l'hiver pour échapper au gel. Amatrice des eaux peu profondes, la châtaigne d'eau est aussi une belle plante flottante aux rosettes de feuilles en losange.

Pour animer un bassin mi-ombragé, pensez aux fleurs blanches de l'aponogeton qui sentent la vanille. Même si elles se font plus discrètes, les plantes immergées comme l'hippuris et le myriophylle contribuent efficacement à l'oxygénation du bassin. Sur les berges humides ou dans l'eau peu profonde, plantez le gracieux iris du Japon, la graphique prêle d'hiver, la lumineuse glycérie panachée, la rougeoyante lobelia, l'imposant gunnera, le majestueux thalia et l'incontournable papyrus. **P.-Y. N.**

Vite, une astuce !

Une eau trop calcaire peut parfois laisser des taches blanchâtres sur les parois des verres lavés en machine, même si la vaisselle est propre. Pour les éliminer, remplissez le bac de rinçage de votre lave-vaisselle de vinaigre blanc.

Le saviez-vous

Le 16 octobre 1987, l'anémomètre du sémaphore de la pointe du Raz enregistre des vents à 216 km/h avant de casser. Cette vitesse est pourtant loin des 320 km/h enregistrés le 19 novembre 1967 au mont Ventoux, ou des 512 km/h de la tornade qui a dévasté l'Oklahoma le 3 mai 1999 ! J.-P. R.

mardi 6 septembre

Saint Bertrand

« N'allonge pas ton bras
au-delà de ta manche. »
Proverbe anglais

AU MARCHE

La figue

Elle est énergétique Sa teneur en sucres est de 14 % au moins, ce qui est légèrement supérieur à la moyenne des fruits. L'idéal est de la consommer en en-cas car les sucres sont rapidement assimilés. En cas de diabète, de taux de triglycérides élevé dans le sang ou de surpoids, limitez-vous à une part de 100 g (2 petites figues).

Elle stimule le transit Sa richesse en fibres est un point fort : 100 g de fruits représentent près de 10 % de l'apport quotidien conseillé. Il s'agit surtout de cellulose, efficace pour le transit intestinal. Néanmoins, la figue est déconseillée en cas de diverticulose colique.

Elle contribue à la prévention cardio-vasculaire C'est une excellente source de potassium, de calcium et de magnésium, essentiels pour réguler la tension artérielle. Elle apporte aussi des polyphénols aux effets antioxydants et anti-inflammatoires, qui participent à la prévention de l'athérosclérose.

© Nbixer/stock.adobe.com

Elle protège les neurones Violette ou noire, sa peau est concentrée en anthocyanes, des pigments rouge foncé dont l'effet neuroprotecteur favorise la bonne mémoire et la concentration. F. D.

à faire

Tout compte fait

Dans chacune des trois lignes, placez les nombres 5 6 7 8 9 de façon à obtenir, en réalisant quatre opérations successives, le total indiqué.

	x		-		:		+		=	17
	-		+		:		x		=	16
	-		x		+		:		=	3

SOLUTION : 7 x 9 - 8 : 5 + 6 = 17 / 9 - 6 + 7 : 5 x 8 = 16 / 8 - 5 x 7 + 6 : 9 = 3

SOLUTION DU SAMEDI 3

	E		E	
A	V	E	N	S
	I	N	C	A
A	N	N	A	L
	C	U	R	E
F	A	I	T	S

	M		E	
N	O	M	M	A
	N	A	I	N
F	R	I	G	O
	O		R	N
F	E	L	E	S

	A		I	
E	D	A	M	S
	R	I	P	A
M	O	R	A	L
	I		C	I
O	T	I	T	E

	B		O	
A	O	S	T	E
	U	N	A	U
I	G	O	R	
	I	B	I	S
B	E	S	E	F

mercredi 7 septembre

Sainte Reine

« Ce n'est pas parce que l'homme a soif d'amour qu'il doit se jeter sur la première gourde. »
Pierre Desproges

à faire

EN FORME

Apaiser une piqûre de moustique

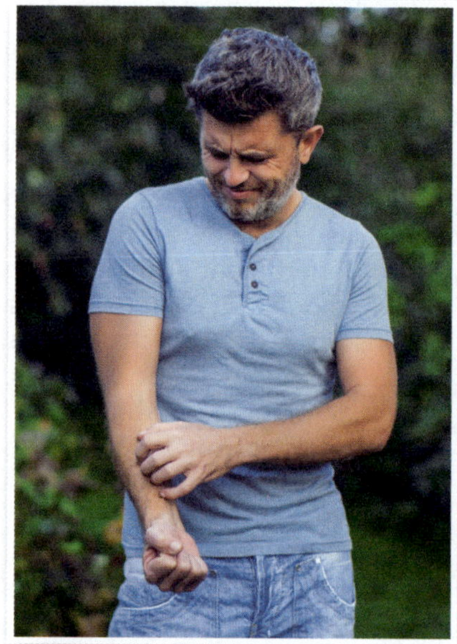

© Aleksej/stock.adobe.com

L'option aroma L'huile essentielle (HE) de lavande aspic calme douleurs et démangeaisons. Appliquez 1 goutte pure à l'aide d'un coton-tige toutes les 10 min et dans les 3 h qui suivent. Ensuite, 1 goutte d'HE de lavande officinale toutes les 10 min, pendant 1 h.

Le choix phyto Pensez à l'eau florale de camomille. Imbibez une compresse et appliquez-la sur la lésion pendant 1 h, en la faisant tenir avec un pansement adhésif. C'est un remède idéal pour apaiser les démangeaisons et réduire l'œdème dû à la piqûre.

Le réflexe homéo En cas de rougeurs et de sensation de brûlure, prenez Apis mellifica 15 CH, 3 granules 3 fois par jour. En présence d'hématome foncé autour de la piqûre, préférez Ledum palustre 9 CH, en suivant la même posologie que précédemment.

Le remède oligothérapie Prenez chaque jour 1 ampoule de soufre et 1 ampoule de manganèse en alternance. Par voie sublinguale, gardez le produit sous la langue pendant 1 min avant de l'avaler. C. A.

C'EST ARRIVÉ LE...

7 SEPTEMBRE 1995

L'armée reconnaît pour la première fois l'innocence d'Alfred Dreyfus et l'existence d'une conspiration militaire aboutissant à sa condamnation. Sur la foi d'un document truqué, le capitaine, de confession juive, a été arrêté en 1894 pour trahison et envoyé au bagne en Guyane. Il fut réhabilité en juillet 1906. S. P.

Sudokus

				7	8			
2						8		
6			1		2		7	
	8	3				7		
			8		5			
		4				3	1	
	4		6		1			9
		6						4
			9	5				

			7	4	3			
		8				3		
	3		8		6		7	
	8						9	
	4	5		3		2	8	
			2		4			
2				5				4
		4		9		7		
7								1

Solution au dimanche 11 septembre

jeudi 8 septembre

Nativité Notre-Dame

« Paris abrite une ethnie intéressante, qui a sa façon de parler, de penser, de se conduire. »
Claire Bretécher

Mots mélangés

Tous les mots de la liste figurent dans cette grille et peuvent se lire dans toutes les directions. Chaque lettre peut être utilisée une ou plusieurs fois, sauf celles formant l'énigme répondant à la définition suivante : parler abyssin.

AÉROGLISSEUR
ATLANTE
BARREAU
BATAVIA
BLEUÂTRE
BORDÉE
BOWLING
CANADAIR
CAPITAINERIE
CARDIGAN
CASERNE
CHARABIA
CHATON
CONSERVE
DÉSARROI
DIURNE
DIZAINE
DRAGONNE
ENVAHIR
ÉTENDARD
FERRITE
FLAGEOLET
GRISON
IDIOTIE
IRRÉSOLU
JOUEUR
LUISANT
MALABAR
MÉRIDIEN
NÉNUPHAR
ORTHOGRAPHE
ORTOLAN
OURALIEN
PLIER
PRUDENCE
RAMADAN
RÉFLÉCHI
RENTE
RÉSÉDA
SABAYON
SCÉNARIO
SÉRÉNADE
SINGLE
STOCKER
TILLAC
TITULAIRE
TRAMWAY
YIDDISH

N	A	D	A	M	A	R	I	H	C	E	L	F	E	R
R	A	H	P	U	N	E	N	C	A	L	L	I	T	E
M	A	D	E	S	E	R	A	I	B	A	R	A	H	C
F	E	R	R	I	T	E	E	L	G	E	I	P	S	I
D	R	A	D	N	E	T	E	E	N	V	A	H	I	R
I	O	G	B	A	N	U	O	I	A	R	D	Y	D	E
Z	G	O	A	E	A	L	A	T	G	E	A	A	D	K
A	L	N	R	T	E	T	A	O	I	S	N	W	I	C
I	I	N	R	T	I	B	H	I	D	N	A	M	Y	O
N	S	E	E	P	O	T	U	D	R	O	C	A	U	T
E	S	S	A	I	R	L	U	I	A	C	C	R	L	S
B	E	C	U	O	D	U	A	L	C	H	A	T	O	N
O	U	E	N	R	U	I	D	N	A	L	S	J	S	O
W	R	N	P	R	L	S	R	E	I	I	E	O	E	Y
L	M	A	L	A	B	A	R	E	N	E	R	U	R	A
I	G	R	I	S	O	N	N	G	M	C	N	E	R	B
N	R	I	E	E	A	T	L	A	N	T	E	U	I	A
G	B	O	R	D	E	E	E	D	A	N	E	R	E	S

SOLUTION : le mot à trouver est : Miauler.

à faire

EN FORME

La banane

Ses vertus Elle fournit des fibres prébiotiques, bénéfiques au microbiote intestinal. Bonne source de magnésium, de manganèse et de vitamine B9, riche en glucides, elle est énergétique et aide à recharger les réserves en cours ou fin d'effort. Mangez-la bien mûre en cas d'intestin sensible.

En cuisine Elle épaissit milk-shakes et smoothies et sucre naturellement les compotes. Associées à des agrumes ou du kiwi (très riches en vitamine C) ses qualités antioxydantes augmentent. **F. D.**

Clin d'œil

Sur le chemin de l'école, Cyril, quatre ans, aperçoit un petit oiseau blessé : « Regarde, Mamie, il faut l'aider, il a raté la branche. »

vendredi 9 septembre

Saint Alain

« On tire bien souvent plus
de fruit de ses fautes passées
que de ses plus belles actions. »
Fénelon

à faire

A TABLE

Mini salades melon et mozzarella

© Dorian Nieto

Pour 4 personnes • 3 c. à soupe d'huile d'olive • 1 c. à soupe de jus de citron vert • Sel • Poivre • ½ melon • Une vingtaine de tomates cerises • Une vingtaine de billes de mozzarella • 2 tiges de basilic.

1. Mélangez dans un saladier l'huile et le jus de citron, salez et poivrez.

2. Formez des billes de melon à l'aide d'une cuillère parisienne et déposez-les dans le saladier.

3. Coupez les tomates cerises en 2, ajoutez-les aux billes de mozzarella puis mélangez.

4. Servez le tout dans de petits bols avec les feuilles de basilic.

Info + Servez la salade dans une moitié de melon évidé. M.-A. D.

Recette extraite de *Super facile Apéros Tapas*, Dorian Nieto, éd. Solar.

C'EST ARRIVÉ LE…

9 SEPTEMBRE 1970

Quatrième des cinq films de François Truffaut consacrés à Antoine Doinel, *Domicile conjugal* sort au cinéma le 9 septembre. Découvert en 1959 dans *Les Quatre Cents Coups* et toujours incarné par Jean-Pierre Léaud, le héros épouse Christine (Claude Jade) rencontrée dans *Baisers volés*, deux ans plus tôt. Un mariage peu conventionnel. F. M.

SUR INTERNET

Utiliser FranceConnect

FranceConnect est un système d'authentification proposé par l'État qui donne un accès universel aux administrations en ligne à l'aide d'un de vos comptes existants : Ameli, Impôts, Identité Numérique, La Poste… Vous pouvez ainsi accéder à tous les sites disposant du bouton France-Connect (agirc-arrco.fr, lassuranceretraite.fr, service-public.fr, etc.) sans avoir à créer un nouveau compte. Ce service ne stocke pas vos données personnelles et vous informe par e-mail à chaque connexion. Lors de la connexion au site, c'est FranceConnect qui fournit au service en ligne l'identité vérifiée d'une personne physique. Lorsque vous êtes sur un site qui propose ce service, cliquez sur le bouton FranceConnect, puis choisissez pour vous identifier le compte dont vous disposez déjà et entrez vos identifiant et mot de passe pour ce compte. Vous pouvez alors faire vos démarches sur le site choisi en toute sécurité. C. D.

« Il y a des convictions entières qui ébranlent les demi-convictions. »
George Sand

Sudokus

						1	2	3
6	1	7	5				8	9
	2			8	4		6	
	9	2	4		3	8		
			9			2	5	
	5	1	8		6	9		
	4			9	1		7	
9	6	8	2				4	1
						5	9	2

	1			5			2	
7		3		9		5		1
		8	1		2	6		
3	8						9	7
9			3	2	5			6
1	6						5	4
6			2		1			9
	3	9	4		8	7	1	
			5	3	9			

	2		8		9		4	
			7		4			
		3		6		9		
			5	1	2			
8	3	5				1	2	4
	6						9	
				8				
1		4				7		5
5				9				2

3	1				5			
					6		8	
	6					7	9	
		9	6					2
	3		2	5			1	4
		8	3					5
	8					2	5	
					9		4	
2	5				3			

Solution au lundi 12 septembre

à faire

EN BEAUTE

Je booste mes cheveux

Si la chute est importante ou si vos cheveux frisent le burn-out, une cure de nutriments boosteurs ne pourra leur faire que du bien ! Présentée sous forme d'ampoule ou de flacon-pompe, elle a pour but d'activer la microcirculation cutanée, renforcer le bulbe capillaire et retarder la chute naturelle du cheveu. Pour cela, le soin s'appuie sur des actifs stimulants comme des acides aminés soufrés ou encore des vitamines du groupe B. Selon les marques, les produits peuvent s'appliquer quotidiennement ou 1 à 2 fois par semaine. À choisir en fonction du temps que vous pouvez accorder à ce geste. Idéalement, accompagnez-le d'un doux massage circulaire de la nuque vers le haut du crâne en mobilisant bien le cuir chevelu, pour favoriser la pénétration des actifs. **E. L.**

C'EST ARRIVÉ LE…

10 SEPTEMBRE 1915

Maurice et Jeanne Maréchal, journalistes et pacifistes, fondent *Le Canard enchaîné*. Dès ses débuts, le journal est résolument satirique. Il doit son nom au journal de Georges Clemenceau *L'Homme libre* qui subit la censure et devint pour quelque temps *L'Homme enchaîné*. **S. P.**

dimanche 11 septembre

Saint Adelphe

« Septembre en feu
gonfle le baril. »
Dicton savoyard

à faire

SOLUTION DU MERCREDI 7

4	1	9	3	7	8	5	6	2
2	3	7	5	6	9	8	4	1
6	5	8	1	4	2	9	7	3
9	8	3	4	1	6	7	2	5
1	7	2	8	3	5	4	9	6
5	6	4	2	9	7	3	1	8
7	4	5	6	8	1	2	3	9
8	9	6	7	2	3	1	5	4
3	2	1	9	5	4	6	8	7

5	2	9	7	4	3	6	1	8
6	7	8	9	1	5	3	4	2
4	3	1	8	2	6	5	7	9
3	8	2	5	7	1	4	9	6
1	4	5	6	3	9	2	8	7
9	6	7	2	8	4	1	5	3
2	9	6	1	5	7	8	3	4
8	1	4	3	9	2	7	6	5
7	5	3	4	6	8	9	2	1

BALADE EN FRANCE

La basilique Saint-Denis

Pour tout visiteur venu par la station de métro toute proche, la basilique offre un contraste saisissant de calme et de majesté avec les trépidations de la ville alentour. Baigné de lumière, ce fleuron de l'art gothique subjugue par ses volumes et la délicatesse de ses vitraux. Dernière demeure des rois et reines de France, l'édifice invite à un fabuleux voyage à travers l'histoire de notre pays. Le site doit son nom à Denis, le premier évêque de Paris, décapité vers 250 et qui, selon la légende, aurait marché, sa tête dans les mains, jusqu'à l'emplacement où il voulait être inhumé. Sur sa sépulture, lieu de culte, est édifiée au Vᵉ siècle un premier édifice, une chapelle, agrandie et enrichie au fil des époques jusqu'à devenir successivement une église, une basilique puis enfin, une cathédrale en 1966.

C'est Saint Louis, au XIIIᵉ siècle, qui met en place la nécropole royale : il commande 16 gisants pour les têtes couronnées mérovingiennes, carolingiennes et capétiennes inhumées sur place. Par cet acte, il scelle la continuité des 3 dynasties royales franques et légitime leur pouvoir. Les fascinants tombeaux de la basilique permettent de suivre l'évolution de l'art funéraire. On observe ainsi le passage de la pierre au marbre, l'essor du réalisme qui incite à davantage de délicatesse et de douceur dans la représentation des souverains, puis l'émergence de sépultures monumentales à la Renaissance. Les gisants sont porteurs d'une forte valeur symbolique. En témoigne Charles V qui commande le sien à 27 ans. Catherine de Médicis en refuse un premier, avant d'en préférer un qui la présente jeune pour l'éternité, alors qu'elle s'éteindra à 70 ans.

À peu de distance, se trouvent les tombeaux de Dagobert Iᵉʳ, Hugues Capet, Saint Louis, François Iᵉʳ, Henri II, Catherine de Médicis, Henri IV, Louis XIV, Louis XVI, et d'autres encore. Napoléon Iᵉʳ rêvait d'y trouver sa place pour s'inscrire dans cette prestigieuse lignée, mais c'est finalement aux Invalides que ses cendres furent rapportées 19 ans après sa mort sur l'île de Sainte-Hélène. Louis XVIII est le dernier roi inhumé à Saint-Denis, en 1824. **C.-R. N.**

Saint Apollinaire

« À se cogner la tête contre les murs, il ne vient que des bosses. »
Proverbe français

La ronde des mots

Trouvez dix-neuf mots et notez chacun d'eux dans le sens des aiguilles d'une montre autour de la case de définition correspondante. La première lettre de chaque mot est indiquée par le triangle noir. Le premier mot est donné en exemple.

Solution au mercredi 14 septembre

à faire

Vite, une astuce !

Se débarrasser de ses vergetures est mission impossible (elles proviennent souvent de l'étirement brutal de la peau, lors d'une grossesse, par exemple). On peut néanmoins les atténuer : massez les zones touchées tous les jours avec un mélange composé de 10 gouttes d'huile essentielle de citron dans une cuillère à soupe d'huile d'avocat.

SOLUTION DU SAMEDI 10

5	8	4	7	6	9	1	2	3
6	1	7	5	3	2	4	0	0
3	2	9	1	8	4	7	6	5
7	9	2	4	5	3	8	1	6
8	3	6	9	1	7	2	5	4
4	5	1	8	2	6	9	3	7
2	4	5	3	9	1	6	7	8
9	6	8	2	7	5	3	4	1
1	7	3	6	4	8	5	9	2

4	1	6	7	5	3	9	2	8
7	2	3	8	9	6	5	4	1
5	9	8	1	4	2	6	7	3
3	8	5	6	1	4	2	9	7
9	4	7	3	2	5	1	8	6
1	6	2	9	8	7	3	5	4
6	5	4	2	7	1	8	3	9
2	3	9	4	6	8	7	1	5
8	7	1	5	3	9	4	6	2

6	2	7	8	5	9	3	4	1
9	1	8	7	3	4	2	5	6
4	5	3	2	6	1	9	7	0
7	4	9	5	1	2	8	6	3
8	3	5	9	7	6	1	2	4
2	6	1	3	4	8	5	9	7
3	7	2	4	8	5	6	1	9
1	9	4	6	2	3	7	8	5
5	8	6	1	9	7	4	3	2

3	1	7	9	8	5	4	2	6
4	9	2	7	3	6	5	8	1
0	6	5	1	4	2	7	9	3
5	4	9	6	1	7	8	3	2
7	3	6	2	5	8	9	1	4
1	2	8	3	9	4	6	7	5
9	8	3	4	6	1	2	5	7
6	7	1	5	2	9	3	4	8
2	5	4	8	7	3	1	6	9

mardi 13 septembre

Saint Aimé

« Il est bien difficile, en géographie comme en morale, de connaître le monde sans sortir de chez soi. »
Voltaire

à faire

A TABLE

Tarte rustique aux quetsches

Pour 6 à 8 personnes Pour la pâte : • 75 g de farine de sarrasin • 175 g de farine de blé • 90 g de sucre • 125 g de beurre mou • 8 cl d'eau froide. Pour la garniture : • 20 g de poudre d'amande • 400 g de prunes type quetsches.

1. Mélangez dans un saladier les 2 farines et 50 g de sucre. Ajoutez le beurre et mélangez du bout des doigts pour obtenir une texture sableuse. Ajoutez l'eau progressivement, ajustez la quantité pour avoir une pâte souple et formez ensuite une boule.

2. Étalez la pâte entre 2 feuilles de film alimentaire, puis placez au réfrigérateur pendant 30 min. Disposez la pâte (après avoir retiré le film alimentaire) sur une plaque de cuisson. Saupoudrez le fond de tarte avec 40 g de sucre et 20 g de poudre d'amande.

3. Lavez les prunes, coupez-les en 2 et dénoyautez-les, disposez-les sur la pâte puis repliez les bords sur les prunes. Enfournez pendant 40 min à 180 °C (th. 6).

Le plus santé Utilisez environ 100 ml d'huile d'olive à la place du beurre dans la pâte. **M.-A. D**

© Marie-Laure Tombini

Recette extraite de *Le sarrasin, la petite graine aux grands effets*, Marie-Laure Tombini, éd. Terre Vivante.

Super croisés

	A	B	C	D	E	F	G	H	I	J	K	L
1												
2										■		
3			■			■		■				
4											■	
5					■							
6			■									
7						■						
8								■				

Horizontalement

1. Un entretien très privé. **2.** Qui travaille dur. Réunion d'étoiles. **3.** J'oubliais. C'est comme ça. Invitation au retour. **4.** Elle ne reste pas en place. **5.** Terme de tennis. Point commun. **6.** Sujet mal défini. Ça démange et ça dérange. **7.** Entre Vénus et Mars. Faire comme le serpent. **8.** Attendue avec confiance. Ce n'est certainement pas lui qui nous empêche de dormir.

Verticalement

A. Complice de vol. **B.** Ne lâchent pas le morceau. **C.** Initiales pieuses. Séjour du Masque de fer. Homme d'église. **D.** Tour de taille. **E.** Se banalise dès qu'elle est reçue. Traverse l'Île-de-France avec des rames. **F.** Met tout le monde d'accord. À l'Opéra ou dans les bibliothèques. **G.** Le choc des mots. **H.** Astate au labo. Teuf d'autrefois. **I.** Du Guesclin pour ses intimes. **J.** Proche-oriental. **K.** Oseille bulgare. Donne des cachous. **L.** Infligera un supplice.

Solution au vendredi 16 septembre

« Espoir fait vivre et
longue attente fait mourir. »
Proverbe belge

EN BEAUTÉ

Aux petits soins pour vos cheveux

Je les masse Placez vos doigts bien à plat sur votre crâne et avec la pulpe effectuez des mouvements circulaires. Vous devez sentir la peau de votre crâne bouger. Ce massage est souverain pour activer la circulation sanguine et ainsi apporter au bulbe capillaire les nutriments dont il a besoin. À la clé, un cheveu qui pousse plus vite, plus fort et plus beau ! Ce massage est surtout recommandé sur le sommet de la tête et au-dessus des oreilles : en stimulant ces 2 zones, vous prévenez la chute des cheveux, fréquente à ces endroits.

Je les nourris Essorez bien vos cheveux et terminez par l'application mèche à mèche, à 5 cm des racines, d'un masque « nourrissant » à base de céramides, d'huiles végétales ou de cires qui prendra soin des longueurs agressées. Il vous reste un peu de masque après-solaire ? Profitez-en pour le terminer : sa formule riche en actifs réparateurs reconstitue le film hydrolipidique du cheveu. Gardez-le posé pendant 10 min environ et rincez-le soigneusement à l'eau tiède. **E. L.**

Sudokus

	8	4			1		3	
			6		5	2		
2			4		3		1	
		6			2			7
7	1	8	9		4	6	5	2
3			5			9		
	6		1		7			3
		3	2		8			
	2		3			7	6	

5						3		
	8	4	3			7	6	
		6		5		4		9
			5	3		6		
1				6				2
		3		7	1			
6		8		9		5		
	2	5			3	1	9	
		1						6

Solution au samedi 17 septembre

à faire

SOLUTION DU LUNDI 12

Ligne 1 : grêlon, welter, simple, tatami. **Ligne 2 :** lestés, trissé, pétrir, aparté. **Ligne 3 :** trêves, serrer, réparé, retape. **Ligne 4 :** verbal, rentré, aucune, aperçu. **Ligne 5 :** blasée, Tergal, urètre, remuer.

jeudi 15 septembre

Saint Roland

« Beaucoup trop payé pour ce que je fais, mais pas assez pour ce que je m'emmerde. »
Daniel Pennac

à faire

EN FORME

Apaiser un coup de soleil

L'option aroma Au creux de votre main, déposez 1 goutte d'huile essentielle (HE) d'ylang-ylang, aux vertus régénérantes, et 10 gouttes d'huile végétale de calophylle, anti-inflammatoire et apaisante. Massez doucement à l'endroit du coup de soleil matin et soir. Si vous n'aimez pas l'odeur puissante de cette HE, troquez-la contre de l'HE de ciste (même prescription).
Le choix phyto Préparez 1 tasse de thé noir, dont l'acide tannique apaise la sensation de chaleur. Imbibez une compresse et appliquez-la à l'endroit du coup de soleil (2 fois par jour, en alternance avec une compresse de miel).
Le réflexe homéo Pour calmer les rougeurs, prenez Apis mellifica 9 CH ; 3 granules toutes les 30 min. Espacez les prises au fil de l'amélioration des signes. Dans le cas d'une brûlure plus intense, si des cloques apparaissent, privilégiez Cantharis 5 CH, 5 granules toutes les 30 min en attendant le rendez-vous chez le médecin.

© Ihar Ulashchyk/stock.adobe.com

Le remède apithérapie Sur une brûlure superficielle, appliquez, 2 fois par jour, un peu de miel, aux vertus cicatrisantes. Recouvrez d'une compresse que vous faites tenir grâce à un pansement adhésif. **C. A.**

La bonne place

Observez ces animaux pendant 30 secondes, puis cachez-les.

Inscrivez au bon endroit le numéro des animaux enlevés de l'image précédente.

« Le bac, c'est comme la lessive :
on mouille, on sèche et on repasse. »
Henri Troyat

D'un mot à l'autre

En regroupant et en mélangeant les lettres de chaque mot donné avec la lettre qui le suit, vous devez trouver un second mot composé, selon le cas, de quatre, cinq, six ou sept lettres. Aucun mot au pluriel n'est admis ni aucun verbe conjugué.

Mots de 4 lettres

1 A S E + M = ☐☐☐☐

2 N E M + A = ☐☐☐☐

3 D E R + O = ☐☐☐☐

Mots de 5 lettres

4 R O S E + D = ☐☐☐☐☐

5 H O U E + C = ☐☐☐☐☐

6 E R S E + M = ☐☐☐☐☐

7 R A M I + O = ☐☐☐☐☐

Mots de 6 lettres

8 O P I U M + D = ☐☐☐☐☐☐

9 M I S E R + O = ☐☐☐☐☐☐

10 F A S T E + I = ☐☐☐☐☐☐

Mots de 7 lettres

11 L E S I O N + C = ☐☐☐☐☐☐☐

12 E T A L O N + P = ☐☐☐☐☐☐☐

13 A F G H A N + R = ☐☐☐☐☐☐☐

14 G I R O N D + U = ☐☐☐☐☐☐☐

Solution au lundi 19 septembre

à faire

Le saviez-vous

Plusieurs versions existent sur l'origine des tapas : certaines expliquent que dans les auberges andalouses, quelques propriétaires avaient pris l'habitude de couvrir (*tapar*) les verres de vin servis à l'apéritif par une tranche de charcuterie afin d'empêcher les mouches ou la poussière d'y pénétrer. Dès lors, la pratique de proposer une spécialité locale gratuite avec une boisson s'est répandu dans toute la péninsule. D'autres interprétations attestent qu'il s'agissait plutôt des collations que les paysans avaient coutume de manger pendant leur pause afin de tenir jusqu'à l'heure des repas, tardifs en Espagne. M.-A. D.

SOLUTION DU MARDI 13

C	O	N	C	I	L	I	A	B	U	L	E
O	B	S	E	D	A	N	T	E	■	E	M
P	S	■	I	E	■	S	■	R	S	V	P
I	T	I	N	E	R	A	N	T	E	■	A
L	I	F	T	■	A	N	O	R	M	A	L
O	N	■	U	R	T	I	C	A	I	R	E
T	E	R	R	E	■	T	E	N	T	E	R
E	S	P	E	R	E	E	■	D	E	C	A

samedi 17 septembre

Saint Renaud

« En septembre, s'il tonne,
la vendange est bonne. »
Dicton français

à faire

Mini-fléchés

MIS SUR LE PAPIER
CHAIRS À PÂTE
HUMÉE
IRIDIUM SYMBOLISÉ
LIQUIDES NOURRICIERS
BOÎTE À OPINIONS
PIPI-ROOM
MÉDIA
DISTANCE INTERSIDÉRALE
BORDURE À TAILLER
GLACÉS

CONSACRÉE À L'ÉGLISE
BRILLANT
PAS PLEIN NORD
VUS À NOUVEAU
INCONVENANTS
TUBE LUMINEUX
EAU EN AFRIQUE
SYMBOLE DU TANTALE
HABIT D'ÉTOILE
MIS EN BALANCE

PIQUÉE DE GOUSSES
BASE
C'EST UN HYPOCRITE
HABILLE
MOTO PASSE-PARTOUT
PAS POUR MOI
EXTRÉMISTE
VIEUX FUSIL
GRAND... AVANT LA PETITE REINE

DÉVOT DE VISHNU
MAÎTRE DU T.N.P.
DÉFAUT À MÉNAGER
REFUGE DE GÉNIE
CHAMPIONS D'ÉCHECS
COURTISANE
RECONNUT
NE BALANCE PLUS
FLOPÉES

Solution au mercredi 21 septembre

SOLUTION DU MERCREDI 14

6	8	4	7	2	1	5	3	9
9	3	1	6	8	5	2	7	4
2	5	7	4	9	3	8	1	6
5	9	6	8	1	2	3	4	7
7	1	8	9	3	4	6	5	2
3	4	2	5	7	6	9	8	1
8	6	9	1	5	7	4	2	3
4	7	3	2	6	8	1	9	5
1	2	5	3	4	9	7	6	8

5	7	9	4	2	6	3	8	1
2	8	4	3	1	9	7	6	5
3	1	6	8	5	7	4	2	9
4	9	2	5	3	8	6	1	7
1	5	7	9	6	4	8	3	2
8	6	3	2	7	1	9	5	4
6	4	8	1	9	2	5	7	3
7	2	5	6	4	3	1	9	8
9	3	1	7	8	5	2	4	6

AU MARCHE

La myrtille

Jusqu'à la fin du mois, cette petite baie à la teinte violacée nous régale. Privilégiez celle qui est bien ferme et ronde, sans meurtrissures. Peu calorique, riche en vitamine C, la myrtille est aussi une source de manganèse et d'antioxydants. Savourez-la avec d'autres fruits rouges (framboises, cassis, groseilles, fraises...) et servez avec un sirop parfumé au romarin, au thym ou à la lavande. Au réfrigérateur, elle se garde environ 1 semaine. **M.-A. D.**

« Le monde a beau changer,
le chat ne pondra jamais. »
Proverbe africain

EN CHANSON

1868 « Le Temps des cerises »

© De Agostini Picture Library/L. Visconti / Bridgeman Images

Du 18 mars 1871 au 28 mai 1871, la Commune de Paris se constitue contre le pouvoir en place. Sur fond d'insurrection, une chanson s'élève des rangs révolutionnaires, « Le Temps des cerises ». La création de ce titre est pourtant antérieure aux événements... Le parolier Jean-Baptiste Clément imagina, en effet, le texte en 1866 tandis qu'il rejoignait la Belgique. La maison qui l'accueillit était tout simplement bordée de cerisiers ! Le compositeur Antoine Renard signera, lui, la musique 2 ans plus tard. Toutefois, dans un recueil publié en 1885, Clément choisira de dédier le morceau « à une vaillante fille qui, elle aussi, a couru les rues à une époque où il fallait un grand dévouement et un fier courage ! »

Le 28 mai 1871, sur les barricades, une certaine Louise, jeune ouvrière, était en effet apparue, un panier de cerises au bras. Tandis que les balles plouvaient, elle parvint à secourir quelques camarades communards de Jean-Baptiste Clément avant de succomber elle-même. Depuis lors, « Le Temps des cerises » évoque aussi bien le chagrin d'un amour perdu que le regret d'une révolution échouée. Un hymne universel souvent entonné dans les moments forts de notre histoire, notamment par le Chœur de l'Armée française, place de la République, à Paris, le 10 janvier 2016, en hommage à toutes les victimes des attentats de janvier et novembre 2015.

En 1974, Yves Montand interprète « Le Temps des cerises » lors d'un concert en faveur du Chili, alors en proie à la dictature. Cet hymne sera repris sur scène et en disque par des artistes très différents, de Trenet à Mouloudji en passant par Nana Mouskouri, Léo Ferré, Juliette Gréco et même, plus récemment, Patrick Bruel ou encore la chanteuse pour enfants Dorothée. **P. Da.**

« Mais il est bien court, le temps des cerises / Où l'on s'en va à deux cueillir en rêvant / Des pendants d'oreilles / Cerises d'amour aux robes pareilles / Tombant sous la feuille en gouttes de sang / Mais il est bien court le temps des cerises / Pendants de corail, qu'on cueille en rêvant. »

Auteur : Jean-Baptiste Clément. Compositeur : Antoine Renard. 1868.

à faire

C'EST ARRIVÉ LE...

18 SEPTEMBRE 1970

Après Brian Jones, le fondateur des Rolling Stones disparu à 27 ans, Jimi Hendrix succombe à une surdose médicamenteuse au même âge, le 18 septembre. Moins d'un mois plus tard, Janis Joplin subit le même sort, devançant de neuf mois Jim Morrison ! L'appellation « Club des 27 » entre dans la légende du rock. **F. M.**

lundi 19 septembre

Sainte Émilie

« L'homme est l'ombre d'un songe,
et son œuvre est son ombre. »
Marie de Gournay

à faire

A TABLE

Tarte aux pommes au caramel

Pour 6 à 10 personnes Pour la pâte : • 100 g de beurre mou • 80 g de sucre • 100 g de farine de sarrasin • 100 g de farine de blé • 1 œuf. Pour la garniture : • 6 pommes • 200 g de compote de pomme • 15 g de beurre • 1 poignée de noix • 4 c. à soupe de caramel au beurre salé.

1. Mélangez le beurre bien mou avec le sucre. Ajoutez les farines et malaxez entre vos doigts jusqu'à obtention d'une texture sableuse.

2. Incorporez ensuite l'œuf et mélangez afin de former une boule. Laissez reposer 30 min au réfrigérateur. Étalez ensuite la pâte.

3. Lavez les pommes, coupez-les en 2 et ôtez le cœur. Coupez les demi-pommes en lamelles, maintenez les morceaux ensemble pour conserver la forme de demi-pomme.

4. Tartinez le fond de pâte avec la compote de pomme, disposez les demi-pommes en alternant le sens à chaque fois. Parsemez de beurre et enfournez pendant 45 min dans un four préchauffé à 160 °C (th. 5-6). Une fois cuite, disposez les noix dessus et arrosez de caramel avant de servir.

© Marie-Laure Tombini

Le plus santé Remplacez la farine de blé par de la farine de riz pour réaliser une pâte sans gluten. **M.-A. D.**

Recette extraite de *Le sarrasin, la petite graine aux grands effets*, Marie-Laure Tombini, éd. Terre Vivante.

SOLUTION DU VENDREDI 16

4 lettres : 1/ mesa - 2/ amen - 3/ doré. **5 lettres :** 4/ doser - 5/ cohue - 6/ semer - 7/ maori. **6 lettres :** 8/ podium - 9/ semoir - 10/ fiesta. **7 lettres :** 11/ conseil - 12/ polenta - 13/ harfang - 14/ gourdin.

AU MARCHE

L'artichaut

De juin à septembre, la saison de l'artichaut bat son plein. À l'achat, ses feuilles ne doivent pas être déshydratées. Il a des propriétés hépatiques, contient de la vitamine B9, des sels minéraux, des polyphénols et du calcium. Les artichauts poivrades sont délicieux crus ou marinés dans de l'huile d'olive et du citron. Les gros peuvent être cuits à la vapeur. Conservez-le 3 jours au frais mais, une fois cuit, il doit être consommé le jour même car il devient rapidement toxique. **M.-A. D**

mardi 20 septembre

Saint Davy

« [L'homme] est cette force qui finit toujours par balancer les tyrans et les dieux. »
Albert Camus

© Pierre-Yves Nédélec

AU JARDIN

Lilas des Indes, du panache !

Fleuri de juillet à septembre, le lilas des Indes ou *Lagerstroemia* se plie à toutes vos envies. Sur tige ou demi-tige, il forme un bel arbre d'ornement à feuillage caduc. En touffe, il s'insère dans une haie basse ou un massif. Version miniature, il se prélasse en bac sur la terrasse. Vous apprécierez son bois dur et son tronc lisse à l'écorce décorative de couleur cannelle. Sa floraison estivale est très généreuse et se décline dans les tons de rouge soutenu chez la variété Red Imperator, de rose tendre chez Soir d'été, de mauve pour Pecharmant ou de blanc pur chez Kimono®. Les variétés actuelles résistent désormais à -15 °C. Chaque automne, ces arbustes arborent un feuillage aux belles colorations rouge orangé.

Pour la terrasse et même pour un balcon ensoleillé, il existe de nombreuses variétés, très florifères, spécialement adaptées à la culture en bac ou en pot. Parmi ces arbustes à faible développement, retenez le rouge Petite Red, le rose Berlingot Menthe et le mauve Petit' Canaille®.

Le lilas des Indes apprécie les climats chauds et ensoleillés. D'ailleurs, il redoute les courants d'air froids, les embruns et les sols calcaires. Septembre et novembre sont les meilleurs mois de l'année pour le planter. Chaque printemps, vous apporterez au pied de votre lila du fumier bien décomposé, afin de soutenir la floraison estivale à venir. **P.-Y. N.**

à faire

Mots à mot

En regroupant et en mélangeant les lettres des deux mots de trois lettres proposés, composez un troisième mot de six lettres.

NEM + OTE = M _ _ _ _ _

AYE + LOL = _ _ Y _ _ _

PSY + ANA = _ _ _ _ A _

SOLUTION : Montée - Loyale - Paysan.

C'EST ARRIVÉ LE...

20 SEPTEMBRE 1946

Le plus grand festival de cinéma du monde est inauguré à Cannes. Le grand Prix international est remis au film de René Clément *La Bataille du rail*, qui rend hommage à la Résistance française. À partir de 1952, l'événement se déroulera chaque année en mai. **S. P.**

mercredi 21 septembre

Saint Matthieu

« L'ironie est toujours une bonne garantie d'hygiène mentale. »
Romain Gary

à faire

© Bit24/stock.adobe.com

EN FORME

Vive les vitamines A, C et D !

Vitamine A Des études ont montré qu'un déficit en vitamine A expose à un surcroît d'infections. On la trouve dans le beurre, le lait, la crème ainsi que dans les jaunes d'œufs, le foie, l'huile de foie de morue. On peut aussi consommer des précurseurs de la vitamine A qui permettent à l'organisme de la fabriquer. On les puise dans les aliments riches en bêta-carotène (patate douce, épinards, potiron, salade romaine...).
Vitamine C Son puissant effet antioxydant protège les cellules immunitaires contre les radicaux libres. On la trouve dans les kiwis, les agrumes, les fraises, les brocolis, les poivrons ou encore les pommes de terre.
Vitamine D Pour pouvoir s'activer, les cellules de l'immunité doivent d'abord trouver de la vitamine D et la fixer sur un de leurs récepteurs. Elle est fabriquée par la peau dès que celle-ci est exposée au soleil pendant 15 à 20 min. On trouve aussi la vitamine D dans certains aliments comme les poissons gras et l'huile de foie de morue. **I. G.**

SOLUTION DU SAMEDI 17

■	C	■	S	■
F	O	I	E	S
■	U	R	N	E
W	C	■	T	V
■	H	A	I	E
G	E	L	E	S

■	B	■	N	■
V	E	R	N	I
■	N	E	O	N
N	I	L	■	D
■	T	U	T	U
P	E	S	A	S

■	A	■	F	■
P	I	V	O	T
■	L	E	U	R
U	L	T	R	A
■	E	■	B	I
L	E	B	E	L

■	H	■	V	■
V	I	L	A	R
■	N	A	N	A
A	D	M	I	T
■	O	P	T	E
N	U	E	E	S

Mini croisés

	A	B	C	D	E	F	G	H
1								
2								
3					■			
4		■						■
5								
6				■				
7			■					
8						■		

Horizontalement
1. Adepte du shintoïsme. **2.** Tenue sous les drapeaux. **3.** Restaurant rapide. Radio d'infos. **4.** Elle n'a pas les poils doux. **5.** Firent des tours et des détours. **6.** On peut l'appeler capucin. Dialecte de la haute Écosse. **7.** Introduit une supposition. Qui sont faites comme des œufs. **8.** Est au bout de la ligne. Abréviation sur le calendrier.

Verticalement
A. Précision dans l'exécution. **B.** Cancre qui portait un bonnet. Filets de lumière. **C.** Ancienne peine. **D.** Répond à la demande. Sort pour exprimer la surprise. **E.** Il attire des amateurs nippons. Interruption d'activité. **F.** Défenseur sur un terrain. **G.** Incommensurables. **H.** Bref, brusque et cassant. Contrôle.

Solution au vendredi 23 septembre

Saint Maurice

« En avalant les méchantes paroles qu'on ne profère pas, on ne s'est jamais abîmé l'estomac. »
Winston Churchill

Mots croisés

	A	B	C	D	E	F	G	H	I	J	K	L	M	N	O	P	Q	R	S	T	U
1									■							■					
2					■									■							
3										■								■			
4							■					■			■					■	
5				■									■				■				
6		■				■			■							■					■
7					■						■								■		
8								■						■			■				
9	■		■			■				■										■	
10				■												■					
11									■				■							■	
12							■				■								■		
13		■			■			■				■			■					■	
14						■											■				
15							■									■					

Solution au dimanche 25 septembre

Horizontalement

1. Changées de place. Symboles de sagesse. Quel clown ! **2.** Bahut anglais. Il demande une bonne résolution. Rendues lisses. **3.** On y trouve Cagliari. Il ne se tuera pas au travail. Précis. **4.** Assoiffé ou abîmé. Ennemi de l'académisme. Ton pour la diva. Convient. **5.** Fait monter en tournant. Piège les caves. Terrain de duel. Rendre par les pores. **6.** Croix de Saint-Antoine. Fait de. Pays de Belgrade. Fatigués. **7.** Dieu nordique. Étudiés pour. Hélas, on n'y rate pas le rata. Technétium au laboratoire. **8.** Mit au courant. Bas de laine. Article contracté qui vaut de l'or. Physicien français, prix Nobel 1970. **9.** Spectacle traditionnel japonais. A fait obstacle. Défendus ou abasourdis. **10.** Produit pour embouteillage. Se dit d'une œuvre marginale. Sont réclamés pour entrer dans certains États. **11.** Chien fidèle. Ça ne vole pas très haut. Cachée. **12.** Mammifère carnivore. Ce n'est pas de la mauvaise graine. Dieu (L'). A enfanté bien des monstres. **13.** Cap sur la boussole. Société par actions. Sucre. Patrie d'Abraham. Rivière de Dordogne. **14.** Lâches, ils laissent une certaine liberté. Sacs pour chasseurs. Une poutre. **15.** Ville et cité caravanière de Mésopotamie. Qui ne sont pas excitées. Bien établi.

Verticalement

A. Grand trouble. Corps de la nation. **B.** Un moment de calme. Il est issu du Valdaï. C'est le même. **C.** Qui n'est pas fait pour rester en place. Rendue moins volumineuse. **D.** A une certaine fréquence. Jeune déjà gris. Presqu'île varoise. **E.** Qui oblige à trimer. Reprise avec des gants. Devant le papo. **F.** Sous observation. Avant midi. Écloses. **G.** Désert. Bien connu. De l'argent. **H.** Tapant. Cours d'eau d'Afrique. Préfixe privatif. **I.** Paisible. Titre arabe. Protège la magistrature qu'elle soit assise ou debout. **J.** Pronom personnel. Lança une sympathique invitation. Types. **K.** Fruit sauvage. Danseuse de cancan. Protégeait des coups d'estoc. **L.** Sous la table d'harmonie. Travaille à s'occuper du travail des autres. Fin de mode. **M.** Espèce devenue rare. Fouetté. Envoyée dans un autre monde. **N.** Animal ou élève. Jette aux oubliettes. **O.** Peut être déployé tout en restant ainsi réduit. Bigler. Suit une licence. **P.** Dessert. Instrument à cordes pincées. Réseau à intégration de services. **Q.** Mise sur une monture. Il a sa clef. Gris puis noirs. **R.** Branché. Qui ne sont pas secondaires. **S.** Telle une relation qui fait des étincelles. Tient le haut du pavé. Fait courir les potaches. **T.** Brame. Langue des bords de la Baltique. Paresseux. **U.** Soutenir une action. Bons pour les chemises.

à faire

Le saviez-vous

Pour nommer les sept jours, les Romains ont choisi les sept astres portés à leur connaissance. Lundi doit son nom à la Lune, mardi à la planète Mars, mercredi à Mercure, jeudi à Jupiter et vendredi à Vénus. Quand la religion chrétienne s'étend, Saturne disparaît pour laisser place au jour du sabbat, *sambati dies* en latin, c'est-à-dire samedi. Le jour baptisé Soleil devient le jour du seigneur, *dies dominicus*, dimanche. P. Da.

automne

Automonne

Saint Constant

vendredi 23 septembre

« Prévenez le mal avant qu'il n'existe ; calmez le désordre avant qu'il n'éclate. »
Lao-Tseu

© Tynza/stock.adobe.com

EN FORME

Protecteur, le sureau

Enrayez un début de rhume Aux premiers frissons, faites infuser 30 g de fleurs de sureau noir dans 1 litre d'eau bouillante durant 7 min. Filtrez, puis remplissez un contenant isotherme avant d'aller au lit. Buvez le contenu dans les 3 h. Cette tisane est aussi recommandée en cas de grippe.
Drainez votre organisme Jetez 1 pincée de feuilles dans 25 cl d'eau froide, portez à ébullition, puis laissez frémir pendant 5 à 10 min. Buvez 2 ou 3 tasses par jour. Cette décoction est indiquée en cas de rhumatisme mais elle ne remplace pas un traitement habituel.
Soulagez votre peau sèche ou irritée Faites infuser 1 cuillère à café de fleurs fraîches ou sèches dans ¼ de litre d'eau durant 10 min. Employez cette lotion sur une peau préalablement nettoyée avec un coton ou bien en compresse sur des lésions d'acné, ou encore des dartres... Cette lotion se conserve 48 h au réfrigérateur. F. O.

à faire

D'un mot à l'autre

En regroupant et en mélangeant les lettres de chaque mot donné avec la lettre qui le suit, trouvez un second mot composé de huit lettres.

1 STUPIDE + R = ________
2 ENCREUR + S = ________
3 FLEURON + G = ________
4 MARMITE + U = ________
5 DRAPIER + O = ________

SOLUTION : 1/ Disputer. 2/ Censurer. 3/ Gonfleur. 4/ Immature. 5/ Parodier.

SOLUTION DU MERCREDI 21

J	A	P	O	N	A	I	S
U	N	I	F	O	R	M	E
S	E	L	F	■	R	M	C
I	■	O	R	T	I	E	■
E	R	R	E	R	E	N	T
S	A	I	■	E	R	S	E
S	I	■	O	V	E	E	S
E	S	C	H	E	■	S	T

samedi 24 septembre

Saint Thècle

« Le bonheur des méchants
comme un torrent s'écoule. »
Jean Racine

à faire

Mini-fléchés

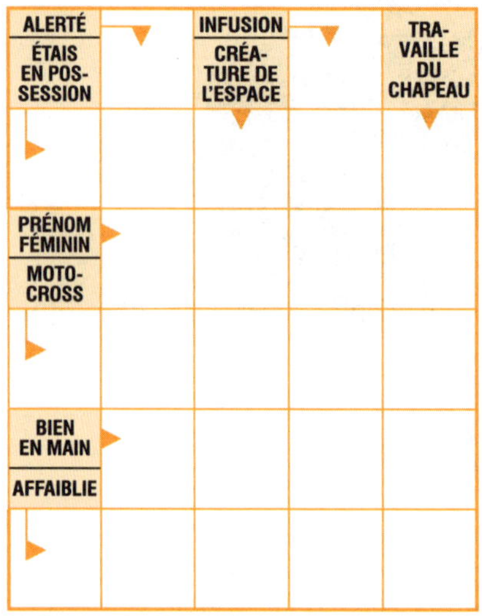

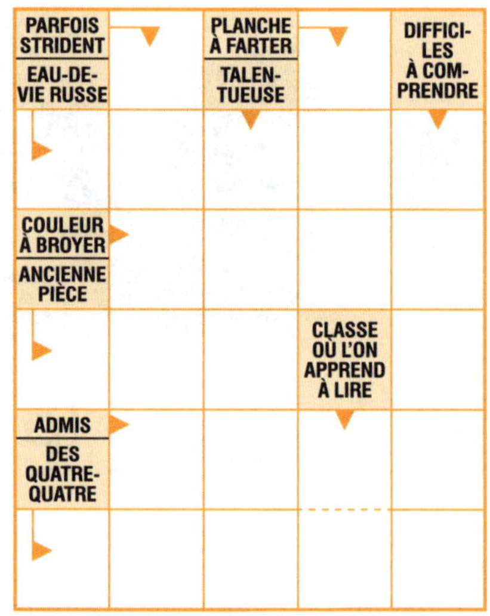

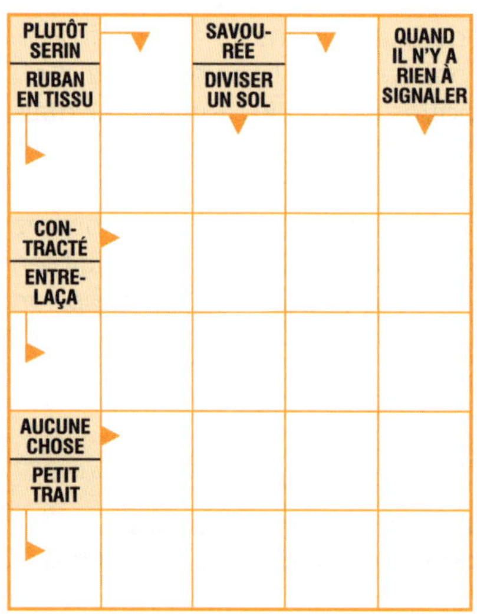

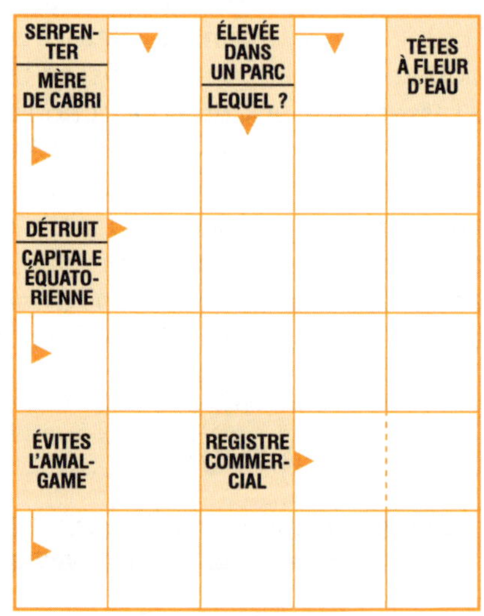

Solution au lundi 26 septembre

C'EST ARRIVÉ LE…

24 SEPTEMBRE 1970

Yoko Tsuno fait son apparition dans *Le Journal de Spirou*. Créée par Roger Leloup, l'héroïne japonaise débarque en Belgique, où elle partage ses enquêtes avec Vic Vidéo et Pol Pitron. Elle rejoint le groupe encore très restreint des personnages féminins de bande dessinée. F. M.

Vite, une astuce !

La « béchamel du paresseux ». Mélangez dans une casserole 50 cl de lait froid et une à deux cuillères à soupe de farine (selon l'épaisseur désirée : une pour une sauce fluide, deux pour des chicons en gratin). Quand la farine est bien incorporée, portez à ébullition tout en fouettant, laissez bouillonner de deux à trois minutes puis incorporez une noix de beurre. Zéro grumeaux et rapidité assurée !

« Hâte-toi de bien vivre et songe
que chaque jour est à lui seul une vie. »
Sénèque

© B. Lamoureux

BALADE EN FRANCE

Château du Taureau, le fort Boyard breton

À l'approche de ce vaisseau de pierre, battu par les vagues et les embruns, on ne peut s'empêcher de penser à son homologue charentais, le fort Boyard. Beaucoup moins connu, bien que sa construction ait débuté près de 3 siècles plus tôt, le château du Taureau est pourtant tout aussi impressionnant. Son histoire débute en 1542. Depuis quelques années, la région s'enrichit grâce au commerce des chevaux, du cuir, du papier et, surtout, de la culture et du tissage du lin qui font vivre une abondante main-d'œuvre. Une prospérité qui attire la convoitise, notamment celle des Anglais. En effet, dans la nuit du 4 au 5 juillet 1522, ces derniers pillent et incendient la ville de Morlaix. Bâtir un fort de défense au milieu de la baie devient alors une nécessité.

L'emplacement stratégique du rocher du Taureau est choisi. Construit au XVIe siècle, il est reconstruit par Vauban au XVIIe. Seule sa tour sera conservée. L'enceinte sera agrandie, surélevée et l'orientation des canons modifiée. Un système si dissuasif que le château du Taureau ne sera plus jamais attaqué ! Aux XVIIIe et XIXe siècles, il sera utilisé comme prison. Parmi les prisonniers illustres, le révolutionnaire Auguste Blanqui y est incarcéré en 1871. Aujourd'hui encore, on peut y voir les anciennes cellules ouvrant sur une coursive, tout autour de la cour intérieure du bâtiment.

Puis la famille des grainetiers Vilmorin décide d'en faire sa résidence d'été dans les années 1930. Un yacht permettait de faire venir les invités. Enfin, c'est une école de voile qui s'y établit dans les années 1960. Depuis 2006, après 8 ans de travaux de restauration, le fort est simplement dédié à la visite. Pendant 1 h 30, traversée comprise depuis Carantec, la commune la plus proche, la balade permet de se plonger dans l'histoire de cette magnifique baie de Morlaix. Dépaysement garanti. **M.-E. G.**

à faire

SOLUTION DU JEUDI 22

D	E	P	O	T	E	E	S	■	I	M	A	G	E	S	■	P	I	T	R	E
E	T	O	N	■	P	R	O	B	L	E	M	E	■	P	L	A	N	E	E	S
S	A	R	D	A	I	G	N	E	■	R	E	N	T	I	E	R	■	N	E	T
A	L	T	E	R	E	■	N	A	B	I	■	T	A	■	S	I	E	D	■	E
R	E	A	■	D	E	R	A	T	I	S	E	■	P	R	E	■	C	U	E	R
R	■	T	A	U	■	E	N	■	S	E	R	B	I	E	■	U	S	E	S	■
O	D	I	N	■	A	P	T	E	S	■	G	A	R	G	O	T	E	■	T	C
I	N	F	O	R	M	A	■	M	A	G	O	I	■	A	U	■	N	E	E	L
■	I	■	N	O	■	N	U	I	■	I	N	T	E	R	D	I	T	S	■	A
P	E	T	■	U	N	D	E	R	G	R	O	U	N	D	■	V	I	S	A	S
E	P	A	G	N	E	U	L	■	U	L	M	■	T	E	R	R	E	E	■	S
U	R	S	I	D	E	■	E	R	S	■	E	T	E	R	N	E	L	■	G	E
P	■	S	E	■	S	A	■	O	S	E	■	U	R	■	I	S	L	E	■	U
L	I	E	N	S	■	G	I	B	E	C	I	E	R	E	S	■	E	P	A	R
E	D	E	S	S	E	■	M	E	S	U	R	E	E	S	■	A	S	S	I	S

lundi 26 septembre

Saint Côme, saint Damien

« Quand la cigale en septembre se fait entendre, n'achète pas de blé pour le revendre. »
Dicton français

à faire

AU JARDIN

L'agapanthe, un rêve bleu

L'agapanthe, aux origines sud-africaines, s'est implantée naturellement dans les jardins du Midi et sur notre littoral. Les plus rustiques résistent à - 20 °C. Sa floraison débute fin mai et se prolonge tout l'été jusqu'en septembre, voire octobre. Les meilleures périodes de plantation sont le printemps et l'été. L'agapanthe réclame une terre bien drainée, quitte à ajouter du gravier au fond du trou. En été, arrosez sans excès et laissez la terre sécher entre les arrosages.
Les variétés naines (moins de 60 cm en fleurs) se plaisent au soleil sur le balcon et peuvent rester des années dans le même pot. L'idéal est de les installer dans un mélange à parts égales de terreau, de terre de jardin et de sable de rivière. Arrosez-les 1 fois par semaine en été, quitte à laisser un peu d'eau dans la soucoupe.
La floraison achevée, laissez les hampes florales sécher et se délester de leurs graines noires. L'an prochain, vous aurez une multitude de jeunes plants prêts à être repiqués en pots ou dans un massif. Vous pouvez aussi diviser les touffes au printemps en démêlant les grosses racines rhizomateuses qui font souvent le plein dans le pot. Replantez aussitôt les éclats dans une terre riche. Un arrosage copieux aidera à la reprise. **P.-Y. N.**

© Pierre-Yves Nédélec

SOLUTION DU SAMEDI 24

	A		T	
A	V	A	I	S
	E	L	S	A
T	R	I	A	L
	T	E	N	U
M	I	N	E	E

	S		S	
V	O	D	K	A
	N	O	I	R
S	O	U		D
	R	E	C	U
J	E	E	P	S

	C		G	
G	A	L	O	N
	N	O	U	E
N	A	T	T	A
	R	I	E	N
T	I	R	E	T

	S		H	
B	I	Q	U	E
	N	U	I	T
Q	U	I	T	O
	E		R	C
T	R	I	E	S

EN FORME

Vive le régime méditerranéen !

Le déséquilibre du microbiote se traduit par une dysbiose : les bonnes bactéries de l'intestin sont peu nombreuses et moins diverses. Les conséquences sont des ballonnements, des troubles du transit et des douleurs… « Le régime méditerranéen est très intéressant pour la flore car il comporte à la fois des aliments prébiotiques, anti-inflammatoires, et probiotiques », explique le Docteur Didier Chos, nutritionniste.
Ce régime offre des légumes et fruits de saison, des légumineuses (pois chiches, fèves), des graines (noix…), des herbes, des épices, de l'huile d'olive, des petites portions de poissons gras et des laitages de chèvre et de brebis. Pensez aussi à consommer des aliments fermentés comme le kombucha, le kéfir ou encore la choucroute crue… **C. A.**

mardi 27 septembre

Saint Vincent de Paul

« Si le monde n'avait pas le soupir, il étoufferait. »
Proverbe irlandais

A TABLE

Confiture de figues

Préparation pour 4 pots • 1 kg de figues blanches (ou violettes) • 500 g de sucre spécial confiture • 1 citron bio.

1. Lavez et coupez le pédoncule des figues. Coupez-les en 4 ou en 6 selon leur grosseur.
2. Placez-les dans une bassine en cuivre, ou dans un faitout, avec le sucre. Ajoutez le zeste du citron.
3. Mélangez avec une cuillère en bois et laissez reposer 1 nuit en remuant de temps en temps.
4. Placez la bassine sur feu vif et mélangez bien pour faire fondre le sucre. Au premier gros bouillon, comptez 5 min de cuisson tout en continuant de remuer.
5. Versez la confiture bouillante dans des pots stérilisés. Vissez les couvercles et retournez-les jusqu'à refroidissement. **M.-A. D.**

© Kerouèdan/Photocuisine/sucré-salé

Info + Vous pouvez aromatiser votre confiture avec une gousse de vanille, de la cardamome, ou encore du thym frais...

à faire

Super croisés

	A	B	C	D	E	F	G	H	I	J	K	L
1												
2					■							
3										■		
4				■							■	
5			■					■				
6					■				■			
7										■		
8						■						

Horizontalement

1. Même réalisé avec talent, il ne deviendra jamais un grand film. **2.** Tenter sa chance. Soulever une masse. **3.** Se rend utile à la cuisine. Il est de bon ton de le donner. **4.** Un singe au Brésil. Elles affectionnent les vieilles branches. **5.** Employé pour le patron. Homme d'ordre. Peut faire bel effet sur une Indienne. **6.** Vieux roi de France. Son château ne vaut pas le détour. Séducteur au village. **7.** Rend le passage difficile dans des canaux. Liquidé. **8.** Rongeur d'Afrique. Alléchée.

Verticalement

A. Ne devrait arroser que de modestes succès. **B.** Organisme de soutien. **C.** Bonhomme de neige. Petit dernier. **D.** Sa longueur est très variable. Courte paille. **E.** Sans compétence. Tout licencié y a droit. **F.** Une grande famille de céramistes. **G.** Coupait de fines tranches. **H.** On la reçoit à domicile. Fut naturel en Amérique. **I.** S'accompagnent souvent de bousculades. Préposition. **J.** Astate. Souvent vidé avec colère. **K.** Coup de blanc. Pelage. **L.** Laisse un certain vide.

Solution au vendredi 30 septembre

mercredi 28 septembre

Saint Venceslas

« La politique c'est comme l'amour,
il faut des grands sentiments
et des petites intentions. »
Michèle Barzach

à faire

© Prostock-studio/stock.adobe.com

EN BEAUTÉ

Ma couleur a viré

Sous l'effet oxydant des UV, les cheveux naturels éclaircissent joliment : les châtains se parent de reflets dorés, les blonds s'habillent de nuances platines et les roux brillent de mille feux. Mais pour les cheveux colorés, l'effet du soleil est loin d'être un allié. « Les assauts répétés des UV, du vent, du sel et du sable, détruisent la couche protectrice du cheveu, les écailles se soulèvent, laissant échapper les pigments de la coloration », explique Béata Bourillon, formatrice en coiffure. La couleur peut alors s'affadir, perdant facilement 1 à 2 tons, quand elle ne vire pas ! En effet, il n'est pas rare que, pendant les vacances, les nuances acajou passent à un vilain orange et les blonds deviennent verdâtres !
La solution ? « Optez pour un shampooing repigmentant, recommande notre experte. Il s'applique sur l'ensemble de la chevelure et se laisse poser quelques minutes. En redorant votre coloration, il vous permet d'attendre sans stress votre prochain rendez-vous chez le coiffeur. » **E. L.**

C'EST ARRIVÉ LE...

28 SEPTEMBRE 1992

Arte, la chaîne de télévision culturelle franco-allemande, démarre sa diffusion en France sur le réseau hertzien. Au début, elle n'était visible que de 19 h à 1 h du matin. Près de trente ans plus tard, elle est entrée dans tous les foyers de l'Hexagone et est disponible 24 heures/24. **S. P.**

Sudokus

			5		1			
7	1		9					
							5	2
5		3		2			6	
	9			1		5		
8		1		6			4	
							2	8
4	5		1					
			2		4			

8								3
4		7						
				5	2			
	6		7				2	
			6			1	4	5
	5		4				6	
				9	7			
1		8						
6								9

Solution au dimanche 2 octobre

« Dans la vie, rien n'est à craindre, tout est à comprendre. »
Marie Curie

EN FORME

Le laurier contre les aphtes

Ces ulcérations superficielles de la muqueuse buccale sont généralement situées sur la face interne des joues, parfois au niveau de la langue ou des lèvres. On ne connaît pas vraiment leur cause, même si l'on a pu remarquer que les aphtes apparaissaient souvent pendant la croissance, en cas de fatigue, à la suite d'une grippe, d'un traitement antibiotique, de l'utilisation d'un dentifrice contenant du Sodium Lauryl Sulfate, une substance allergisante, ou après avoir consommé certains aliments irritants : noix, crustacés, chocolat, fromages (gruyère, parmesan, vieux comté, gouda...), fruits (fraises, ananas, agrumes...) ou légumes (tomates, épinards, petits pois...).

Comment l'utiliser ? Évitez les aliments irritants si ce sont les éléments déclencheurs. Lorsque l'aphte est là, appliquez sur la lésion un coton-tige imprégné d'une goutte d'huile essentielle de laurier noble (*Laurus nobilis*) pour son action anti-nécrosante.

© Subbotina Anna/stock.adobe.com

Et pour faciliter la cicatrisation de la plaie, optez pour un bain de bouche avec 2 cuillères à soupe de jus d'aloe vera, à avaler à la fin, ou appliquez 1 noisette de gel d'aloe vera directement sur la plaie 3 fois par jour. Enfin, pour rééquilibrer le terrain et éviter les récidives, prenez 1 dose de Borax 5 CH, puis 2 semaines après 1 dose en 9 CH, et finissez par 1 dose en 12 CH 2 semaines plus tard. **C. D.**

à faire

Le bon signe

Entre chaque nombre, placez l'un des quatre signes + x : et - afin d'obtenir le total indiqué. Chaque signe n'apparaît qu'une seule fois par opération.

9	19	10	20	4	=	65
8	15	5	9	18	=	9
11	6	19	13	12	=	9

SOLUTION : 9 + 19 x 10 - 20 : 4 = 65 / 8 + 15 - 5 x 9 : 18 = 9 / 11 - 6 x 19 + 13 : 12 = 9

C'EST ARRIVÉ LE...

29 SEPTEMBRE 1970

Clap de fin pour le rendez-vous dominical du *Mot le plus long*, sur la deuxième chaîne de l'ORTF. Créé cinq ans plus tôt par Armand Jammot, le jeu quitte l'écran pour préparer un retour en force qui n'aura lieu qu'en 1972, sous un nouveau nom : *Des chiffres et des lettres*. Succès incalculable ! **F. M.**

vendredi 30 septembre

Saint Jérôme

« La lâcheté se couvre sous le bouclier de la douceur et l'indolence sous le voile de la modestie. »
Francis Bacon

à faire

Mots mélangés

Tous les mots de la liste figurent dans cette grille et peuvent se lire dans toutes les directions. Chaque lettre peut être utilisée une ou plusieurs fois, sauf celles formant l'énigme répondant à la définition suivante : **bateau de plaisance.**

ACTIVER
ALPHABET
ARÉOPAGE
ARMAGNAC
ASTICOT
BAOBAB
BATTLE
BERGAMOTIER
BURETTE
CARROSSE
CLOSEAU
COMPRESSIF
DAIGNER
DIANE
ÉGALER
ENVOLÉE
ÉPICÉA
ESCARGOT
ESCLAVE
FARANDOLE
FATMA
FOURRAGÈRE
GÉNISSE
GUÊPE
HÉROÏQUE
ICEBERG
JURISTE
LISSIER
MÉCANISER
MONSTRUEUX
NARVAL
NERVOSITÉ
PELLETÉE
PUPITRE
RELAIS
ROITELET
SABLEUSE
SANCTUAIRE
SEUIL
SIÈCLE
SUBTILE
SUÈDE
TABLE
TARDIF
TENANT
TRAVERSÉE
TRISKÈLE
VEINARD
VERSATILE
VISUEL

E	L	O	D	N	A	R	A	F	F	I	D	R	A	T
C	A	N	G	A	M	R	A	B	A	B	O	A	B	M
A	E	C	I	P	E	V	E	N	A	I	D	S	O	R
C	A	R	R	O	S	S	E	M	T	N	A	N	E	T
T	P	U	P	I	T	R	E	E	O	B	S	I	D	E
I	F	A	I	A	V	C	L	E	L	T	T	A	B	R
V	G	I	B	O	A	E	H	E	R	O	I	Q	U	E
E	E	L	S	N	T	L	U	U	M	G	C	S	R	G
R	E	I	I	S	J	S	E	A	N	R	O	A	E	A
V	T	S	E	P	E	U	G	E	U	A	T	N	T	R
E	E	S	R	D	X	R	R	I	A	C	I	C	T	R
R	L	I	U	E	E	E	P	I	E	S	C	T	E	U
S	L	E	N	B	V	U	N	M	S	E	E	U	V	O
A	E	R	K	A	T	A	S	E	O	T	B	A	I	F
T	P	U	L	S	R	I	R	E	L	C	E	I	S	A
I	E	C	I	V	I	D	L	T	C	R	R	R	U	T
L	S	I	A	L	E	R	R	E	L	A	G	E	E	M
E	E	L	O	V	N	E	T	E	B	A	H	P	L	A

SOLUTION : le mot à trouver est : Voilier.

SOLUTION DU MARDI 27

M	O	Y	E	N	M	E	T	R	A	G	E
O	S	E	R	■	A	M	E	U	T	E	R
U	S	T	E	N	S	I	L	E	■	L	A
S	A	I	■	U	S	N	E	E	S	■	D
S	T	■	F	L	I	C	■	S	A	R	I
E	U	D	E	■	E	A	U	■	C	O	Q
U	R	E	T	E	R	I	T	E	■	B	U
X	E	R	U	S	■	T	E	N	T	E	E

Vite, une astuce !

Le savon noir, cousin du savon de Marseille, contient de la potasse et une huile végétale. Dégraissant, détachant, purifiant, nourrissant, il a réponse à tout : sanitaires, sols, murs, électroménager, vaisselle, y compris argenterie, tapis, fauteuil en cuir, linge taché de gras... Une cuillère à café dans un seau d'eau suffit à rendre efficace ce produit génial qu'il faut choisir estampillé ménager (et non cosmétique !) sans ajout de parfum. M. Q.

samedi 1er octobre

Sainte Thérèse de Lisieux

« Il n'est rien de plus précieux
en ce monde qu'un ami prêt à vous aider. »
Plaute

Mini-fléchés

Grille 1

- AVANT LE VÉTÉRAN
- TIENS LA TAILLE
- INDICATION DE RANG
- ATOME
- PRÉNOM DE REGGIANI
- IMMERGE
- CASSER LA TERRE
- EST FAITE DE DIVISIONS ET D'UNITÉS
- SYMBOLE DU MAGNÉSIUM

Grille 2

- TERRE
- VENT RÉGULIER
- TEINDRE EN BLEU
- GÉNISSE MYTHIQUE
- PROTÈGE UNE CASSEROLE
- MOIS D'ÉTÉ
- BISMUTH AU LABO
- DIEU À DISQUE
- TOUR ABRÉGÉ
- VIRAGE MAÎTRISÉ
- IL EST CASSANT

Grille 3

- VIEUX RENARD
- ILS SONT EN CAGE
- CORPS GRAS
- BEAU PARLEUR
- FROMAGES BLANCS SUISSES
- DÉCHET NATUREL
- QUALITÉ DE PAPIER
- PLANTE AU SUC AMER
- ARRIVÉ APRÈS AVOIR ÉTÉ ATTENDU

Grille 4

- IL VA AU CHARBON
- FERMAI UN ŒIL
- COQUE DE BATEAU
- ARBRE D'INDE
- LOCUTION LATINE
- BOUQUET CHAMPÊTRE
- TIMBRÉE
- IL PREND BIEN SON TEMPS...
- ENFANT DE MARIE...

Solution au mardi 4 octobre

à faire

AU MARCHÉ

Le turbot

Ce poisson à la chair ferme est pêché surtout dans la Manche et le long des côtes bretonnes. C'est aussi un poisson d'élevage certifié Label rouge. Il contient des protéines avec tous les acides gras essentiels. Il renferme aussi de l'iode, du fer et de la vitamine B12. Consommez le turbot le jour même, sinon conservez-le au froid jusqu'à 2 jours dans son emballage d'origine. Ne le faites pas cuire trop longtemps afin de préserver ses arômes. **M.-A. D.**

C'EST ARRIVÉ LE...

1ER OCTOBRE 1885

La langue bretonne est interdite dans les écoles. Objectif : franciser à marche forcée les futures générations de Bretons. Les récalcitrants se voient obligés de porter un sabot autour du cou. Leur punition : le balayage de l'école et des latrines. **S. P.**

dimanche 2 octobre

Fête des grands-pères

Saint Léger

« Si l'on veut vivre heureux à deux,
il faut savoir se séparer souvent
et marcher parfois l'un sans l'autre. »
Fanny Reybaud

à faire

© ANDRIIGORULKO/stock.adobe.com

BALADE EN FRANCE

Avignon, de place en place

Avec son célèbre pont bien connu des enfants, son imposant Palais des papes, sa cathédrale romane et son Petit Palais Renaissance, Avignon n'est pas une ville comme les autres. Ville musée, décor de théâtre, elle est aussi bien vivante et se laisse découvrir à pied. Une fois franchis ses 4 km de remparts, la ville s'offre à la promenade, presque entièrement piétonne. Alors, il faut en profiter pour s'y balader de place en place, à commencer par celle des Corps-Saints et son église des Célestins.

Tout près, la Livrée (palais édifié pour un cardinal) Ceccano a abrité plusieurs prélats avant d'être métamorphosée en bibliothèque municipale. À l'étage, le visiteur y découvre les décors et plafonds peints au XIVe siècle. À cette époque, 25 cardinaux d'illustres familles, comme les Farnèse et les Borghèse, règnent sur « la seconde Rome ». Après leur départ, des légats administrent l'enclave papale (la moitié de l'actuel Vaucluse), y élevant de somptueux hôtels particuliers comme celui de Crillon ou de Fortia de Montréal. Ici et là, des trompe-l'œil évoquent les grands heures du festival avec des portraits de Maurice Béjart, Georges Wilson, Daniel Auteuil…

Direction le cloître Saint-Pierre, au pied du Palais des papes. De là, un passage voûté mène vers la place Saint-Pierre, minuscule mais majestueuse avec la façade gothique de son église. Encore quelques pas, et voici la place de l'Horloge, lieu de rendez-vous incontournable des festivaliers qui y organisent des parades. N'oublions pas la célèbre cour d'honneur du Palais des papes, où ont triomphé Gérard Philipe et tant d'autres. À l'intérieur, il faut se laisser guider des salles d'apparat à la cuisine gigantesque avant de grimper jusqu'au consistoire où la Terre que Jésus tient entre ses mains est plate ! Enfin, il faut s'arrêter dans son café terrasse pour découvrir la cathédrale, le pont d'Avignon et, au-delà, une vue fantastique sur le mont Ventoux et les Alpilles… **J.-P. R.**

SOLUTION DU MERCREDI 28

6	2	8	5	3	1	9	7	4
7	1	5	9	4	2	8	3	6
9	3	4	6	7	8	1	5	2
5	4	3	8	2	9	7	6	1
2	9	6	4	1	7	5	8	3
8	7	1	3	6	5	2	4	9
1	6	9	7	5	3	4	2	8
4	5	2	1	8	6	3	9	7
3	8	7	2	9	4	6	1	5

8	2	5	1	7	4	6	9	3
4	3	7	9	6	8	2	5	1
9	1	6	3	5	2	7	8	4
3	6	4	7	1	5	9	2	8
7	8	9	6	2	3	1	4	5
2	5	1	4	8	9	3	6	7
5	4	3	2	9	7	8	1	6
1	9	8	5	3	6	4	7	2
6	7	2	8	4	1	5	3	9

lundi 3 octobre

Saint Gérard

« Au mois d'octobre, fumez bien votre terre et votre terre produira. »
Dicton breton

à faire

AU MARCHE

L'oseille

Profitez-en jusqu'en octobre. Préférez celle qui provient de petits producteurs locaux ou, mieux, de l'agriculture bio car les feuilles absorbent les pesticides. Elle a une bonne teneur en vitamine C, en provitamine A, en antioxydants, en fibres et renferme du magnésium, du fer, du manganèse et de l'acide oxalique : à consommer modérément en cas de calculs. Les jeunes pousses sont délicieuses en salade, les grandes feuilles avec une omelette. Conservez-les jusqu'à 1 semaine au réfrigérateur. Pour atténuer la saveur légèrement acide de l'oseille, ajoutez un peu de miel dans la sauce. **M.-A. D.**

Le saviez-vous

Signés en 1795, les traités de Bâle marquent la victoire de la France sur la Prusse et l'Espagne. Les révolutionnaires y ajoutent une clause : « la République française pourra faire extraire de l'Espagne des brebis et moutons mérinos, au nombre de mille brebis et cent moutons par année ». J.-P. R.

AUTOMNE

mardi 4 octobre

Saint François d'Assise

« Colère de mère
ne passe pas la nuit. »
Proverbe africain

à faire

SOLUTION DU SAMEDI 1ER

	S		U	
C	E	I	N	S
	N	O	I	E
B	I	N	E	R
	O		M	G
A	R	M	E	E

	G		A	
A	L	I	Z	E
	A	O	U	T
B	I		R	A
	S	T	E	M
V	E	R	R	E

	G		O	
G	O	A	L	S
	U	R	E	E
E	P	A	I	R
	I		N	E
A	L	O	E	S

	M		C	
V	I	S	A	I
	N	A	R	D
F	E	L	E	E
	U		N	S
A	R	R	E	T

A TABLE

Salade de sarrasin, pêches et tomates

Pour 4 personnes • 120 g de graines de sarrasin (avant cuisson) • 2 nectarines • 4 tomates • 2 boules de mozzarella • 20 feuilles de basilic • 4 c. à soupe d'huile d'olive • Sel • 2 c. à soupe de vinaigre.

1. Faites cuire les graines de sarrasin dans une grande casserole d'eau frémissante pendant environ 8 min. En fin de cuisson, égouttez et rincez à l'eau froide.

2. Lavez les nectarines, retirez le noyau et coupez-les en tranches.

3. Lavez et coupez les tomates en dés. Coupez la mozzarella en lamelles. Ciselez le basilic. Mélangez tous les ingrédients dans un saladier, ajoutez la sauce, et dégustez.

© Marie- Laure Tombini

Recette extraite de *Le sarrasin, la petite graine aux grands effets*, Marie-Laure Tombini, éd. Terre Vivante.

Le plus santé Le sarrasin contient des protéines végétales, des fibres, du magnésium, du phosphore, du potassium, des vitamines B et des antioxydants. **M.-A. D.**

Mots à mot

En regroupant et en mélangeant les lettres des deux mots de trois lettres proposés, composez un troisième mot de six lettres.

T A C + O P E = _ _ _ _ _ E

R I S + S U S = _ _ _ _ _ S

G A I + S E L = _ _ _ _ _ E

SOLUTION : Capote - Sursis - Glaise.

mercredi 5 octobre

Sainte Fleur

« Un ami vous dit ce que vous voulez entendre, un meilleur ami vous dit la vérité. »
Marilyn Monroe

AU JARDIN

Les prunes

© IEVGUENII MEYER/stock.adobe.com

La reine-claude se reconnaît à son gros fruit à chair jaune, juteux et parfumé. Malgré une floraison très abondante fin mars, l'arbre offre une production souvent inégale. La présence d'abeilles et la proximité d'un mirabellier pollinisateur corrigeront ce défaut. La récolte de la reine-claude dorée et de la reine-claude d'Oullins à fruits vert-jaune se fait vers la mi-août.
La prune d'ente se plaît dans le Sud-Ouest. Cette grosse prune allongée à la chair sucrée se récolte fin août, et se transforme en pruneau d'Agen et en confiture , selon les goûts.
La miraclaude®, cette prune hybride entre la reine-claude et la mirabelle, fructifie vite et se récolte à partir de la mi-juillet. **P.-Y. N**

à faire

Petits fléchés

Grille 1 :
- EXPATRIÉE
- TIRER DES BORDS EN COURSE
- AFFECTION DE LA PEAU
- OLIBRIUS
- EN OCÉANIE
- LIT AFRICAIN
- LOINTAINES
- QUI FAIT CAMPAGNE
- CHANTEUR DISPARU
- EN PLACE DANS LA MINUTE MÊME
- RICHE DE BOMBAY
- SECOURS RAPIDE
- EN FIN DE DÎNER
- CITÉ EN RÉ
- LE SODIUM
- REPARTI FAIRE LA NOCE
- FÉTIDE, CHEZ LE PHARMACIEN
- TEL LE DINDON DE LA FARCE
- PAS POUR TOUS

Grille 2 :
- MUSICIEN
- FRAPPÉE DE STÉRILITÉ
- TISSU DE COTON
- IL DRAPE À COCHIN
- FAN DE LENTILLES
- ANCIENS INDIENS
- IL TENAIT DES PROPOS RACOLEURS
- PLAID
- FABRICANT DE NICHES
- PAYSAGES D'ARMOR
- CRI D'HORREUR
- QUI VEILLE AU GAIN
- APPRÉCIÉ PAR LES PSYCHOLOGUES
- GORE EN POLITIQUE
- SINGE DOMINANT
- PLAINE
- NE LAISSA PAS À SA PLACE
- PETIT MOT POURTANT BIEN ÉPAIS !
- FAIRE DES TERRASSES

Solution au samedi 8 octobre

jeudi 6 octobre

Saint Bruno

« Il n'est réplique si piquante
que le mépris silencieux. »
Montaigne

D'un mot à l'autre

En regroupant et en mélangeant les lettres de chaque mot donné avec la lettre qui le suit, vous devez trouver un second mot composé, selon le cas, de quatre, cinq, six ou sept lettres. Aucun mot au pluriel n'est admis ni aucun verbe conjugué.

Mots de 4 lettres

1 E R E + O = ☐☐☐☐

2 T E R + V = ☐☐☐☐

3 A R C + H = ☐☐☐☐

Mots de 5 lettres

4 O U R S + D = ☐☐☐☐☐

5 F E A L + B = ☐☐☐☐☐

6 C L A N + I = ☐☐☐☐☐

7 A G I R + E = ☐☐☐☐☐

Mots de 6 lettres

8 F E U L E + C = ☐☐☐☐☐☐

9 A M U S E + U = ☐☐☐☐☐☐

10 E T A G E + M = ☐☐☐☐☐☐

Mots de 7 lettres

11 R E M I G E + R = ☐☐☐☐☐☐☐

12 C A P O T E + I = ☐☐☐☐☐☐☐

13 T A B L E E + J = ☐☐☐☐☐☐☐

14 B O N S A I + T = ☐☐☐☐☐☐☐

Solution au dimanche 9 octobre

à faire

Vite, une astuce !

Dites adieu aux mites qui se nichent dans vos armoires en déposant dans une coupelle de gros copeaux de savon de Marseille. Vous pouvez également les envelopper dans une gaze que vous suspendrez aux cintres de votre penderie.

C'EST ARRIVÉ LE…

6 OCTOBRE 1889

Le Moulin Rouge ouvre ses portes au pied de la butte Montmartre, à Paris. Joseph Oller, roi de la vie parisienne, et son complice Charles Zidler créent un cabaret d'un genre nouveau, temple à la gloire de la musique, de la danse, et surtout de la femme. Très vite, grâce à ses bals, son French cancan et ses drôles de saltimbanques (La Goulue, vedette du Moulin-Rouge rendue célèbre par Toulouse-Lautrec, Valentin le Désossé, Mistinguett…), le music-hall devient symbole de la joie de vivre parisienne et une gloire mondiale. S. P.

Saint Serge

« La gelée d'octobre
rend le laboureur sobre. »
Dicton français

EN BEAUTE

Hydratez, revitalisez

Avec l'âge, on a tendance à se déshydrater plus vite et la peau de croco en est un signe évident. L'application de crèmes ou de laits est la première réponse adaptée. Mais l'eau vient surtout de l'intérieur. Prenez donc l'habitude de boire de 6 à 8 verres d'eau par jour afin de permettre à la peau de fabriquer ce dont elle a besoin pour respirer. **Le desséchement de l'épiderme, facile à détecter,** s'apaise avec des textures généreuses formulées pour assurer cet équilibre hydrolipidique. Mais la rugosité et les tiraillements ne sont pas les seuls signes. Après 50 ans, la peau devient souvent plus sensible et a tendance à l'hyper-inflammation. Attaquée par la pollution, les pollens ou des parfums, la peau devient réactive et douloureuse. C'est le moment

© Pixel-Shot/stock.adobe.com

de mettre de côté les parfums et eaux de toilette classiques au profit d'eaux de soin plus légères et hydratantes. Parfumez plutôt vos vêtements et foulards. Et offrez-vous un soin du corps hydratant aux notes de votre eau de toilette. **Votre épiderme rougit à l'application de votre parfum habituel** ou de votre lait parfumé ? Adoptez temporairement un soin émollient spécial peaux atopiques ou réactives. Choisissez une eau de soin parfumée, plus douce, pendant toute la durée de cette parenthèse. **N. D.**

à faire

Tout compte fait

Dans chacune des trois lignes, placez les nombres 4 5 7 8 9 de façon à obtenir, en réalisant quatre opérations successives, le total indiqué.

	:		+		x		-		=	72
	+		-		x		:		=	22
	+		x		-		:		=	25

SOLUTION : 8 : 4 + 9 x 7 - 5 = 72 / 7 + 9 - 5 x 8 : 4 = 22 / 5 + 7 x 9 - 8 : 4 = 25

C'EST ARRIVÉ LE...

7 OCTOBRE 1969

L'Aga Khan (49e descendant du prophète Mahomet) se marie avec un ancien mannequin, Sarah Crocker-Poole. Pour devenir la nouvelle bégum au côté du chef spirituel de plus de 20 millions d'Ismaéliens, l'Anglaise, tout juste divorcée, s'est convertie à l'islam et a pris le prénom de Salima. **F. M.**

samedi 8 octobre

Sainte Pélagie

« Un bon renard ne mange point
les poules de son voisin. »
Proverbe français

à faire

Sudokus

			2	9	3			
1				5				3
		3				5		
			4		7			
4	1						9	2
	6	5				8	3	
3			7	4	1			9
8								1
2				3				5

9	4			2				
	5			6	4			
							2	5
		8	3	4			1	
			1	8		5		2
		3	5	9			4	
							6	9
	6			1	3			
7	1			5				

2	5							
				7		4		
					5	7	8	
			3		4			1
4								2
3			5		8			
	3	4	8					
		2		6				
							1	6

			9		5			
	3						8	
7	2						4	6
	6						7	
		1				5		
			6	7	4			
2			3		6			4
3								2
		4	5		9	7		

Solution au lundi 10 octobre

SUR INTERNET

Mes données médicales sont-elles sécurisées ?

Les sites de prise de rendez-vous médicaux ne détiennent pas d'informations sur la santé des patients et vos consultations sont des renseignements qui ne regardent que vous. Depuis mai 2019, le Règlement général sur les données personnelles (RGPD) garantit aux utilisateurs que leurs informations personnelles ne pourront faire l'objet d'une utilisation commerciale, à moins d'avoir recueilli leur consentement. Il s'applique aux sites de prise de rendez-vous médicaux également.

Les données enregistrées sur ces plateformes sont cryptées, rendues anonymes et stockées chez des hébergeurs de données de santé agréés. Les plateformes n'ont pas accès aux informations qu'elles gèrent. Ainsi, vos données ne peuvent être monétisées ou vendues à des entreprises. C. D.

SOLUTION DU MERCREDI 5

■	D	■	D	■	M	■
R	E	G	A	T	E	R
■	R	U	R	A	L	E
C	A	S	T	R	A	T
■	C	■	R	A	N	I
S	I	S	E	■	E	R
■	N	A	■	A	S	E
R	E	M	A	R	I	E
■	E	U	■	S	E	S

■	S	■	P	■	E	■
O	I	S	E	U	S	E
■	T	A	R	T	A	N
F	A	R	C	E	U	R
■	R	I	A	S	■	O
F	I	■	L	■	A	L
■	S	T	E	P	P	E
O	T	A	■	D	R	U
■	E	T	A	G	E	R

Saint Denis

« Quand il pleut sur le curé,
il dégoutte sur le vicaire. »
Proverbe français

EN CHANSON

1974 « Les Mots bleus » Christophe

© Jean GAUMY/GAMMA-RAPHO

En 1965, tandis que la vague yéyé avale tout sur son passage, le jeune Daniel Bevilacqua, dit Christophe, fait figure d'ovni avec un slow. « Aline » pulvérise les records de vente ! 8 ans plus tard, en 1973, il collabore avec Jean-Michel Jarre, alors jeune parolier, pour l'album *Les Paradis perdus*. Des esprits complémentaires : Christophe à fleur de peau, Jean-Michel Jarre plus cérébral. En 1974, les complices accouchent d'un nouvel album intitulé *Les Mots bleus*. La chanson titre naît d'un coup de génie au moment où Christophe s'installe devant le tout nouveau synthétiseur qu'il attendait impatiemment depuis 6 mois.

Si la mélodie voit facilement le jour, côté paroles, ce sera plus laborieux. Jusqu'à ce que Jarre imagine un homme qui n'ose révéler son attirance à une femme qu'il croise chaque jour sans jamais l'aborder. En studio, Christophe décide de solliciter des choristes afin de donner du volume à l'ensemble ainsi qu'une certaine solennité. Des riffs de guitare électrique musclent encore la dernière partie de la chanson. Christophe se souviendra qu'un des chanteurs a manqué de s'évanouir tant la partition réclamait de souffle.

Plus tard, tandis que « Les Mots bleus » se seront posés sur les cœurs de France, Gainsbourg adressera un message à Christophe et à Jean-Michel Jarre : « Bienvenue au club ! » Ils étaient adoubés ! 2 ans plus tard, Jarre présentera sa première œuvre de musicien, le mythique album *Oxygène*. Quant à Christophe, il poursuivra une carrière en pointillé, peaufinant la parfaite image d'un dandy musicien. **P. Da.**

« Je lui dirai les mots bleus / Les mots qu'on dit avec les yeux / Parler me semble ridicule / Je m'élance et puis je recule / Devant une phrase inutile / Qui briserait l'instant fragile / D'une rencontre / D'une rencontre »

Auteur : Jean-Michel Jarre. Compositeur : Christophe. Producteur : Francis Dreyfus. Label Les Disques Motors, 1974.

à faire

SOLUTION DU JEUDI 6

4 lettres : 1/orée - 2/vert - 3/char. **5 lettres :** 4/sourd - 5/fable - 6/câlin - 7/algre. **6 lettres :** 8/fécule - 9/museau - 10/gamète. **7 lettres :** 11/émigrer - 12/opacité - 13/jetable - 14/bastion.

lundi 10 octobre

Saint Ghislain

« Aucun cheval de course
n'est capable de filer aussi vite
que l'argent qu'on a misé sur lui. »
Coluche

à faire

Méli-mélo

Le Languedoc en histoire

Nous avons mélangé entre elles les lettres de noms d'éléments historiques relatifs au Languedoc. Trouvez-les et placez-les au-dessus de la définition qui convient.

Lettres à replacer :

TSRIEDNOOFNTOMM
EMVRENI
FLARERTSEDIMCIR
ABRTUOUORD
SSRRTTTCLLVEEOEI
NESARIBANNO

N° 1 ....
Après la conquête de la Gaule par Jules César, l'empereur Auguste, son successeur, divise le territoire gaulois en quatre provinces. Notre province porte un nom qui rappelle sa capitale, et qui est l'une des grandes villes du Languedoc contemporain.

N° 2 ....
Cette déesse romaine fut identifiée à l'Athéna grecque. Son nom a été donné à une cité de l'Hérault située au confluent de la Cesse et du Briant, qui était dominée par une forteresse détruite lors de la croisade contre les Albigeois.

N° 3 ....
Ce nom générique désigne un compositeur, poète et musicien médiéval de langue d'oc, qui interprétait des œuvres qui avaient pour thèmes principaux la chevalerie et l'amour courtois, le tout en ancien occitan.

N° 4 ....
Ce comte, quatrième du nom, champion de l'Église et de la foi, prit la tête de la croisade contre les Albigeois en 1209. Il organisa des massacres en grand nombre dans toute la région, s'emparant de Narbonne en 1215 (trois mots).

N° 5 ....
C'est dans cette ville de l'Aisne que fut signé l'édit royal de François Ier (1539) imposant le français dans les actes administratifs, et portant un coup fatal à la réhabilitation de la tradition occitane médiévale entamée au XIVe siècle par certains poètes (Jeux floraux).

N° 6 ....
Même si ce personnage est originaire de Provence, il est l'instigateur, avec Roumanille, du mouvement du Félibrige qui eut pour effet la sauvegarde, puis la promotion de la langue d'oc. Il fut prix Nobel de littérature en 1904 (prénom et nom).

Solution au mercredi 12 octobre

SOLUTION DU SAMEDI 8

5	8	4	2	9	3	6	1	7
1	2	7	6	5	8	9	4	3
6	9	3	1	7	4	5	2	8
9	3	2	4	8	7	1	5	6
4	1	8	3	6	5	7	9	2
7	6	5	9	1	2	8	3	4
3	5	6	7	4	1	2	8	9
8	4	9	5	2	6	3	7	1
2	7	1	8	3	9	4	6	5

9	4	1	8	2	5	3	7	6
3	5	2	7	6	4	8	9	1
6	8	7	9	3	1	4	2	5
5	2	8	3	4	6	9	1	7
4	9	6	1	8	7	5	3	2
1	7	3	5	9	2	6	4	8
2	3	5	4	7	8	1	6	9
8	6	9	2	1	3	7	5	4
7	1	4	6	5	9	2	8	3

2	5	7	4	8	9	1	6	3
8	9	3	1	7	6	4	2	5
1	4	6	2	3	5	7	8	9
7	6	9	3	2	4	8	5	1
4	8	5	6	1	7	9	3	2
3	2	1	5	9	8	6	7	4
6	3	4	8	5	1	2	9	7
9	1	2	7	6	3	5	4	8
5	7	8	9	4	2	3	1	6

1	4	8	9	6	5	3	2	7
9	3	6	7	4	2	1	8	5
7	2	5	8	3	1	9	4	6
8	6	2	1	5	3	4	7	9
4	7	1	2	9	8	5	6	3
5	9	3	6	7	4	2	1	8
2	5	7	3	1	6	8	9	4
3	1	9	4	8	7	6	5	2
6	8	4	5	2	9	7	3	1

C'EST ARRIVÉ LE...

10 OCTOBRE 1903

L'aspirine est mise en vente pour la première fois en Allemagne par le groupe pharmaceutique Bayer. Elle est commercialisée en France à partir de 1908. Son succès est tel que dans certains pays, dont l'Hexagone, son procédé de fabrication tombe dans le domaine public. S. P.

« La plénitude de l'amour du prochain, c'est simplement d'être capable de lui demander : "Quel est ton tourment ?" »
Simone Weil

A TABLE

Salade de jambon cru aux figues caramélisées

Pour 2 personnes • 4 figues violettes • 1 c. à café de noix de pécan • 1 c. à soupe de pignons de pin • 1 branche de sarriette (facultatif) • 1 c. à soupe de sucre complet • 6 cl d'huile d'olive • 1 poignée de roquette • 1 poignée de jeunes pousses d'épinard • 6 tranches de jambon cru très fines • 1 c. à soupe de pistaches décortiquées.

1. Coupez les figues en quartiers.
2. Déposez les noix de pécan sur un plat allant au four, disposez dessus les figues, les pignons de pin et la sarriette à votre convenance.
3. Fouettez le sucre avec l'huile d'olive, nappez les figues. Enfournez pendant 30 min à 160 °C (th. 5-6) jusqu'à ce que les fruits soient bien caramélisées.
4. Lavez et essorez les feuilles de roquette et d'épinard. Répartissez-les dans 2 assiettes. Disposez dessus le jambon en chiffonnade.

© KeroLédan/Photocuisine/sucré-salé

5. Concassez les pistaches, parsemez-les dessus avec les figues caramélisées, les pignons de pin et les noix de pécan. Servez ensuite.
Info + Remplacez le jambon cru par du fromage : mozzarella, chèvre, parmesan... **M.-A. D.**

à faire

Super croisés

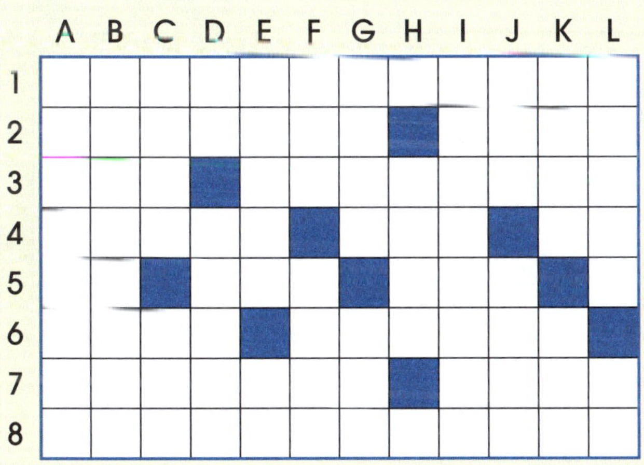

Horizontalement
1. Grâce à elle, des comédiens peuvent obtenir des cachets. **2.** Il est préférable qu'elle n'ait pas les nerfs trop fragiles. Agaces. **3.** Embobinée et empilée. Beaucoup d'entre eux sont paresseux comme des couleuvres. **4.** Bâton de maître. Est à l'origine de nombreuses professions. Pronom réfléchi. **5.** Fait l'appel. Attribut de cardinal. À l'est d'Osaka. **6.** Entre en Seine. Espèce de butor. **7.** Personne de grand intérêt. Allume et entretient des feux. **8.** Qui est source d'éclat.

Verticalement
A. Un homme bien en chaire... **B.** Susceptible de rayonnement. **C.** Obstacle à l'anticipation. Le temps des amours animales. **D.** Participe... à la fête. Type espagnol. **E.** Maison de collections. Câblé. **F.** Morceau de terre. Bordure de combe. **G.** Ruminant. Près des Grisons. **H.** Dans la purée quand ils sont cassés. **I.** Gens d'armes. **J.** Femme de journal. Prit par-ci, par là. **K.** Tels qu'il ne sert à rien de passer l'éponge. Gars de robe. **L.** Passent par la côte. Petit patron.

Solution au vendredi 14 octobre

mercredi 12 octobre

Saint Wilfried

« Savoir être constant s'appelle être éclairé. »
Lao-Tseu

à faire

EN BEAUTE

Cheveux : opération remise en forme

© New Africa/stock.adobe.com

Je mets de l'huile C'est le soin S.O.S par excellence, à faire 1 à 2 fois par semaine, avant le shampoing. Commencez par démêler vos cheveux, idéalement à l'aide d'une brosse en poil de sanglier, puis appliquez l'équivalent de 1 à 2 bouchons d'huile nutritive sur les longueurs et pointes pendant 30 min environ, davantage si vous le pouvez. Les huiles de karité, ricin, avocat, jojoba et coco sont incomparables pour régénérer le cheveu.
Je les nettoie en douceur Choisissez votre shampoing en fonction de la nature de votre cuir chevelu : purifiant s'il est gras, nourrissant en cas de sécheresse ou antipelliculaire si vous présentez des squames au niveau des racines. Si votre chevelure manque d'éclat, optez pour un shampoing hydratant. Idéalement, effectuez 2 lavages, en laissant poser la seconde application 2 min, afin de faire le plein des principes actifs de la formule. **E. L.**

Sudokus

9	1					5		
							4	3
				8	4			6
		1	5					
6				7		9	8	
		3	6					
				9	2			4
							7	5
7	2					6		

	1	9						
	8			4				
				8		1	2	6
					1	4		8
3		4				6		
					5	2		3
				1		3	6	5
	3			6				
	5	7						

Solution au dimanche 16 octobre

SOLUTION DU LUNDI 10

1. Narbonnaise **2.** Minerve **3.** Troubadour **4.** Simon De Montfort **5.** Villers-Cotterêts **6.** Frédéric Mistral.

jeudi 13 octobre

Saint Géraud

« Les jours sont des fruits et notre rôle est de les manger. »
Jean Giono

EN FORME

La lavande fine contre les abcès

© pilipphoto/stock.adobe.com

Il peut s'agir d'une infection de la gencive favorisée par l'accumulation d'aliments entre les dents provoquant un afflux de bactéries, ou d'une infection du bout d'une racine dentaire. Bilan, un gonflement de la gencive et l'apparition d'un petit point blanc douloureux et rempli de pus. Une hygiène buccodentaire insuffisante et/ou un terrain immunodéprimé (grande fatigue, stress...) sont généralement en cause.
Comment l'utiliser ? Appliquez plusieurs fois par jour 1 goutte d'huile essentielle de lavande fine *(Lavandula angustifolia ssp. angustifolia)* qui renferme du linalol à l'action antimicrobienne. Pensez aussi à brosser la zone gonflée, quitte à la faire saigner, pour la décongestionner et soulager la douleur. Enfin, une stimulation des défenses immunitaires pourra être utile, en prenant 1 ampoule de cuivre matin, midi et soir avant les repas, pendant 1 semaine, et de la vitamine C naturelle sous forme de guarana ou d'acérola. Et n'oubliez pas qu'un sommeil réparateur constitue aussi un excellent remède naturel... **C. D.**

à faire

Tout compte fait

Dans chacune des trois lignes, placez les nombres 5 6 7 8 9 de façon à obtenir, en réalisant quatre opérations successives, le total indiqué.

	x		-		:		+		=	17
	-		+		:		x		=	16
	-		x		+		:		=	3

SOLUTION : 7 x 9 - 8 : 5 + 6 = 17 / 9 - 6 + 7 : 5 x 8 = 16 / 8 - 5 x 7 + 6 : 9 = 3

Vite, une astuce !

Une eau trop calcaire peut parfois laisser des taches blanchâtres sur les parois des verres lavés en machine. Pour les éliminer, remplissez le bac de rinçage de votre lave-vaisselle de vinaigre blanc.

vendredi 14 octobre

Saint Juste

« Octobre emmitouflé annonce décembre ensoleillé. »
Dicton français

à faire

Mots codés

Dans la grille ci-dessous, les lettres ont été remplacées par des nombres, un même nombre représentant toujours la même lettre. Pour commencer le jeu, utilisez les lettres du mot dont le code est déjà indiqué. Les cases ci-dessous servent d'aide-mémoire ; vous pouvez y inscrire les lettres au fur et à mesure que vous les trouvez.

1	2	3	4	5	6	7	8	9	10	11	12	13
T	O	C	A	N	E							
14	15	16	17	18	19	20	21	22	23	24	25	26

1 T	2 O	3 C	4 A	5 N	1 T	6 E		15	6	13	4	11	17	17	11	15
4		2		6		5		16		2		5		11		16
3	2	5	8	1	4	5	3	6		18	11	2	8	19	10	6
16		3		1		10		2		6		12		10		1
6	12	4	5	2	10	11		8	2	15	1	11	17	6	21	6
1		7		22				1				5		20		10
10	17	6	23	4		9	6	4	5	1		6	7	11	6	15
15				21		6		1		14				6		
6	23	12	15	6	11	5	1		12	11	25	25	6	15	11	4
		22				13		14		8		11				5
24	10	15	6	6		11	24	11	2	1		21	10	6	10	26
6		4		8				17				25		15		11
17	4	23	9	8	14	2	2	17		9	15	4	8	6	15	2
4		11		6		10		11		4		21		11		21
7	11	24	4	5	21	6		4	20	20	17	10	6	5	3	6
6		4		3		8		23		20		6		1		5
15	11	17	17	6	1	1	6	8		6	9	15	11	6	1	6

Solution au lundi 17 octobre

SOLUTION DU MARDI 11

P	H	A	R	M	A	C	I	E	N	N	E
R	E	L	I	U	R	E		P	I	E	S
E	U	E		S	E	R	P	E	N	T	S
C	R	A	I	E		F	O	I		S	E
H	E		B	E	C		I	S	E		S
E	U	R	E		R	U	S	T	R	E	
U	S	U	R	I	E	R		E	R	O	S
R	E	T	E	N	T	I	S	S	A	N	T

AU MARCHE

Le raisin

Lorsqu'il est frais, ses grains sont bien pulpeux et charnus. Il a des vertus diurétiques et dépuratives, c'est également une bonne source de sels minéraux, de fibres, d'antioxydants. Plus il est noir, plus il contient de polyphénols, des antioxydants naturels. Le raisin est toutefois riche en glucides. En cas de diverticulose (poches dans les intestins), retirez les pépins.

Info + Divisez les portions de raisin par 2 si vous êtes diabétique. **M.-A. D**

Sainte Thérèse d'Avila

samedi 15 octobre

« Qui peut et n'empêche, pèche. »
Proverbe français

Mini-fléchés

EXCROISSANCE
UNE MOITIÉ
PETIT SOMME
CŒUR DU PAIN
DISTANCE ENTRE DEUX POINTS
VILLE DES BELONS
PONÇA LE BÉTON
POUSSE DE SOUCHE
MESURE D'ANGLE APPELÉE TOUR

BOULOT
PRINCES ARABES
CHENAPAN
FERA LE CHEMIN
QUI N'EST PAS MALADE
CONVIA
SUR LES GENOUX
DÉPARTEMENT EN PICARDIE
PERSONNEL DIFFICILE À CERNER

CRUEL ET SAUVAGE
BRINS DE PAILLE
BOUGEA
PESER LA BOÎTE
DISTANCÉE PAR LES AUTRES
À REFAIRE
BOULE AU PIED
ORDINATEUR DE LA MAISON
BOLET GASCON
CALME BÉBÉ

JEU DE COURSE
PRIS LA PISTE
HOMME DE COCKTAILS
LIGOTERA
ON S'Y ASSOIT
IRLANDE GAÉLIQUE
POINTS À NOËL
AUDACE
IL AVANCE À GRANDS PAS

Solution au mardi 18 octobre

à faire

EN FORME

La chicorée

Ses vertus Cette boisson traditionnelle préparée à partir d'une racine est concentrée en inuline, cette fibre prébiotique dont la consommation régulière favorise la croissance intestinale des bifidobactéries qui protègent l'organisme. L'idéal est d'en boire 2 tasses par jour.

En cuisine La chicorée soluble peut aromatiser les pâtes à crêpes, à brioche ou à muffins. De saveur douce, elle remplace le sucre dans les laitages. F. D.

Le saviez-vous

Napoléon Bonaparte mangeait à n'importe quelle heure, ne jurait que par la volaille, le vin chambertin et les gaufres à la crème. À son banquet de noces avec Marie-Louise d'Autriche, les convives durent manger à toute vitesse : ils n'eurent que 20 minutes, top chrono ! M. Q.

AUTOMNE

dimanche 16 octobre

Sainte Edwige

« L'expérience est cette chose merveilleuse qui vous permet de reconnaître une erreur quand vous la faites à nouveau. »
Franklin P. Jones

à faire

© Paris/Musée de l'Armée/Pierre Antoine

QUELLE HISTOIRE !

Les Invalides, 350 ans de fraternité

Le 24 février 1670, à une époque où les guerres sont incessantes, Louis XIV signe un édit qui fonde l'hôtel royal des Invalides, une institution à destination des militaires blessés ou âgés, des invalides, comme son nom l'indique, nécessitant des soins ou tout simplement un toit. Ce sera le projet le plus cher au Roi-Soleil. Il souhaite d'ailleurs, pour ses résidents, ce que l'époque offre de plus confortable : le tout-à-l'égout et des lits individuels. La plaine de Grenelle est choisie, on estime que les courants d'air qui la balaient seront en mesure de chasser les miasmes.

Diligenté par l'architecte Libéral Bruand, ce chantier pharaonique durera 4 ans. 90 000 m² de bâtiments sortent de terre, 16 km de couloir ne distribuent pas moins de 3 300 pièces. En 1676, la pièce maîtresse est érigée : l'église des soldats, aujourd'hui cathédrale Saint-Louis des Invalides. Elle est la seule église de Paris à être toujours chauffée afin de protéger ses trophées, témoins des victoires militaires de la France. Lui est adjointe la chapelle royale : le dôme. Paré de 12 kg d'or, celui-ci est inauguré en 1706 par Louis XIV. Culminant à 107 m, il est à l'époque le monument le plus haut de Paris.

Après avoir hébergé 6 000 pensionnaires au plus fort de son activité, l'institution profite d'un temps de paix au début du XXe siècle. En 1905, ses quartiers nord sont transformés en musée de l'Armée. Au fil du temps, les lieux accueillent toute la modernité des équipements hospitaliers et même un certain confort. Un service de psychiatrie, destiné aux patients traumatiques, sera bientôt créé. **P. Da.**

SOLUTION DU MERCREDI 12

9	1	4	3	6	7	5	2	8
2	8	6	9	5	1	7	4	3
5	3	7	2	8	4	1	9	6
4	9	1	5	2	8	3	6	7
6	5	2	4	7	3	9	8	1
8	7	3	6	1	9	4	5	2
3	6	5	7	9	2	8	1	4
1	4	9	8	3	6	2	7	5
7	2	8	1	4	5	6	3	9

2	1	9	3	5	6	8	4	7
7	8	6	1	4	2	5	3	9
5	4	3	9	8	7	1	2	6
9	2	5	6	3	1	4	7	8
3	7	4	2	9	8	6	5	1
1	6	8	4	7	5	2	9	3
8	9	2	7	1	4	3	6	5
4	3	1	5	6	9	7	8	2
6	5	7	8	2	3	9	1	4

C'EST ARRIVÉ LE...

16 OCTOBRE 1846

Le chirurgien américain John Warren réussit la première intervention chirurgicale sous anesthésie générale, à Boston. Pour endormir le patient et retirer sa tumeur, il lui fait inhaler de l'éther, technique inventée par le dentiste William Morton un mois auparavant. S. P.

lundi 17 octobre

Saint Baudoin

« Mourir, ce n'est rien. Commence donc par vivre. C'est moins drôle et c'est plus long. »
Jean Anouilh

A TABLE

Gelée de granny smith et framboises

© Guillaume Czerw

Pour 4 assiettes à dessert • 3 feuilles de gélatine (6 g) • 4 tomates vertes (Green Zebra) • 3 pommes granny smith • 1 citron vert • 2 kiwis • ¼ d'ananas Victoria • Quelques framboises • Fleur de sel.

1. Mettez la gélatine dans un bol d'eau froide pour la réhydrater. Passez les tomates à la centrifugeuse pour en extraire le jus. Récupérez 33 cl de ce jus. Passez également 2 pommes à la centrifugeuse pour en extraire le jus. Récupérez 16 cl de ce jus. Mélangez les 2 jus.

2. Dans une casserole, faites chauffer environ un tiers du jus obtenu, puis incorporez la gélatine essorée. Hors du feu, ajoutez le reste du jus de tomate-pomme, le jus du citron vert et 1 pointe de fleur de sel.

3. Répartissez la gelée de tomate dans 4 assiettes et laissez prendre 3 h au minimum au réfrigérateur.

4. Épluchez les kiwis et la pomme granny smith restante et taillez-les en petits cubes. Taillez également la chair de l'ananas en cubes. Coupez les framboises en 2.

5. Disposez harmonieusement les fruits sur la gelée et parsemez de feuilles de menthe.

Le plus santé Fruits et légumes s'accordent pour une recette vitaminée et colorée.

Recette extraite de *Pomme*, Christophe Adam, éd. de La Martinière.

QUELLE HISTOIRE !

Forces françaises libres : les Sénans

Le 22 juin 1940, une trentaine de Sénans entendent l'appel de Charles de Gaulle. Quand, début juillet, 128 hommes gagnent l'Angleterre, le général s'exclame : « L'île de Sein, c'est donc le quart de la France ! » Les Sénans représentent alors un quart des Forces françaises libres. Le 6 juin 1944, Joseph Guilcher est l'un des premiers Français à débarquer en Normandie. Le 1er janvier 1946, Sein est promue Compagnon de la Libération avec Paris, Nantes, Grenoble et Vassieux-en-Vercors. **J.-P. R.**

à faire

SOLUTION DU VENDREDI 14

1	2	3	4	5	6	7	8	9	10	11	12	13
T	O	C	A	N	E	V	S	B	U	I	P	J
14	15	16	17	18	19	20	21	22	23	24	25	26
W	R	H	L	K	Q	F	G	Y	M	D	Z	X

mardi 18 octobre

Saint Luc

« Cette auberge sans routes
qui s'appelle la vie. »
André Malraux

à faire

© alatielin/stock.adobe.com

AU JARDIN

La poire dans tous ses états

La récolte des poires d'été bat son plein. Elle se prolongera jusqu'à la fin de l'année avec les variétés de garde. Sucré, juteux et parfumé, ce fruit d'exception ravit nos palais et nous raconte de belles histoires. Variété la plus cultivée au monde, la poire Williams a une chair fine, fondante, sucrée et très parfumée. De son vrai nom « bon-chrétien », c'était la préférée de Jean-Baptiste de la Quintinie, créateur du potager du Roi à Versailles. Elle a voyagé jusqu'en Angleterre où elle aurait pris le nom d'un jardinier, Williams, puis aux États-Unis où elle est rebaptisée Bartlett. La célèbre poire d'été donne une mutation connue sous le nom de Williams rouge. **Conférence, Passe-crassane, Beurré Hardy, Williams...** les poires vendues aujourd'hui nous font oublier d'anciennes variétés aux jolis noms : Blanquette, Comtesse de Paris, Citron des Carmes, Cuisse-madame, Virgouleuse, Bonne d'Ezée, Doyenne d'hiver, Duchesse d'Angoulême, etc. **P.-Y. N**

SOLUTION DU SAMEDI 15

	V		S	
D	E	M	I	E
	R	I	E	C
G	R	E	S	A
	U		T	R
R	E	J	E	T

	E		F	
E	M	I	R	S
	P	R	I	A
F	L	A	P	I
	O		O	N
A	I	S	N	E

	F		M	
F	E	T	U	S
	R	A	T	E
C	O	R		M
	C	E	P	E
B	E	R	C	E

	T		B	
F	I	L	A	S
	E	I	R	E
T	R	E	M	A
	C	R	A	N
G	E	A	N	T

D'un mot à l'autre

En regroupant et en mélangeant les lettres de chaque mot donné avec la lettre qui le suit, trouvez un second mot composé de huit lettres.

1 EFFORT + C = ________

2 TAMOUL + R = ________

3 MACHER + B = ________

4 SIDERE + U = ________

5 PERONE + S = ________

SOLUTION : 1/ Coffret. 2/ Malotru. 3/ Chambre. 4/ Séduire. 5/ Réponse.

Saint René

« Neige d'octobre qui tarde
à se fondre présage rude hiver. »
Dicton français

EN FORME

Ravintsara et bouton de fièvre

Virus très répandu, puisqu'environ 80 % de la population en est porteuse, l'herpès labial ne se déclare en revanche que dans 15 % des cas, sous forme de vésicules douloureuses sur le pourtour des lèvres. Il surgit souvent après une exposition au soleil, en cas de stress ou de grande fatigue.

© Unclesam/stock.adobe.com

Comment utiliser le ravintsara ? Appliquez 1 glaçon pendant 1 min, dès que la sensation de picotement se fait sentir, avant même l'apparition des vésicules. Si cela n'a pas suffi, tamponnez-le plusieurs fois par jour avec un coton-tige imbibé d'huile essentielle de ravintsara, aux propriétés cicatrisantes et antivirales exceptionnelles. **C. D.**

à faire

Petits fléchés

ADDITIONNER / MÉNAGES
ÉCONOME / A DONC LA PRIORITÉ
DÉFICIT / ANCIENNE DISTANCE
DEVANT CE QUI EST À LUI OU À ELLE
TIRERA LE LAIT / DÉLICIEUX FILET
LES BORDS DU FLEUVE
LAISSER AUX SURVIVANTS / ADVERBE
APPARU AU GRAND JOUR / OISEAU
IL CONNAÎT BIEN SON BOULOT
REFUGE CANIN / ENCERCLER
AMENDE / DOCTEUR ABRÉGÉ
MIROIRS DU CONDUCTEUR

ANDROÏDE / PRÉNOM FÉMININ
FAUCILLES DE DRUIDES / DIPLÔME
CHANCE AU TAROT / FIN DE MOIS
TRÈS ATTACHÉ À SA TERRE
HAVANE / CONSOMMATEUR INFIDÈLE
DISCOURS DE CIRCONSTANCE
ÉCUSSONNA / BASE D'OUZO
UN REPÈRE POUR LE GOLFEUR
PRÉFIXE PRIVATIF / DÉCISION DU ROI
HOUPPE / TRAVAUX SCOLAIRES
IL COMMENCE ET FINIT DANS LA JOIE
ATTEND AVEC IMPATIENCE

Solution au jeudi 20 octobre

jeudi 20 octobre

Sainte Adeline

« Des fois, j'ai pensé mettre fin
à mes jours. Mais je ne savais
jamais par lequel commencer. »
Jacques Prévert

à faire

D'un mot à l'autre

En regroupant et en mélangeant les lettres de chaque mot donné avec la lettre qui le suit, vous devez trouver un second mot composé, selon le cas, de quatre, cinq, six ou sept lettres. Aucun mot au pluriel n'est admis ni aucun verbe conjugué.

Mots de 4 lettres

1 LOB + G = □□□□
2 DON + G = □□□□
3 API + X = □□□□

Mots de 5 lettres

4 TURF + U = □□□□□
5 FIER + C = □□□□□
6 POSE + U = □□□□□
7 AOUT + M = □□□□□

Mots de 6 lettres

8 CITER + H = □□□□□□
9 TETER + M = □□□□□□
10 TOISE + H = □□□□□□

Mots de 7 lettres

11 ETAGER + F = □□□□□□□
12 RATIER + F = □□□□□□□
13 OCCIRE + N = □□□□□□□
14 MOUCHE + I = □□□□□□□

Solution au samedi 22 octobre

SOLUTION DU MERCREDI 19

■	T	■	E	■	P	■
C	O	U	P	L	E	S
■	T	R	A	I	R	A
M	A	G	R	E	T	■
■	L	E	G	U	E	R
C	I	■	N	E	■	I
■	S	P	A	■	P	V
C	E	I	N	D	R	E
■	R	E	T	R	O	S

■	H	■	S	■	A	■
L	U	C	E	T	T	E
■	M	A	R	R	O	N
Z	A	P	P	E	U	R
■	N	■	E	N	T	A
T	O	A	S	T	■	C
■	I	N	■	E	P	I
E	D	I	T	■	A	N
■	E	S	P	E	R	E

EN FORME

L'activité physique dope le cerveau

L'activité physique régulière contribue à la prévention des maladies qui menacent les neurones : obésité, hypertension artérielle et diabète. Elle protège le cerveau en favorisant la neurogénèse (synthèse de nouveaux neurones) et en améliorant la plasticité neuronale. Des études concluent à de meilleures performances intellectuelles chez les seniors pratiquant une activité physique régulière (30 % de mieux comparés aux peu actifs). Encore une bonne raison de bouder les véhicules à moteurs autant que possible ! **F. D.**

« Il n'y a jamais eu ni bonne guerre ni mauvaise paix. »
Benjamin Franklin

EN FORME

L'ail, une forte tête

Pour protéger le cœur et les vaisseaux sanguins Écrasez 1 gousse d'ail dans un verre d'eau, laissez infuser 1 nuit et buvez le matin à jeun. Ou saupoudrez salades et plats d'ail cru. Il est possible d'utiliser 1 gousse par jour, au long cours.
Contre l'hypercholestérolémie, l'excès de triglycérides et l'hypertension Prenez 1 gélule de 400 mg d'extrait d'ail bio lyophilisé 2 fois par jour pendant les repas. Au moment du dîner, ajoutez 500 mg d'oméga-3, en cure de 2 mois.
Pour mieux digérer et supprimer les gaz intestinaux Faites infuser pendant 10 min de 5 à 10 g d'ail en morceaux dans 1 litre d'eau bouillante additionnée de feuilles de mélisse. Buvez 1 tasse à la fin de chaque repas.
En cas de candidose, ballonnements, transit irrégulier Prenez 1 gélule d'extrait d'ail bio (entre 300 et 500 mg) lyophilisé, 3 fois par jour jusqu'à amélioration.

© bit24/stock.adobe.com

Pour stimuler l'immunité Croquez 1 gousse le matin à jeun ou faites chauffer 6 gousses écrasées dans une casserole en émail avec 1 cuillère à café de vaseline. Laissez refroidir puis frictionnez la poitrine et le dos avec la mixture. **F. O.**

à faire

La bonne place

Observez ces éléments de jardin pendant 30 secondes, puis cachez-les.

Inscrivez au bon endroit les éléments de jardin enlevés de l'image précédente.

samedi 22 octobre

Sainte Élodie

« Si octobre s'emplit de vent,
du froid tu pâtiras longtemps. »
Dicton français

à faire

Mini-fléchés

TOILE À MATELAS
MONTAGNARD
HALAIT DE SON CÔTÉ
PRIVÉS DE PEAU
SA MÈRE EST BIEN SUPÉRIEURE
PRÉFIXE POUR L'AIR
CHECK-UP
GIRON
GARDE SA PLACE

CLASSANT
ALLURES ÉQUINES
DÉTOURNA
RIPAILLE À ROME
TITRES DE SEIGNEURS
FERAI LE DÉPLACEMENT
FARCE
UN CENTIÈME DU MÈTRE
CITÉ AZURÉENNE
VIRAGES À SKIS

BIEN LÉGER
IL A BON DOS
AMOUR DE PIAF
AVION OU CARGO
NE RIEN LAISSER PARAÎTRE
TOUA
LANGUE DE NEW DELHI
ROI À JOUER
ROMANCIER

POISSON VORACE
LIÉ AU CHEVAL
OURDIE
PERSONNAGES DE LÉGENDE
BOISSON INDIENNE
BOÎTE
CRÈME ANGLAISE
ATTACHE
PRIS EN MAIN

Solution au lundi 24 octobre

SOLUTION DU JEUDI 20

4 lettres : 1/blog - 2/gond - 3/paix. **5 lettres :** 4/futur - 5/récif - 6/soupe - 7/matou. **6 lettres :** 8/triche - 9/mettre - 10/hostie. **7 lettres :** 11/frégate - 12/fratrie - 13/coincer - 14/méchoui.

EN FORME

Le hareng

Profitez jusqu'en décembre de ce poisson qui vit dans l'océan Atlantique et les eaux nordiques. S'il est bien frais, il a la peau luisante et l'œil vif. C'est une excellente source d'oméga-3, il est également bien pourvu en protéines, en vitamines B, A, D et en phosphore. Faites mariner les filets dans de l'huile d'olive, des aromates, du jus de citron bio et de l'oignon, puis saisissez-les à la poêle quelques minutes. Conservez-le au maximum 1 jour. **M.-A. D.**

« Trois espèces d'hommes n'entendent rien aux femmes : les jeunes, les vieux, et ceux entre les deux. »
Proverbe irlandais

BALADE EN FRANCE

La Rochelle, rebelle et modèle

6 ans après avoir brûlé, l'hôtel de ville de la Rochelle a rouvert ses portes le 9 décembre 2019. Pour les Rochelais, ce bâtiment est bien davantage qu'une mairie. Il symbolise l'esprit de résistance des habitants, en majorité protestants, durant le siège de la ville par les troupes de Louis XIII et du cardinal de Richelieu. En 1940, l'armateur Léonce Vieljeux refuse, lui, d'y hisser la croix gammée, une offense qui lui vaut d'être exécuté en 1944. Si La Rochelle s'avère rebelle, c'est aussi une cité exemplaire grâce à son ancien édile, Michel Crépeau, qui y a créé le premier quartier piétonnier de France. Le promeneur peut ainsi déambuler sous ses arcades médiévales pour admirer ses hôtels particuliers et ses maisons à pans de bois.

Tantôt française, tantôt anglaise, La Rochelle doit sa première fortune au commerce maritime. Comptoir de la Ligue hanséatique, elle se développe après la découverte de l'Amérique. Entre le XVIe et le XVIIIe siècle, la ville fut le deuxième port négrier après Nantes. Après la perte par la France du Canada, de la Louisiane et de Saint Domingue, elle se tourne vers la pêche. Il faut se promener sous les halles pour dénicher fromages de chèvre du Poitou et huîtres d'Oléron, puis se risquer sur les galets qui pavent la rue de l'Escale pour gagner le vieux port, vibrant tous les étés au son des Francofolies. Il charme par ses tours qui protègent son accès et ses terrasses, comme celle du *Café du Nord* qu'apprécie la navigatrice Isabelle Autissier.

© ZZZZ17/stock.adobe.com

Après le déclin de la pêche industrielle, le quartier a été réhabilité. Des maisonnettes colorées y ont été construites tandis que le musée maritime et l'aquarium s'y sont installés. Aujourd'hui, des artisans ont investi l'ancien encan, gigantesque criée longue de 280 m. Navigateurs et passionnés se retrouvent au musée pour monter dans le mythique voilier de Bernard Moitessier, le *Joshua*, ou dans le *France I*, dernier navire météo français. **J.-P. R.**

à faire

QUELLE HISTOIRE !

Si la prise de la prison de la Bastille, le 14 juillet 1789, marque le début de la Révolution française, on oublie que l'insurrection a débuté quelques heures plus tôt aux Invalides, là où le peuple s'est emparé des stocks de fusils, avant de marcher vers la Bastille. P. Da.

lundi 24 octobre

Saint Florentin

« La vraie paresse, c'est de se lever à 6 heures du matin pour avoir plus longtemps à ne rien faire. »
Tristan Bernard

à faire

SOLUTION DU SAMEDI 22

	A		T	
A	L	P	I	N
	A	E	R	O
B	I	L	A	N
	S	E	I	N
R	E	S	T	E

	T		O	
T	R	O	T	S
	I	R	A	I
G	A	G		R
	N	I	C	E
S	T	E	M	S

	F		C	
M	U	L	E	T
	T	I	R	A
H	I	N	D	I
	L	E	A	R
V	E	R	N	E

	S		T	
E	Q	U	I	N
	U		S	A
L	A	S	S	I
	L	I	E	N
G	E	R	E	S

© Pierre-Yves Nédélec

AU JARDIN

Les asters, indispensables de l'automne

Septembre et octobre marquent l'apogée de la floraison des asters. Les petits buissons d'aster dumosus, couverts de fleurettes blanches, roses ou violacées, conviennent aux bordures. Alors que les asters de Nouvelle-Angleterre de plus de 1 m de haut, aux fleurs chaleureuses, simples ou semi-doubles, peu sensibles aux maladies, intégreront le fond d'un massif. **Toutes affectionnent les terres qui ne sèchent pas trop en été.** Les jardiniers préfèrent les asters en buissons, plus légers, couverts de petites fleurs, ne nécessitant pas de tuteurs. Retenez l'aster *laterifolius* Lady in Black à fleurettes roses, l'aster *laevis* Calliope à tiges noires et l'aster *ericoides* Esther au port compact. Pour leur apporter de la vigueur, pensez à diviser les touffes tous les 2 ou 3 ans. **P.-Y. N.**

C'EST ARRIVÉ LE...

24 OCTOBRE 1902

Pour la première fois à Paris, l'auteur d'un crime est arrêté grâce à ses empreintes digitales. C'est Alphonse Bertillon, père de l'anthropométrie, qui, malgré sa réticence à utiliser cette technique, confond le meurtrier. La police scientifique est née. **S. P.**

« Le bonheur paisible émousse les passions et engourdit l'imagination. »
Amin Maalouf

A TABLE

Poivrons farcis, chorizo, dattes

Pour 4 personnes • 100 g de graines de sarrasin (avant cuisson) • 50 g de chorizo • 1 tomate (140 g environ) • 5 dattes • 1 échalote • 1 gousse d'ail • 1 œuf • ½ c. à café d'herbes de Provence • 4 poivrons • Sel.

1. Faites cuire le sarrasin dans une casserole d'eau frémissante pendant environ 8 min, puis égouttez.
2. Coupez le chorizo, la tomate et les dattes en dés. Ciselez l'échalote et écrasez la gousse d'ail.
3. Dans un saladier, mélangez l'œuf, le chorizo, la tomate, les dattes, l'ail, l'échalote, les herbes de Provence et le sarrasin. Salez ensuite.
4. Coupez le chapeau des poivrons et retirez les graines. Remplissez les poivrons de farce et enfournez pendant 25 min dans un four préchauffé à 180 °C (th. 6).

© Marie-Laure Tombini

Le plus santé Remplacez le chorizo par des petites olives noires provençales. **M.-A. D.**

Recette extraite de *Le sarrasin, la petite graine aux grands effets*, Marie-Laure Tombini, éd. Terre Vivante.

à faire

Super croisés

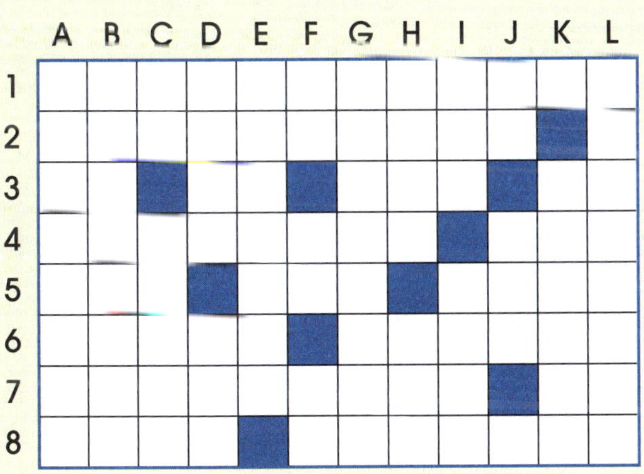

Horizontalement
1. Elle s'évalue aux cent kilomètres. **2.** Qui se montrent serviables. **3.** Le Tout-Puissant. Petit docteur. Pour ne pas se perdre dans les détails. À tel point. **4.** Pas le genre fofolle. Fleur sur le drapeau québécois. **5.** Poème lyrique. Garniture sur la table. Ouvre les fenêtres. **6.** Attachas tes chaussures. Espace étroit. **7.** Entre deux os. Conjonction de coordination. **8.** Tête de rocher visible à marée basse. Alcaloïde toxique.

Verticalement
A. Remise de peine. **B.** Qui reste toujours en tête. **C.** Plaque batave. Côté pile. **D.** Monsieur marocain. Départ de flèche. **E.** Une qui aime beaucoup (trop) les enfants. **F.** Personnel. Symbolise notre communauté. Démonstratif. **G.** Font preuve d'aisance dans la fosse. **H.** Pilastre cornier. On s'y découvre de plus d'un fil. **I.** Pas un sou de plus. Pionnier de l'aviation. **J.** Sur la Tille. Fait deux fois la queue. **K.** Il connaît le chemin de Damas. **L.** Tenue au lit.

Solution au jeudi 27 octobre

mercredi 26 octobre

Saint Dimitri

« Le plus grand obstacle à la vie est l'attente qui espère demain et néglige aujourd'hui. »
Sénèque

à faire

A TABLE

3 astuces anti-gaspi autour du coing

En poêlée Épluchez et découpez en fins quartiers 2 coings, citronnez-les. Faites-les revenir dans 10 cl d'huile d'olive, ajoutez 1 cuillère à soupe de miel et 1 pointe d'épices. Faites cuire à feux doux pendant 30 min. Servez avec une viande blanche ou un riz thaï.

En tatin Épluchez 1 kg de coings, citronnez-les. Faites bouillir 350 g de sucre dans 1,5 litre d'eau jusqu'à obtenir un sirop. Plongez les coings durant 30 min. Détaillez-les en gros quartiers. Faites fondre 100 g de sucre avec le jus de 1 orange et 50 g de beurre. Versez sur un moule à manqué, disposez dessus les coings et la pâte feuilletée. Enfournez durant 30 min à 180 °C (th. 6), laissez refroidir puis retournez.

En compote Découpez en quartiers 1 kg de coings et 2 pommes. Faites cuire avec 20 cl d'eau, 250 g de sucre, 1 gousse de vanille et le jus de 1 citron. Ensuite laissez compoter pendant 40 min. Retirez la vanille puis mixez. **M.-A. D.**

Le saviez-vous

La coutume des beignets date de la Rome antique. Pour célébrer les calendes de mars, de grandes fêtes étaient organisées. Le peuple pouvait se déguiser et se délecter grassement. Notamment de beignets, dont la première recette fut donnée au Ier siècle par Apicius, un célèbre gourmet.

Sudokus

	8		4			5		7
	5	4	2	7	9	1		
	9	1	5					6
1	4							
		7	8	1	6	9		
							3	1
9					2	8	1	
		3	6	9	8	4	7	
4		8			7		6	

				2	4		6	
2			1			9		7
				6	5		1	4
		6						3
	7	9				5	8	
5						1		
6	2		4	9				
7		8			3			5
	1		5	8				

Solution au samedi 29 octobre

Sainte Émeline

« L'homme vraiment libre est celui qui sait refuser une invitation à dîner sans donner d'explications. »
Jules Renard

La ronde des mots

Trouvez dix-neuf mots et notez chacun d'eux dans le sens des aiguilles d'une montre autour de la case de définition correspondante.
La première lettre de chaque mot est indiquée par le triangle noir.
Le premier mot est donné en exemple.

Solution au dimanche 30 octobre

à faire

SOLUTION DU MARDI 25

C	O	N	S	O	M	M	A	T	I	O	N
O	B	L	I	G	F	A	N	T	S	■	U
N	S	■	D	R	■	E	T	C	■	S	I
S	E	R	I	E	U	S	E	■	L	Y	S
O	D	E	■	S	E	T	■	A	E	R	E
L	A	C	A	S	■	R	E	D	U	I	T
E	N	T	R	E	C	O	T	E	■	E	T
E	T	O	C	■	E	S	E	R	I	N	E

Vite, une astuce !

Pour faire vous-même un détergent pour lave-vaisselle, mélangez dans une casserole : 50 cl d'eau, 30 cl de vinaigre blanc, 250 g de sel fin, le jus de trois gros citrons. Portez le mélange à ébullition durant 15 à 20 minutes. Laissez-le refroidir et versez dans un contenant. Utilisez l'équivalent d'une demi-tasse à café (environ 5-6 cl) par lavage.

vendredi 28 octobre

Saint Jude

« Dans une vie qui repose
sur un perpétuel pari, le risque
peut être un perpétuel bonheur. »
Jean Grenier

à faire

Dessiner de mémoire

À l'école

Observez ces quatre formes pendant 30 secondes, puis cachez-les.

Redessinez les formes dans le bon ordre.

Figures manquantes

Observez cette chaîne pendant 30 secondes, puis cachez-la.

Reproduisez de mémoire les trois formes manquantes dans la chaîne ci-dessous.

Vite, une astuce !

Dans une petite casserole, versez 65 cl de vinaigre blanc et 150 g de bicarbonate de soude. Le mélange va mousser. Ajoutez 10 cl d'alcool à 70°. À l'aide d'un entonnoir, versez dans un vaporisateur. Votre dégraissant écolo est prêt à l'emploi !

QUELLE HISTOIRE !

Le festival d'Avignon

En 1947, suite aux bombardements de la ville en 1944, la municipalité veut faire renaître Avignon, notamment par la culture. Sollicité, Jean Vilar commence par refuser, puis propose 3 pièces de Shakespeare, Paul Claudel et Maurice Clavel, pour la première édition du festival. Entouré de ses comédiens fétiches – Gérard Philipe, Jeanne Moreau ou Michel Bouquet –, son théâtre populaire séduit un large public. En 1966, le festival s'ouvre à la danse et le Off démarre. Envahissant les salles de la ville, il devient, chaque année en juillet, le plus grand événement de théâtre au monde avec environ 1 600 spectacles et plus 120 000 festivaliers. J.-P. R.

samedi 29 octobre

Saint Narcisse

« Octobre le vaillant surmène le paysan. »
Dicton français

Sudokus

7	6		9	8				2
	4		5	1		8		
	3	5		2		7	9	
						5	2	4
			2	6	8			
1	2	9						
	9	8		7		3	6	
		3		5	9		1	
5				3	2		4	7

4			8	6		3		
	2	7				9		4
1	3		4		9	7	5	
			7		2	1		
5		2				8		9
		9	5		1			
	8	6	9		3		1	7
9		1				4	6	
		4		5	6			8

	3	5						
	4		9	6				
2						3	6	
				4	6			8
4		3			1			6
				7	2			5
7						9	4	
	6		2	5				
	2	4						

	1	5				7	8	
			4		1			
9		4				5		6
1								7
8	5						6	3
			6	2	7			
			7	8	5			
5				6				1
	3			4			2	

Solution au lundi 31 octobre

à faire

EN FORME

Quand faire une cure de probiotiques ?

Les probiotiques (micro-organismes vivants) permettent de renforcer la flore intestinale et de rétablir l'équilibre entre les bonnes et les mauvaises bactéries. Prévoyez une cure lorsque vous êtes sous antibiotiques, car ils perturbent la flore. Prenez les probiotiques en parallèle, en veillant bien à décaler les prises (l'un le matin, l'autre le soir). Ou bien en cas de troubles digestifs (transit perturbé, ballonnements, douleurs abdominales...) passagers, voire chroniques (syndrome de l'intestin irritable).

Combien de temps ? De 1 à 3 mois (pour l'intestin irritable). Il existe différentes souches de probiotiques : certaines agissent plus spécifiquement sur les troubles digestifs... Avant de vous lancer, vous pouvez demander conseil à un pharmacien formé à la micronutrition. **C. A.**

SOLUTION DU MERCREDI 26

3	8	2	4	6	1	5	9	7
6	5	4	2	7	9	1	8	3
7	9	1	5	8	3	2	4	6
1	4	9	7	3	5	6	2	8
2	3	7	8	1	6	9	5	4
8	6	5	9	2	4	7	3	1
9	7	6	3	4	2	8	1	5
5	1	3	6	9	8	4	7	2
4	2	8	1	5	7	3	6	9

9	5	1	7	2	4	3	6	8
2	6	4	1	3	8	9	5	7
3	8	7	9	6	5	2	1	4
8	4	6	2	5	1	7	9	3
1	7	9	3	4	6	5	8	2
5	3	2	8	7	9	1	4	6
6	2	5	4	9	7	8	3	1
7	9	8	6	1	3	4	2	5
4	1	3	5	8	2	6	7	9

dimanche 30 octobre

Passage à l'heure d'hiver

Saint Bienvenue

« Ce n'est pas notre condition, c'est la trempe de notre âme qui nous rend heureux. »
Voltaire

à faire

© BERNARD GIRARDIN/stock.adobe.com

BALADE EN FRANCE

Grignan, la demeure enchantée de la marquise

Dominant les vignes et les champs de lavande de la Drôme, le château de Grignan se dresse sur un éperon rocheux. De sa terrasse, la vue porte sur le mont Ventoux, les dentelles de Montmirail et, au loin, jusqu'aux Alpilles. Lové à ses pieds, le village séduit avec son lavoir rotonde et ses rosiers anciens qui illuminent les ruelles. L'histoire de Grignan se mêle étroitement à celle de la marquise de Sévigné et de sa fille adorée. Marie de Rabutin-Chantal s'est retrouvée orpheline très jeune. Mariée à 18 ans, veuve à 25, cette amie de Jean de La Fontaine et de Nicolas Fouquet brille à la cour grâce à son esprit et à la beauté de sa fille Françoise-Marguerite. En 1669, cette dernière épouse François Adhémar de Monteil de Grignan, qui devient lieutenant-général en Provence. Dès lors, la marquise écrit ses premières lettres à sa fille chérie, qu'elle rejoint en 1672 dans le domaine de son époux.

Si le château fort primitif a été élevé dès le XIe siècle, il est transformé au XVIe siècle en une demeure de plaisance où se mêlent Renaissance et classicisme. Dès l'entrée, des tapisseries d'Aubusson ornent l'escalier. En 1533, François Ier, en visite au château, y découvre sa galerie en boiserie de noyer. Les reconstitutions sont d'autant plus remarquables que le bâtiment a été démantelé lors de la Révolution. Il a fallu qu'une riche veuve, Marie Fontaine, y consacre sa vie pour qu'il retrouve son lustre au XXe siècle.

Un splendide cabinet d'ébène, des lits à baldaquin, des cartels et tableaux restituent l'ambiance du XVIIe siècle. Une salle présente également des originaux des lettres de la marquise qui, de son vivant, s'était opposée à toute publication, affirmant qu'elle refusait « d'être entre les mains de tout le monde ». Ses premières lettres ont pourtant été publiées par son cousin Bussy-Rabutin, avant d'être rassemblées par sa petite-fille Pauline. Le 17 avril 1696, la marquise a rendu son dernier soupir face au mont Ventoux, au cœur de cette Provence qu'elle avait fini par adopter. **J.-P. R.**

SOLUTION DU JEUDI 27

Ligne 1 : voisin, studio, héraut, diacre. **Ligne 2 :** selles, dételé, alerte, castel. **Ligne 3 :** lèvres, étrave, report, trompe. **Ligne 4 :** reines, anémié, oasien, mimosa. **Ligne 5 :** nervis, mémère, idiome, ozalid.

lundi 31 octobre

« Ne soyez pas si avide de louanges que vous en veniez à porter un mortier sur le dos. »
Proverbe africain

à faire

SOLUTION DU SAMEDI 29

7	6	1	9	8	3	4	5	2
9	4	2	5	1	7	8	3	6
8	3	5	4	2	6	7	9	1
6	8	7	3	9	1	5	2	4
3	5	4	2	6	8	1	7	9
1	2	9	7	4	5	6	8	3
2	9	8	1	7	4	3	6	5
4	7	3	6	5	9	2	1	8
5	1	6	8	3	2	9	4	7

4	9	5	8	6	7	3	2	1
6	2	7	3	1	5	9	8	4
1	3	8	4	2	9	7	5	6
8	6	3	7	9	2	1	4	5
5	1	2	6	3	4	8	7	9
7	4	9	5	8	1	6	3	2
2	8	6	9	4	3	5	1	7
9	5	1	2	7	8	4	6	3
3	7	4	1	5	6	2	9	8

6	3	5	4	2	7	8	1	9
1	4	8	9	6	3	5	2	7
2	9	7	1	8	5	3	6	4
5	7	2	3	4	6	1	9	8
4	8	3	5	9	1	2	7	6
9	1	6	8	7	2	4	3	5
7	5	1	6	3	8	9	4	2
3	6	9	2	5	4	7	8	1
8	2	4	7	1	9	6	5	3

3	1	5	2	9	6	7	8	4
6	7	8	4	5	1	3	9	2
9	2	4	8	7	3	5	1	6
1	6	2	5	3	8	9	4	7
8	5	7	9	1	4	2	6	3
4	9	3	6	2	7	1	5	8
2	4	1	7	8	5	6	3	9
5	8	9	3	6	2	4	7	1
7	3	6	1	4	9	8	2	5

QUELLE HISTOIRE !

L'escorteur *Duperré*

Le 12 janvier 1978, l'escorteur *Duperré* s'engage dans le raz de Sein. Vers minuit, ce fleuron de la Marine nationale touche un récif près du phare de la Vieille. Une voie d'eau se déclare et le navire commence à dériver... Dans une mer démontée, les sauveteurs de l'île de Sein récupèrent les marins. **J.-P. R.**

mardi 1er novembre

Toussaint

Sainte Cassandre

« Début de novembre en gelée,
casse les reins à l'hiver commencé. »
Dicton français

à faire

A TABLE

Cocotte de grenaille, ail et tomates confites

Pour 4 personnes • 300 g de pommes de terre grenaille • 2 têtes d'ail • 1 trait d'huile d'arachide • Sel • Poivre • 4 branches de thym • 4 branches de romarin • 4 feuilles de laurier • 100 g de beurre salé • 20 quartiers de tomates confites.

1. Lavez les pommes de terre grenaille sans les éplucher. Séparez les gousses d'ail sans les peler.

2. Dans une cocotte, en fonte de préférence, versez l'huile d'arachide et faites chauffer à feu vif. Déposez dedans les pommes de terre et faites-les colorer légèrement pendant 5 min. Salez et poivrez.

3. Baissez le feu puis ajoutez les gousses d'ail, le thym, le romarin, le laurier puis le beurre salé. Laissez confire pendant 20 min à feu doux en prenant bien soin que le beurre ne noircisse jamais.

4. En fin de cuisson, ajoutez les tomates confites. Rectifiez l'assaisonnement si nécessaire. Éliminez la graisse avant de servir.

Info + Si le beurre salé noircit pendant la cuisson, il est préférable de changer de casserole et de remettre du beurre pour éviter que les pommes de terre n'aient un mauvais goût. **M.-A. D.**

© Valéry Guedes / Stylisme Bérangère Abraham

Recette extraite de *Pomme de terre,* Éric Frechon et Valéry Guedes, éd. Solar.

NOS EXPRESSIONS

METTRE DU BEURRE DANS LES ÉPINARDS

Certainement, cuisiner les épinards au beurre, c'est moins diététique qu'à la vapeur, mais bien meilleur ! Cette métaphore, « mettre du beurre dans les épinards », signifie s'assurer un complément de revenu. **P.-Y. N.**

Mots à mot

En regroupant et en mélangeant les lettres des deux mots de quatre lettres proposés, composez un troisième mot de huit lettres.

MENU + RETS = S _ _ _ _ _ _ _

CALE + SIRE = _ _ _ A _ _ _ _

PION + SOIT = _ _ _ _ _ _ O _

SOLUTION : Sûrement - Escalier - Position.

« Le véritable anarchiste marche toujours entre les clous parce qu'il a horreur de discuter avec les flics. »
Georges Brassens

AU MARCHE

La carotte

© Serghei Platonov/stock.adobe.com

La carotte est l'un des légumes les plus cultivés dans le monde. Le plus souvent orange, elle existe également en jaune, pourpre ou blanc. Elle regorge de bêta-carotène que notre corps synthétise en vitamine A. Cette dernière est indispensable à la qualité de la peau (elle prévient les coups de soleil) et à celle des muqueuses. La carotte est moins calorique cuite que crue. **Pour une soupe dépaysante,** faites blondir un oignon émincé dans de l'huile d'olive. Ajoutez 4 grosses carottes coupées en lamelles et un morceau de gingembre épluché. Couvrez et laissez bouillonner jusqu'à ce que les légumes soient tendres. Avant de mixer, retirez le gingembre, ajoutez 10 cl de lait de coco et salez. Vous pouvez parsemer de coriandre fraîche. **D. L.**

à faire

Petits fléchés

- IL ENDUIT DE LA FONTE
- DIRIGÉES
- CANDIDE
- CONVOITISE
- C'EST LE PAPA
- DIEU À SOUFFLE
- RAMEAUX DE VIGNE
- BEAU CHAT
- ARASER
- PRÉNOM FÉMININ
- AZUR
- MATIÈRE TEXTILE LIÉE À LA CHINE
- PRONOM RÉFLÉCHI
- À TOI
- POUR DÉSIGNER UN HOMME
- ÉCOLE ANGLAISE
- GÉNISSE MYTHIQUE
- INSTITUTION DE L'ONU
- GRAPPILLES

- EXAMINER LA VICTIME
- MOIS D'ÉTÉ
- CAFARD
- COMME UN JEU SANS CLEF
- ELLE BÉNÉFICIE D'UN LEGS
- FICELAI
- ON Y TRAVAILLE À LA CHAÎNE
- PRESSER LE PIS
- MOYEN D'ACCÈS
- LIMITÉE
- CROCHET À VIANDE
- IL EST BANNI PAR CERTAINS RÉGIMES
- IL Y A DE L'ORDRE À Y METTRE
- GÉNISSE MYTHIQUE
- HARNACHERA
- MANCHE PARFOIS LONGUE EN ÉTÉ
- IL SE TRAVERSE D'UN PAS AU PRÉ
- LARGEURS D'ÉTOFFES

Solution au samedi 5 novembre

jeudi 3 novembre

Saint Hubert

« Je ne suis rien, je le sais,
mais je compose mon rien
avec un petit morceau de tout. »
Victor Hugo

à faire

C'EST ARRIVÉ LE…

3 NOVEMBRE 1914

L'écrivaine et activiste américaine Caresse Crosby (née Mary Phelps Jacob) reçoit un brevet pour une brassière appelée soutien-gorge. L'idée de ce vêtement lui était venue lors d'un bal des débutantes. Émancipateur, il permet de libérer les femmes des lourds corsets qu'elles devaient revêtir à l'époque. S. P.

Méli-mélo

Le comtat Venaissin

Nous avons mélangé entre elles les lettres de noms de personnages, lieux, bâtiments relatifs à la région d'Avignon. Trouvez-les et placez-les au-dessus de la définition qui convient.

Lettres à replacer :

ETQAARUS
LCEHTARRAMSEL
TLHDRNBOOEEEAAU
PTEOZNETSNETBIAN
ALEVNORONIAMSIA
DSPSAAAILSEEPP

N° 1...
C'est le bâtiment le plus connu d'Avignon, sur lequel on « danse », vestige d'une construction qui traversait le Rhône grâce à ses quatre arches. Sur un des piliers est édifiée une chapelle dédiée au personnage qui lui donne son nom (trois mots).

N° 2...
Suite à la remise de la ville d'Avignon par le duc de Provence au gouverneur omeyyade de Narbonne, ce personnage (bien connu à Poitiers) envoie son frère Childebrand reprendre la ville. Ce maire du palais entre dans la ville en 737 (deux mots).

N° 3...
Cette imposante construction médiévale, imbriquant deux bâtiments (une forteresse et un bâtiment gothique) fut la résidence des pontifes pendant le XIVe siècle, plusieurs conclaves s'y déroulèrent (trois mots).

N° 4...
Entre Arles et Avignon se trouvaient des marécages, repaires de cette vilaine bestiole qui est présente le long du Rhône ! Cette bête amphibie est un monstre hideux et féroce, mangeuse d'humains, à l'origine de sculptures et de fêtes.

N° 5...
Cette cité du Vaucluse porte bien son nom puisque qu'elle fut l'une des villes les plus prospères de la Gaule narbonnaise. Traversée par l'Ouvèze, elle possède de nombreux vestiges antiques dont le portique de Pompée et la maison des Messii (trois mots).

N° 6...
Ce natif d'Avignon (1829-1886), poète de langue d'oc, fondateur du félibrige avec Mistral et Roumanille, est l'auteur de nombreuses poésies lyriques. C'est un personnage incontournable du renouveau de la littérature provençale (prénom et nom).

Solution au dimanche 6 novembre

Vite, une astuce !

Après avoir nettoyé la poubelle ménagère, saupoudrez le fond de bicarbonate de soude. Faites de même dans le sac qui recueillera les déchets. En cours d'utilisation, si des odeurs surviennent, saupoudrez encore du bicarbonate sur les ordures, il est un véritable « dévore-odeurs » très efficace !

vendredi 4 novembre

Saint Charles

« Commencer les semailles
le premier vendredi de novembre. »
Dicton corse

© Alena Ozerova/stock.adobe.com

EN BEAUTÉ

Douche : un soin adapté

Tout dépend de la sensibilité de votre peau Si elle est normale, vous pouvez utiliser le gel ou la mousse de votre choix. En revanche, si elle est fragile, sèche ou atopique, préférez un lavant surgras. « Enrichi en oméga-3, 6 et 9 aux propriétés relipidantes, il nettoie sans altérer le film hydrolipidique cutané, précise le Docteur Roos, dermatologue. Et parce qu'il contient des agents surgraissants, ce type de produit dépose un film protecteur qui bloque l'évaporation de l'eau, nourrit et adoucit la peau. » **Inutile d'y passer un trop long moment,** 5 min suffisent pour faire peau nette. Rincez avec soin à une eau à environ 37 °C. Si vous souffrez de troubles circulatoires, vous pouvez terminer par un jet plus frais sur les jambes. Pour la zone intime, il est recommandé d'utiliser un lavant spécifique, dont le pH légèrement alcalin n'altère pas la flore locale. **E. L.**

Le bon signe

Entre chaque nombre, placez l'un des quatre signes + x : et - afin d'obtenir le total indiqué. Chaque signe n'apparaît qu'une seule fois par opération.

10	2	8	9	7	=	28
3	8	6	2	5	=	28
9	10	2	3	5	=	47

SOLUTION : 10 : 2 + 8 - 9 x 7 = 28 / 3 + 8 x 6 : 2 - 5 = 28 / 9 x 10 : 2 - 3 + 5 = 47

à faire

C'EST ARRIVÉ LE...

4 NOVEMBRE 1970

Le *Concorde 001* passe pour la première fois Mach 2 qui deviendra sa vitesse de croisière. Cinq ans plus tard, l'appareil réalise son premier vol commercial entre Paris et Rio de Janeiro, au Brésil. De moins en moins rentable, l'avion supersonique termine sa carrière en 2003, trois ans après un crash qui fit plus d'une centaine de victimes. **S. P.**

samedi 5 novembre

Sainte Sylvie

« Nous devons avoir faim et soif de justice, mais non faim et soif de vengeance. »
François Mauriac

à faire

Sudokus

7	6		9	8				2
	4		5	1		8		
	3	5		2		7	9	
						5	2	4
			2	6	8			
1	2	9						
	9	8		7		3	6	
		3		5	9		1	
5				3	2		4	7

4			8	6		3		
	2	7				9		4
1	3		4		9	7	5	
			7		2	1		
5		2				8		9
		9	5		1			
	8	6	9		3		1	7
9		1				4	6	
		4		5	6			8

	3	5						
	4		9	6				
2						3	6	
				4	6			8
4		3			1			6
				7	2			5
7						9	4	
	6		2	5				
	2	4						

	1	5				7	8	
			4		1			
9		4				5		6
1								7
8	5						6	3
			6	2	7			
			7	8	5			
5				6				1
	3			4			2	

Solution au lundi 7 novembre

SOLUTION DU MERCREDI 2

	E		I		P	
A	M	E	N	E	E	S
	A	N	G	O	R	A
N	I	V	E	L	E	R
	L	I	N	E		M
B	L	E	U		S	E
	E		E	T	O	N
L	U	I		O	I	T
	R	O	G	N	E	S

	A		B		H	
J	U	I	L	L	E	T
	T	R	A	I	R	E
P	O	R	T	A	I	L
	P	E	T	I	T	E
E	S	S	E		I	
	I	O		S	E	T
S	E	L	L	E	R	A
	R	U		L	E	S

AU JARDIN

Plantez les bulbes à fleurs

Pensez déjà aux réjouissantes floraisons du printemps en plantant dès à présent les bulbes à fleurs. Plus vous les planterez tôt, à partir d'octobre, plus ces charmantes bulbeuses auront le temps de s'enraciner dans la terre encore chaude. D'autant qu'en repoussant de 1 ou 2 mois l'échéance, le choix s'amoindrira, les toutes nouvelles variétés seront forcément épuisées et les bulbes ayant déjà tiré sur leurs réserves seront moins vigoureux. **Si vous souhaitez faire fleurir les bulbes avant l'heure,** notamment à Pâques, placez-les 2 à 3 semaines en bas du frigo. Ensuite, il suffira de les mettre en pot ou dans un vase rempli d'eau et de gravier. Sinon, achetez en fin d'année des potées déjà forcées, à faire pousser à la maison. **P.-Y. N.**

dimanche 6 novembre

Sainte Bertille

« Plus la cuisine est grasse,
plus le testament est maigre. »
Benjamin Franklin

© Fxserafino/stock.adobe.com

BALADE EN FRANCE

Dans la lumière de Porto-Vecchio

À Porto-Vecchio, le centre historique recèle moult vestiges au cœur des remparts. Vous pourrez admirer la Porte Génoise, jadis unique entrée de la citadelle, les 5 bastions, dont celui de Sant' Antonu qui surplombe la plus vieille fontaine de la ville, ou encore les belles bâtisses de l'impasse Ettori. Ne manquez pas l'église Saint Jean-Baptiste, édifice de granit qui abrite de superbes vitraux, un spectaculaire Christ processionnaire, ainsi qu'un autel en marbre de Carrare. Juste à côté, datant de 1656, l'adorable chapelle Sainte-Croix conserve précieusement une croix de procession du XVIIe siècle et encore bien d'autres petits trésors.
Auprès des commerces nomades du pont de l'Oso ou au marché, le dimanche matin, vous trouverez de délicieux produits locaux : légumes, fromages de brebis, confitures, huile d'olive, charcuteries... Grimpez jusqu'à la tour Génoise pour profiter d'une vue époustouflante. Si vous pouvez louer un bateau, partez explorer les criques pour passer une journée de rêve sur les plages de Santa Giulia, Palombaggia ou encore Cala Rossa, paradisiaques avec leurs allures de lagon, aux eaux turquoise et aux étendues de sable blanc, prises d'assaut en été. A découvrir plutôt hors saison.
Découvrez la face montagnarde de la Corse-du-Sud dans l'Alta Rocca, l'arrière-pays sartenais. Dans la forêt de l'Ospédale, baignez-vous dans les piscines naturelles de Cavu. Sur le plateau du Coscione, vous pourrez goûter aux spécialités corses et dormir dans une ferme-auberge située dans une bergerie. Enfin, pas question de quitter la façade maritime sans vous rendre à Bonifacio, cette cité médiévale qui domine la Méditerranée du haut de son promontoire de calcaire. L'arrivée par la mer est sublime. Elle offre un beau panorama sur ce joyau perché sur une falaise où a été creusé l'escalier du roi d'Aragon et sur le Grain de sable, un rocher monumental. Vous pourrez ensuite mettre le cap sur Cavallo, une des îles Lavezzi, un paradis, et y dîner à La Ferme, une féerie absolue ! **F. O.**

à faire

SOLUTION DU JEUDI 3

1. Pont Saint-Bénézet **2.** Charles Martel **3.** Palais des Papes **4.** Tarasque **5.** Vaison-La-Romaine **6.** Théodore Aubanel.

lundi 7 novembre

Sainte Carine

« Qui demande le lait
ne doit pas cacher le pot. »
Proverbe algérien

à faire

Mots codés

Dans la grille ci-dessous, les lettres ont été remplacées par des nombres, un même nombre représentant toujours la même lettre. Pour commencer le jeu, utilisez les lettres du mot dont le code est déjà indiqué. Les cases ci-dessous servent d'aide-mémoire ; vous pouvez y inscrire les lettres au fur et à mesure que vous les trouvez.

1 L	2 U	3 T	4 H	5 I	6 E	7 R	8	9	10	11	12	13
14	15	16	17	18	19	20	21	22	23	24	25	26

1 L	2 U	3 T	4 H	5 I	6 E	7 R	■	12	5	14	4	6	1	5	8	6
11	■	2	■	12	■	2	■	11	■	11	■	20	■	15	■	7
12	11	7	15	5	8	11	2	13	■	17	16	2	7	8	6	6
9	■	9	■	3	■	10	■	5	■	16	■	5	■	16	■	5
18	20	5	7	11	1	6	■	12	16	2	18	18	6	7	16	8
19	■	8	■	3	■	■	■	11	■	■	■	6	■	11	■	3
16	9	6	18	6	■	18	2	1	23	22	■	7	6	8	8	6
16	■	■	■	2	■	6	■	6	■	6	■	■	■	3	■	■
1	5	9	6	7	3	5	8	■	7	2	12	18	3	6	14	23
■	■	11	■	■	■	21	■	25	■	18	■	25	■	■	■	11
10	6	24	5	18	■	6	3	2	10	6	■	2	8	5	16	8
6	■	11	■	19	■	■	■	11	■	■	■	6	■	12	■	15
14	11	7	7	6	12	6	8	3	■	14	11	1	22	20	18	16
5	■	10	■	11	■	20	■	16	■	11	■	6	■	7	■	2
18	20	11	1	3	6	7	■	7	11	20	11	3	7	5	6	7
5	■	15	■	6	■	5	■	21	■	16	■	3	■	12	■	16
26	1	6	2	7	5	18	3	6	■	3	7	6	3	6	11	2

Solution au vendredi 11 novembre

SOLUTION DU SAMEDI 5

7	6	1	9	8	3	4	5	2
9	4	2	5	1	7	8	3	6
8	3	5	4	2	6	7	9	1
6	8	7	3	9	1	5	2	4
3	5	4	2	6	8	1	7	9
1	2	9	7	4	5	6	8	3
2	9	8	1	7	4	3	6	5
4	7	3	6	5	9	2	1	8
5	1	6	8	3	2	9	4	7

4	9	5	8	6	7	3	2	1
6	2	7	3	1	5	9	8	4
1	3	8	4	2	9	7	5	6
8	6	3	7	9	2	1	4	5
5	1	2	6	3	4	8	7	9
7	4	9	5	8	1	6	3	2
2	8	6	9	4	3	5	1	7
9	5	1	2	7	8	4	6	3
3	7	4	1	5	6	2	9	8

6	3	5	4	2	7	8	1	9
1	4	8	9	6	3	5	2	7
2	9	7	1	8	5	3	6	4
5	7	2	3	4	6	1	9	8
4	8	3	5	9	1	2	7	6
9	1	6	8	7	2	4	3	5
7	5	1	6	3	8	9	4	2
3	6	9	2	5	4	7	8	1
8	2	4	7	1	9	6	5	3

3	1	5	2	9	6	7	8	4
6	7	8	4	5	1	3	9	2
9	2	4	8	7	3	5	1	6
1	6	2	5	3	8	9	4	7
8	5	7	9	1	4	2	6	3
4	9	3	6	2	7	1	5	8
2	4	1	7	8	5	6	3	9
5	8	9	3	6	2	4	7	1
7	3	6	1	4	9	8	2	5

AU JARDIN

3 plantes sauvages à cueillir

L'ortie C'est une mine de vitamines (vitamine C, provitamine A…), de minéraux (calcium, fer et magnésium) et de protéines. Elle se consomme aussi bien crue, en salade, que cuite, en soupe. Lavée et coupée finement, séchée et cuite, elle perd son côté urticant.

Le plantain Il est très riche en protéines, tanins, mucilages, flavonoïdes… Il permet de faire un extraordinaire pesto au goût de champignon.

L'égopode Il est très riche en protéines, en provitamine A et vitamine C. Parfait dans les salades composées ou en gratin et en quiche. **s. v.-v.**

mardi 8 novembre

Saint Geoffroy

« Qui gît dans le bourbier voudrait y voir autrui. »
Proverbe français

A TABLE

Perles de lait, kiwi, pomme

© Guillaume Czerw

Pour 6 bols • 65 g de riz rond • 65 g de perles du Japon • 80 cl de lait entier • 3 g de zestes de citron vert • 70 g de sucre semoule • 1 jaune d'œuf • 20 g de beurre • 180 g de crème montée • 1 pomme golden • 1 pomme granny smith • 1 pomme braeburn • 2 clémentines • 2 kiwis.

1. Blanchissez le riz et les perles du Japon dans de l'eau bouillante pendant 2 min puis égouttez-les.
2. Portez à ébullition le lait avec les zestes de citron et le sucre. Plongez-y le riz et les perles du Japon et laissez cuire à petits bouillons de 15 à 20 min, puis ajoutez le jaune d'œuf et le beurre. Portez à ébullition pour obtenir une texture un peu épaisse.
3. Laissez refroidir et ajoutez la crème montée au moment de servir.
4. Lavez les pommes. Taillez la partie extérieure en fines allumettes, sans les éplucher, de façon à voir la peau des fruits. Récupérez la pulpe des clémentines. Épluchez les kiwis et coupez-les en dés.
5. Dans chaque bol, déposez le riz au lait. Ajoutez un peu de pulpe de clémentine, quelques cubes de kiwi et terminez en plantant des allumettes de pommes. **M. Q.**

Recette extraite de *Pomme*, Christophe Adam, éd. de La Martinière.

à faire

Super croisés

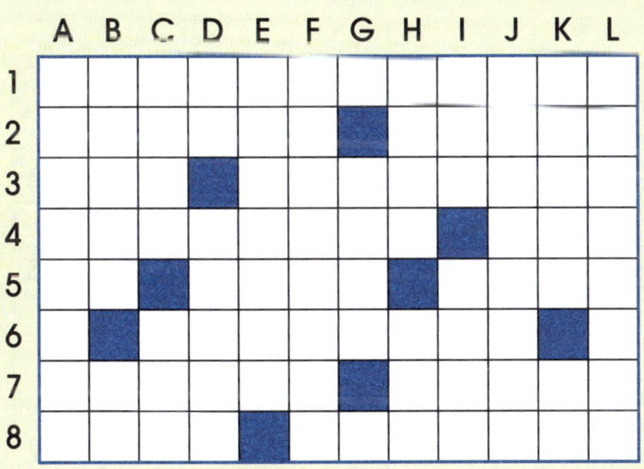

Horizontalement

1. Ne sauraient apaiser une faim de loup. **2.** Grand vitrail. Coule en Angleterre. **3.** Son homme est très ordinaire. Qui nous vaudra certainement une bonne note. **4.** Fait lever le coude. Gêne celui qui est dans ses petits souliers. **5.** Terre nourricière. De naissance. A disparu. **6.** Homme de paille. **7.** Elle oblige souvent à rendre à contrecœur. Allongé après être passé par la filière. **8.** Qui a fait l'objet d'une exploration. Ne retiennent que ce qui est grossier.

Verticalement

A. Plus que suffisant. **B.** Ajusté. Fleuve côtier du Nord. **C.** Éculée. Obtint la permission. **D.** Possessif. Chardon épineux des terrains incultes. **E.** Comme une page marquée sans aucun soin. **F.** Fort ennuyeuses. **G.** Grand voyageur d'autrefois. **H.** Manière de vivre. Sortis de l'obscurité. **I.** Avait le regard bovin. Passent pour mal entendre. **J.** Fait partie du mauvais sang. **K.** Peintre et graveur belge. Axe routier. **L.** Il est hostile à toute création.

Solution au samedi 12 novembre

mercredi 9 novembre

Saint Théodore

« Le point commun entre tous les hommes que j'ai aimés ? Moi ! »
Jeanne Moreau

à faire

DANS LA NATURE

La salamandre, une couche-tard

Souvent confondue avec le lézard, la salamandre, qui n'a ni écailles ni griffes, est bel et bien un amphibien. Ce cousin bicolore de la grenouille, solitaire à sang froid de 20 cm de long, se déplace lentement. Dans les bois humides, les bocages et les jardins, la salamandre vadrouille la nuit à la recherche de vers, d'araignées et autres cloportes. Mauvaise nageuse, elle rejoint les points d'eau pour y déposer ses larves au printemps.

Si elle n'a pas d'ennemi naturel, la salamandre est pourtant menacée par la raréfaction des zones humides ainsi que la pollution des sols. Mais un plus grand danger guette : la chytride, un champignon pathogène qui s'incruste dans la peau des amphibiens et les décime à travers la planète.

Sa livrée bicolore, jaune et noire, signifie aux prédateurs qu'elle est immangeable. Celui qui s'aviserait de la croquer se verrait empoisonné par une laitance neurotoxique. Cette substance toxique, appelée samandarin, est encore plus puissante chez la salamandre noire de montagne. Et comme si cela ne suffisait pas, 2 glandes situées derrière sa tête propulsent un jet de toxines sur l'agresseur trop insistant. P.-Y. N.

C'EST ARRIVÉ LE…

9 NOVEMBRE 1970

Décédé à l'âge de 79 ans, le général de Gaulle est inhumé en toute simplicité à Colombey-les-Deux-Églises, trois jours plus tard. « Ni président, ni ministres, […] ni corps constitués… » avait-il précisé dans son testament. « Seules, les Armées françaises », mais « sans musiques, ni fanfares, ni sonneries ». F. M.

Sudokus

			3		1			
		7				3		
1		6				2		9
2			9		4			5
			5		2			
9								7
	4			9			8	
	2			8			3	
			7	1	6			

3		5				8		
		6		9				
							1	4
			2	5	9			
8		9				3		5
			1	3	8			
7	8							
				7		1		
		4				5		9

Solution au dimanche 13 novembre

« On ne peut aimer
que si l'on est ivre de vie. »
Tahar Ben Jelloun

EN BEAUTE

Taches pigmentaires : que faire ?

© Rido/stock adobe.com

À l'origine, les taches pigmentaires, ou lentigo, sont dues à un dysfonctionnement de la mélanogénèse, la production de mélanine dans les cellules cutanées. Avec le temps et les expositions solaires répétées, la machine se grippe et les cellules pigmentaires se dérèglent, produisant une montée de mélanine qui est désordonnée.

Évitez l'exposition au soleil Exposez-vous le moins possible en adoptant toute l'année une crème solaire anti-UVA et UVB, enrichie en antioxydants, comme la vitamine E ou C, et associez-la à un complément alimentaire antiradicalaire. Avant de tenter de vous débarrasser des taches, demandez l'avis d'un dermatologue.

Optez pour des crèmes adaptées Il est possible d'atténuer l'aspect des taches grâce à des crèmes et des sérums à base d'actifs exfoliants (comme les acides de fruits), de dépigmentants (acide kojique, arbutine, niacinamide…), d'antioxydants (vitamines C et E) ou de minéraux et de zinc. Mais pour les faire disparaître, le laser semble être le seul recours. La cryothérapie, par brûlure thermique au froid, détruit les cellules ciblées et exfolie. Le peeling, lui, abrase les couches supérieures de l'épiderme et participe au renouvellement cellulaire et à l'atténuation du lentigo. Dans tous les cas, c'est le spécialiste qui vous proposera la stratégie la plus adaptée. **N. D.**

à faire

Mots à mot

En regroupant et en mélangeant les lettres des deux mots de trois lettres proposés, composez un troisième mot de six lettres.

R U T + C E T = _ _ _ _ E _

M A X + F E U = _ _ _ E _ _

R E E + B R U = _ _ _ _ _ E

SOLUTION : Cutter - Fameux - Beurre.

C'EST ARRIVÉ LE…

10 NOVEMBRE 1960

Édith Piaf enregistre pour la première fois « Non, je ne regrette rien ». Composée par Charles Dumont sur des paroles de Michel Vaucaire, la chanson devient l'une des plus connues de l'artiste, qui est alors âgée de 45 ans, et son dernier succès. Elle décède trois ans plus tard. **S. P.**

vendredi 11 novembre

Armistice 1918

Saint Martin

« Tonnerre de novembre fait prospérer le blé, et remplit le grenier. »
Dicton français

à faire

Mots mélangés

Tous les mots de la liste figurent dans cette grille et peuvent se lire dans toutes les directions. Chaque lettre peut être utilisée une ou plusieurs fois, sauf celles formant l'énigme répondant à la définition suivante : courir en bateau.

ADJUGER
ANACONDA
ANARCHIE
APÔTRE
ASPARTAM
ASSAILLANT
ATHLÈTE
BALLERINE
BENJAMIN
BIPIED
CAPTIF
CÉSAR
CIDRE
CRÉPINE
CRIARDE
DÉSERT
ÉDILE
ENFANCE
ENJAMBÉE
ERRONÉ
FANTAISIE
FLORALIES
FRICASSÉE
GLISSADE
GOINFRE
GRATIS
HOCHET
HORIZON
LICHEN
LITIGE
MANDARINE
MÉTACARPE
PARANOÏA
PARSEC
PONTIFE
PROCRÉER
RABÂCHER
RETRAITE
ROUTIER
SÉGALA
SERRURE
TAMBOURIN
TAUROMACHIE
TAUTOLOGIE
TORTILLARD
TRAHISON
TROUILLE
UTOPISTE
VENTRICULE
VITRIER

E	P	R	A	C	A	T	E	M	N	E	H	C	I	L
D	E	I	P	I	B	R	A	D	N	O	C	A	N	A
E	T	S	I	P	O	T	U	F	A	L	A	G	E	S
E	N	G	S	E	R	N	A	C	E	S	R	A	P	I
E	N	I	R	A	D	N	A	M	D	E	S	E	R	T
F	I	T	P	A	C	R	O	R	B	S	T	I	T	A
I	M	S	B	E	A	I	A	Z	A	O	A	A	L	R
T	A	E	I	A	R	L	R	I	I	P	U	T	S	G
N	J	R	T	A	L	C	L	F	R	R	T	R	E	V
O	N	R	A	I	T	L	A	E	O	C	O	A	I	E
P	E	U	T	B	A	N	E	M	U	E	L	H	L	N
V	B	R	T	N	A	R	A	R	T	R	O	I	A	T
I	O	E	T	R	C	C	T	F	I	F	G	S	R	R
T	E	H	C	O	H	E	H	E	E	N	I	O	O	I
R	D	H	R	I	P	S	L	E	R	I	E	N	L	C
I	I	P	E	E	D	A	E	R	R	O	N	E	F	U
E	L	L	I	U	O	R	T	R	E	G	I	T	I	L
R	E	G	U	J	D	A	E	E	B	M	A	J	N	E

SOLUTION : le mot à trouver est : Régater.

SOLUTION DU LUNDI 7

1	2	3	4	5	6	7	8	9	10	11	12	13
L	U	T	H	I	E	R	N	B	D	A	M	X
14	15	16	17	18	19	20	21	22	23	24	25	26
C	G	O	J	S	W	P	Z	Y	K	V	Q	F

Vite, une astuce !

Vous voulez servir un bon soufflé au chocolat à vos invités sans vous stresser avec une préparation de dernière minute ? La veille, faites une mousse classique sans crème fraîche ! Versez-la dans des ramequins beurrés allant au four. De 10 à 15 min avant la fin du repas, enfournez dans un four préchauffé à une chaleur moyenne de 200 °C. Pour plus de consistance et de tenue, vous pouvez ajouter à la mousse de la poudre de cacao amer (1 cuillère à soupe rase par œuf).

samedi 12 novembre

Saint Christian

« Qui a l'habitude de marcher,
se fatigue s'il s'assied. »
Proverbe africain

Mini-fléchés

Grille 1

- FIXAI LE VAURIEN
- FAUSSE INFO
- SIGNERA UN BAIL
- CHOISIR
- VIN BLANC D'ESPAGNE
- DÉBORDEMENT
- BRAILLER
- ASSAINIT L'AIR
- T'EXPRIMERAS

Grille 2

- METS GREC
- ANIMAUX À ROUE
- C'EST FOU
- INSTRUMENT
- SOUILLÉS
- FUT FIN
- DU PAYS DE NOS ORIGINES
- PETITE JUPE
- MASCULINS

Grille 3

- GUICHET
- ESCAPADE
- SÉJOUR À L'HÔTEL
- FARCI
- TEXTES ÉMANANT DU ROI
- ATTAQUE
- ACCROCHÉ SUR LA BAGUE
- CADEAU À DIANE
- TROUS DE POISSONS

Grille 4

- PIÈCE FLORALE
- VERSIFIAI
- SOUS BONNE ESCORTE
- PRONOM
- ÉPREUVES DE TESTS
- DONNE À BOIRE
- BAS DE GAMME
- IL MONTRE SA FACE
- DIANA
- LE MÊME EN LATIN
- CORNÉS

Solution au lundi 14 novembre

à faire

NOS EXPRESSIONS

JOUER LES SAINTES-NITOUCHES

Inutile d'éplucher nos calendriers, Nitouche est une pure invention, apparue sous la plume de Rabelais au XVIe siècle, avec l'orthographe Nytouche, contraction de « qui n'y touche pas », sous-entendu « qui ne touche pas à la bagatelle » ! Dans la langue de Rabelais, la Sainte-Nitouche fait ainsi référence à une femme jouant les blanches colombes sans l'être tout à fait. **P. Da.**

SOLUTION DU MARDI 8

A	M	U	S	E	G	U	E	U	L	E	S
R	O	S	A	C	E		T	R	E	N	T
R	U	E		O	N	E	R	E	U	S	E
O	L	E	C	R	A	N	E		C	O	R
G	E		I	N	N	E		P	E	R	I
A		P	R	E	T	E	N	O	M		L
N	A	U	S	E	E		E	T	I	R	E
T	A	T	E		S	A	S	S	E	N	T

dimanche 13 novembre

Saint Brice

« On peut tout acquérir dans
la solitude, hormis du caractère. »
Stendhal

à faire

EN CHANSON

1991 Maurane « Sur un prélude de Bach »

En 1976, Claudine Luypaerts prend pour nom de scène Claudie Claude ; 4 ans plus tard, elle opte finalement pour Maurane. Dans sa Belgique natale, elle s'illustre à l'affiche d'un spectacle hommage à Jacques Brel, mais ne rencontre la notoriété que 10 ans plus tard, à Paris, dans *Starmania*. Michel Berger lui confie le rôle de Marie-Jeanne, créé par Fabienne Thibeault. Si, dans la foulée, la chanson « Toutes les mamas » lui offre le succès, c'est en 1991 qu'elle devient vraiment la nouvelle star de la scène française, grâce au titre « Sur un prélude de Bach ». Une chanson dont elle ne voulait absolument pas !

L'histoire remonte aux années 1970 lorsqu'elle supplie l'auteur-compositeur et arrangeur Jean-Claude Vannier de l'aider. Celui-ci refuse tout net, et Maurane a la rancune tenace... Alors lorsque, des années plus tard, il lui propose « Sur un prélude de Bach », elle l'envoie ouvertement promener. Vannier revient à la charge et Maurane finit par tester ce titre en concert.

© Fréderic Souloy/Gamma-Rapho

La chanson cartonne ! Pourtant, elle refuse toujours de l'enregistrer, eu égard sans doute à cette vieille rancœur. Elle cède enfin à la pression de sa maison de disques et la chanson trouve sa place dans son troisième album, *Ami ou Ennemi*, bientôt écoulé à un demi-million d'exemplaires. « Sur un prélude de Bach » est le tube de l'album, mais aussi celui de sa carrière. En 2018, à 59 ans, Maurane est retrouvée sans vie à son domicile. **P. Da.**

« Lorsque j'entends ce prélude de Bach / Par Glenn Gould ma raison s'envole / Vers le port du Havre et les baraques / Et les cargos lourds que l'on rafistole / Et les torchères, les grues patraques, / Les citernes de gasoil. / Toi qui courais dans les flaques, / Moi et ma tête à claques. / Moi qui te croyais ma chose, ma bestiole, / Moi je n'étais qu'un pot de colle. »

Auteur : Jean-Claude Vannier. Compositeurs : Jean-Sébastien Bach et Jean-Claude Vannier. Polydor, 1991.

SOLUTION DU MERCREDI 9

4	9	2	3	5	1	6	7	8
5	8	7	6	2	9	3	1	4
1	3	6	8	4	7	2	5	9
2	1	3	9	7	4	8	6	5
8	7	4	5	6	2	1	9	3
9	6	5	1	3	8	4	2	7
7	4	1	2	9	3	5	8	6
6	2	9	4	8	5	7	3	1
3	5	8	7	1	6	9	4	2

3	4	5	7	1	6	8	9	2
1	2	6	8	9	4	7	5	3
9	7	8	5	2	3	6	1	4
6	3	7	2	5	9	4	8	1
8	1	9	4	6	7	3	2	5
4	5	2	1	3	8	9	6	7
7	8	1	9	4	5	2	3	6
5	9	3	6	7	2	1	4	8
2	6	4	3	8	1	5	7	9

« Le bon sens, c'est ce qui permet d'être écouté quand vous n'êtes pas intelligent. »
Frédéric Dard

à faire

A TABLE

Granola pommes-myrtilles

Pour 6 personnes • 20 g d'huile de tournesol • 30 g de miel liquide • 40 g de sucre de canne • 140 g de flocons d'avoine • 10 g de sarrasin • 10 g de cornflakes • 1 g de cannelle en poudre • 10 g de graines de tournesol • 10 g de cubes de citron confit • 10 g de cubes d'orange confite • 10 g de raisins de Corinthe • 2 pommes red-chief (Ariane, fuji, braeburn) • 10 myrtilles.

1. Préchauffez le four à 145 °C (th. 4-5). Dans une casserole, faites chauffer l'huile de tournesol avec le miel et le sucre de canne. Mélangez avec l'ensemble des autres ingrédients, sauf les raisins, les pommes et la dizaine de myrtilles.

2. Étalez le tout sur une plaque de cuisson recouverte d'une feuille de papier sulfurisé. Enfournez pour environ 30 min. Ajoutez ensuite les raisins, les pommes taillées en dés et les myrtilles.

Le plus santé Pour équilibrer votre petit déjeuner, accompagnez de fromage blanc et de compote. M. Q.

© Guillaume Czerw

Recette extraite de *Pomme*, Christophe Adam, éd. de La Martinière.

SUR INTERNET

Comment éviter le piratage

1. Choisissez des mots de passe complexes et différents pour chaque site.

2. En cas de suspicion de piratage, changez immédiatement vos mots de passe, surtout celui de votre boîte de réception de courriers électroniques.

3. Évitez de vous inscrire sur un nombre trop important de sites. Privilégiez ceux sur lesquels vous vous rendez régulièrement.

4. Gardez à l'esprit que vous ne connaissez pas les personnes avec lesquelles vous dialoguez sur les sites ou les forums de discussion.

5. Sur votre smartphone, dans les réglages généraux, de localisation ou de sécurité et confidentialité, réglez la géolocalisation en fonction de vos besoins et limitez le suivi publicitaire. Pensez aussi à désactiver l'actualisation des applications en arrière-plan. Même lorsque vous ne les utilisez pas, elles peuvent collecter et transmettre des informations personnelles à d'autres organismes. C. D.

SOLUTION DU SAMEDI 12

	A		L	
I	N	T	O	X
	C	R	U	E
C	R	I	E	R
	A	E	R	E
D	I	R	A	S

	T		I	
P	A	O	N	S
	R	U	S	A
N	A	T	A	L
	M	I	N	I
M	A	L	E	S

	B		N	
F	U	G	U	E
	R	A	I	D
S	E	R	T	I
	A	N	E	T
O	U	I	E	S

	P		G	
R	I	M	A	I
	S	E	R	T
U	T		D	E
	I	D	E	M
P	L	I	E	S

mardi 15 novembre

Saint Albert

« Créer, c'est vivre deux fois. »
Albert Camus

à faire

© Ivan Kmit/stock.adobe.com

AU JARDIN

Illuminez la pelouse

Les pâquerettes qui émaillent le gazon méritent la compagnie de bulbes à floraison printanière. Pensez-y en préparant vos plantations d'automne. Les jonquilles simples, comme l'incontournable narcisse blanc des poètes au parfum entêtant ou encore la véritable jonquille jaune des bois (*Narcissus pseudonarcissus*), finiront par se naturaliser, même en sol lourd. Elles gagneront du terrain et formeront des touffes de plus en plus denses. Comme tous, il ne faudra couper leur feuillage qu'une fois fané afin de laisser aux jeunes bulbes le temps de grossir.
Petite mais mignonne, la fritillaire pintade s'épanouira en mars-avril dans une pelouse humide. La jacinthe des bois et la scille de Sibérie s'étaleront sous les arbres à feuillage caduc pour fleurir en avril-mai. Dans la rocaille, misez plutôt sur les tulipes et les crocus botaniques aux fleurs simples si attendrissantes, ainsi que sur les iris réticulés d'un bleu intense. **P.-Y. N.**

QUELLE HISTOIRE !

En 2015, lors de la rénovation de la tour de la Lanterne de La Rochelle, l'architecte Philippe Villeneuve s'inspire de Cabu et de Wolinski pour les deux gargouilles à recréer. En rendant hommage à ces dessinateurs assassinés, il perpétue une tradition du Moyen Âge.
J.-P. R.

Tout compte fait

Dans chacune des trois lignes, placez les nombres 2 3 5 6 7 de façon à obtenir, en réalisant quatre opérations successives, le total indiqué.

	:		x		-		+		=	15
	+		-		x		:		=	7
	+		x		-		:		=	37

SOLUTION : 6 : 3 x 5 - 2 + 7 = 15 / 3 + 5 - 6 x 7 : 2 = 7 / 5 + 6 x 7 - 3 : 2 = 37

« Nous souhaitons la vérité,
et ne trouvons en nous qu'incertitude. »
Blaise Pascal

AU MARCHÉ

Le céleri rave

© Meteo021/stock.adobe.com

Cette grosse boule longtemps cantonnée à la restauration collective constitue une excellente source de fibres. Elle contient par ailleurs de la vitamine B9, essentielle au bon développement du fœtus et importante tout au long de la vie pour le fonctionnement du système immunitaire, notamment.

Pour préparer des frites fantaisie, faites préchauffer le four à 160 °C. Épluchez le céleri et 3 pommes de terres. Détaillez-les en frites. Placez les morceaux de légumes sur une plaque de cuisson recouverte de papier sulfurisé. Badigeonnez d'huile d'olive, salez et assaisonnez de cumin et de muscade. Faites cuire 1 h en remuant de temps à autre.

Le plus santé Il faut le laver soigneusement pour éliminer la furocoumarine, composé toxique. **D. L.**

à faire

Petits fléchés

FORMER DES ZIGZAGS
BOUQUET
LAMINÉE
ACCESSOIRE DE JARDIN
GARDE À VUE
DE RANG IMPRÉCIS
REPRODUIRE
CREUSÉE
INVITÉ À TABLE
PRINCE FUYARD
AVANT, IL N'Y A RIEN
ENTENDUE À LA COUR DE LOUIS XIV
TROUBLE NAISSANT
UN PLUS MUSICAL
ILS SUIVENT LA THÉORIE
PARDON ?
COUINÇA
C'EST DONC NICKEL !
LOCUTION CONJONCTIVE
METTRE SUR LE SABLE

CONTRARIANTE
MARCHÉ SPÉCIAL
ÉCRIVAIN PUBLIC
MISES EN RAPPORT
SE DÉBARRASSER
RAISINS D'OURS
IL N'A JAMAIS BONNE MINE
METTRE À L'ABRI
OISEAU-MOUCHE
CENTRE D'ESSAIS
IL DONNE LE JOUR
QUI N'EST DONC PAS DANS LA LÉGION
PRÉCÈDE 40 TITRES COTÉS
BIEN VENU
PRENDRA SUR LE FAÎTE
ON L'ATTRAPE PAR LES OREILLES
INTRODUIT LES MATIÈRES
SANS PRÉCIPITATIONS

Solution au samedi 19 novembre

jeudi 17 novembre

Sainte Élisabeth

« Il faut être un homme vivant
et un artiste posthume. »
Jean Cocteau

à faire

Le saviez-vous

Au XIVe siècle, pour des raisons essentiellement politiques, neuf papes résident en Avignon. Le premier est le Français Bertrand de Got, qui s'installe en 1309 sous le nom de Clément V. Jusqu'en 1377, sept papes français règnent sur la chrétienté depuis le Palais. Puis, entre 1378 et 1417, l'Église se déchirera entre deux obédiences. Deux autres papes se succéderont encore en Avignon, en même temps que d'autres en la ville de Rome. J.-P. R.

Mots croisés

	A	B	C	D	E	F	G	H	I	J	K	L	M	N	O	P	Q	R	S	T	U
1										■						■					
2					■								■								■
3				■					■						■						
4							■					■					■				
5			■							■									■		
6					■			■			■					■					■
7		■				■							■							■	
8			■						■									■			
9	■											■					■				
10					■					■				■							
11				■			■													■	
12									■						■						
13		■				■		■					■						■		
14					■						■					■					
15			■							■								■			

Solution au lundi 21 novembre

Horizontalement

1. Ont souvent des activités nocturnes. Trempe le caractère. Épée droite. **2.** Se déplace après un choc. Qui se range facilement. Sortie en catastrophe. **3.** Fleur jaune. À la bonne. Indien qui ne connaît pas l'Amérique. Très sinueux. **4.** Sont loin d'être des vainqueurs. Un des États-Unis. Être ouvert. En dessous, la plage. **5.** Ignore la brusquerie. Fausses réalités. A les oreilles pendantes. Proche de l'île d'Aix. **6.** Corvidé. Il forme le gérondif. Collectionneur de médailles. Rencontre à éviter. Piquante. **7.** Coup franc. Tours plaisants. Réunion de familles. **8.** Léger près de Bibracte. Suite d'un calcul. Qui ne convient pas pour une fille à marier. Passé de l'Union européenne. **9.** Poignées de dates. Fit preuve d'imagination. Accroche. **10.** Elle ne brille pas que sur scène. Pas gâté. Vague de joie. Se montrer très pointilleux. **11.** Sans aucun doute. Cale de garagiste. Prise de corps. **12.** S'y retrouvent dans le brouillard. Qui fait rougir la peau. Fonctions chimiques. **13.** Il est propice aux expositions. Crié pour mettre en garde. Fait une avance. Pièce romaine. **14.** Boucle. Très forts. Fut indiscret. Dressé. **15.** Bien appris. Tel un muscle de la bouche. Groupes bourdonnants. Matière pour boîte.

Verticalement

A. Supplices de roues. Mères d'impairs. **B.** Ne manque donc pas d'adresse. Héroïne de la résistance. Petit filet. **C.** Vieux jours. Arrose Saint-Omer. Inutiles. **D.** Fait pan. Imposer sa loi. Ville bretonne. **E.** Unité cadastrale. Taupe bisexuée. Constatée. **F.** Entrelace des torons. Couvrent l'événementiel. Moyen de paiement. **G.** Évolue dans un espace non contrôlé. Pas jojo. Tuteur pour mineurs... **H.** Plein de gaieté. Surfaces ajoutées. Donne le ton. **I.** Possessif. Titre périmé. Peut se faire rouler par un coolie. Effet d'hiver. **J.** Étouffe à l'heure des repas. Impro de jazz. Traverse la manche. **K.** Sa *Dame* est désormais à Madrid. Faire perdre une grande partie de la flotte. **L.** Originaire. Monnaie sud-américaine. Attachées. **M.** Met à terre. Chute de zinc. Lignes en sus. **N.** Ouvre de nouvelles discussions. Couleur d'anciens clichés. **O.** En ville. Sans issue satisfaisante. Rayon. **P.** Rougit sous le manteau. Stressée. **Q.** Son nom est lié à celui de la rose. Château de la Loire. Mouvements. **R.** Excédent. Jouer contre la banque. **S.** Aspira. Comptée en fin de spectacle. Égouttoir. **T.** D'abord gros, puis second, en architecture. Direction. Chienne de maladie ! **U.** Coule en Manche. Combattre ce qui est tors.

« Le bonheur n'est pas
un événement, c'est une aptitude. »
François de La Rochefoucauld

EN FORME

5 bons réflexes pour l'hiver

© Graphicroyalty/stock adobe.com

Aérez les pièces de la maison 10 min par jour et n'obstruez pas les aérations afin de limiter le risque d'infections croisées quand on vit à plusieurs dans un même espace restreint.

Dehors, respirez par le nez ou à travers une écharpe L'air, qui parvient ainsi plus chaud aux poumons, limite les spasmes bronchiques et les crises d'asthme.

Ne cherchez pas à transpirer Une bonne suée ne guérit pas. Trop se couvrir la nuit ne sert à rien et les à-coups thermiques peuvent fatiguer l'organisme.

Hydratez-vous La buée qui s'échappe de la bouche l'hiver, c'est de l'eau ! Il est donc nécessaire de boire. Mais pas d'alcool, qui ne réchauffe pas et accentue la perte hydrique.

Pensez à vous protéger Rappelons que la bronchiolite est souvent due au contact entre une personne à risque (nourrisson, personne âgée…) et un enfant enrhumé. M. Q.

à faire

D'un mot à l'autre

En regroupant et en mélangeant les lettres de chaque mot donné avec la lettre qui le suit, trouvez un second mot composé de sept lettres.

1 ORMIER + T = _ _ _ _ _ _ _

2 OSMOSE + L = _ _ _ _ _ _ _

3 MINOIS + S = _ _ _ _ _ _ _

4 LUGEUR + B = _ _ _ _ _ _ _

5 VESSIE + L = _ _ _ _ _ _ _

SOLUTION : 1/ Mortier. 2/ Molosse. 3/ Mission. 4/ Lugubre. 5/ Lessive.

Le saviez-vous

En 1971, quand Michel Crépeau, candidat aux élections municipales de La Rochelle, déclare qu'il veut créer le premier quartier piétonnier de France, tout le monde ricane. Élu maire, il développe le recyclage des déchets et inaugure, en 1976, un libre-service gratuit de 400 vélos… Moqué par nombre de Français, ce radical de gauche sera imité 30 ans plus tard par Paris et ses Vélib'. J.-P. R.

samedi 19 novembre

Saint Tanguy

« Il n'est jamais trop tard pour devenir ce que nous aurions pu être. »
George Eliot

à faire

Sudokus

8		4			3			
							5	
	9	2		6	4			
7					1			8
9				3				2
5			8					9
			9	1		7	3	
	6							
			7			2		5

		8				6		
1				3				2
			9	1	2			
6		4				3		5
			4		1			
5								9
	2						9	
9	4						5	3
	8		6		7		2	

	1		4	8				
	6		1	3		9		
							3	8
8		2						
			3	1	7			
						6		5
6	3							
		5		9	3		6	
				5	2		7	

			1	3		2		
					8		1	9
6		7	4					
	8					4		
	9	1	8		2			
	6					5		
3		8	9					
					6		2	3
			2	5		9		

Solution au mercredi 23 novembre

SOLUTION DU MERCREDI 16

■	S	■	E	■	G	■
S	E	N	T	E	U	R
■	R	A	I	N	E	E
S	P	I	R	I	T	E
■	E	N	E	E	■	D
U	N	■	E	M	O	I
■	T	P	■	E	U	T
H	E	I	N	■	I	E
■	R	U	I	N	E	R

■	D	■	S	■	O	■
M	E	R	C	A	T	O
■	S	E	R	R	E	R
C	O	L	I	B	R	I
■	L	A	B	O	■	N
D	A	T	E	U	R	■
■	N	E	■	S	A	C
E	T	E	T	E	R	A
■	E	S	■	S	E	C

AU MARCHE

L'oignon rouge

De la famille des alliacées, l'oignon est à la fois un légume et un condiment cultivé depuis la nuit des temps. Il est riche en polyphénols. Ses antioxydants joueraient un rôle protecteur contre les cancers de l'estomac et ceux des intestins. Préférez une cuisson au four ou sauté, afin de profiter au maximum de ses antioxydants.

Pour faire une tarte, préchauffez le four à 180 °C. Faites rissoler 4 oignons tranchés finement. Pendant qu'ils cuisent, mélangez 3 œufs, 20 cl de crème fraîche, du sel, du poivre noir et de la noix de muscade. Étalez une pâte brisée, versez dessus les oignons cuits, parsemez de fromage râpé, puis versez l'appareil. Enfournez pour 35 min et accompagnez d'une salade. **D. L.**

Saint Edmond

dimanche 20 novembre

« L'huile est plus forte que le fer. »
Proverbe français

© Mehdi/stock.adobe.com

BALADE EN FRANCE

Roquetaillade, rêve médiéval

De loin, le château fort du XIVe siècle apparaît comme une forteresse imprenable percée de meurtrières. Bâti par Gaillard de la Mothe, neveu du pape Clément V, *Roquetaillade* (« taillé sur le rocher ») est habité depuis 700 ans par la même famille. Au XIXe siècle, les ancêtres de Sébastien de Baritault, son actuel propriétaire, trouvent cette demeure trop inconfortable et font appel à Viollet-le-Duc. À partir de 1866, ce dernier reconstruit le pont-levis et des créneaux. Il ajoute des gargouilles et, surtout, il modifie profondément l'intérieur où il donne libre cours à son imagination.
Pour desservir les étages, il reprend l'escalier qu'il aurait aimé construire pour l'Opéra de Paris. Devant la salle à manger, il installe une fontaine avec 5 robinets surmontés d'une frise florale, premier exemple d'Art nouveau en Europe. Dans la pièce, oiseaux, escargots, papillons ornent les toiles peintes à Paris et transportées jusqu'ici, comme les meubles. Dans les 2 chambres, les décors évoquent le château de la Belle au bois dormant, avec des cygnes (emblème de la famille) qui soutiennent les lits à baldaquins et des couleurs aux tons lumineux.
Ornée de cheminées Renaissance, la salle synodale aurait dû constituer l'apothéose de cette métamorphose. Mais la guerre de 1870 a interrompu les travaux. S'inspirant des dessins du maître, Sébastien de Baritault a obtenu l'accord des Monuments historiques pour créer ce décor, un chantier de 10 ans. Viollet-le-Duc, comme pour le domaine d'Abbadia, près d'Hendaye, a étroitement collaboré avec Edmond Duthoit. À *Roquetaillade*, ils ont décliné leur goût pour l'orientalisme et la modernité dans la chapelle du XIIe siècle. Ici, ils ont caché le chauffage et le confessionnal derrière des moucharabiehs. Là, ils ont posé sur le sol des carreaux de ciment très innovants pour l'époque. Et, détail croustillant, Viollet-le-Duc, qui était républicain, y a peint ses angelots avec des ailes bleu, blanc, rouge... **J.-P. R.**

à faire

Le saviez-vous

Que peuvent bien se dire les flamants roses qui portent de la voix pour se faire entendre dans le concert cacophonique de la colonie ? Leur cri évoque celui d'une oie domestique ou d'une bernache sauvage. Le flamant ne crie pas, il cancane. Peut-être pour se moquer de l'oie qui cacarde. P.-Y. N.

lundi 21 novembre

Présentation de Marie au temple

« Je me suis souvent demandé ce qui peut bien différencier une bonne grippe d'une mauvaise. »
Pierre Dac

à faire

D'un mot à l'autre

En regroupant et en mélangeant les lettres de chaque mot donné avec la lettre qui le suit, vous devez trouver un second mot composé, selon le cas, de quatre, cinq, six ou sept lettres. Aucun mot au pluriel n'est admis ni aucun verbe conjugué.

Mots de 4 lettres

1 TAU + S = ☐☐☐☐

2 PIE + A = ☐☐☐☐

3 PUS + L = ☐☐☐☐

Mots de 5 lettres

4 NOTE + T = ☐☐☐☐☐

5 CITE + V = ☐☐☐☐☐

6 BATI + I = ☐☐☐☐☐

7 DOGE + L = ☐☐☐☐☐

Mots de 6 lettres

8 EQUIN + T = ☐☐☐☐☐☐

9 ARGUE + J = ☐☐☐☐☐☐

10 ROSEE + I = ☐☐☐☐☐☐

Mots de 7 lettres

11 REVOIR + U = ☐☐☐☐☐☐☐

12 BEURRE + Y = ☐☐☐☐☐☐☐

13 TRESSE + D = ☐☐☐☐☐☐☐

14 ERMITE + D = ☐☐☐☐☐☐☐

Solution au jeudi 24 novembre

SOLUTION DU JEUDI 17

V	E	I	L	L	E	U	R	S	■	E	N	C	R	E	■	E	S	T	O	C
O	N	D	E	■	P	L	I	A	B	L	E	■	E	V	A	C	U	E	E	■
I	V	E	■	A	I	M	E	■	O	C	E	A	N	■	T	O	R	T	U	S
L	O	S	E	R	S	■	U	T	A	H	■	B	E	E	R	■	P	A	V	E
A	I	■	D	E	S	I	R	S	■	E	P	A	G	N	E	U	L	■	R	E
G	E	A	I	■	E	N	■	A	S	■	E	T	O	C	■	S	U	R	E	■
E	■	A	C	E	■	F	A	R	C	E	S	■	C	L	A	S	S	E	■	R
S	T	■	T	O	T	A	L	■	A	S	O	C	I	A	L	E	■	C	E	E
■	E	V	E	N	E	M	E	N	T	S	■	R	E	V	A	■	P	E	N	D
S	T	A	R	■	L	E	S	E	■	O	L	A	■	E	R	G	O	T	E	R
O	U	I	■	V	E	■	E	M	B	R	A	S	S	E	M	E	N	T	■	E
T	E	N	E	U	S	E	S	■	R	E	C	H	E	■	E	S	T	E	R	S
T	■	E	T	E	■	T	■	G	A	R	E	■	P	R	E	T	E	■	A	S
E	R	S	E	■	C	A	L	E	S	■	E	P	I	A	■	E	R	I	G	E
S	U	■	L	A	B	I	A	L	■	E	S	S	A	I	M	S	■	F	E	R

AU MARCHE

Le topinambour

Ce légume si délicat a un goût incomparable qui se situe entre l'artichaut et la noisette torréfiée. Il contient une bonne quantité de potassium. Ce minéral est essentiel au bon fonctionnement des cellules nerveuses et au maintien d'une pression sanguine normale. Il réussit mal aux intestins fragiles. **Pour une poêlée savoureuse,** épluchez et découpez 5 topinambours et 3 grosses pommes de terre. Faites chauffez un peu d'huile dans la sauteuse et faites cuire à feu doux 1 échalote et 1 gousse d'ail hachées. Puis ajoutez les légumes détaillés. Quand ils sont presque tendres, ajoutez quelques petites girolles et laissez encore cuire quelques minutes. Parsemez de persil ciselé et servez immédiatement. **D. L.**

mardi 22 novembre

Sainte Cécile

« La vie est encombrée d'événements qui nous font souhaiter de devenir plus vieux. »
Albert Camus

A TABLE

Panna cotta à la grenade

Pour 2 personnes • 2 feuilles de gélatine • 30 cl de crème liquide entière • 20 cl de lait d'amande • 80 g de sucre • 4 gouttes d'extrait de vanille • 2 grenades • 3 c. à soupe de gelée de grenade (en magasins bio) • 1 orange bio.

1. Réhydratez les feuilles de gélatine à l'eau froide. Versez la crème, le lait d'amande et le sucre dans une casserole. Chauffez à frémissement en remuant pour dissoudre le sucre petit à petit.

2. Hors du feu, ajoutez les feuilles de gélatine essorées et l'extrait de vanille. Laissez refroidir.

3. Filtrez la préparation et répartissez-la dans les verrines. Réservez au moins 2 h au réfrigérateur.

4. Coupez les grenades en quartiers, égrénez-les. Versez ensuite les grains dans une casserole avec la gelée de grenade et le jus de l'orange. Chauffez 5 à 7 min sur feu doux puis laissez refroidir.

5. Couvrez les panna cottas avec le coulis et les grains de grenade.

© Kerouédan/Photocuisine/sucré-salé

à faire

Super croisés

	A	B	C	D	E	F	G	H	I	J	K	L
1												
2										■		
3					■						■	
4							■					
5				■					■			
6					■					■		
7		■							■			
8			■									

Horizontalement

1. Moyen de répandre la lumière. **2.** Fille du bord de mer. Coulée de lave à Hawaii. **3.** Ne prend pas le droit chemin. Qui va donc être bien vue. **4.** Repousserai la charge. Détruisait l'énergie. **5.** Gonfle le Danube. Endroit où l'on respire mieux. Touche les Grisons. **6.** Les Sagiens l'habitent. Textes donnant lieu à publication. Pierre ou Paul. **7.** Il en prend de la graine ! Collectionne les titres. **8.** Mal traité. Elles travaillent à la chaîne.

Verticalement

A. Peut travailler aux côtés d'un secrétaire. **B.** Trou dans la tête. **C.** Se font entendre en hurlant ou s'expriment tout en douceur. **D.** Ville de Hongrie. Se met à table. **E.** Branché. Se prend au jeu. Un certain ton. **F.** Apportées par un souffle divin. **G.** Qui n'a donc pas d'enfants dans ses jupes. Ni elle, ni lui. **H.** La fin de l'Amour. **I.** Tout un plat. **J.** Sort du château. Activités sociales. **K.** Sortie d'enfants. Donne son parfum à la violette. **L.** Se font en coupant la ficelle.

Solution au vendredi 25 novembre

mercredi 23 novembre

Saint Clément

« Lorsque la réalité ne fournit pas au jaloux de quoi nourrir sa jalousie, il imagine, il invente. »
François Mauriac

à faire

EN FORME

Citrouille : la bonne fée

© Yulia/stock.adobe.com

En cas de constipation, consommez-la en potage, en gratin et même crue en salade. 1 à 3 fois par semaine.

Pour préserver la santé cardiaque, consommez sa chair, 1 à 3 fois par semaine pendant l'hiver.

Pour stabiliser la tension, prenez 1 g d'huile de pépins de courge chaque jour dans les aliments sous forme liquide (¼ de cuillère à café) ou en gélules, 2 à 3 fois par jour, tout au long de l'année.

Pour protéger la prostate et le système urinaire, consommez 1 g d'huile de pépins de courge (comme pour la tension), 3 fois par jour, en cure de 3 semaines ou tout au long de l'année.

Contre les bouffées de chaleur et les maux de tête en périménopause, consommez 10 g (1 cuillerée à soupe légèrement bombée) de graines de courge sans écorce chaque jour. À grignoter ou à ajouter aux soupes et salades, en cure de 2 à 3 semaines lors des troubles ou au long cours.

Pour tonifier les peaux matures, faites pénétrer quelques gouttes d'huile de courge sur le visage nettoyé avant d'appliquer la crème de soins, le matin et/ou le soir.

Pour prévenir la chute des cheveux, appliquez quelques gouttes d'huile de courge, raie par raie, puis frictionnez le cuir chevelu, et ce, 1 à 2 fois par semaine. **F. O.**

SOLUTION DU SAMEDI 19

8	5	4	1	7	3	9	2	6
6	7	1	2	8	9	4	5	3
3	9	2	5	6	4	1	8	7
7	2	3	6	9	1	5	4	8
9	1	8	4	3	5	6	7	2
5	4	6	8	2	7	3	1	9
2	8	5	9	1	6	7	3	4
4	6	7	3	5	2	8	9	1
1	3	9	7	4	8	2	6	5

2	9	8	5	7	4	6	3	1
1	5	7	8	3	6	9	4	2
4	6	3	9	1	2	5	7	8
6	7	4	2	8	9	3	1	5
8	3	9	4	5	1	2	6	7
5	1	2	7	6	3	4	8	9
7	2	1	3	4	5	8	9	6
9	4	6	1	2	8	7	5	3
3	8	5	6	9	7	1	2	4

2	1	3	4	8	9	7	5	6
7	6	8	1	3	5	9	2	4
9	5	4	2	7	6	1	3	8
8	9	2	5	6	4	3	1	7
5	4	6	3	1	7	2	8	9
3	7	1	9	2	8	6	4	5
6	3	7	8	4	1	5	9	2
4	2	5	7	9	3	8	6	1
1	8	9	6	5	2	4	7	3

8	5	9	1	3	7	2	6	4
4	3	2	5	6	8	7	1	9
6	1	7	4	2	9	8	3	5
2	8	3	6	7	5	4	9	1
5	9	1	8	4	2	3	7	6
7	6	4	3	9	1	5	8	2
3	2	8	9	1	4	6	5	7
9	4	5	7	8	6	1	2	3
1	7	6	2	5	3	9	4	8

Sudokus

				6		9		
	2	1						
						7	8	
			5		4			1
7				8				4
9			1		2			
	4	5						
						8	4	
		3		2				

			5				9	
9			4				1	
	7	1						8
8				1				
2		3				8		7
				7				2
7						2	5	
	5				3			6
	8				2			

Solution au samedi 26 novembre

Sainte Flora

« Un vrai livre est toujours quelqu'un qui entre dans notre solitude. »
Christian Bobin

© Coco/stock.adobe.com

AU JARDIN

Magnifiez le balcon

C'est toujours un crève-cœur d'arracher les fleurs estivales du balcon, encore pimpantes, pour les remplacer par des bulbes qui ne fleuriront qu'au printemps. Mieux vaut cultiver alors ces derniers dans des pots ou des petites jardinières que vous grouperez au sol dans un coin du balcon. Drainez-en le fond avec des billes d'argile, plantez dans du terreau et paillez avec une fine couche de gravillons décoratifs.

Dans des pots individuels, installez les bulbes de crocus, de muscaris, d'anémone blanda, de petits narcisses comme le jaune citron Tête à Tête ou le blanc Thalia. Ce qui ne vous empêche pas de garnir une jardinière en mélangeant plusieurs tulipes, quelques petits narcisses parfumés et des jacinthes. À la plantation, n'hésitez pas à les serrer ni à glisser par-dessus des pensées qui apporteront un peu de gaîté en hiver. Arrosez au minimum et surtout ne placez pas de soucoupe d'eau. **P.-Y. N.**

à faire

Mots à mot

En regroupant et en mélangeant les lettres des deux mots de quatre et trois lettres proposés, composez un troisième mot de sept lettres.

MERE + REG = E _ _ _ _ _ _

VOIR + CRU = _ _ _ V _ _ _

DELA + RIS = _ _ _ _ _ _ L

SOLUTION : Émerger - Couvrir - Sidéral.

SOLUTION DU LUNDI 21

4 lettres : 1/saut - 2/paie - 3/plus. **5 lettres :** 4/tonte - 5/civet - 6/tibia - 7/lodge **6 lettres :** 8 quinte - 9/jauger - 10/soirée. **7 lettres :** 11/ouvrier - 12/bruyère - 13/dessert - 14/méditer.

vendredi 25 novembre

Sainte Catherine

« L'immortalité, c'est vivre jusqu'à ce que le dernier homme ait disparu de la terre. Rien de plus. »
Albert Camus

à faire

La ronde des mots

Trouvez dix-neuf mots et notez chacun d'eux dans le sens des aiguilles d'une montre autour de la case de définition correspondante.
La première lettre de chaque mot est indiquée par le triangle noir.
Le premier mot est donné en exemple.

Solution au dimanche 27 novembre

AU MARCHE

Le gingembre

Ce rhizome est aussi délicieux frais qu'en poudre ou surgelé. Il est constitué d'amidon et de plusieurs composés phénoliques, dont les gingérols, à la fois anti-inflammatoires et efficaces contre les nausées.

Le plus santé N'en consommez pas avant une intervention chirurgicale.

Dans une boisson fraîche, épluchez un tronçon de quelques centimètres de gingembre et coupez-le en fines lamelles. Faites-les bouillir dans 1 litre d'eau pendant 30 min. Couvrez. Laissez infuser encore 15 min hors du feu. Au moment de servir, ajoutez 2 cuillères à soupe de jus de citron. **D. L.**

SOLUTION DU MARDI 22

E	N	S	E	I	G	N	E	M	E	N	T
B	A	I	G	N	E	U	S	E	■	A	A
E	R	R	E	■	N	E	T	T	E	■	R
N	I	E	R	A	I	■	U	S	A	I	T
I	N	N	■	S	A	N	A	■	U	R	I
S	E	E	S	■	L	O	I	S	■	O	N
T	■	S	E	M	E	U	R	■	U	N	E
E	U	■	T	I	S	S	E	U	S	E	S

samedi 26 novembre

Sainte Delphine

« Le secret de l'existence humaine consiste non pas seulement à vivre, mais à trouver un motif de vivre. »
Fiodor Dostoïevski

Mini-fléchés

Grille 1

FIT OBSTACLE (S') / MAL EN BOUCHE / COUR INTÉRIEURE / BRUNIR / ELLE FUT NORMALE POUR LES MAÎTRES / ESPACE VERT / NUMÉRO DE PAGE / UNIQUE / COMME LA VIOLETTE

Grille 2

BÊCHER ENCORE / JULES ROMAIN / DÉFILÉ DE CHARS / ARGILE ANTIQUE / FRÈRE JUMEAU DE ROMULUS / ÉCLAT JOYEUX / UNE RELIGION / ON S'Y REND POUR UN TOUR / ON PEUT RÉCLAMER LE SIEN

Grille 3

QUI GOBE TOUT / BAIES / TENAIT LA BOÎTE / ONGLON / POISSON MARIN / PARQUA / PLAT TURC / COMME JAIS / BAS RELIEF

Grille 4

POUSSA À AGIR / COUP AU BILLARD / CRIER À LA FERME / UN TAS D'ÉTOILES / AGIT LENTEMENT MAIS SÛREMENT / CHEF DISPARU / IMAGE À PROJETER / IL A SUCCÉDÉ AU CONGO BELGE / CELA ÉVITE UNE RÉPÉTITION

Solution au lundi 28 novembre

à faire

EN FORME

Digestion : la phyto-aromathérapie

Vous avez une digestion lente avec brûlures d'estomac ? Concoctez une tisane avec de la réglisse, de la guimauve et de la menthe poivrée. Versez 1 cuillère à café de chacune des plantes dans une grande tasse. Portez de l'eau à ébullition et versez-la sur les plantes. Laissez infuser 10 min, filtrez. Buvez 1 tasse de ce mélange après les repas.

Pensez aux soins locaux Dans un flacon de 50 ml, versez 30 gouttes d'HE de menthe poivrée + 30 gouttes d'HE d'orange amère, puis remplissez avec de l'huile végétale de macadamia. Versez 10 gouttes du mélange dans le creux de la main et massez-vous l'abdomen après les repas. C. A.

SOLUTION DU MERCREDI 23

4	3	7	2	6	8	9	1	5
8	2	1	7	5	9	4	3	6
5	9	6	3	4	1	7	8	2
3	6	8	5	7	4	2	9	1
7	1	2	9	8	6	3	5	4
9	5	4	1	3	2	6	7	8
6	4	5	8	9	3	1	2	7
2	7	9	6	1	5	8	4	3
1	8	3	4	2	7	5	6	9

3	6	8	5	2	1	7	9	4
9	2	5	4	8	7	6	1	3
4	7	1	6	3	9	5	2	8
8	4	7	2	1	6	9	3	5
2	1	3	9	4	5	8	6	7
5	9	6	3	7	8	1	4	2
7	3	9	8	6	4	2	5	1
1	5	2	7	9	3	4	8	6
6	8	4	1	5	2	3	7	9

dimanche 27 novembre

Saint Séverin

« Être capable de trouver sa joie dans la joie de l'autre : voilà le secret du bonheur. »
Georges Bernanos

à faire

SOLUTION DU VENDREDI 25

Ligne 1 : denrée, peigne, féerie, coudée. **Ligne 2 :** revoir, gélive, renflé, douane. **Ligne 3 :** osiers, inouïs, flacon, amiral. **Ligne 4 :** énième, utérin, clapet, radial. **Ligne 5 :** éfendi, relief, pénale, idoine.

© Nicolas Rochette France

BALADE EN FRANCE

Une tournée en Touraine

À Loches, splendide cité royale datant de l'époque médiévale, passez la Porte Royale pour remonter le temps. Château-fort, donjon, façades en tuffeau… vous croiserez peut-être, au détour d'une ruelle pavée, les fantômes de Jeanne d'Arc, de Charles VII et sa favorite, Agnès Sorel, ou encore d'Anne de Bretagne. Puis, direction Descartes. L'ancienne Haye-en-Touraine doit son nom actuel au père de la philosophie moderne, le mathématicien René Descartes. Passage obligé pour appréhender son œuvre et sa vie, sa maison natale abrite un musée. Sur la place de l'Hôtel-de-Ville, admirez sa statue, coulée à la fonderie d'Abilly. Vous pourrez aussi louer un kayak pour découvrir les environs au fil de la Creuse.

À La Celle-Guenand, découvrez plus de 130 métiers disparus ou en voie d'extinction au musée de l'Outil, avant de partir à la rencontre de la Préhistoire, au Grand-Pressigny. Dans cette capitale mondiale de la pierre taillée, vous apprendrez qu'il y a plus de 500 000 ans, l'homme était déjà établi en Touraine pour exploiter le silex, fabriquer les armes essentielles à sa survie et les exporter dans différentes parties de l'Europe occidentale. À Abilly, vous pourrez visiter l'église Saint-Martin, avant d'aller profiter de la douceur de vivre sur la bucolique île de la Claise.

Faites ensuite route vers Sainte-Maure-de-Touraine, terre des emblématiques bûches de chèvre cendrées et dotées d'une appellation d'origine contrôlée (AOC), pour gagner ensuite la stupéfiante vallée de Courtineau. Cette petite merveille recèle de nombreuses habitations troglodytiques, moulins à eaux, lavoirs, ainsi que des artisans travaillant encore l'osier. Poussez jusqu'à Chinon qui saura vous éblouir par son faste, notamment celui de sa forteresse royale et de ses caves ! Vous pourrez terminer votre journée en sirotant un excellent vin du cru sur les bords de la Loire et savourer les délices culinaires de cette terre de Rabelaisie au populaire bistrot *L'Ardoise*. Tout pour mener la vie de château ! **F. O.**

lundi 28 novembre

Saint Jacques de la Marche

« Une main toute seule
ne peut pas applaudir. »
Proverbe algérien

à faire

C'EST ARRIVÉ LE...

28 NOVEMBRE 1948

Le premier appareil photo instantané est commercialisé dans une boutique de Boston, aux États-Unis, par son inventeur, l'Américain Edwin Land. Baptisé « Polaroid », l'appareil fonctionne, à ses débuts, uniquement, en noir et blanc. Le procédé s'adapte à la couleur à partir de 1963 et connaît par la suite un succès mondial. S. P

SOLUTION DU SAMEDI 26

	O		A	
A	P	H	T	E
	P	A	R	C
F	O	L	I	O
	S	E	U	L
P	A	R	M	E

	T		P	
C	E	S	A	R
	R	I	R	E
I	S	L	A	M
	E		D	U
U	R	N	E	S

	I		G	
A	N	S	E	S
	G	A	R	A
K	E	B	A	B
	N	O	I	R
B	U	T	T	E

	M		C	
C	O	U	L	E
	T	S	A	R
D	I	A	P	O
	V		I	D
Z	A	I	R	E

AUTOMNE

mardi 29 novembre

Saint Saturnin

« Les problèmes sont rares dans les airs.
C'est toucher le sol qui est dangereux. »
Amelia Earhart

à faire

Le saviez-vous

Les noms *digitale* et *digitalis* viennent de la forme de la fleur qui peut habiller un doigt. D'où les noms vernaculaires comme doigtier, gantelet, gants de Notre-Dame, de bergère, de coucou utilisés pour désigner cette fleur d'été... En Alsace, la digitale est le bonnet de l'Erdwibla, un elfe habitant sous terre. En Angleterre, the *foxglove* est le gant de renard. En Allemagne, *der Fingerhut* (le dé à coudre) servirait aux fées pour coudre avec un fil en rayons de lune. P.-Y. N.

A TABLE

Croquettes au comté

© Valéry Guedes / Stylisme Bérangère Abraham

Pour 4 personnes • 500 g de pommes de terre agria (soit 250 g de pulpe) • 1 kg de gros sel • 20 g de farine • 120 g de comté râpé • 30 g d'emmental râpé • 2 jaunes d'œufs • Sel • Poivre • Pour la panure : 100 g de farine • 2 œufs • huile d'arachide pour la friture + 1 trait pour la panure • 100 g de chapelure de pain.

1. Enfournez les pommes de terre disposées sur une plaque avec du gros sel. Laissez cuire 40 min à 1 h suivant leur taille à 180 °C (th. 6).

2. Sortez-les du four, coupez-les en 2 et récupérez la chair pour obtenir 250 g de pulpe.

3. Passez-la au tamis et mettez-la dans un cul-de-poule. Ajoutez ensuite la farine, le comté, l'emmental, les jaunes d'œufs et mélangez bien le tout. Rectifiez l'assaisonnement.

4. Réalisez des boules de 4 cm de diamètre avec la pâte homogène.

5. Faites chauffer la friteuse à 180 °C. Préparez 3 bols : un avec la farine, un autre avec les œufs battus mélangés à l'huile d'arachide et un dernier avec la chapelure de pain. Passez chaque boule dans chaque bol. Faites-les frire 3 min dans un bain d'huile à 180 °C.

Info + Vous pouvez remplacer la chapelure de pain par de la polenta.

Recette extraite de *Pomme de terre*, Éric Frechon et Valéry Guedes, éd. Solar.

Tout compte fait

Dans chacune des trois lignes, placez les nombres 4 5 6 7 8 de façon à obtenir, en réalisant quatre opérations successives, le total indiqué.

	x		:		-		+		=	10
	:		+		x		-		=	33
	:		+		x		-		=	49

SOLUTION : 6 x 8 : 4 - 7 + 5 = 10 / 8 : 4 + 6 x 5 - 7 = 33 / 8 : 4 + 7 x 6 - 5 = 49

Saint André

« Ce que j'aime du voyage,
c'est l'étonnement du retour. »
Stendhal

AU MARCHÉ

Le curcuma

Le curcuma est un rhizome appartenant à la même famille que le gingembre mais qui se différencie de celui-ci par sa couleur orange vif. Séché et réduit en poudre, le curcuma est utilisé comme épice. Sa saveur est poivrée et très aromatique. Cette épice, utilisée dans les currys, est riche en antioxydants nommés polyphénols curcuminoïdes. Ils ont une action anti-inflammatoire et de protection vasculaire, ils réduisent aussi le processus athéromateux.

© beats/stock.adobe.com

Le plus santé Il serait à éviter lors de certaines chimiothérapies. D. L.

à faire

Petits fléchés

Grille 1 : RÉBELLION EN MER / ANACONDA – ALICE OU CENDRILLON / ET TOC ! – LUEUR FURTIVE / PAVÉS – C'EST UN SOUTIEN PROVISOIRE – PESAIT LA BOÎTE / A ÉCLATÉ DE JOIE – DÉCORA / CEPENDANT – ASSOMBRI / ROULÉE PAR LE RENARD – OBTENUE APRÈS DEMANDE – INTERJECTION DOULOUREUSE – AVANT NOUS / ARTICLE ANDALOU – HEUREUX EN AMOUR OU EN POLITIQUE – PALAIS PRÉSIDENTIEL (L')

Grille 2 : BONNE OPÉRATION / TAQUINÉ – LE GRAND ÉCART / ÉLÉMENT DE CERCLE – GOURMAND / VILLE DE SUISSE – L'ERBIUM POUR LE CHIMISTE – CINQ OU SEPT / RUTILA – CÔTES BRETONNES (D') – IL S'ACCORDE AVEC INTÉRÊT – CÉLÈBRE BATAILLE / AXE DU VENT – DEVANT LE DOCTEUR / SEMBLABLE – IL SE RECONNAÎT AU PALAIS / DIANA – DÉTERMINANT DÉMONSTRATIF – COMME UN ART DES ANNÉES 1920 – NOMMER CONSONNES ET VOYELLES

Solution au samedi 3 décembre

jeudi 1er décembre

Sainte Florence

« Décembre trop beau, été dans l'eau. »
Dicton français

à faire

Jackpot

Dans chaque jeu, trouvez trois mots de quatre, cinq, six ou sept lettres en ne prenant qu'une lettre par colonne. Chaque lettre ne sert qu'une fois. Un exemple vous est déjà donné.

① Mots de 4 lettres

A	R	X	E
B	E	U	H
S	A	T	M

BATH

② Mots de 5 lettres

S	R	I	B	E
U	I	U	E	R
A	L	D	C	U

③ Mots de 6 lettres

I	R	M	U	R	O
G	I	E	O	O	E
K	N	J	L	N	N

④ Mots de 7 lettres

G	E	T	U	E	A	R
L	R	I	P	P	U	E
D	I	Q	E	N	T	L

Solution au dimanche 4 décembre

C'EST ARRIVÉ LE...

1ER DÉCEMBRE 1955

Aux États-Unis, dans un bus de Montgomery (Alabama), Rosa Parks, une femme noire de 42 ans, refuse de céder sa place à un homme blanc. Elle est arrêtée et condamnée à payer une amende de 15 dollars. Une campagne de boycott contre la compagnie de bus est lancée. À sa tête, un jeune pasteur de 26 ans : Martin Luther King. S. P.

EN BEAUTE

Je protège mes cheveux

Évitez les agressions Commencez par retirer un maximum d'eau en torsadant vos longueurs. Utilisez une serviette séchante. Tissée à partir de fibres ultra-absorbantes, elle élimine un maximum d'humidité. Appliquez un soin de brushing, riche en actifs réparateurs et protecteurs.

Côté sèche-cheveux, préférez ceux dont la ventilation est puissante. Une fois le dessus de votre tête séché, clipsez l'embout sur l'appareil et dirigez l'air à puissance maximale dans le sens du coiffage. E. L.

« Le bonheur est né de l'altruisme et le malheur de l'égoïsme. »
Bouddha

EN FORME

La fève des marais, choix de roi

© Alexandra/stock.adobe.com

Présente dans de nombreuses recettes et délicieuse au goût, cette légumineuse nous aide à faire le plein d'énergie et à lutter contre la maladie de Parkinson.

Contre le manque d'entrain et le surmenage Prenez 2 gélules (elles sont dosées à 500 mg) d'extrait de fève des marais le matin pendant 1 à 2 mois, le temps de retrouver de l'énergie et de modifier vos habitudes alimentaires au profit d'un petit déjeuner protéiné (légumineuses, oeufs, jambon...).

En cas de Parkinson débutant, sans prise de médicaments (début de tremblements...) Prenez 2 gélules d'extrait de fève des marais, le matin au long cours. En cas de syndrome des jambes sans repos et, après 50 ans, de troubles de la concentration : prenez 2 gélules d'extrait de fève des marais le matin, au long cours. Faites des pauses si vous constatez des améliorations et recommencez si nécessaire.

Dans le cadre de syndrome métabolique Prenez 2 gélules le matin pendant 3 mois. Arrêter les gélules si le bilan sanguin est bon mais consommez-en 500 g par semaine par voie alimentaire. Sinon, poursuivez la cure pendant 2 mois. F. O.

Dessiner de mémoire

Observez ces quatre boutons pendant 30 secondes, puis cachez-les.

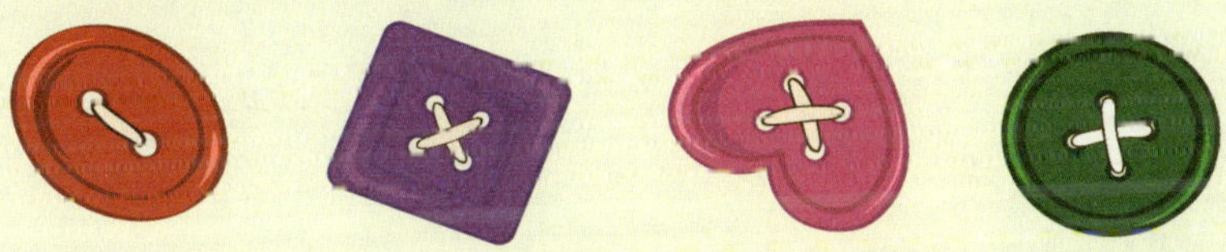

Redessinez les boutons dans le bon ordre.

à faire

Vite, une astuce !

Pour récurer les fonds de casserole ou les plats à four, la coquille d'œuf réduite en poudre est très efficace. Légèrement abrasive, cette poudre utilisée avec de l'eau savonneuse vient à bout des taches tenaces. E. T.

samedi 3 décembre

Saint François Xavier

« Le secret de la jeunesse est d'être honnête, de manger lentement, et de mentir sur son âge. »
Lucille Ball

à faire

Mini-fléchés

S'AG-GRAVE / PRÉNOM DE ZOLA		COUVERT D'ÉLOGES / CORSE OU SICILE		D'UN AUXI-LIAIRE
INSIPIDE / STATUE DE LA VIERGE				
IL N'EST PAS BIEN MALIN		SYMBOLE CHIMIQUE DU TITANE		

CINQ OU SEPT / DIFFUSÉE		PS GREC / COLORÉ		ALLONGE APRÈS UN EFFORT
CAPTA / ... COMME UN PINSON ?				
			C'EST JUSQU'À MIDI	
IL COULE À MUNICH / ENTRE-METS				

RÉCI-PROQUE / CHAM-PÊTRE		PRIT LE LARGE / IMITERA LE CERF		FICELLES, CORDONS ET COUR-ROIES
ASSÉCHÉ / CHAMBRE DE PALACE				
IRLANDE POÉTIQUE / METS SUR LA CARTE				

CHANT LITUR-GIQUE / APPEL BREF		QUI N'A PLUS DE FLAMMES / PRONOM		MARQUAS UN FRUIT
C'EST UN INCONVÉ-NIENT / CARABINE				
QUI NE SE PRES-SENT PAS		EXPRIME UNE JEUNE VOLONTÉ		

Solution au lundi 5 décembre

SOLUTION DU MERCREDI 30

■	M	■	H	■	E	■
E	U	N	E	C	T	E
■	T	A	R	A	I	T
R	I	■	O	R	N	A
■	N	O	I	R	C	I
B	E	R	N	E	E	■
■	R	■	E	L	L	E
A	I	E	■	E	L	U
■	E	L	Y	S	E	E

■	C	■	A	■	F	■
C	H	A	M	B	R	E
■	I	M	P	A	I	R
B	R	I	L	L	A	■
■	U	■	I	E	N	A
P	R	E	T	■	D	R
■	G	O	U	T	■	M
D	I	■	D	E	C	O
■	E	P	E	L	E	R

EN FORME

La noisette

Ses vertus Elle est riche en cuivre et manganèse : une petite poignée (20 g) apporte le tiers de l'apport journalier conseillé. Elle fournit également de bonnes proportions de vitamines B1, B9 et E.

En cuisine Parfaite pour les en-cas à l'extérieur, elle donne du croquant aux salades ou aux crudités. Réduite en poudre, elle améliore saveur et tenue des pâtes à tartes et gâteaux sans gluten. F. D.

dimanche 4 décembre

« L'homme le plus heureux
est celui qui fait le bonheur
d'un plus grand nombre d'autres. »
Denis Diderot

© Erwan le roux/stock.adobe.com

BALADE EN FRANCE

L'île de Sein à fleur d'écume

Parti de la baie d'Audierne, dans le Finistère, le ferry *Enez Sun III* file à 15 nœuds le long de la côte. Au bout d'une trentaine de minutes, il croise en face de la pointe du Raz. Obliquant vers le large, il navigue entre les rochers du raz de Sein jusqu'à l'île, plate comme la main. À Sein, chaque arrivée est un petit événement pour les 250 habitants. Voisins, amis, commerçants se retrouvent sur le quai pour papoter, réceptionner des marchandises ou accueillir un proche. L'île étant interdite aux vélos, excepté celui de la postière, chacun pousse ses marchandises dans une charrette. Ici, toutes les maisons se serrent les unes contre les autres le long de ruelles étroites pour se protéger des tempêtes, comme celle de 2014, qui a submergé l'île, entraînant des goémons jusqu'à l'église, point culminant à 9 m d'altitude. Depuis, les quais ont été consolidés et la lutte contre les lapins renforcée pour éviter qu'ils ne dévorent ajoncs et genêts, aggravant ainsi l'érosion.
Longue d'à peine 2 km, Sein se découvre à pied ou en kayak de mer. On en fait vite le tour, mais elle n'est jamais tout à fait la même avec ses cieux si changeants. Où que le regard se porte, l'océan est là. Parfois calme, mais rarement. Sur l'estran, tourne-pierres et bécasseaux guettent leur pitance. Vers la côte, le phare de la Vieille, vigie installée sur un îlot, guide les marins entre l'île et la pointe du Raz. Au large, le phare d'Ar-Men apparaît à 10 km comme un point d'exclamation, ponctuant les nombreux rochers de la chaussée de Sein.
Au bout de l'île, la station de desalinisation approvisionne Sein en eau potable qui est, comme l'indiquent des pancartes dans les hôtels, la plus chère du pays. À côté, Marie Robert et Stanislas Jousseaume élèvent leurs huîtres, parmi les plus goûteuses et les plus charnues de France. En passant, on peut grignoter un peu de criste-marine au goût anisé, proche du fenouil. Et puis, il faut grimper au sommet du Grand Phare, dynamité par les Allemands en 1944 et reconstruit entre 1950 et 1951. La statue offerte par de Gaulle porte cette mention : « Un soldat qui ne se reconnaît pas vaincu a toujours raison. » C'est ici que l'on s'est moqué de François Hollande en 2014, lorsqu'il s'est fait rincer par les embruns, après avoir gentiment refusé un parapluie.
Mais c'est l'heure de la sortie... Les 2 collégiens et leurs professeurs ont déjà fini les cours. Après leur café matinal quai des Paimpolais, les îliens jouent à la pétanque devant le restaurant *Chez Bruno*. En quelques heures, on reconnaît des visages. C'est l'un des plaisirs du lieu ! **J.-P. R.**

à faire

SOLUTION DU JEUDI 1ER

1. bath / sexe / arum.
2. slice / aider / urubu.
3. grêlon / injure / kimono.
4. détente / grippal / liqueur.

lundi 5 décembre

Saint Gérald

« Décembre ensoleillé, été mouillé. »
Dicton français

à faire

A TABLE

Saumon mi-cuit, émulsion d'estragon, patate douce

Pour 6 personnes • 800 g de patates douces • 10 cl de lait entier • Sel • Poivre • 2 pincées de noix de muscade râpée • 30 g de beurre • 10 cl de crème liquide entière • Quelques brins d'estragon • 10 cl de lait entier • 2 c. à soupe d'huile d'olive • 20 g de beurre • 900 g de filet de saumon • 2 c. à soupe d'huile d'olive.

1. Pelez et coupez les patates douces en cubes. Cuisez-les 20 min dans l'eau bouillante salée. Égouttez, puis écrasez au presse-purée en versant le lait tiède. Salez, poivrez, ajoutez la noix de muscade et le beurre coupé en dés.

2. Chauffez la crème avec la moitié de l'estragon ciselé. Laissez réduire 3 min, filtrez, ajoutez le lait, le reste d'estragon et enfin salez. Couvrez puis laissez refroidir.

3. Chauffez l'huile dans une grande poêle. Lorsqu'elle grésille, ajoutez le beurre, chauffez jusqu'à ce qu'il soit bien mousseux. Déposez les tranches de saumon à plat. Laissez cuire 1 min de chaque côté sur feu vif. Assaisonnez.

© Viel/Photocuisine/sucré-salé

4. Répartissez la purée et les tranches de saumon dans l'assiette.

5. Réchauffez la crème à l'estragon jusqu'à ce qu'elle frémisse. Hors du feu, émulsionnez-la avec un mixeur plongeant. Versez dans les assiettes que vous pouvez décorer d'un brin d'estragon.

Info + Parfumez le saumon avec le jus d'un citron ajouté dans la poêle en fin de cuisson. M.-A. D.

SOLUTION DU SAMEDI 3

	E		F	
E	M	I	L	E
	P	L	A	T
P	I	E	T	A
	R		T	I
B	E	N	E	T

	I		P	
E	M	I	S	E
	P	R	I	T
G	A	I		I
	I	S	A	R
C	R	E	M	E

	M		P	
R	U	R	A	L
	T	A	R	I
S	U	I	T	E
	E	R	I	N
P	L	A	T	S

	P		E	
P	S	I	T	T
	A	L	E	A
F	U	S	I	L
	M		N	A
L	E	N	T	S

Mots à mot

En regroupant et en mélangeant les lettres des deux mots de quatre lettres proposés, composez un troisième mot de huit lettres.

ELAN + PITA = P _ _ _ _ _ _ _

EURO + LENT = _ _ _ O _ _ _ _

IDEM + PONT = _ _ _ _ _ _ T _

SOLUTION : Palatine - Entôleur - Indompté.

Saint Nicolas

« La pauvreté sans dette dépasse la richesse. »
Proverbe africain

EN FORME

J'ai un hallux valgus

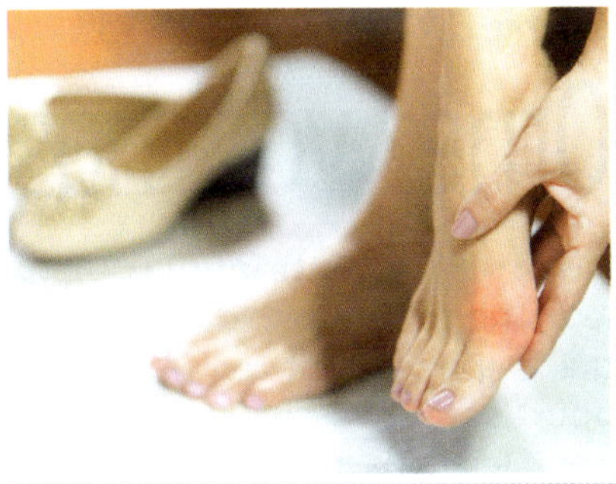

© Jatuporn Tansirimas/stock.adobe.com

L'hallux valgus est une déviation anormale du gros orteil vers le deuxième orteil, causée par la rétractation du tendon adducteur du premier. Ce qui finit par entraîner la formation d'une saillie osseuse, ou « oignon », entre l'os de l'avant-pied et le gros orteil. Une inflammation et un œdème peuvent apparaître au niveau de l'oignon. Ou une rétractation des autres orteils. « C'est le patient lui-même qui décidera de l'opportunité d'une intervention chirurgicale en fonction de la gêne qu'il subit au quotidien et de la douleur », explique le Docteur Nicolas Chanzy, chirurgien orthopédiste. En attendant, des bonnes pratiques peuvent aider à mieux vivre avec cette pathologie.

Portez une orthèse qui force le gros orteil à se réaligner. Le fait de le maintenir droit limite l'inflammation dans toutes les structures qui l'entourent (ligaments, tendons, capsule autour de l'articulation) et donc réduira la douleur.

Choisissez les bonnes chaussures
Les chaussures à bout pointu et en cuir rigide sont à bannir. Préférez des chaussures larges à bout carré ou rond, dans un matériau confortable et souple, cuir ou tissu. Renoncez aussi aux talons de plus de 3 à 4 cm de haut, la pression due au poids du corps portant fortement sur l'articulation en souffrance. **I. G.**

à faire

Super croisés

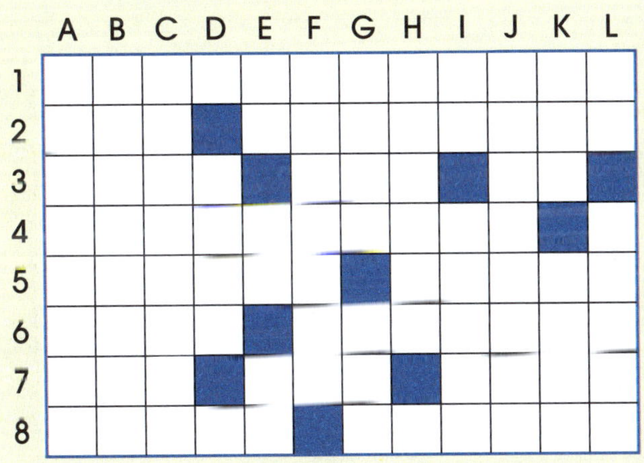

Horizontalement

1. Sans se perdre dans les détails. **2.** Lettre grecque. Un rêve pour Joe Dassin. **3.** Les Ch'tis nous y souhaitent la bienvenue. Pris en traite. Dans le théâtre de Brecht. **4.** Faite main. **5.** Chez le veau, c'est du ris. Remorquer. **6.** L'Irlande. Comme une crêpe. **7.** Fait deviner ce qu'il y a dans le canard. Pommade. Fromage blanc. **8.** C'est le mauvais cheval. Passer la main.

Verticalement

A. Il prend son train au Luxembourg. **B.** Il surveille nos pavillons. **C.** Infligés par le bourreau. **D.** Elle était versée à l'Église. **E.** Sort du volcan. Bien en tête. Déesse de la Terre. **F.** On sait où ça commence, on voit vite où ça finit. **G.** Il fait office de filtre. Objet volant. **H.** Pâle copie. **I.** Sur une portée. Limon fertile. **J.** Débarrassés de leur pédoncule. **K.** A causé un dommage. Exister. **L.** Pour tirer un angle droit. Mettre les voiles.

Solution au vendredi 9 décembre

mercredi 7 décembre

Saint Ambroise

« Quand Dieu se tait, on peut lui faire dire ce que l'on veut. »
Jean-Paul Sartre

à faire

AU JARDIN

Ornez vos massifs

Misez sur la palette infinie de couleurs de tulipes de toutes tailles, qui s'épanouiront en mars-avril pour les hâtives et jusqu'en mai pour les plus tardives. Travaillez toujours par taches colorées en plantant par groupe de 10 d'une même variété. Vos tulipes préférées, monochromes ou bigarrées, se marieront à merveille avec des vivaces comme le Cœur de Marie blanc ou rose, les heuchères pourpres, les graminées Bronze ou les euphorbes jaunes ou orangées. **Les tulipes blanches, comme celle à fleur de lis White Triumphator,** ou presque noires, comme Black Jack, sont toujours chics. Celles couleur saumon, comme Apricot Beauty, sont romantiques, les tulipes oranges, comme Lambada, ou les rouges, comme Chaperon rouge, dynamiques. Vous pourrez alors compter sur les fleurs bisannuelles comme les pensées, les giroflées ravenelles et le myosotis qui joueront les plus beaux écrins. **Pour les abords de la maison,** réservez les variétés au look sophistiqué comme les tulipes perroquet et celles aux pétales dentelés ou à fleurs doubles. Les narcisses ont aussi leur rôle à jouer en illuminant les massifs de leurs fleurs souvent parfumées à dominante de blanc, jaune, orange et pêche. Les mélanges de couleurs ne choquent pas et offrent un résultat presque naturel, voire presque champêtre. **P.-Y. N.**

© Pierre-Yves Nédélec

Le saviez-vous

Quoi de mieux qu'une écorce ignifugée pour résister aux incendies de forêt ? Le champion en la matière est le séquoia géant de Californie dont l'écorce fibreuse atteint 60 cm d'épaisseur. Chez les plus vieux sujets, son poids est estimé à 7 tonnes. L'épaisse écorce de l'araucaria d'Argentine et du chêne-liège de Méditerranée leur assure aussi une bonne protection contre le feu. P.-Y. N

Sudokus

7		3	5	4			2	
	9	2	8		1		4	
4					2		9	8
8					6		3	1
			4	1	3			
5	3		2					9
1	7		3					4
	5		7		8	6	1	
	2			6	4	3		7

5					6			3
	3		8	2			7	
		4	3					1
	5		6			3		
2	6						4	8
		3			1		6	
3					5	9		
	7			1	3		5	
4			9					7

Solution au dimanche 11 décembre

« Le type qui a dit qu'on avait toujours tort de donner des explications avait cent fois raison ! »
Agatha Christie

à faire

A TABLE

Rattes en vinaigrette à l'andouille de Guéméné

Pour 2 personnes • 200 g de pommes de terre ratte • 1 grosse échalote • 1 petite botte de ciboulette • 1 pincée de sel • 1 petite pincée de poivre • 1 pointe de moutarde • 5 ml de vinaigre de Xérès • 15 ml d'huile d'arachide • 6 fines rondelles d'andouille de Guéméné (3 mm d'épaisseur) • 1 trait d'huile d'arachide • 50 g de mâche.

1. Préchauffez le four à 180 °C (th. 6). Enveloppez chaque pomme de terre dans du papier aluminium (ou papier de cuisson) et faites-les cuire au four en papillote pendant 1 h. Pelez-les et réservez-les au chaud.

2. Ciselez finement l'échalote. Confectionnez la vinaigrette en mélangeant le sel, le poivre, la moutarde, le vinaigre de Xérès et montez le tout à l'huile d'arachide.

Photo Valéry Guedes/Stylisme Berangère Abraham

3. Écrasez les pommes de terre avec la moitié de la vinaigrette et l'échalote ciselée. Poêlez l'andouille avec l'huile d'arachide jusqu'à obtenir des cônes.

4. Assaisonnez la mâche avec le reste de la vinaigrette. Dans chaque assiette, déposez un cercle, remplissez-le avec l'écrasée de pomme de terre, placez dessus 3 cônes d'andouille et 1 bouquet de mâche au centre, parsemez de ciboulette ciselée. Servez immédiatement.

Recette extraite de *Pomme de terre*, Éric Frechon et Valéry Guedes, éd. Solar.

EN FORME

La carotte

La carotte est un légume débordant de béta-carotène et de composés phénoliques, antioxydants qui auraient des propriétés antitumorales.

Pour faire un curry express Faites revenir 1 gousse d'ail et 1 oignon émincés dans un peu d'huile. Saupoudrez de 2 cuillères à café de gingembre moulu et de 1 cuillère à café de curcuma. Ajoutez 2 carottes coupées en rondelles et 1 boîte de tomates concassées. Laissez cuire 10 min. Ajoutez 200 g de lentilles corail et 20 cl d'eau. Après 20 min, poivrez, ajoutez un trait de lait de coco, des feuilles de coriandre, puis servez. **D. L.**

NOS EXPRESSIONS

ÊTRE COMME SAINT THOMAS

Dans l'Évangile selon saint Jean, est relatée la façon dont Jésus, ressuscité trois jours après sa crucifixion, apparut à quelques apôtres. L'un des douze, Thomas, n'est pas présent. Quand la nouvelle lui est rapportée, il doute et demande à voir la marque des clous. Jésus les lui montre, Thomas s'exclame : « Mon Seigneur et mon Dieu ! » Jésus réplique par une sentence qui invite chacun à croire sans avoir besoin de voir : « Heureux ceux qui n'ont pas vu et qui ont cru ! » **P. Da.**

vendredi 9 décembre

Saint Pierre Fourrier

« La joie est notre évasion
hors du temps. »
Simone Weil

à faire

Méli-mélo

Chanteurs populaires

Nous avons mélangé entre elles les lettres de noms de chanteuses et chanteurs populaires français. Trouvez-les et placez-les au-dessus de la définition qui convient.

Lettres à replacer :

BTGDUEAIERBLC
YYYLJADLAHNHNO
ABVELYEHTSR
FEADHTIIP
EHCSTTLERENRA
RMEAIURLAICEEHCV

N° 1 ....
Bretonne née en 1885, elle reste la première interprète, et la plus connue, du succès intitulé « Les Roses blanches », chanson qui lance sa carrière en 1926. Elle a sorti 255 titres et a chanté romances, rengaines et mélos (prénom et nom).

N° 2 ....
Cet enfant de Ménilmontant (il y est né en 1888), dont il avait la gouaille, portait un canotier sur la tête. Ses succès comme « Valentine », « Dans la vie faut pas s'en faire », et « Ma pomme », ont été ovationnés jusqu'à Hollywood (prénom et nom).

N° 3 ....
C'est le « Fou chantant », mais aussi le poète tendre, auteur de « La Mer » en 1945, qui a côtoyé à Montparnasse dans les années 1930, Jean Cocteau et Max Jacob, et qui fit swinguer la France mais aussi les États-Unis (prénom et nom).

N° 4 ....
Avec « la Môme », tout est dit… Née en 1915, elle connaît la rue et la misère. Sa présence sur scène et sa voix laissent des chansons qu'elle seule pouvait interpréter : « La Vie en rose », « L'Hymne à l'amour », « Milord » (prénom et nom).

N° 5 ....
Surnommé « Monsieur 100 000 volts », il entre dans l'histoire de la chanson lors d'un tumultueux récital à l'Olympia où des fans brisent des fauteuils. Sa chanson « Et maintenant » (1962) fut reprise par des vedettes américaines (prénom et nom).

N° 6 ....
Il est le chanteur « américain de culture française », comme disait, en 1960, la pochette de son premier 45 tours. Cette bête de scène a souvent « mis le feu » grâce à sa voix puissante et sa présence scénique (prénom et nom).

Solution au lundi 12 décembre

SOLUTION DU MARDI 6

S	O	M	M	A	I	R	E	M	E	N	T
E	T	A	■	A	M	E	R	I	Q	U	E
N	O	R	D	■	P	I	S	■	U	I	■
A	R	T	I	S	A	N	A	L	E	■	G
T	H	Y	M	U	S	■	T	O	U	E	R
E	I	R	E	■	S	U	Z	E	T	T	E
U	N	E	■	G	E	L	■	S	E	R	E
R	O	S	S	E	■	M	A	S	S	E	R

EN FORME

L'œuf

Ses vertus Ses protéines ont une composition en acides aminés indispensables idéale pour le renouvellement des cellules musculaires. Il est riche en vitamines A, D et du groupe B. En cas d'hypercholestérolémie, limitez-vous à 2 ou 3 par semaine. Sinon, il est possible d'en manger 1 par jour.

En cuisine Il est plus digeste cuisiné avec peu de matière grasse : mollet, à la coque ou en omelette avec un filet d'huile.

samedi 10 décembre

Saint Romaric

« La merveille, c'est d'exister ;
il n'y en a pas d'autre. »
Christian Bobin

Mini-fléchés

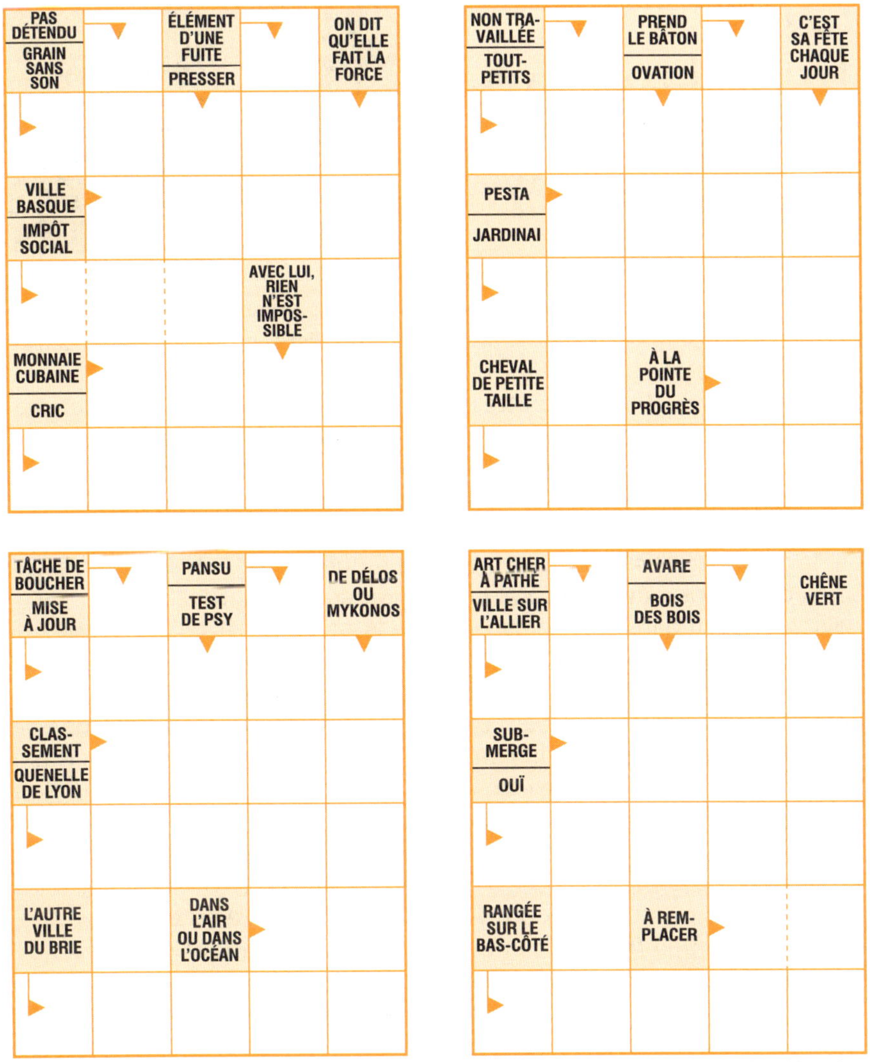

Solution au mardi 13 décembre

à faire

AU MARCHE

Le litchi

Jusqu'à la fin janvier, régalez-vous de ce petit fruit juteux et charnu. Choisissez-le avec une coque dure et rosée, sans craquelures. Privilégiez celui de Madagascar ou de l'île Maurice à celui de Chine. Peu énergétique, il contient du sucre, de la vitamine C et un peu de calcium. Parfumez-le avec un peu d'eau de rose qui fait ressortir toute sa saveur. Il ne se conserve pas plus de 3 jours à température ambiante. Ne consommez pas la graine du litchi car elle est toxique.

C'EST ARRIVÉ LE...

10 DÉCEMBRE 1582

Ce jour n'a jamais existé. Les Français sont directement passés du 9 décembre au... 20 décembre. Cette bizarrerie est due à l'adoption par la France d'un nouveau calendrier conçu par le pape Grégoire XIII. Sur décision du roi, il devient dès lor le calendrier civil de référence. S.P.

dimanche 11 décembre

Saint Daniel

« Il n'y a personne qui ne désire se rendre heureux ; mais plusieurs n'en savent pas le moyen. »
René Descartes

à faire

EN CHANSON

1971 John Lennon « *Imagine* »

© AP/SIPA

Le 10 avril 1970, les Beatles, le groupe le plus légendaire du monde, se sépare. Mais John Lennon n'en a pas pour autant fini avec la musique puisqu'il s'attelle aussitôt à l'écriture d'*Imagine*, son deuxième album solo. Un opus mythique dont le premier titre deviendra l'une des plus grandes chansons de tous les temps. Nous savons aujourd'hui qu'il a été inspiré par un poème figurant dans un livre publié en 1964 par Yoko Ono, sa femme. Quelques vers sont d'ailleurs reproduits sur la couverture de l'album. En pleine guerre froide et du Viêtnam, Lennon entend avec ce texte « donner une chance à la paix ».

Il signe un hymne utopique où le monde serait sans frontières ni religion, sans possession, où tout concourrait à une fraternité entre les hommes. Lennon dira lui-même que sa chanson est « antireligieuse, antinationaliste, anti-norme et anticapitaliste, mais acceptée parce qu'enrobée de sucre ». « *Imagine* » est enregistré en Angleterre en mai 1971, dans un studio installé dans la maison de la star. Et c'est avec sa femme et le célèbre producteur Phil Spector que Lennon crée les arrangements. À New York seront ajoutées des cordes.

Si la chanson est un succès dès sa sortie, elle devient numéro un seulement 10 ans plus tard, à la suite de l'assassinat de Lennon par un fan psychotique. Repris depuis par Joan Baez, Nana Mouskouri, Céline Dion, Madonna, David Bowie ou encore Diana Ross, « *Imagine* » est aussi devenu l'hymne des grands drames de notre histoire : les attentats du World Trade Center, le 11 septembre 2001, ou ceux de Charlie Hebdo, le 7 janvier 2015. **P. Da.**

« Imagine there's no heaven / It's easy if you try / No hell below us / Above us only sky / Imagine all the people / Living for today / Imagine there's no countries / It isn't hard to do / Nothing to kill or die for / And no religion too / Imagine all the people / Living life in peace »

Auteur : John Lennon/ Yoko Ono. Compositeur : John Lennon. Producteur : Phil Spector. Éditions Apple, EMI, 1971.

« Imagine qu'il n'y ait pas de paradis / C'est facile si tu essaies / Pas d'enfer sous nos pieds / Seulement le ciel au-dessus de nous / Imagine tous les gens / Vivant l'instant présent / Imagine qu'il n'y ait pas de pays / Ce n'est pas difficile / Rien qui ne vaille de tuer ou de mourir / Et pas de religion non plus / Imagine tous les gens / Vivant leur vie en paix. »

SOLUTION DU MERCREDI 7

7	8	3	5	4	9	1	2	6
6	9	2	8	7	1	5	4	3
4	1	5	6	3	2	7	9	8
8	4	7	9	5	6	2	3	1
2	6	9	4	1	3	8	7	5
5	3	1	2	8	7	4	6	9
1	7	6	3	2	5	9	8	4
3	5	4	7	9	8	6	1	2
9	2	8	1	6	4	3	5	7

5	9	2	1	7	6	4	8	3
6	3	1	8	2	4	5	7	9
7	8	4	3	5	9	6	2	1
1	5	7	6	4	8	3	9	2
2	6	9	5	3	7	1	4	8
8	4	3	2	9	1	7	6	5
3	2	6	7	8	5	9	1	4
9	7	8	4	1	3	2	5	6
4	1	5	9	6	2	8	3	7

lundi 12 décembre

Saint Corentin

« L'amour ne saurait être un moment sans inquiétude et sans crainte. »
Ovide

Mots codés

Dans la grille ci-dessous, les lettres ont été remplacées par des nombres, un même nombre représentant toujours la même lettre. Pour commencer le jeu, utilisez les lettres du mot dont le code est déjà indiqué. Les cases ci-dessous servent d'aide-mémoire ; vous pouvez y inscrire les lettres au fur et à mesure que vous les trouvez.

1	2	3	4	5	6	7	8	9	10	11	12	13
P	H	I	L	T	R	E						
14	15	16	17	18	19	20	21	22	23	24	25	26

1 P	2 H	3 I	4 L	5 T	6 R	7 E	■	6	12	11	11	12	11	3	7	6
12	■	9	■	6	■	3	■	2	■	3	■	17	■	9	■	7
6	7	15	14	3	9	8	6	7	■	6	7	15	7	5	14	9
12	■	16	■	10	■	7	■	14	■	14	■	16	■	3	■	5
4	7	11	5	7	16	6	■	11	16	1	1	6	3	10	7	6
13	■	5	■	11	■	■	■	5	■	■	■	7	■	3	■	7
11	18	7	12	5	■	19	9	12	20	19	■	6	14	8	7	6
7	■	■	■	6	■	6	■	5	■	13	■	■	■	7	■	■
6	7	21	16	7	6	3	6	■	1	6	14	20	16	6	7	6
■	■	16	■	■	■	4	■	18	■	3	■	13	■	■	■	7
1	4	14	10	17	■	4	12	3	23	7	■	17	12	17	3	4
3	■	5	■	6	■	■	■	4	■	■	■	7	■	6	■	3
7	8	3	5	14	6	3	12	4	■	22	14	6	20	3	9	24
6	■	8	■	20	■	8	■	3	■	6	■	20	■	14	■	3
6	2	3	23	14	10	7	■	12	26	12	4	12	9	20	2	7
14	■	7	■	4	■	12	■	10	■	9	■	22	■	2	■	16
5	7	9	12	3	4	4	7	11	■	20	2	7	26	7	16	25

Solution au jeudi 15 décembre

à faire

EN FORME

Zinc, cuivre et magnésium

Zinc Il stabilise la thymuline, une hormone qui fabrique des cellules immunitaires. Les sources : viandes, poissons, fruits de mer ou céréales complètes. **Cuivre** Il est capable de digérer certains micro-organismes. Les sources : fruits à coque, légumineuses, coquillages et crustacés, abats, céréales complètes. **Magnésium** Il contribue au bien-être du système immunitaire. Les sources : fruits de mer, chocolat, riz et pains complets, certaines eaux minérales. **I. G.**

SOLUTION DU VENDREDI 9

1. Berthe Sylva **2.** Maurice Chevalier **3.** Charles Trenet **4.** Édith Piaf **5.** Gilbert Bécaud **6.** Johnny Hallyday

mardi 13 décembre

Sainte Lucie

« Surmontez les chagrins où l'esprit s'abandonne, et ne faites rejaillir vos peines sur personne. »
Jean-Baptiste Blanchard

à faire

SOLUTION DU SAMEDI 10

	C		E	
G	R	U	A	U
	I	R	U	N
C	S	G		I
	P	E	S	O
V	E	R	I	N

	F		R	
B	E	B	E	S
	R	A	L	A
B	I	N	A	I
	E		I	N
G	E	N	E	T

	P		V	
D	A	T	E	E
	R	A	N	G
R	A	T	T	E
	G		R	E
M	E	L	U	N

	C		C	
V	I	C	H	Y
	N	O	I	E
P	E	R	C	U
	M		H	S
G	A	R	E	E

A TABLE

Navarin de sole et saumon aux crevettes

© Mallet Jean-Francois/Photocuisine/sucré-salé

Pour 6 personnes • 2 carottes • 1 branche de céleri • 1 oignon • 1 clou de girofle • 600 g de filet de saumon • 600 g de filet de sole • 12 crevettes roses • 3 c. à soupe de court-bouillon en poudre • 15 cl de vin blanc sec • 1 bouquet garni • 40 g de beurre • 1 c. à soupe de farine • 15 cl de crème liquide • Sel • Poivre • 500 g de champignons de Paris • 200 g de pois gourmands • 2 c. à soupe de jus de citron • 1 bouquet d'estragon.

1. Coupez les carottes en dés. Effilez le céleri, coupez-le en petits tronçons. Piquez l'oignon pelé d'un clou de girofle. Détaillez les poissons en 6. Décortiquez les crevettes.

2. Dans une cocotte, ajoutez 1,5 litre d'eau bouillante, le court-bouillon, les carottes, l'oignon, le céleri, le vin et le bouquet garni. Laissez frémir durant 10 min, plongez-y les poissons pendant 3 min. Filtrez le bouillon puis réservez-le.

3. Faites fondre la moitié du beurre dans la cocotte. Ajoutez la farine, remuez au fouet, diluez petit à petit avec du bouillon réservé jusqu'à obtenir une sauce onctueuse. Ajoutez la crème, salez, et poivrez.

4. Dans une poêle, faites sauter les champignons émincés à feu vif avec le reste de beurre. Faites blanchir les pois gourmands 2 min. Ciselez l'estragon. Dans la cocotte de sauce, mélangez morceaux de poisson, pois gourmands, crevettes, champignons, dés de carotte, estragon et jus de citron. Laissez réchauffer pendant 3 min.

Info + Remplacez les crevettes par des noix de Saint-Jacques. **M.-A. D.**

Mots à mot

En regroupant et en mélangeant les lettres des deux mots de quatre et trois lettres proposés, composez un troisième mot de sept lettres.

A L U N + G E O = _ _ _ _ _ _ E

E L F E + R A T = _ _ _ _ _ _ E

E N O L + B A T = _ _ _ _ _ _ E

SOLUTION : Louange - Frelaté - Notable.

Sainte Odile

« Qui à Noël s'ensoleille,
à Pâques brûle le bois. »
Dicton français

AU JARDIN

Un doux parfun de rose

© Pierre-Yves Nédélec

Saviez-vous que le meilleur moment pour sentir une rose, c'est au matin, lorsque le soleil commence à réchauffer les pétales et que l'air n'est pas encore trop sec ? Les fleurs doubles, semi-ouvertes, dans les tons rouge ou rose profond ont souvent les fragrances les plus intenses. Les simples, rarement odorantes, font pourtant le bonheur des abeilles et autres butineurs.

Pour retrouver le puissant parfum floral des roses d'antan, choisissez entre les classiques Roseraie de L'Haÿ, Cuisse de Nymphe, Rose de Mai, André Lenôtre® et Parfum de Grasse®. Si vous recherchez des expériences olfactives inédites, humez les effluves d'anis de la rose Paul Ricard®, de mandarine chez Jude the Obscure ou encore de santal avec Papa Meilland®. **P.-Y. N.**

à faire

Petits fléchés

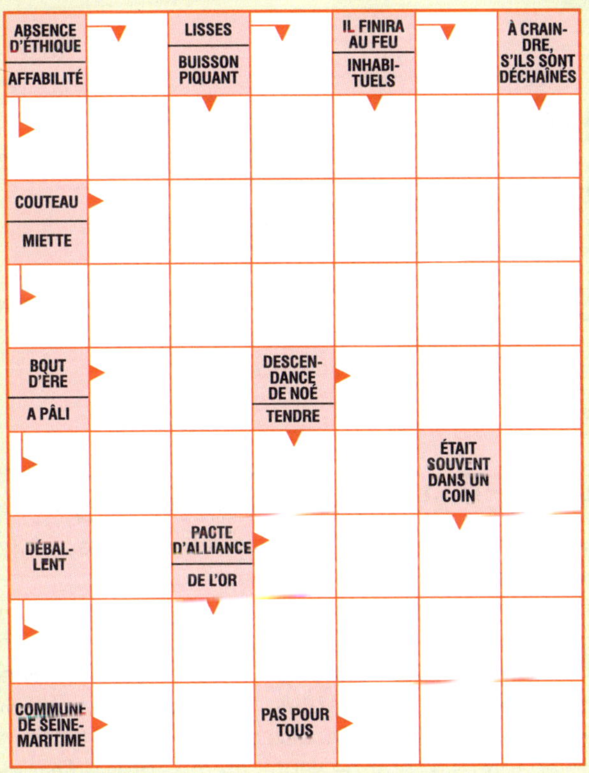

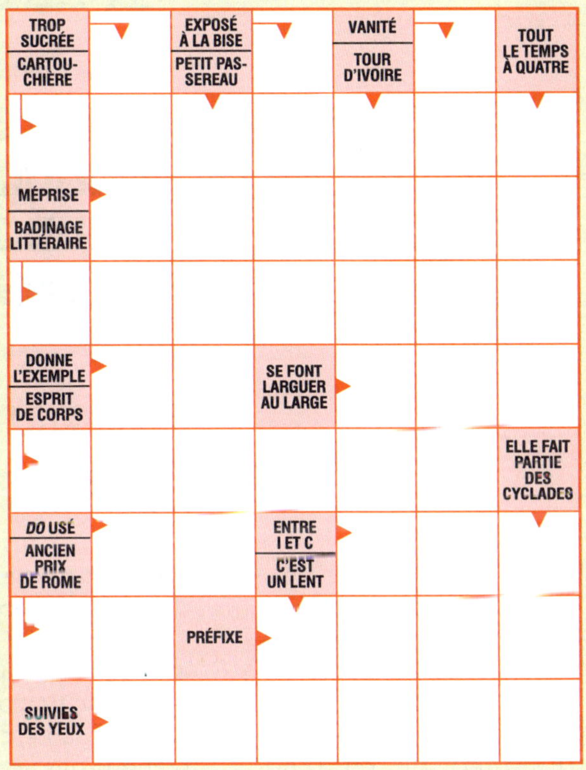

Solution au vendredi 16 décembre

jeudi 15 décembre

Sainte Ninon

« La meilleure façon de gagner du temps est de le perdre. »
Marguerite Duras

D'un mot à l'autre

En regroupant et en mélangeant les lettres de chaque mot donné avec la lettre qui le suit, vous devez trouver un second mot composé, selon le cas, de quatre, cinq, six ou sept lettres. Aucun mot au pluriel n'est admis ni aucun verbe conjugué.

Mots de 4 lettres

1 V I E + O = _ _ _ _
2 L I E + S = _ _ _ _
3 L A I + O = _ _ _ _

Mots de 5 lettres

4 H A I E + N = _ _ _ _ _
5 I N D E + R = _ _ _ _ _
6 E M O I + N = _ _ _ _ _
7 M U E R + R = _ _ _ _ _

Mots de 6 lettres

8 H A U T E + Q = _ _ _ _ _ _
9 B E R G E + A = _ _ _ _ _ _
10 A R G O N + I = _ _ _ _ _ _

Mots de 7 lettres

11 M E N A G E + S = _ _ _ _ _ _ _
12 U R A E T E + T = _ _ _ _ _ _ _
13 M I E N N E + D = _ _ _ _ _ _ _
14 M E N T O R + S = _ _ _ _ _ _ _

Solution au samedi 17 décembre

à faire

SOLUTION DU LUNDI 12

1	2	3	4	5	6	7	8	9	10	11	12	13
P	H	I	L	T	R	E	D	N	M	S	A	Y
14	15	16	17	18	19	20	21	22	23	24	25	26
O	J	U	B	W	K	C	Q	F	Z	G	X	V

EN FORME

Cœur : surveiller son poids et bouger !

Le surpoids favorise l'augmentation de la tension artérielle, des triglycérides et du cholestérol sanguins. Passé 70 ans, même en surpoids, une perte de poids est déconseillée en raison des risques accrus de fonte musculaire.
La bonne stratégie De l'activité physique chaque jour au minimum 30 min, idéalement 45 à 60 min. Pour les personnes peu actives qui ont envie de tester une pratique sportive, un test d'effort est incontournable. Les clubs Cœur et Santé, créés par la Fédération française de cardiologie, facilitent la pratique des activités adaptées à l'état de santé, même après un accident cardiaque (plus d'informations sur le site www.fedecardio.org). **F. D.**

« La question n'est pas de travailler, c'est de faire croire aux autres qu'on travaille. »
Tristan Bernard

EN BEAUTE

Soignez vos lèvres

© piprod/stock.adobe.com

Je les protège régulièrement Chaque jour, prenez l'habitude de les nourrir. Au minimum, appliquez une couche de stick matin et soir ainsi que 1 à 2 fois dans la journée si vous en ressentez le besoin. La bonne composition : des huiles végétales, du beurre ou du cold cream pour leurs propriétés nutritives, de la glycérine anti-déshydratation et de la cire d'abeille qui, en formant un film protecteur sur les lèvres, les isole des agressions extérieures. Si vos lèvres sont sèches, tiraillent ou que vous passez souvent votre langue dessus, privilégiez un baume : sa texture plus riche permet de les nourrir plus intensément et leur apporte un maximum de confort.

Je traite mes lèvres gercées Lorsque le froid a vraiment mis à mal les lèvres au point de les dessécher, elles peuvent craqueler. Pour les traiter, il faut leur appliquer plusieurs fois par jour un baume émollient contenant des corps gras nourrissant ainsi que des sulfates de cuivre et de zinc, qui limitent la prolifération des bactéries. Le soir, appliquez une tête d'épingle de la crème réparatrice Cicalfate de chez Avène®. Au réveil, fini les irritations ! **E. L.**

à faire

Figures manquantes

Observez cette chaîne pendant 30 secondes, puis cachez-la.

Reproduisez de mémoire les trois formes manquantes dans la chaîne ci-dessous.

SOLUTION DU MERCREDI 14

	A		U		S	
A	M	E	N	I	T	F
	O	P	I	N	E	L
B	R	I	S	U	R	E
	A	N		S	E	M
B	L	E	M	I		F
	I		O	T	A	N
E	T	A	L	E	N	T
	E	U		S	E	S

	M		A		I	
G	I	B	E	R	N	E
	E	R	R	E	U	R
B	L	U	E	T	T	E
	L	A		R	I	S
M	E	N	T	A	L	
	U	T		I	I	I
A	S		A	T	T	O
	E	P	I	E	E	S

samedi 17 décembre

Saint Gaël

« Article 1 : le tabac est un poison.
Article 2 : tant pis. »
Sacha Guitry

à faire

Sudokus

8	9					2	1	3
	7		9		4	5		
3	6							
	3	9		8		4		5
			3	7	5			
	1	2		4		8		7
6	4							
	2		1		8	3		
1	5					6	2	8

4	7	1			3			
	3		6	4				1
2		6				8	3	
	1		4	3	8	7		
					5	2		6
	8		2	6	9	4		
8		3				1	9	
	6		5	8				7
5	2	7			1			

3	7							8
		9	7				3	
8			4					6
5		4		1				
	6	3				5	8	
				8		2		4
7					9			5
	1				2	8		
4							2	3

		7	9		1	4		
		2				6		
			8		6			
6				4				5
8			5		7			2
5			6		3			4
	4			5			3	
9	1						2	7
		3		9		1		

Solution au lundi 19 décembre

SOLUTION DU JEUDI 15

4 lettres : 1/voie - 2/lise - 3/aloi. **5 lettres :** 4/haine - 5/dîner - 6/moine - 7/murer. **6 lettres :** 8/haquet - 9/abrégé - 10/origan. **7 lettres :** 11/mésange - 12/tréteau - 13/indemne - 14/monstre.

EN FORME

Le clou de girofle contre la rage de dent

Communément appelée rage de dent, la pulpite est une inflammation de la pulpe dentaire liée à une carie profonde.

Comment l'utiliser ? Pour soulager ponctuellement la douleur en attendant d'aller chez le dentiste, appliquez un coton-tige imbibé d'huile essentielle de clou de girofle diluée avec une huile végétale (amande douce, par exemple). L'eugénol présent dans l'huile essentielle possède des propriétés anesthésiantes exceptionnelles. Et si vous n'avez pas d'huile essentielle, laissez un clou de girofle au contact de la dent douloureuse. C. D.

« Tout bonheur que la main n'atteint pas n'est qu'un rêve. »
Joséphin Soulary

© M.studio/stock.adobe.com

QUELLE HISTOIRE !

Le nougat, cet or blanc de Montélimar

Il apparaît certain que le nougat est né entre Bagdad, en Irak, Alep, en Syrie et les confins de la Turquie. Si le nougat oriental était fabriqué avec des amandes, en Grèce, il l'était avec des noix, ce qui s'est traduit en latin par *nux gatum* (gâteau de noix) qui donne en occitan *nougo*. Les Phéniciens le propagent ensuite dans le bassin méditerranéen, notamment en Espagne où il prend le nom de *turrón*. Introduit en France à Marseille, il se répand rapidement en Provence.

Le nougat prend son essor à Montélimar lorsque l'agronome Olivier de Serres plante des amandiers autour de la ville au XVIIe siècle. « À l'époque, il contenait encore de la noix, qui est beaucoup plus grasse et se garde moins longtemps », note Frédéric Chambonnière, responsable des nougats Diane de Poytiers. Les amandes se substituent alors aux noix et Montélimar devient la capitale du nougat. En 1730, ce nougat, qui était noir, devient blanc lorsqu'un pâtissier y incorpore du blanc d'œuf battu en neige. Aujourd'hui, la ville compte 12 fabriques. Chaque année, elles mitonnent 1 000 tonnes de nougat artisanal et 2 000 tonnes de nougat industriel.

Depuis le XVIIe siècle, le nougat fait partie des 13 desserts de Noël. Miel et sucre sont cuits dans les malaxeurs avec les blancs d'œufs montés en neige. Ce mélange est porté à haute température. Les amandes et les pistaches sont incorporées en fin de cuisson, avec parfois un peu de vanille, avant un dernier malaxage qui lui donne une parfaite homogénéité. Enfin, la pâte est coulée dans des moules tapissés de pain azyme. L'appellation « Nougat de Montélimar » est réservée aux produits qui contiennent au minimum 30 % d'amandes complètes ou 28 % d'amandes et 2 % de pistaches émondées, ainsi que 25 % des matières sucrantes en miel. J.-P. R.

à faire

C'EST ARRIVÉ LE...

18 DÉCEMBRE 1970

La signature de l'alliance entre le groupe français Aérospatiale et l'Allemand Messerschmitt-Bölkow-Blohm marque la naissance officielle d'Airbus. Son objectif : sortir des ateliers, basés à Toulouse, un avion capable de concurrencer le fameux géant américain Boeing. F. M.

lundi 19 décembre

Saint Urbain

« La vie est la plus belle chose du monde quand on aime et la plus détestable quand on cesse d'aimer. »
George Sand

à faire

SOLUTION DU SAMEDI 17

8	9	4	7	5	6	2	1	3
2	7	1	9	3	4	5	8	6
3	6	5	8	1	2	7	4	9
7	3	9	2	8	1	4	6	5
4	8	6	3	7	5	1	9	2
5	1	2	6	4	9	8	3	7
6	4	8	5	2	3	9	7	1
9	2	7	1	6	8	3	5	4
1	5	3	4	9	7	6	2	8

4	7	1	8	5	3	9	6	2
9	3	8	6	4	2	5	7	1
2	5	6	9	1	7	8	3	4
6	1	2	4	3	8	7	5	9
3	9	4	1	7	5	2	8	6
7	8	5	2	6	9	4	1	3
8	4	3	7	2	6	1	9	5
1	6	9	5	8	4	3	2	7
5	2	7	3	9	1	6	4	8

3	7	5	6	2	1	4	9	8
6	4	9	7	5	8	1	3	2
8	2	1	4	9	3	7	5	6
5	8	4	2	1	6	3	7	9
2	6	3	9	7	4	5	8	1
1	9	7	3	8	5	2	6	4
7	3	2	8	4	9	6	1	5
9	1	6	5	3	2	8	4	7
4	5	8	1	6	7	9	2	3

3	6	7	9	2	1	4	5	8
1	8	2	4	7	5	6	9	3
4	9	5	8	3	6	2	7	1
6	7	1	2	4	9	3	8	5
8	3	4	5	1	7	9	6	2
5	2	9	6	8	3	7	1	4
7	4	6	1	5	2	8	3	9
9	1	8	3	6	4	5	2	7
2	5	3	7	9	8	1	4	6

A TABLE

Pommes de terre écrasées, citron et olives

Photo Valéry Guedes/Stylisme Berangère Abraham

Pour 4 personnes • 300 g de pommes de terre ratte • 1 citron jaune bio • ½ botte de persil plat • 50 g d'olives vertes dénoyautées • 50 g d'olives noires dénoyautées • 15 cl d'huile d'olive • Sel • Poivre.

1. Dans une casserole d'eau salée, plongez les pommes de terre et faites-les cuire à feu moyen, suivant leur taille, entre 35 et 45 min. Pendant ce temps, pelez le citron jaune et taillez-le en quartiers. Retaillez ensuite ces quartiers pour obtenir des petits triangles. Réservez-les.

2. Effeuillez, lavez et essorez le persil, puis ciselez-le grossièrement. Coupez toutes les olives en 4.

3. Pelez les pommes de terre cuites et versez-les dans un saladier. Écrasez-les à la fourchette en gardant quelques morceaux.

4. Ajoutez les morceaux de citron, les olives vertes et noires, le persil et l'huile d'olive. Salez, poivrez et servez immédiatement.

Info + Pendant que vous pelez une pomme de terre, veillez à garder les autres au chaud afin que leur chair ne devienne pas élastique.

Recette extraite de *Pomme de terre*, Éric Frechon et Valéry Guedes, éd. Solar.

C'EST ARRIVÉ LE…

19 DÉCEMBRE 1974

Le paquebot *France*, véritable gouffre financier, effectue son dernier voyage, de quelques mètres seulement, dans le port du Havre. Amarré pendant cinq ans au « quai de l'oubli », le transatlantique est racheté en 1979 par la Norvège et rebaptisé *Norway*. Il a été démantelé en Inde en 2008. S. P.

Saint Théophile

« Quand décembre est froid, quand la neige tombe, en année féconde, tu peux avoir foi. »
Dicton français

AU JARDIN

Des rosiers résistants

© stsvirkun/stock.adobe.com

La résistance aux maladies (blanc, rouille, taches noires...) fait aujourd'hui partie des critères de sélection des rosiers. Adieu les pesticides, et c'est tant mieux pour la planète ! Tout au plus, l'amateur pulvérisera une décoction de prêle pour renforcer l'immunité de ses rosiers, modernes comme anciens. Afin d'éviter les problèmes de carence en fer et d'hypersensibilité aux maladies dans un sol calcaire, exigez de votre rosiériste un rosier greffé sur Laxa et non sur Multiflora. **Le plus important est de le planter correctement** dans un sol meuble et riche. En terrain lourd et compact, drainez avec du gravier ou de la pouzzolane. En sol léger ou sableux, les apports de matières organiques (compost, fumier bien décomposé, corne broyée...) s'avèrent aussi indispensables. Prenez votre temps pour creuser un trou de plantation de 40 cm de côté. Retaillez les racines et les branches avant de planter sans enterrer le point de greffe. Arrosez copieusement, puis paillez avec des feuilles mortes.
Sachez qu'un rosier que vous aurez bouturé ou obtenu à partir d'un drageon aura une espérance de vie beaucoup plus grande qu'un rosier greffé. Et n'oubliez pas qu'un arbuste à racines nues enterré dès à présent vous coûtera moins cher et sera moins gourmand en arrosage qu'un sujet en pot planté au mois de mai. **P.-Y. N.**

à faire

Super croisés

	A	B	C	D	E	F	G	H	I	J	K	L
1												
2							■					
3								■				
4					■							
5			■						■			
6						■					■	
7										■		
8								■				

Horizontalement

1. Griffés, plutôt deux fois qu'une. **2.** Voltaire, à ses débuts. On s'en tamponne de celle-là ! **3.** Il est souvent appelé à prendre certaines dimensions. Bahut de style anglais. **4.** Peut être voulu par un ami anonyme. Qui s'allonge assez facilement. **5.** Compte pour un tiers. Répondre à une attente. Sert à désigner. **6.** Un homme... charmant. Pas reconnue. **7.** Tel un animal qui creuse des galeries. Prix du silence. **8.** Belle Gabrielle pour Vert-Galant. Son bec est utile pour faire l'ouverture.

Verticalement

A. Spécialiste du change. **B.** Souvent dressées dans un chenil. **C.** Hors de portée quand elle se met à grimper. N'est facile qu'au tout début. **D.** Rotation du personnel dans une entreprise. **E.** Crie son amour à sa petite biche. Nouveau venu dans la maison. **F.** Où il n'y a pas une minute à perdre. Note. **G.** Mis sur la paille. **H.** Fut envoyée paître. Du poil de la bête. **I.** Faction. Englobe le menu fretin. **J.** L'escargot de mer. **K.** Bande d'ecclésiastique. Bouc émissaire. **L.** Était gauche dans le temps.

Solution au mercredi 21 décembre

hiver

mercredi 21 décembre

« Qui parle sème, et qui écoute récolte. »
Pythagore

EN FORME

L'oignon, c'est tout bon !

Véritable concentré de nutriments bénéfiques pour la santé de tous, l'oignon mérite d'être consommé en plus grande quantité dans nos assiettes.

Il a les atouts d'un légume Composé à 90 % d'eau, il fournit des fibres et des sels minéraux, tels le potassium, le calcium et le magnésium, précieux pour la santé osseuse. Il a une bonne teneur en vitamine B9, essentielle au cerveau. Ses apports en sucres et calories sont modestes.

Il a des vertus anticancer Plusieurs études notent un moindre risque de cancer digestif chez ses plus forts consommateurs. Cet effet est attribué à ses composants soufrés, qui semblent réduire la formation de nitrosamines ou d'amines hétérocycliques qui sont cancérogènes.

Il est bénéfique en prévention cardio-vasculaire Rouge ou jaune, il est riche en polyphénols, des composés antioxydants et anti-inflammatoires qui protègent les artères et qui pourraient également aider à normaliser les taux sanguins de sucre et de cholestérol.

Il dorlote le microbiote Il contient des fructanes, des sucres spécifiques qui nourrissent les bonnes bactéries intestinales. Attention, il peut cependant causer des ballonnements en cas d'intestin irritable. Pour le rendre plus digeste, dégustez-le haché finement ou cuit. **F. D.**

Sudokus

		4	7	2				6
							3	
7	2	5						
8		9	1			2		
			6		9			
		1			2	8		4
						6	8	7
	1							
2				9	8	3		

			1	3				
	5	4						6
						2	9	
2	1				4	3		
						9	1	5
9	3				6	8		
						4	5	
	9	3						8
			9	2				

Solution au samedi 24 décembre

à faire

SOLUTION DU MARDI 20

C	O	N	T	R	E	S	I	G	N	E	S
A	R	O	U	E	T	■	O	U	A	T	E
M	E	T	R	E	U	R	■	E	T	O	N
B	I	E	N	■	D	U	C	T	I	L	E
I	L	■	O	B	E	I	R	■	C	E	S
S	L	A	V	E	■	N	I	E	E	■	T
T	E	R	E	B	R	A	N	T	■	O	R
E	S	T	R	E	E	S	■	C	A	N	E

jeudi 22 décembre

Sainte Françoise-Xavière

« Je me suis marié deux fois : deux catastrophes. Ma première femme est partie, la deuxième est restée. »
Francis Blanche

à faire

Clin d'œil

Dix minutes après s'être couchée pour la sieste, Jody, quatre ans et demi, se relève : « Le sommeil m'a téléphoné. Il a dit qu'il ne viendrait pas ! »

Mots croisés

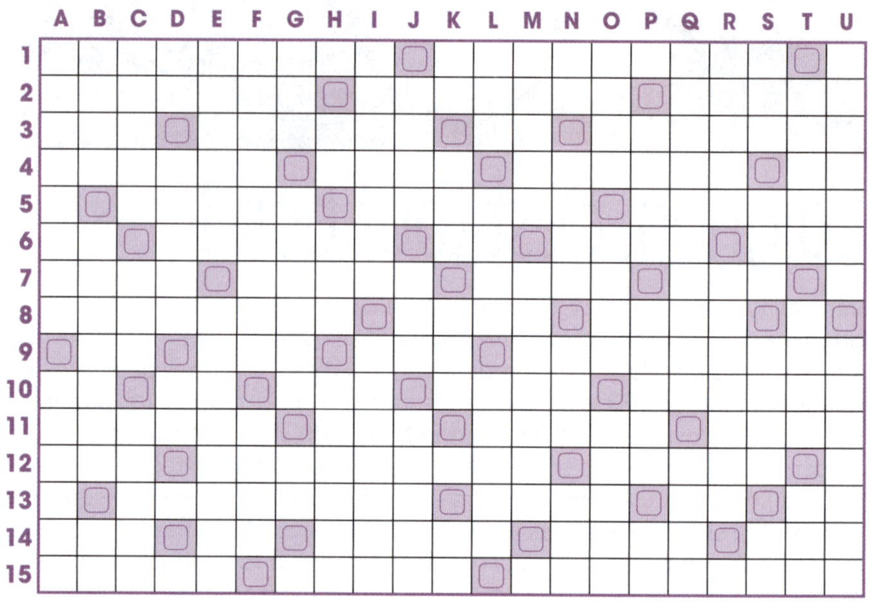

Solution au dimanche 25 décembre

Horizontalement

1. Toujours à vif. Qui doit beaucoup au hasard. **2.** De mer pour le narval. Fruit tropical. Bien propre. **3.** Servi trop bas. Hommages religieux. Article indéfini. Dont les extrémités vont en s'élargissant sur l'écu. **4.** Bien élevés. Ne restes pas oisif. Prendre son tour au travail. A été radieux. **5.** Les faux sont bien réels. Il peut hanter une maison. Montre du mécontentement. **6.** Naît dans le bruit et les embrassades. Tables des églises. Eut comme des pieds de veau. Ville sur la Garonne. Lieu de perdition. **7.** Qui heurte un certain sens esthétique. Touchées. Réaction au froid ou à l'effroi. Précieuse adresse. **8.** Qui ont fait l'objet d'un prélèvement. Attrapée en courant. La France profonde. **9.** Degré musical. Méprise la censure. Équerres. Londres, Moscou, Paris, mais pas New York. **10.** Mot d'ordre. Article de presse. La pierre est son domaine d'activité. Causes de nombreux dégâts. Comme Usain Bolt. **11.** Entaillé. Fait mal quand on a du bien. Un homme gai. Chef religieux. **12.** Patronne. Pour lui, pas de quartiers. Lit tout bas. **13.** Mises en éveil. Qui exprime la félicité. C'est-à-dire. Après un examen (au). **14.** Chevalier particulier. L'Europe des vingt-sept. Reliquat. Une ouverture naturelle. Unit les plats du volume. **15.** Agir avec finesse. Fameux rayon. Support de cinéma.

Verticalement

A. Ce que peut être la chose à ne pas faire. Serrer. **B.** Mettre en doute. Irisant. Opérateur logique. **C.** Pas indolent. Ne se pique plus. Son maître est au logis. **D.** Coule en Italie. Échelon. Bout de chemin éloigné. **E.** Assure la sécurité des coureurs. Grille-pain. **F.** Sans emploi. L'Irlande. **G.** Dans la conversation ou la conservation. Distancées. Bon pour ajouter. **H.** Possessif. Temps passé à lire... Donnera de l'éclat. **I.** Travail de philologue. Entrelacées. **J.** Sœur et épouse d'Osiris. Direction. Demi-lune. **K.** Précision horaire. Supporte bien des risées. Fatigué. Mesure angulaire. **L.** Pièce européenne. Elle avait sa noblesse. La langue du Coran. **M.** Aria. Comme une peau brûlée et desséchée. **N.** Tiens donc. Tête d'affiche. Entre deux points. Élément moteur. **O.** En observation. Adhère au club. N'importe qui. **P.** Envoyé spécial. Recouvrit de glace. Unité astronomique. **Q.** Navigue en solitaire. Gamin de Paris. **R.** Miroir qui n'est pas de courtoisie. L'utopiste finit par s'y heurter. **S.** Cause de départ quand il est de retour. Le temps de l'aéroport. Capitale en Afrique. Reste en souffrance. **T.** Point brillant. Il n'excite pas son buveur. Il peut être pris par la lavandière. **U.** Poches de graviers. Figure symbolique d'anciens timbres-poste.

« Si vous dites toujours la vérité vous ne réaliserez jamais rien. »
Tahar Ben Jelloun

EN FORME

Les repas festifs : je change d'habitudes

© wilddrago/stock.adobe.com

Les repas de fête sont volontiers riches et gourmands. Si l'on a déjà une fâcheuse tendance aux problèmes gastriques (ballonnements, acidité, reflux), les « festins » de fin d'année n'arrangent pas les choses. Pas de panique ! Il suffit d'adopter les bons gestes pour optimiser la digestion.

Évitez de vous jeter goulûment sur votre assiette Mangez lentement, en mastiquant bien tous les aliments. Puis, évitez de vous resservir afin de savourer l'ensemble des mets sans vous sentir ballonné à la fin du repas.

Si le café du soir vous empêche de dormir, n'en prenez pas et préférez plutôt une bonne tisane aux vertus digestives.

Si, malgré tout, vous êtes sujet à des lourdeurs d'estomac, vous pouvez prendre du bicarbonate de soude ou du citrate de bétaïne avant d'aller vous coucher. **C. A.**

à faire

D'un mot à l'autre

En regroupant et en mélangeant les lettres de chaque mot donné avec la lettre qui le suit, trouvez un second mot composé de sept lettres.

1 VITRES + I = _ _ _ _ _ _ _

2 RURALE + I = _ _ _ _ _ _ _

3 LIEVRE + M = _ _ _ _ _ _ _

4 ABREGE + H = _ _ _ _ _ _ _

5 PINGRE + E = _ _ _ _ _ _ _

SOLUTION : 1/ Visiter. 2/ Laurier. 3/ Vermeil. 4/ Herbage. 5/ Peigner.

C'EST ARRIVÉ LE…

23 DÉCEMBRE 1970

La tour nord du World Trade Center est inaugurée. Sa jumelle, elle, le sera le 19 juillet 1971. Lancée à l'initiative du milliardaire David Rockefeller, la construction a duré quatre ans. Les tours disparaîtront lors de l'attentat du 11 septembre 2001. **F. M.**

samedi 24 décembre

Sainte Adèle

« Sans les cadeaux,
Noël ne serait pas Noël. »
Louisa May Alcott

à faire

Mini-fléchés

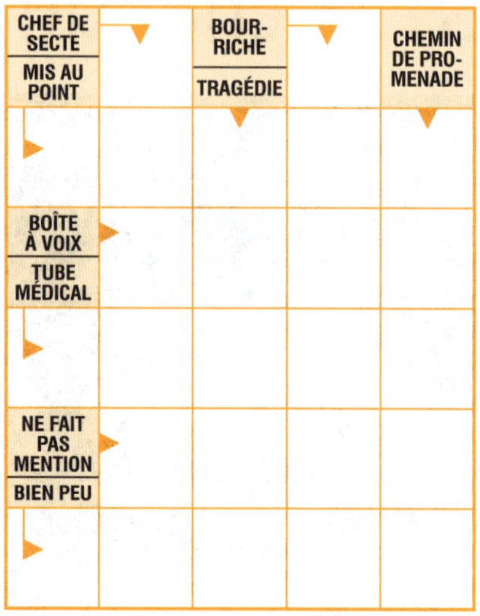

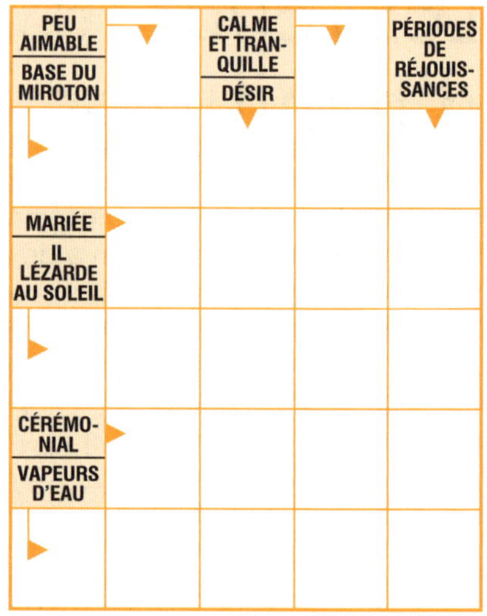

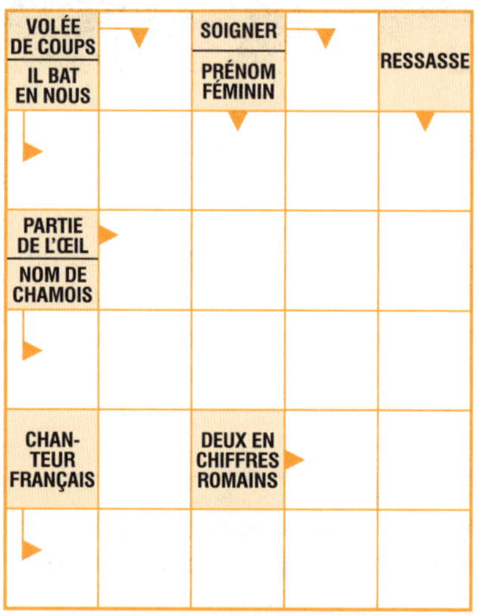

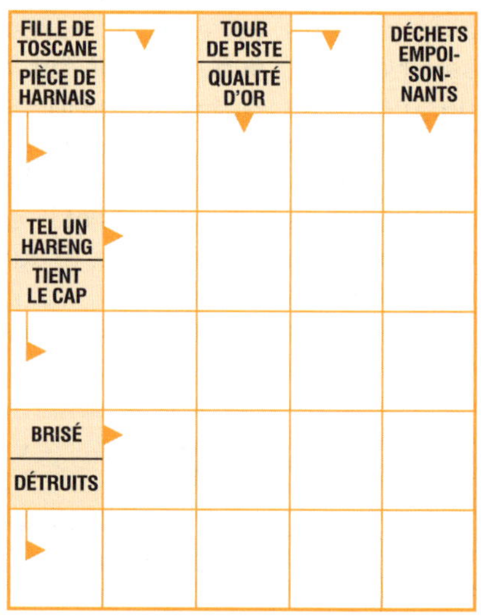

Solution au lundi 26 décembre

SOLUTION DU MERCREDI 21

3	8	4	7	2	1	9	5	6
1	9	6	8	5	4	7	3	2
7	2	5	9	6	3	1	4	8
8	5	9	1	4	7	2	6	3
4	3	2	6	8	9	5	7	1
6	7	1	5	3	2	8	9	4
9	4	3	2	1	5	6	8	7
5	1	8	3	7	6	4	2	9
2	6	7	4	9	8	3	1	5

6	2	9	1	3	7	5	8	4
3	5	4	2	8	9	1	7	6
8	7	1	6	4	5	2	9	3
2	1	5	8	9	4	3	6	7
4	6	8	3	7	2	9	1	5
9	3	7	5	1	6	8	4	2
1	8	2	7	6	3	4	5	9
7	9	3	4	5	1	6	2	8
5	4	6	9	2	8	7	3	1

EN FORME

Le citron

Si sa richesse en vitamine C n'est plus à démontrer, une étude a prouvé que les composés phénoliques du citron lui confèrent des propriétés antimicrobiennes, anti-inflammatoires et antiparasitaires.

Pour préparer une crème, faites chauffer 50 cl de lait. Battez 2 jaunes d'œufs dans 80 g de sucre roux. Incorporez 60 g de farine puis faites épaissir sur feu doux. Incorporez le jus de citron, mélangez et laissez 2 h au frais. **D. L.**

« Quand on a bonne conscience, c'est Noël en permanence. »
Benjamin Franklin

BALADE EN FRANCE

Les Glorieuses de Bresse

6 heures du matin, en décembre, au gymnase de Montrevel-en-Bresse. Des dizaines de chefs, de jurés et de curieux se pressent dans la nuit noire et frisquette. À l'intérieur, les éleveurs inspectent les centaines de poulardes, dindes et chapons qu'ils présentent pour les Glorieuses. Ils le savent, les critères de sélection sont impitoyables. Élevées en liberté, leurs Gauloises de Bresse, race bénéficiant de l'AOC depuis 1957, arborent les couleurs nationales : crête rouge, pattes bleues, plumes blanches. Nourries au maïs et au lait, elles trouvent elles-mêmes un tiers de leur nourriture dans la prairie. À la recherche de vers et de grains, les poulardes gambadent au minimum 4 mois avant de rester une dizaine de jours dans une épinette pour que leur chair soit tendre. Pour les Glorieuses, elles doivent présenter un épiderme sans plis, avoir la peau aussi blanche que possible et les plumes propres et sèches. Et surtout, il faut qu'elles soient bien roulées. Ce sont les Romains qui, les premiers, ont pratiqué le roulage pour transporter leurs volailles.

Devant l'assemblée, Denise fait une démonstration de cet art qui s'est transmis pendant des siècles de mères en filles. Pour que la graisse pénètre bien dans les chairs, Denise masse la bête puis enserre les volailles dans 2 toiles de lin, ce qui va permettre de les conserver plusieurs semaines. Ainsi emmaillotées, ailes et pattes bien enfouies, elles sont présentées par lots pour que le jury

© Les glorieuses de Bress

apprécie leur homogénéité dans 4 catégories : chapon, dinde, poularde et « mariage », soit un chapon au nœud bleu avec sa poularde au ruban rose... Déjà, des messieurs fort sérieux les examinent d'un œil soupçonneux : « Là, le poil est trop mal fini », s'indigne l'un tandis que l'autre lance : « Oh, celle-là est un peu jaune, pas assez crémeuse ».

Pendant que les jurés recherchent les Glorieuses de l'année, et le lot de 4 chapons qui se verra remettre le vase de Sèvres et sera servi à l'Élysée pour le repas de Noël, les éleveurs rejoignent la salle des fêtes pour le petit déjeuner. En compagnie de Georges Blanc, président du Comité interprofessionnel de la volaille de Bresse et 3 étoiles Michelin, les convives partagent un pot-au-feu avec des vins du Bugey. Puis, les membres de la confrérie, en grande tenue, attribuent les prix. Si les Glorieuses sont déjà réservées par les chefs, bien d'autres poulardes peuvent être achetées. Préparées avec du vin jaune, des morilles et de la crème, elles enchanteront les tables des fêtes. **J.-P. R.**

à faire

SOLUTION DU JEUDI 22

I	N	A	P	A	I	S	E	E	■	A	L	E	A	T	O	I	R	E	■	G
L	I	C	O	R	N	E	■	X	I	M	E	N	I	A	■	N	E	T	T	E
L	E	T	■	C	U	L	T	E	S	■	U	N	■	P	A	T	T	E	E	S
E	R	I	G	E	S	■	A	G	I	S	■	U	S	I	N	E	R	■	H	I
G	■	F	R	A	I	S	■	E	S	P	R	I	T	■	G	R	O	G	N	E
A	N	■	A	U	T	E	L	O	■	I	O	■	A	G	E	N	■	M	E	R
L	A	I	D	■	E	M	U	E	S	■	B	R	R	R	■	A	R	T	■	C
E	C	R	E	T	E	E	S	■	S	U	E	E	■	I	G	U	E	■	D	■
■	R	E	■	O	S	E	■	T	E	S	■	C	A	P	I	T	A	L	E	S
V	A	■	L	A	■	S	C	I	■	E	A	U	X	■	V	E	L	O	C	E
I	N	C	I	S	E	■	I	S	F	■	R	I	E	U	R	■	I	M	A	M
S	T	E	■	T	I	E	R	S	E	T	A	T	■	N	A	T	T	E	■	E
S	■	A	L	E	R	T	E	E	S	■	B	E	A	T	■	I	E	■	V	U
E	O	N	■	U	E	■	R	E	S	T	E	■	M	E	A	T	■	D	O	S
R	U	S	E	R	■	L	A	S	E	R	■	P	E	L	L	I	C	U	L	E

lundi 26 décembre

Saint Étienne

« Froid et neige en décembre,
du blé à revendre. »
Dicton français

à faire

DANS LA NATURE

L'écureuil a du panache

Chaque automne, l'écureuil roux emmagasine des provisions. Acrobate et espiègle, ce rongeur arboricole contribue à régénérer la forêt en enterrant des graines. Cet hiver, il n'hibernera pas mais adaptera son menu en grignotant aussi des écorces. Avec ses griffes acérées et sa queue en panache de 15 à 20 cm qui lui sert de balancier, notre sympathique arboricole de 400 g fait preuve d'agilité.

Hyperactif, il escalade les troncs, saute d'arbre en arbre, se hisse jusque dans les frondaisons et semble s'enrouler le long des branches les plus fines. Discret avec sa fourrure de camouflage, il fait pourtant bien du vacarme en évoluant dans les feuillages. Et lorsqu'il grignote une noisette, une petite musique trahit aussi sa présence.

Si les noisettes et les noix sont au menu de l'écureuil roux, notre petit rongeur est un omnivore opportuniste. Lui qui passe presque

© Gerald Villena/stock adobe.com

80 % de son temps à grignoter consomme aussi des champignons d'automne. Au printemps et en été, son régime se diversifie avec de jeunes pousses, des baies, des fleurs, ainsi que quelques insectes et escargots. Si un nid se présente, il ne refuse pas un œuf ou bien même un oisillon. **P.-Y. N.**

SOLUTION DU SAMEDI 24

	G		P	
R	O	D	A	S
	U	R	N	E
D	R	A	I	N
	O	M	E	T
G	U	E	R	E

	B		Q	
B	O	E	U	F
	U	N	I	E
O	R	V	E	T
	R	I	T	E
B	U	E	E	S

	R		G	
C	O	E	U	R
	U	V	E	E
I	S	A	R	D
	T		I	I
B	E	A	R	T

	P		C	
L	I	C	O	U
	S	A	U	R
B	A	R	R	E
	N	A	S	E
P	E	T	E	S

EN FORME

Changer de régime... en douceur

Les fibres et autres prébiotiques sont bénéfiques pour la flore intestinale car ils sont fermentés dans le côlon par les bonnes bactéries. Pour bien les supporter, si vous n'avez pas l'habitude d'en manger :

1. Commencez par 1 aliment céréalier complet quotidien. Passer à 2 au bout de 1 à 2 semaines, puis à 3 aliments, 1 semaine après.

2. En cas d'intestin irritable, préférez les céréales à fibres douces comme l'avoine, l'orge, le seigle ou le sarrasin.

3. Mangez 5 fruits et légumes par jour, en les alternant crus (plus riches en antioxydants) et cuits (moins irritants).

4. Faites tremper (12 h) et cuire (de 25 min à 2 h) les légumes secs.

5. Prenez votre temps en mangeant et mastiquez bien les aliments. **F. D.**

Saint Jean l'Évangéliste

« Qui donne ne doit pas regretter, et qui regrette n'y peut rien. »
Proverbe algérien

A TABLE

Tartare de saumon, œufs mimosa

© Rivière/Photocuisine/sucré-salé

Pour 6 personnes • 300 g de gros sel • 3 c. à soupe de sucre • 1 bouquet d'aneth • 500 g de filet de saumon sans peau ni arêtes • 2 citrons verts • 3 c. à soupe d'huile de colza • 1 c. à soupe d'huile de sésame • Sel • Poivre blanc • 1 c. à soupe de câpres • 2 oignons nouveaux • 1 c. à café de gingembre râpé • 1 c. à café de baies roses • 3 œufs durs • 2 c. à soupe de mayonnaise • 4 brins de persil plat • 60 g d'œufs de truite.

1. Mélangez le gros sel, le sucre et la moitié de l'aneth ciselé. Versez une couche du mélange dans le fond d'un plat, posez le saumon par-dessus puis répartissez le reste du mélange sur le poisson. Filmez et réservez 3 h au réfrigérateur.

2. Zestez l'un des citrons et pressez le jus des 2. Dans un bol, fouettez zeste, jus, huile de colza et de sésame, et aneth. Salez et poivrez.

3. Hachez les câpres et les bulbes des oignons nouveaux.

4. Coupez le poisson en petits dés. Ajoutez dans un saladier le hachis de câpres et d'oignons, le gingembre, les baies roses et la vinaigrette au citron.

5. Moulez les tartares directement dans les assiettes à l'aide d'un emporte-pièce. Réservez au frais.

6. Râpez les œufs durs à la grille à gros trous. Ajoutez la mayonnaise et le persil ciselé, poivrez puis mélangez bien le tout.

7. Répartissez les œufs râpés et les œufs de truite sur les tartares. Servez avec du concombre et des tranches de pain toasté.

Info + Il est préférable de congeler le saumon la veille afin d'éliminer les éventuels parasites. **M.-A. D**

à faire

Le bon signe

Entre chaque nombre, placez l'un des quatre signes + x : et - afin d'obtenir le total indiqué. Chaque signe n'apparaît qu'une seule fois par opération.

12	6	9	3	10	=	80
17	16	11	4	8	=	6
20	14	9	3	13	=	65

SOLUTION : 12 : 6 + 9 - 3 x 10 = 80 / 17 - 16 + 11 x 4 : 8 = 6 / 20 - 14 + 9 : 3 x 13 = 65

QUELLE HISTOIRE !

En 1627, les soldats du cardinal Richelieu entament le siège de La Rochelle, l'une des dernières places fortes des Huguenots de France. Il durera un an. Sur 25 000 habitants, seuls 5 400 en réchapperont.

J.-P. R.

mercredi 28 décembre

Saint Innocents

« Une lumière ici requiert
une ombre là-bas. »
Virginia Woolf

à faire

EN FORME

Eczéma et démangeaisons : soulager efficacement

Qu'il s'agisse d'eczéma atopique, de contact ou d'une peau très sèche, le froid n'arrange rien. Il diminue la qualité du film hydrolipidique, favorise les démangeaisons et donc détériore la barrière protectrice de la peau.

Les reconnaître L'eczéma se traduit généralement par des rougeurs, des démangeaisons, des rugosités qui finissent par former des croûtes. Finalement, la peau sèche, tire et se crible de bleus.

Bien réagir Limitez le temps passé sous la douche, bannissez les savons fantaisie et hydratez votre peau. Notamment avec une crème à l'urée dosée à 10 % : si en hiver la peau démange, c'est parce qu'on transpire moins que l'été et que la transpiration contient de l'urée ! Mais inutile de trop se couvrir car être en sueur sous des vêtements irrite aussi la peau. Il faut boire de l'eau et faire une cure d'oméga-3. M. Q.

Petits fléchés

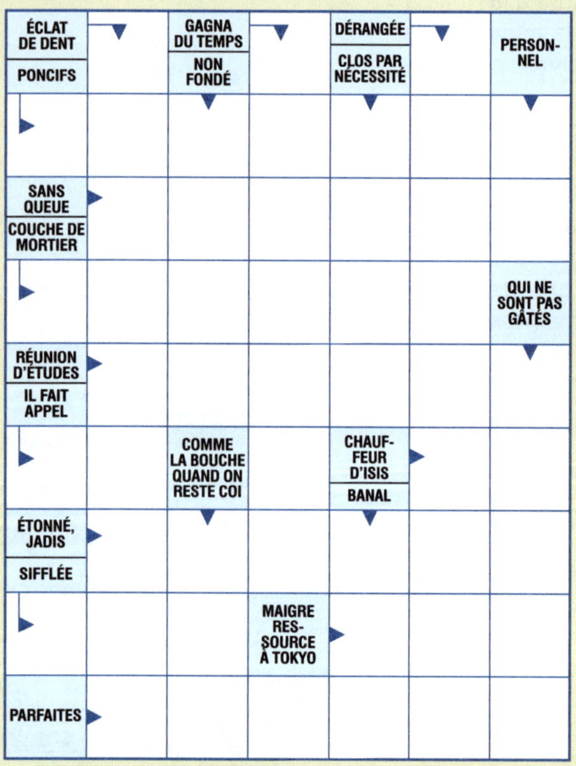

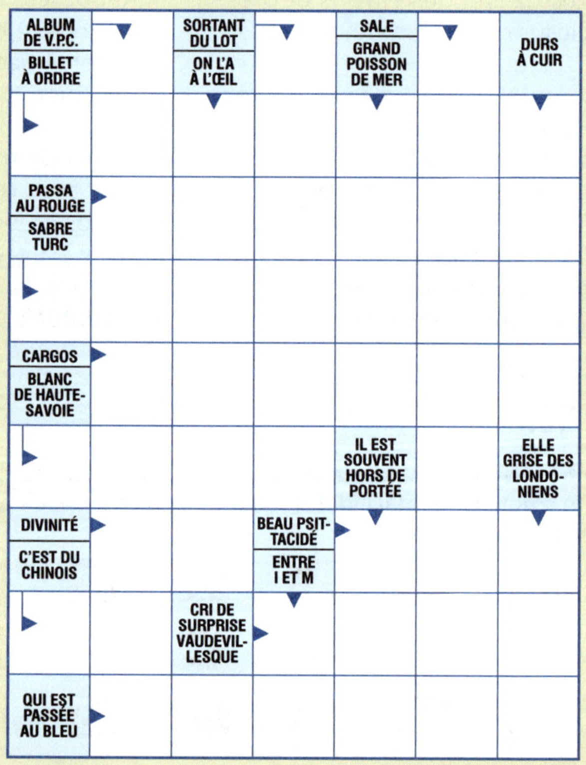

Solution au vendredi 30 décembre

« La vérité n'est pas une vertu, mais une passion, de là qu'elle ne soit jamais charitable. »
Albert Camus

La ronde des mots

Trouvez dix-neuf mots et notez chacun d'eux dans le sens des aiguilles d'une montre autour de la case de définition correspondante.
La première lettre de chaque mot est indiquée par le triangle noir.
Le premier mot est donné en exemple.

Solution au samedi 31 décembre

à faire

EN FORME

Le miel

Ses vertus Plusieurs de ses composants aident à se débarrasser des maux de gorge et autres infections saisonnières : l'inhibine, sorte d'antibiotique naturel, l'acide formique, qui exerce une action antibactérienne, et des flavonoïdes anti-inflammatoires. Ses sucres spécifiques favorisent la croissance des bons micro-organismes au sein du microbiote.
En cuisine, il remplace le sucre dans les infusions, laitages et compotes. En pâtisserie, il donne une texture moelleuse aux gâteaux. F. D.

Vite, une astuce !

Avant de les repasser, vaporisez sur vos vêtements un mélange composé de 25 ml d'eau, 25 ml de vinaigre blanc et 20 gouttes d'huile essentielle de lavande. Ils dégageront dès lors une bonne odeur de propre et de frais.

vendredi 30 décembre

Saint Roger

« Votre véritable ami est celui qui ne vous passe rien et qui vous pardonne tout. »
Diane de Beausacq

à faire

A TABLE

Chocolat chaud, coco et dattes

Pour 4 personnes • 100 g de dattes dénoyautées • 20 cl de crème de coco • 4 c. à soupe rases de cacao non sucré • 1 c. à café de vanille en poudre • 1 c. à café de cannelle en poudre • 1 pincée de fleur de sel • 80 cl de lait • 4 carrés de chocolat noir.

1. Coupez les dattes en petits morceaux et mixez-les au blender avec la crème de noix de coco, le cacao, la vanille, la cannelle, la fleur de sel et 20 cl de lait.

2. Versez ce mélange dans une casserole avec le reste du lait. Mélangez et chauffez quelques minutes à feu doux.

3. Versez dans de grands mugs et saupoudrez de chocolat noir taillé en copeaux.

Le plus santé Pour une version végane, remplacez le lait de vache par du lait d'amande, par exemple.

© Delphine Pocard-Aude Laurent

Recette extraite de *Je prépare mes boissons maison,* Delphine Pocard, éd. Terre vivante.

EN FORME

La toux à décoder

Symptôme classique des troubles des voies respiratoires, la toux est un réflexe en réponse à une irritation ou à la nécessité d'évacuer des glaires. Il s'agit d'un signal à traiter différemment selon le type de toux.

Bien réagir à la toux sèche Elle ne produit pas d'expectoration et peut signifier beaucoup de choses (même un reflux gastro-œsophagien). Elle est en général peu inquiétante tant qu'elle ne s'accompagne pas de difficultés respiratoires. Attention donc à la toux sèche avec respiration sifflante, difficulté à expirer, sensation d'oppression qui peut traduire une crise d'asthme liée à un pic de pollution... y compris de l'air intérieur, souvent vicié en hiver.

Bien réagir à la toux grasse Elle signifie que l'organisme éprouve le besoin d'expectorer. Il faut en trouver la cause et non en contrer le mécanisme. Haro sur les sirops antitussifs qui freinent l'évacuation du mucus encombrant les bronches et fatiguent l'organisme, car sédatifs. Place à la consultation. Ces toux grasses sont souvent signe de bronchite et, sur un terrain asthmatique ou immunodéprimé, peuvent justifier une prise d'antibiotiques. **M. Q.**

SOLUTION DU MERCREDI 28

	B		E		P	
C	L	I	C	H	E	S
	A	N	O	U	R	E
E	N	D	U	I	T	
	C	U	R	S	U	S
E	H		T		R	A
	E	B	A	U	B	I
B	U	E		S	E	N
	R	E	V	E	E	S

	C		T		E	
W	A	R	R	A	N	T
	T	E	I	N	T	A
Y	A	T	A	G	A	N
	L	I	N	E	R	S
M	O	N	T		T	
	G	E		A	R	A
W	U		C	I	E	L
	E	N	C	R	E	E

samedi 31 décembre

Saint Sylvestre

« Il n'y a point de chemin vers le bonheur. Le bonheur, c'est le chemin. »
Lao-Tseu

Mots mélangés

Tous les mots de la liste figurent dans cette grille et peuvent se lire dans toutes les directions. Chaque lettre peut être utilisée une ou plusieurs fois, sauf celles formant l'énigme répondant à la définition suivante : qui vient d'en haut.

ABHORRER
AÉROBIC
AMIRAL
ANNULAIRE
ANODIN
ARLEQUIN
ARSENAL
AUTRUI
BALAFRÉ
BŒUF
BRETZEL
CARTEL
CHALUMEAU
CICATRICE
CONSCIENCE
ÉCONOME
EFFARÉ
ÉPERVIN
ÉRAILLER
ESQUIMAU
FANAL
FÉTICHE
FEUILLETÉ
FREESIA
GALANTERIE
GÉGÈNE
GRONDEMENT
IMPERSONNEL
INDÉCIS
INSECTE
IRIDIUM
LACTAIRE
LASSO
LECTURE
MARTYR
MÉPRISE
NEUTRE
NEUVE
NORD-EST
OINDRE
ONCTUEUX
OSSUAIRE
RÉGENCE
SAMOURAÏ
SEING
SEXAGÉNAIRE
SOIGNÉ
TAPIOCA
THÈME
TRÉSORIER
WESTERN

R	Y	T	R	A	M	A	L	O	L	A	C	A	U	G
I	A	R	U	O	M	A	S	A	C	I	B	A	R	S
E	C	N	E	I	C	S	N	O	C	H	M	O	E	R
R	I	U	R	T	U	A	I	A	O	I	N	D	R	E
I	B	E	A	A	F	P	T	R	U	D	R	L	F	G
A	O	I	I	E	A	R	R	Q	E	T	E	E	A	E
N	R	R	L	T	I	E	S	M	O	N	T	Z	L	N
E	E	E	L	C	R	E	E	S	N	I	S	T	A	C
G	A	T	E	E	U	N	S	O	C	V	E	E	B	E
A	T	N	R	S	T	A	S	H	T	R	W	R	A	E
X	R	A	S	N	L	R	E	F	U	E	O	B	R	T
E	E	L	R	I	E	A	A	M	E	P	R	I	S	E
S	S	A	E	P	C	M	N	C	U	E	A	E	E	L
E	O	G	M	Q	T	E	O	E	X	L	D	M	N	L
I	R	I	D	I	U	M	D	N	U	R	A	E	A	I
N	I	L	G	V	R	I	I	N	O	T	E	H	L	U
G	E	G	E	N	E	A	N	N	I	C	R	T	C	E
E	R	A	F	F	E	A	L	A	I	S	E	E	R	F

SOLUTION : le mot à trouver est : Astrale.

à faire

AU JARDIN

Protéger le laurier-rose

Quand le rentrer ? Après les premières gelées blanches. Dans les régions où les hivers sont doux, un voile d'hivernage suffit. S'il reste à l'extérieur, entourez également le pot de plaques de polystyrène qui protégeront les racines.
Où l'installer ? Dans une véranda ou dans une serre peu chauffée.
Les bons soins Coupez l'extrémité des rameaux défleuris ainsi que ceux qui portent des graines. Inspectez le dessous des feuilles et traitez, si besoin, au savon noir les cochenilles. N'arrosez que 2 fois par mois, même si les feuilles jaunissent. Attendez la mi-mai pour le sortir. **P.-Y. N.**

SOLUTION DU JEUDI 29

Ligne 1 : tesson, petase, inepte, golden. **Ligne 2 :** sectes, amorce, prénom, dédier. **Ligne 3 :** truffe, rêveur, nocive, illico. **Ligne 4 :** feutre, élague, inégal, indien. **Ligne 5 :** treize, germer, gelure, immolé.

notes

Calendrier

janvier

1	D	Jour de l'An
2	L	
3	M	
4	M	
5	J	
6	V	
7	S	
8	D	
9	L	
10	M	
11	M	
12	J	
13	V	
14	S	
15	D	
16	L	
17	M	
18	M	
19	J	
20	V	
21	S	
22	D	
23	L	
24	M	
25	M	
26	J	
27	V	
28	S	
29	D	
30	L	
31	M	

février

1	M
2	J
3	V
4	S
5	D
6	L
7	M
8	M
9	J
10	V
11	S
12	D
13	L
14	M
15	M
16	J
17	V
18	S
19	D
20	L
21	M
22	M
23	J
24	V
25	S
26	D
27	L
28	M

mars

1	M
2	J
3	V
4	S
5	D
6	L
7	M
8	M
9	J
10	V
11	S
12	D
13	L
14	M
15	M
16	J
17	V
18	S
19	D
20	L
21	M
22	M
23	J
24	V
25	S
26	D
27	L
28	M
29	M
30	J
31	V

Férié

2023

avril

1	S	
2	D	
3	L	
4	M	
5	M	
6	J	
7	V	
8	S	
9	D	Pâques
10	L	Lundi de Pâques
11	M	
12	M	
13	J	
14	V	
15	S	
16	D	
17	L	
18	M	
19	M	
20	J	
21	V	
22	S	
23	D	
24	L	
25	M	
26	M	
27	J	
28	V	
29	S	
30	D	

mai

1	L	Fête du Travail
2	M	
3	M	
4	J	
5	V	
6	S	
7	D	
8	L	Armistice 1945
9	M	
10	M	
11	J	
12	V	
13	S	
14	D	
15	L	
16	M	
17	M	
18	J	Ascension
19	V	
20	S	
21	D	
22	L	
23	M	
24	M	
25	J	
26	V	
27	S	
28	D	Pentecôte
29	L	Lundi de Pentecôte
30	M	
31	M	

juin

1	J	
2	V	
3	S	
4	D	
5	L	
6	M	
7	M	
8	J	
9	V	
10	S	
11	D	
12	L	
13	M	
14	M	
15	J	
16	V	
17	S	
18	D	
19	L	
20	M	
21	M	
22	J	
23	V	
24	S	
25	D	
26	L	
27	M	
28	M	
29	J	
30	V	

Calendrier

juillet

1	S	
2	D	
3	L	
4	M	
5	M	
6	J	
7	V	
8	S	
9	D	
10	L	
11	M	
12	M	
13	J	
14	V	Fête nationale
15	S	
16	D	
17	L	
18	M	
19	M	
20	J	
21	V	
22	S	
23	D	
24	L	
25	M	
26	M	
27	J	
28	V	
29	S	
30	D	
31	L	

août

1	M	
2	M	
3	J	
4	V	
5	S	
6	D	
7	L	
8	M	
9	M	
10	J	
11	V	
12	S	
13	D	
14	L	
15	M	Assomption
16	M	
17	J	
18	V	
19	S	
20	D	
21	L	
22	M	
23	M	
24	J	
25	V	
26	S	
27	D	
28	L	
29	M	
30	M	
31	J	

septembre

1	V
2	S
3	D
4	L
5	M
6	M
7	J
8	V
9	S
10	D
11	L
12	M
13	M
14	J
15	V
16	S
17	D
18	L
19	M
20	M
21	J
22	V
23	S
24	D
25	L
26	M
27	M
28	J
29	V
30	S

Férié

2023

octobre

1	D	
2	L	
3	M	
4	M	
5	J	
6	V	
7	S	
8	D	
9	L	
10	M	
11	M	
12	J	
13	V	
14	S	
15	D	
16	L	
17	M	
18	M	
19	J	
20	V	
21	S	
22	D	
23	L	
24	M	
25	M	
26	J	
27	V	
28	S	
29	D	
30	L	
31	M	

novembre

1	M	Toussaint
2	J	
3	V	
4	S	
5	D	
6	L	
7	M	
8	M	
9	J	
10	V	
11	S	Armistice 1918
12	D	
13	L	
14	M	
15	M	
16	J	
17	V	
18	S	
19	D	
20	L	
21	M	
22	M	
23	J	
24	V	
25	S	
26	D	
27	L	
28	M	
29	M	
30	J	

décembre

1	V	
2	S	
3	D	
4	L	
5	M	
6	M	
7	J	
8	V	
9	S	
10	D	
11	L	
12	M	
13	M	
14	J	
15	V	
16	S	
17	D	
18	L	
19	M	
20	M	
21	J	
22	V	
23	S	
24	D	
25	L	Noël
26	M	
27	M	
28	J	
29	V	
30	S	
31	D	

Notre temps

NOTRE TEMPS
18, rue Barbès
92128 Montrouge
Cedex.
Tél. 01 74 31 60 60.
Fax 0825 825 845.
Fondateur :
Roger Lavialle
Site Internet :
www.notretemps.com

ILLUSTRATIONS DE COUVERTURE YUKIKO NORITAKE

DIRECTION **Président du directoire et directeur de la publication :** Pascal Ruffenach. **Directrice :** Emmanuelle Delapierre. **Éditeur :** Bruno Guérini.

DIRECTION DES RÉDACTIONS **Directrice artistique :** Isabelle Raul. **Secrétaire générale de la rédaction :** Sophie Postel. **Photo :** Nicole Bouchereau. **Communication et événements :** Christelle Dellière.

RÉDACTION ALMANACH **Rédactrice en chef adjointe :** Marie-Ève Gualbert. **Rédactrice photo :** Nina Le Gallou. **Ont collaboré à ce numéro :** Christine Angiolini, Lena Coutrot, Florence Daine, Peter David, Cécile Dard, Nathalie Desanti, Olivier de Ladoucette, Marie-Alexandra Desfontaines, Caroline Dor, Isabelle Duranton, Olivier Duron, Monique Fort, Isabelle Gravillon, Ingrid Haberfeld, Emma Lavoine, Delphine Loez, Florence Monteil, Pierre-Yves Nédélec, Françoise Nicol, Frédérique Odasso, Sarah Petitbon, Magali Quent, Corinne Renou-Nativel, Jean-Pierre Reymond, Karine Silverberg, Elisabeth Tzimakas, Sophie Viguier-Vinçon. **Correction des textes et mise en pages :** Agence Graph'M, Montrouge. **Fabrication :** Sylvie Derouet (6617). Les articles publiés sont déjà parus dans *Notre temps, Notre temps Jeux, Notre temps Santé, Tempo Santé,* dans les hors-séries ou sur le site notretemps.com. Les jeux publiés dans *l'Almanach* sont parus dans *Notre temps Jeux* et *Notre temps*. **Conception des jeux** : RCI.

DÉVELOPPEMENTS ET PARTENARIATS **Directrice commerciale :** Astrid Neujahr.

Pour les ventes directes et ventes en gros : astrid.neujahr@bayard-presse.com

VENTE AU NUMÉRO **Responsable :** Marie-Pierre Tour.

MARKETING CLIENTS **Directrice marketing :** Aurore Bertrand.

Pour les marchands de journaux, dépositaires : tél. 0800 293 687.

BAYARD MÉDIAS DÉVELOPPEMENT **Directrice générale :** Sibylle Le Maire. **Directrice générale adjointe :** Fabienne Marquet.

Bayard S.A. : société anonyme à directoire et conseil de surveillance au capital de 16 500 000 €. **Directoire :** Pascal Ruffenach (président) ; André Antoni, Florence Guémy, Jean-Marie Montel (directeurs généraux). **Président du Conseil de surveillance :** Hubert Chicou. **Actionnaires :** Augustins de l'Assomption (93,7%), S.a. Saint-Loup, Association Notre-Dame de Salut. Dépôt légal à date de parution. Imprimerie Pollina (Luçon, Vendée). Reproduction d'articles interdite, sauf autorisation de la Direction.

Impression Factory Books and Magazine S.L., San Fernando Henares, Madrid, Espagne. Tél.: + 00 34 917 37 35 08

ISSN 0029-456X

PEFC
PEFC/14-38-00257
Certifié PEFC
papier issu(e) de forêts gérées durablement et de sources contrôlées
www.pefc-france.org